CAUSERIES
DU LUNDI

PARIS. — IMPRIMERIE E. CAPIOMONT ET CIE
6, RUE DES POITEVINS, 6

CAUSERIES
DU LUNDI

PAR

C.-A. SAINTE-BEUVE
DE L'ACADÉMIE FRANÇAISE

TROISIÈME ÉDITION

TOME QUINZIÈME

PARIS
GARNIER FRÈRES, LIBRAIRES-ÉDITEURS
6, RUE DES SAINTS-PÈRES, 6

CAUSERIES DU LUNDI

Lundi, 24 septembre 1860.

ŒUVRES

DE MAURICE DE GUÉRIN

Publiées par M. Trébutien (1).

Le 15 mai 1840, la *Revue des Deux-Mondes* publiait un article de George Sand sur un jeune poëte dont le nom était parfaitement ignoré jusque-là, *Georges-Maurice de Guérin*, mort l'année précédente, le 19 juillet 1839, à l'âge de vingt-neuf ans. Ce qui lui valait cet honneur posthume d'être ainsi classé à l'improviste, à son rang d'étoile, parmi les *poëtes de la France*, était une magnifique et singulière composition, *le Centaure*, où toutes les puissances naturelles primitives étaient senties, exprimées, personnifiées énergiquement, avec goût toutefois, avec mesure, et où se déclarait du premier coup un maître, « l'André Chénier du panthéisme, » comme un ami l'avait déjà surnommé. Des fragments de lettres cités, des épanchements qui révélaient une tendre et belle âme, formaient, autour de ce morceau colossal de

---

(1) 2 volumes in-18, imprimerie de Hardel, à Caen.

marbre antique, comme un chœur charmant de demi-confidences à moitié voilées, et ce qu'on en saisissait au passage faisait vivement désirer le reste. Il y eut dès lors dans la jeunesse toute une école choisie, une génération éparse d'admirateurs qui se répétaient le nom de Guérin, qui se ralliaient à cette jeune mémoire, l'honoraient en secret avec ferveur, et aspiraient au moment où l'œuvre pleine leur serait livrée, où l'âme entière leur serait découverte. Vingt ans se sont écoulés depuis, et des difficultés, des scrupules, des pudeurs de toute sorte, et de la nature la plus respectable, avaient retardé l'accomplissement du vœu formé au nom de l'art par l'amitié. Guérin avait déjà eu le temps d'être imité par d'autres poëtes, qui semblaient tout originaux de cette imitation, et lui-même il n'était pas publié et mis en lumière. Dans l'intervalle cependant, il y a cinq ans de cela, avaient paru, mais sous la réserve encore d'une demi-publicité, les *Reliques* d'une sœur du poëte, Eugénie de Guérin, son égale, sinon sa supérieure en talent et en âme (1). Le désir de connaître et de posséder enfin les Œuvres complètes du frère s'en était accru et comme irrité. Nous avons le plaisir d'annoncer qu'elles vont paraître; toutes les feuilles imprimées sont sous mes yeux; des amis fidèles en ont trié et préparé la matière, et le savant et poétique antiquaire, M. Trébutien, y appliquant son soin comme un moine fervent du Moyen-Age eût fait à l'écriture et à l'enluminure d'un saint missel, trésor de son abbaye, en a procuré l'édition.

Rien n'était exagéré dans la première impression reçue en 1840; tout aujourd'hui se justifie et se confirme; l'école moderne compte bien en effet un poëte, un paysa-

(1) Voici le titre exact de ce volume : *Eugénie de Guérin : Reliquæ* publié par *Jules Barbey d'Aurevilly et G.-S. Trébutien*. Caen, imprimerie de Hardel, 1855, avec cette note : « Ce volume, tiré à petit nombre, ne se vend pas. » — J'en ai parlé au tome XII des *Causeries*

giste de plus. J'ai besoin tout d'abord de le rapporter à son vrai moment, à ses vraies origines. C'est en 1833 que Maurice de Guérin, qui n'était alors que dans sa vingt-troisième année, commença de développer et d'épanouir dans le cercle de l'intimité cette première fleur de sentiment, qui nous est montrée seulement aujourd'hui et qui va nous rendre tout son parfum. Né le 5 août 1810, il appartenait à cette seconde génération du siècle, lequel n'avait plus *deux* ou *trois ans*, mais bien dix ou onze lorsqu'il produisait cette volée nouvelle des Musset, des Montalembert, des Guérin; je joins exprès ces noms. Né sous le beau ciel du Midi, d'une ancienne famille noble et pauvre, Maurice de Guérin, rêveur dès l'enfance, fut tourné de bonne heure vers les idées religieuses et inclina, sans effort, à la pensée de l'état ecclésiastique. Il n'avait pas douze ans lorsque, dans les premiers jours de janvier 1822, il sortait pour la première fois, pauvre oiseau exilé, de ses tourelles du Cayla, et arrivait à Toulouse pour y faire ses études, — je crois, au petit séminaire. Il les vint terminer à Paris au Collége Stanislas. C'est au sortir de là, après avoir hésité quelque temps, après être retourné dans sa famille, y avoir revu ses sœurs, et les amies de ses sœurs, que, troublé, sensible et même, on le devine, secrètement blessé, il alla chercher à la Chênaie du repos, un oubli, plus encore qu'il n'y apportait une vocation religieuse, bien traversée déjà et bien incertaine.

Il avait aimé, il avait pleuré et chanté ses peines pendant une saison passée dans son beau Midi, la dernière avant son départ pour la Chênaie. Témoin ces vers datés de la Roche d'Onelle, qui se rapportent à l'automne de 1832:

    Les siècles ont creusé dans la roche vieillie
    Des creux où vont dormir des gouttes d'eau de pluie.

> Et l'oiseau voyageur, qui s'y pose le soir,
> Plonge son bec avide en ce pur réservoir.
> Ici je viens pleurer sur la roche d'Onelle
> De mon premier amour l'illusion cruelle ;
> Ici mon cœur souffrant en pleurs vient s'épancher...
> Mes pleurs vont s'amasser dans le creux du rocher...
> Si vous passez ici, Colombes passagères,
> Gardez-vous de ces eaux : les larmes sont amères.

Un jeune Grec, disciple de Théocrite ou de Moschus, n'eût pas mieux dit que ce jeune Lévite qui semblait en quête d'un apôtre.

Il arriva à la Chênaie à l'entrée de l'hiver; il y était le jour de Noël 1832; il avait trouvé son asile. La Chênaie, « cette sorte d'oasis au milieu des steppes de la Bretagne, » où, devant le château, s'étend un vaste jardin coupé par une terrasse plantée de tilleuls avec une toute petite chapelle au fond, était le lieu de retraite de M. de La Mennais, de M. *Féli* (comme on l'appelait dans l'intimité); et il avait près de lui, d'habitude, quatre ou cinq jeunes gens qui, dans cette vie de campagne, poursuivaient leurs études avec zèle, selon un esprit de piété, de recueillement et d'honnête liberté. L'heure à laquelle Guérin y arriva était des plus mémorables, des plus décisives pour le maître ; on peut le dire avec certitude et précision, aujourd'hui que l'on a lu la Correspondance intime de La Mennais durant ce temps. Ce grand et violent esprit, qui ne se pouvait reposer que dans des solutions extrêmes, après avoir tenté l'union publique du Catholicisme et de la Démocratie, et l'avoir prêchée dans son journal d'un ton de prophète, s'était vu forcé de suspendre la publication de l'*Avenir*. Il avait fait le voyage de Rome pour consulter l'autorité suprême ; il en était revenu, ménagé personnellement, mais très-nettement désapprouvé, et avait paru se soumettre; il se croyait peut-être même sincèrement soumis, tout en méditant déjà et en roulant des pensées de vengeance et de représailles. M. de La Mennais, qui était tout un ou tout autre, sans aucune nuance, offrait le plus étrange contraste dans sa double nature. Tantôt et souvent il avait ce que Buffon, parlant des animaux de proie, a appelé une *âme de colère;* tantôt et non moins souvent il avait une douceur, une tendresse à ravir les petits enfants, une âme tout à fait charmante; et il passait de l'une à l'autre en un instant. Le voile qui s'est déchiré depuis, et qui a laissé voir le fond orageux et mouvant de ses doctrines, n'était qu'à peine soulevé alors. Aucun de ceux qui ont connu et aimé M. de La Mennais, en ces années de passion douloureuse et de crise, à quelque point de vue qu'on se place, n'ont, ce me semble, à en rougir ni à s'en repentir. Il avait tenté une conciliation, impossible, je le veux, mais la plus élevée, la plus faite pour complaire à de nobles cœurs, à des imaginations généreuses et religieuses. Averti qu'il se trompait et qu'il n'était pas avoué, il s'arrêtait devant l'obstacle, il s'inclinait devant l'arrêt rendu; il souffrait, il se taisait, il priait. Quand on le voyait de près par moments, on aurait dit qu'il était en danger de mourir. Un jour (le 24 mars 1833), étant assis derrière la chapelle sous les deux pins d'Écosse qui s'élevaient à cet endroit, il avait pris son bâton et dessiné une tombe sur le gazon, en disant à l'un de ses disciples qui était près de lui : « C'est là que je veux reposer; mais point de pierre tumulaire, un simple banc de gazon. Oh! que je serai bien là ! » S'il était mort, en effet, à cette heure ou dans les mois qui suivirent, s'il s'était brisé dans sa lutte intérieure, quelle belle et intacte mémoire il eût laissée! Quelle renommée de fidèle, de héros et presque de martyr! Quel mystérieux sujet de méditation et de rêverie pour ceux qui aiment à se prendre aux grandes destinées interrompues!

Mais il ne s'agit ici de lui qu'en ce qui touche Maurice de Guérin. Celui-ci, tout admirateur et prosélyte qu'il était alors, ne devait subir qu'en la traversant cette influence de La Mennais; un an ou deux après, il en était totalement affranchi et délivré; s'il s'émancipa par degrés de la foi, s'il se laissa bientôt gagner à l'esprit du siècle, ce ne fut pas à la suite du grand déserteur, mais à sa propre manière, et il erra dans sa propre voie; en 1835, il n'était plus le disciple de personne ni d'aucun système. Après trois années d'une vie indépendante et toute parisienne, aux approches de la mort, les siens eurent la consolation de le voir redevenir chrétien.

Mais s'il devait s'affranchir par l'intelligence, il appartenait bien radicalement à ce monde de la Chênaie par la sensibilité, par les impressions profondes, par les premiers et sincères témoignages du talent: tellement que, dans la perspective littéraire du passé, il s'y vient placer comme une figure dans son cadre, en s'en détachant; il en est et en demeurera dans l'avenir le paysagiste, le peintre, le véritable poëte. A côté de ces noms éclatants de Montalembert, de Lacordaire, qui résonnaient comme des trompettes au dehors, il y avait là, qui l'aurait cru? dans cette maison de silence et de paix, un jeune homme obscur, timide, que La Mennais, distrait par ses visions sociales apocalyptiques, ne distingua jamais des autres, à qui il ne supposait que des facultés très-ordinaires, et qui dans ce même temps où le maître forgeait sur son enclume ces foudres qu'on appelle *les Paroles d'un Croyant*, écrivait, — lui,— des pages intimes beaucoup plus naturelles, plus fraîches, — tranchons le mot, plus belles, — et faites pour toucher à jamais les âmes éprises de cette vie universelle qui s'exhale et se respire au sein des bois, au bord des mers.

Guérin est arrivé à la Chênaie en hiver, au cœur de

la saison morte, et quand tout est dépouillé, quand les forêts sont *couleur de rouille*, sous ce ciel de Bretagne toujours nuageux « et si bas qu'il semble vouloir vous écraser; » mais vienne le printemps, *le ciel se hausse*, les bois reprennent vie, et tout redevient riant. L'hiver cependant est lent à partir : le jeune et amoureux observateur en note dans son Journal la fuite tardive, les retours fréquents :

« Le 3 mars. — La journée d'aujourd'hui m'a enchanté. Le soleil s'est montré pour la première fois depuis bien longtemps dans toute sa beauté. Il a développé les boutons des feuilles et des fleurs, et réveillé dans mon sein mille douces pensées.

« Les nuages reprennent leurs formes légères et gracieuses, et dessinent sur l'azur de charmants caprices. Les bois n'ont pas encore de feuilles ; mais ils prennent je ne sais quel air vivant et gai, qui leur donne une physionomie toute nouvelle. Tout se prépare pour la grande fête de la nature. »

Cette fête entrevue et tant désirée retarde ; bien des jours orageux en séparent encore. Tout cela est noté, et peint, et surtout senti : ce jeune enfant du Midi puise dans je ne sais quelle tristesse originelle un instinct particulier pour comprendre et aimer du premier jour cette nature du Nord, voisine des tempêtes :

« Le 8 (mars). — Jour de neige. Un vent de sud-est la roule en tourbillons, en grandes trombes d'une éblouissante blancheur. Elle se fond en tombant. Nous voilà reportés comme au cœur de l'hiver, après quelques sourires du printemps. Le vent est assez froid : les petits oiseaux chanteurs nouveaux-venus grelottent, et les fleurs aussi. Les fentes des cloisons et des croisées gémissent comme en janvier, et moi, dans ma pauvre enveloppe je me resserre comme la nature.

« Le 9. — Encore de la neige, giboulées, coups de vent, froidure. Pauvre Bretagne, tu as bien besoin d'un peu de verdure pour réjouir ta sombre physionomie. Oh! jette donc vite ta cape d'hiver et prends-moi ta mantille printanière, tissue de feuilles et de fleurs. Quand verrai-je flotter les pans de ta robe au gré des vents !

« Le 11. — Il a neigé toute la nuit. Mes volets mal fermés m'ont laissé entrevoir, dès mon lever, cette grande nappe blanche qui s'est étendue en silence sur la campagne. Les troncs noirs des arbres s'élèvent comme des colonnes d'ébène sur un parvis d'ivoire ; cette opposition dure et tranchée et l'attitude morne des bois attristent éminemment. On n'entend rien : pas un être vivant, sauf quelques moineaux qui vont se réfugier en piaulant dans les sapins, qui étendent leurs longs bras chargés de neige. L'intérieur de ces arbres touffus est impénétrable aux frimas; c'est un asile préparé par la Providence, les petits oiseaux le savent bien.

« J'ai visité nos primevères : chacune portait son petit fardeau de neige, et pliait la tête sous le poids. Ces jolies fleurs si richement colorées faisaient un effet charmant sous leurs chaperons blancs. J'en ai vu des touffes entières recouvertes d'un seul bloc de neige : toutes ces fleurs riantes, ainsi voilées et se penchant les unes sur les autres, semblaient un groupe de jeunes filles surprises par une ondée et se mettant à l'abri sous un tablier blanc. »

Ceci rappelle Bernardin de Saint-Pierre. Guérin, sans aucun système et par libre choix, par affinité de talent, est de son école. En ce moment même il achève de lire ses *Études de la Nature* et d'en savourer le charme : « C'est un de ces livres, dit-il, dont on voudrait qu'ils ne finissent pas. Il y a peu à gagner pour la science, mais beaucoup pour la poésie, pour l'élévation de l'âme et la contemplation de la nature. Ce livre dégage et illumine un sens que nous avons tous, mais voilé, vague et privé presque de toute activité, le sens qui recueille les beautés physiques et les livre à l'âme. » Et il insiste sur ce second travail de réflexion qui spiritualise, qui fond et *harmonise* dans un ensemble et sous un même sentiment les traits réels une fois recueillis. Ce sera bien sa manière, à lui ; dans les images fidèles qu'il nous offre de la nature, l'homme, l'âme est toujours en présence ; c'est la vie réfléchie et rendue par la vie. Ses moindres croquis ont ainsi leur sens et leur charme :

« Le 19 (mars). — Promenade dans la forêt de Coëtquen. Rencontre d'un site assez remarquable pour sa sauvagerie : le chemin descend par une pente subite dans un petit ravin où coule un petit ruisseau sur un fond d'ardoise, qui donne à ses eaux une couleur noirâtre, désagréable d'abord, mais qui cesse de l'être quand on a observé son harmonie avec les troncs noirs des vieux chênes, la sombre verdure des lierres, et son contraste avec les jambes blanches et lisses des bouleaux. Un grand vent du nord roulait sur la forêt et lui faisait pousser de profonds mugissements. Les arbres se débattaient sous les bouffées de vent comme des furieux. Nous voyions à travers les branches les nuages qui volaient rapidement par masses noires et bizarres, et semblaient effleurer la cime des arbres. Ce grand voile sombre et flottant laissait parfois des défauts par où se glissait un rayon de soleil qui descendait comme un éclair dans le sein de la forêt. Ces passages subits de lumière donnaient à ces profondeurs si majestueuses dans l'ombre quelque chose de hagard et d'étrange, comme un rire sur les lèvres d'un mort.

« Le 20. — L'hiver s'en va en souriant ; il nous fait ses adieux par un beau soleil resplendissant dans un ciel pur et uni comme une glace de Venise. Encore un pas du Temps qui s'achève. Oh ! que ne peut-il, comme les coursiers des Immortels, atteindre en quatre bonds les limites de sa durée ! »

Il est plus d'une manière de voir et de peindre la nature, et je les admets toutes, pourvu qu'elles aient de la vérité. Mais voilà bien, en effet, des coins de paysage comme je les préfère ; c'est délicat, c'est senti, et c'est *peint* en même temps ; c'est peint de près, sur place, d'après nature, mais sans crudité. Rien n'y sent la palette. Les couleurs ont toute leur fraîcheur, leur vérité, et aussi une certaine tendresse. Elles ont passé au miroir intérieur et sont vues par réflexion. On y saisit avant tout la physionomie, on y respire l'âme des choses.

« Le 28 (mars). — Toutes les fois que nous nous laissons pénétrer à la nature, notre âme s'ouvre aux impressions les plus touchantes. Il y a quelque chose dans la nature, soit qu'elle rie et se pare dans les beaux jours, soit qu'elle devienne pâle, grise, froide, pluvieuse, en automne et en hiver, qui émeut non-seulement la surface de l'âme, mais même ses plus intimes secrets et donne l'éveil à mille souvenirs qui n'ont, en apparence, aucune liaison au spectacle extérieur, mais qui sans doute entretiennent une correspondance avec l'âme de la nature par des sympathies qui nous sont inconnues. J'ai ressenti aujourd'hui cette puissance étonnante, en respirant, couché dans un bois de hêtres, l'air chaud du printemps. »

Et le 5 avril :

« Journée belle à souhait. Des nuages, mais seulement autant qu'il en faut pour faire paysage au ciel. Ils affectent de plus en plus leurs formes d'été. Leurs groupes divers se tiennent immobiles sous le soleil comme les troupeaux de moutons dans les pâturages, quand il fait grand chaud. J'ai vu une hirondelle, et j'ai entendu bourdonner les abeilles sur les fleurs. En m'asseyant au soleil pour me pénétrer jusqu'à la moelle du divin printemps, j'ai ressenti quelques-unes de mes impressions d'enfance : un moment, j'ai considéré le ciel avec ses nuages, la terre avec ses bois, ses chants, ses bourdonnements, comme je faisais alors. Ce renouvellement du premier aspect des choses, de la physionomie qu'on leur a trouvée avec les premiers regards, est, à mon avis, une des plus douces réactions de l'enfance sur le courant de la vie. »

Mais bientôt il y a lutte en lui, il y a scrupule. Guérin, à cette date, est encore rigoureusement chrétien. Il s'en prend à son âme de ressentir avec tant de vivacité les insinuations et les voluptés de la nature, un jour de divine componction et de deuil, car ce 5 avril était un Vendredi-Saint. La retraite pénitente où il est confiné en cette semaine de la Passion lui donne de l'ennui, et il se le reproche. La règle est aux prises chez lui avec le rêve. Lui, dont l'instinct est d'aller, d'errer, de poursuivre l'infini dans les souffles, dans les murmures des vents et des eaux, dans les odeurs germinales et les parfums ; lui qui dira, en projetant des voyages : « Il y aura du charme à errer. Quand on erre, on sent qu'on suit la vraie condition de l'humanité ; c'est là, je crois, le secret du charme ; » il essaye, à ce moment de sa vie, de concilier le Christianisme et le culte de la nature ; il cherche, s'il se peut, un rapport mystique entre l'adoration de cette nature qui vient se concentrer dans le cœur de l'homme et s'y sacrifier comme sur un autel, et l'immolation eucharistique dans ce même cœur. Vain effort ! il tente l'impossible et l'inconciliable ; il ne réussira qu'à retarder, à lui-même, son entraînement prochain, irrésistible. Car il n'y a pas de milieu ; la Croix barre plus ou moins la vue libre de la nature ; le grand Pan n'a rien à faire avec le divin Crucifié. Une certaine sobriété méfiante et craintive est imposée, comme première condition, au contemplateur chrétien. Et Guérin, au contraire, n'y résiste pas ; tous les accidents naturels qui passent, une pluie d'avril, une bourrasque de mars, une tendre et capricieuse nuaison de mai, tout lui parle, tout le saisit et le possède, et l'enlève ; il a beau s'arrêter en de courts instants et s'écrier : « Mon Dieu ! comment se fait-il que mon repos soit altéré par ce qui se passe dans l'air, et que la paix de mon âme soit ainsi livrée au caprice des vents ? » il ne laisse pas de s'y livrer, il s'abandonne, il s'enivre de la vie des choses et voudrait par accès s'y confondre, s'y universaliser :

« 25 avril. — Il vient de pleuvoir. La nature est fraîche, rayonnante ; la terre semble savourer avec volupté l'eau qui lui apporte la vie. On dirait que le gosier des oiseaux s'est aussi rafraîchi à cette pluie : leur chant est plus pur, plus vif, plus éclatant, et vibre à merveille dans l'air devenu extrêmement sonore et retentissant. Les rossignols, les bouvreuils, les merles, les grives, les loriots, les pinsons, les roitelets, tout cela chante et se réjouit. Une oie, qui crie comme une trompette, ajoute au charme par le contraste. Les arbres immobiles semblent écouter tous ces bruits. D'innombrables pommiers fleuris paraissent au loin comme des boules de neige ; les cerisiers aussi tout blancs se dressent en pyramides ou s'étalent en éventails de fleurs.

« Les oiseaux semblent viser parfois à ses effets d'orchestre où tous les instruments se confondent en une masse d'harmonie.

« Si l'on pouvait s'identifier au printemps, forcer cette pensée au point de croire aspirer en soi toute la vie, tout l'amour qui fermentent dans la nature ! se sentir à la fois fleur, verdure, oiseau, chant, fraîcheur, élasticité, volupté, sérénité ! Que serait-ce de moi ? Il y a des moments où, à force de se concentrer dans cette idée et de regarder fixement la nature, on croit éprouver quelque chose comme cela. »

Un mois s'est écoulé ; le moment où le printemps longuement couvé et nourri éclate, non plus en fleurs mais en feuilles, où la verdure déborde, où il y a en deux ou trois matinées inondation presque subite de verdure, est admirablement rendu :

« 3 mai. — Jour réjouissant, plein de soleil, brise tiède, parfums dans l'air ; dans l'âme, félicité. La verdure gagne à vue d'œil ; elle s'est élancée du jardin dans les bosquets, elle domine tout le long de l'étang ; elle saute, pour ainsi dire, d'arbre en arbre, de hallier en hallier, dans les champs et sur les coteaux, et je la vois qui a déjà atteint la forêt et commence à s'épancher sur son large dos. Bientôt elle aura débordé aussi loin que l'œil peut aller, et tous ces grands espaces clos par l'horizon seront ondoyants et mugissants comme une vaste mer, une mer d'émeraude. Encore quelques jours et nous aurons toute la pompe, tout le déploiement du règne végétal. »

Et le moment où tout ce qui d'abord n'était que fleur sans feuille n'est plus que germe et feuillage, où les amours des végétaux ont cessé, et où la nutrition du fruit commence :

« 22 mai. — Il n'y a plus de fleurs aux arbres. Leur mission d'amour accomplie, elles sont mortes, comme une mère qui périt en donnant la vie. Les fruits ont noué, ils aspirent l'énergie vitale et reproductrice qui doit mettre sur pied de nouveaux individus. Une génération innombrable est actuellement suspendue aux branches de tous les arbres, aux fibres des plus humbles graminées, comme des enfants au sein maternel. Tous ces germes, incalculables dans leur nombre et leur diversité, sont là suspendus entre le ciel et la terre dans leur berceau, et livrés au vent qui a la charge de bercer ces créatures. Les forêts futures se balancent imperceptibles aux forêts vivantes. La nature est tout entière aux soins de son immense maternité. »

Quoique voué de cœur à la Bretagne qu'il appelle *la bonne contrée*, l'enfant du Midi se réveille parfois en Guérin ; *Mignon* se ressouvient du ciel bleu et du pays où les oliviers fleurissent. L'hôte de la Chênaie ne se fait pas illusion sur ces magnificences et ces beautés silvestres, bocagères, qui sont toujours si près, là-bas, de redevenir sèches et revêches ; la Chênaie, la Bretagne tout entière « lui fait l'effet, dit-il, d'une vieille bien ridée, bien chenue, redevenue par la baguette des Fées jeune fille de seize ans et des plus gracieuses. » Mais sous la jeune fille gracieuse, la vieille, à de certains jours, reparaît. En plein juin, la belle saison un matin s'en est allée on ne sait où ; le vent d'ouest a tout envahi comme un pasteur humide chassant devant lui ses innombrables troupeaux de nuages. A la verdure près, c'est l'hiver, avec l'affligeant contraste de plus ; et même quand il y a splendeur, l'été, jusque dans ses jours de solennité, a toujours, il le sent, « quelque chose de triste, de voilé, de borné. C'est comme un avare qui se met en frais ; il y a de la ladrerie dans sa magnificence. Vive notre ciel de Languedoc si libéral en lumière, si bleu, si largement arqué ! » Ainsi s'écrie ces jours-là presque en exilé celui qui ressonge à son doux nid du Cayla et à la Roche d'Onelle. Dans ses excursions par le pays et quand il traverse les landes, c'est bien alors que la nature lui apparaît maigre et triste, en habit de mendiante et de pauvresse ; mais pour cela il ne la dédaigne : il a fait sur ce thème des vers bien pénétrants et où l'âpreté du pays est rendue au vrai ; il la comprend si bien, cette âpreté, il la serre de si près qu'il en triomphe. Comme cette Cybèle de l'Hymne homérique qui se présenta d'abord à de jeunes filles assises au bord du chemin, sous le déguisement d'une vieille femme stérile, et qui ensuite redevint soudainement la féconde et glorieuse Déesse, la Nature bretonne finit par livrer à Guérin tout ce qu'elle contient : s'il l'a méconnue un moment, il s'en repent vite, et elle lui pardonne ; elle cesse de paraître ingrate à ses yeux, elle redevient aussi belle qu'elle peut l'être : la lande elle-même s'anime, se revêt pour lui, dans ses moindres accidents, de je ne sais quel charme.

C'est en vers qu'il dit ces dernières choses, et c'est

pour cela que je ne les cite pas. Les vers de Guérin en effet sont naturels, faciles, abondants, mais inachevés. Il use habituellement et de préférence d'un vers que je connais bien pour avoir essayé en mon temps de l'introduire et de l'appliquer, l'alexandrin familier, rompu au ton de la conversation, se prêtant à toutes les sinuosités d'une causerie intime. « Ta poésie chante trop, écrivait-il à sa sœur Eugénie, elle ne cause pas assez. » Il se garde de la strophe comme prenant trop aisément le galop et emportant son cavalier; il ne se garde pas moins de la stance lamartinienne comme berçant trop mollement son rêveur et son gondolier. Il croit qu'on peut tirer grand parti de ce vers alexandrin qui, bien manié, n'est pas si roide qu'il en a l'air, qui est capable de bien des finesses et même de charmantes négligences. Toute cette théorie me paraît juste, et elle est la mienne aussi. C'est dans l'application seulement que Guérin se trouve en défaut comme nous-même nous avons pu l'être, mais il l'est plus qu'il ne le faudrait et beaucoup trop; il s'en remet surtout trop au hasard, et l'on peut dire de lui ce qu'il dit d'un autre de ses amis, que cela s'en va de chez lui *comme l'eau d'une fontaine.* Il a des vers de détail très-heureux, très-francs, mais sa phrase traîne, s'allonge, se complique prosaïquement; il ne sait pas assez la couper, l'arrêter à temps, et, après un certain nombre de vers accidentés, irréguliers, redonner le ton plein et marquer la cadence. Le nom de Brizeux, le poëte breton, se rapproche naturellement de celui de Guérin, le paysagiste breton. Guérin avait dû lire la *Marie* de Brizeux, et je ne vois pas qu'il en parle. Il ne faut rien exagérer: cette gentille *Marie*, dans son premier costume, n'était qu'une petite paysanne à l'usage et à la mesure de Paris. Ce n'est que plus tard que Brizeux a songé tout de bon à se faire Breton; dans le poëme de lui qui porte ce titre, *les Bretons*, il a réussi dans deux ou trois grands et vigoureux tableaux ; l'ensemble manque d'intérêt, et le tout est dénué de charme. Je ne parle pas des divers recueils qui ont suivi et qui, sauf quelques pièces assez rares, ne sont que les produits ingrats et de plus en plus saccadés d'une veine aride et tarie. Or ce qu'avait surtout Guérin, c'est le jet, c'est la veine, c'est le charme, c'est la largeur et la puissance : l'auteur du *Centaure* est d'un autre ordre que le discret amoureux de *Marie*. Mais Brizeux, en vers, est artiste, et Guérin ne l'est pas assez. Brizeux a la science du vers, et s'il fait trop peu courir sa source, si, pour de bonnes raisons, il ne la déchaîne jamais, s'il n'a jamais ce que le généreux poëte Lucrèce appelle le *magnum immissis certamen habenis*, la charge à fond et à bride abattue, du moins il ramène toujours les plis de sa ceinture, il a des manières habiles et charmantes de l'agrafer.

En 1833, Guérin, ce Breton d'adoption et qui était alors bien plus Breton de génie et d'âme que Brizeux, vivait donc en plein de cette vie rurale, reposée, poétique et chrétienne, dont la séve montait à flots dans son talent et s'épanchait avec fraîcheur dans ses pages secrètes. Il avait ses troubles, ses défaillances intérieures, je le sais : nous reviendrons, au moins pour l'indiquer, sur ce côté faible de son âme et de sa volonté ; son talent, plus tard, sera plus viril en même temps que sa conscience moins agitée ; ici il est dans toute sa fleur délicate d'adolescence. Il y eut un moment unique où toutes les nuances étaient observées, où les adorations s'unirent et se confondirent. Que l'on se figure, à la Chênaie, qui s'appelait encore une maison sainte, le jour de Pâques de cette année 1833, le 7 avril, une matinée radieuse, et ce qui s'y passait une dernière fois de touchant. Celui qui était encore l'abbé de La Mennais célébrait dans la chapelle la messe pascale, — sa dernière messe (1), — et y donnait de sa main la communion à de jeunes disciples restés fidèles, et qui le croyaient fidèle aussi : c'étaient Guérin, Élie de Kertangui, François du Breil de Marzan, jeune poëte fervent, tout heureux de ramener à la sainte table une recrue nouvelle, un ami plus âgé de dix ans, Hippolyte de La Morvonnais, poëte lui-même. Il y avait en ce moment à la Chênaie, ou il allait y venir, quelques hommes dont la rencontre et l'entretien donnaient de pures joies, l'abbé Gerbet, esprit doux et d'une aménité tendre, l'abbé de Cazalès, cœur affectueux et savant dans les voies intérieures ; — d'autres noms, dont quelques-uns ont marqué depuis en des sciences diverses, Eugène Boré, Frédéric de La Provostaie : c'était toute une pieuse et docte tribu. Qui eût dit alors à ceux qui se groupaient encore autour du maître, que celui qui venait de leur donner de sa main la communion ne la donnerait plus à personne, qu'il la refuserait lui-même à tout jamais, et qu'il allait avoir bientôt pour devise trop vraie un *Chêne brisé par l'orage*, avec cette légende altière : *Je romps et ne plie pas ?* une devise de Titan, à la Capanée !— Oh ! si l'on nous l'eût dit, quel frisson eût passé dans nos veines ! écrivait l'un d'eux. — Mais pour nous qui n'avons ici qu'à parler de littérature, il est impossible de ne pas noter un tel moment mémorable dans l'histoire morale de ce temps, de n'y pas rattacher le talent de Guérin, de ne pas regretter que l'éminent et impétueux esprit qui couvait déjà des tempêtes n'ait pas fait alors comme le disciple obscur, caché sous son aile, qu'il n'ait pas ouvert son cœur et son oreille à quelques sons de la flûte pastorale ; qu'au lieu de se déchaîner en idée sur la société et de n'y voir qu'enfer, cachots,

---

(1) Non pas la toute dernière messe qu'il ait dite, mais la dernière qu'il ait célébrée au temps de Pâques. Je crois que l'assertion, ainsi modifiée et entendue, est exacte.

souterrains, égouts (toutes images qui lui reviennent perpétuellement et qui l'obsèdent), il n'ait pas regardé plus souvent du côté de la nature, pour s'y adoucir et s'y calmer. Et pourtant, ce même M. de La Mennais écrivait, quelques mois après, à l'une de ses pieuses amies en Italie : « Vous allez entrer dans le printemps, plus hâtif qu'en France dans le pays que vous habitez ; j'espère qu'il aura sur votre santé une influence heureuse. Abandonnez-vous à ce qu'a de si doux cette saison de renaissance ; faites-vous fleur avec les fleurs. Nous perdons par notre faute une partie, et la plus grande, des bienfaits du Créateur ; il nous environne de ses dons, et nous refusons d'en jouir par je ne sais quelle triste obstination à nous tourmenter nous-mêmes. Au milieu de l'atmosphère de parfums qui émane de lui, nous nous en faisons une composée de toutes les vapeurs mortelles qui s'exhalent de nos soucis, de nos inquiétudes et de nos chagrins, — fatale cloche de plongeur qui nous isole dans le sein de l'Océan immense. » — Et qui donc s'était placé sous cette cloche et se plaisait à y rester plus que lui ?

J'ai encore quelque chose à dire sur cette station de Guérin à la Chênaie et en Bretagne, sur cette époque *nourricière* de son talent.

ŒUVRES
DE MAURICE DE GUÉRIN

Publiées par M. Trébutien.

(suite et fin.)

Puisque j'ai parlé de La Mennais à cette date de 1833, et tel qu'il paraissait encore aux yeux de ce cercle fidèle, comment ne pas indiquer le portrait de lui que Guérin a tracé dans une lettre du 16 mai à M. de Bayne de Rayssac, l'un de ses amis du Midi? C'est bien la plus vive, la plus parlante image de cette moitié de La Mennais à laquelle on a peine à croire quand on n'a fait que le lire, moitié d'une âme qui semblait en conversant se livrer tout entière, ta elle était gaie et charmante, et qui s'éclipsait si vite alors que son front se plissait et que sa physionomie noircissait tout à coup. Guérin nous le montre comme il le voyait, sous son plus beau jour, et quelquefois dans sa fierté, mais sans la noirceur. Les lettres de Guérin à ses amis servent à compléter les impressions notées dans son Journal durant ce temps, et quelques-unes des pages de ce Journal ne sont elles-mêmes que des passages de ses lettres qui lui semblaient mériter d'être transcrits avant de s'échapper. L'artiste en effet, le peintre qui préparait à tout hasard ses cartons, s'essayait en lui. Une de ses fêtes les plus désirées, et qu'il se promettait dès son arrivée en Bretagne, fut un petit voyage aux côtes de l'Océan. Une première fois, le 28 mars, dans une promenade poussée plus loin que d'habitude avec l'abbé Gerbet et un autre compagnon, il avait entrevu au nord, de dessus une hauteur, la baie de Cancale et les eaux au loin resplendissantes qui décrivaient à l'horizon une barre lumineuse. Mais le vrai voyage, et qui lui permit de s'écrier : *Enfin j'ai vu l'Océan*, ne se fit que le 11 avril. Ce jour-là, le jeudi d'après Pâques, il se mit en route à une heure de l'après-midi, par un beau temps et un vent frais, à pied, en compagnie d'Edmond de Cazalès, qui n'était pas encore dans les Ordres. Il n'y avait pas moins de six ou sept lieues à faire; mais aller vers un grand but et y aller par un long chemin avec un ami, c'est double bonheur. Guérin sentait l'un et l'autre, et il nous l'a dit : « C'est une félicité non pareille de faire route, d'aller voir la mer avec un compagnon de voyage ainsi fait. Notre conversation alla, pour ainsi dire, tout d'un trait de la Chênaie à Saint-Malo, et, nos six lieues faites, j'aurais voulu voir encore devant nous une longue ligne de chemin; car vraiment la causerie est une de ces douces choses qu'on voudrait allonger toujours. » Il nous donne une idée de ces entretiens qui embrassaient le monde du cœur et celui de la nature, et qui couraient à travers la poésie, les tendres souvenirs, les espérances et toutes les aimables curiosités de la jeunesse. Je m'imagine que ces doux propos ressemblaient par l'esprit à ce qu'avaient dû être les entretiens de Basile et de Grégoire au rivage d'Athènes, à ceux d'Augustin et de ses amis au rivage d'Ostie. Les descriptions pittoresques, les *marines* qui viennent ensuite y gagnent en beauté ; ces conversations élevées en font le ciel.

Les derniers jours que passa Guérin à la Chênaie eurent de la douceur, mais une douceur souvent troublée ; il sentait en effet que cette vie de retraite allait cesser et que l'époque des vacances amènerait pour lui la nécessité d'un parti à prendre. Il jouissait d'autant plus, quand son imagination le lui permettait, du calme uni et profond des dernières heures :

« Le 14 (août). — Après une longue série de jours éclatants, j'aime assez à trouver un beau matin le ciel tendu de gris, et toute la nature se reposant en quelque sorte de ses jours de fête dans un calme mélancolique. C'est bien cela aujourd'hui. Un voile immense, immobile, sans le moindre pli, couvre toute la face du ciel ; l'horizon porte une couronne de vapeurs bleuâtres ; pas un souffle dans l'air. Tous les bruits qui s'élèvent dans le lointain de la campagne arrivent à l'oreille à la faveur de ce silence : ce sont des chants de laboureurs, des voix d'enfants, des piaulements et des refrains d'animaux, et de temps à autre un chien qui aboie je ne sais où, et des coqs qui se répondent comme des sentinelles. Au dedans de moi, tout aussi est calme et reposé. Un voile gris et un peu triste s'est étendu sur mon âme, comme ont fait les nuages paisibles sur la nature. Un grand silence s'est établi, et j'entends comme les voix de mille souvenirs doux et touchants, qui s'élèvent dans le lointain du passé et viennent bruire à mon oreille. »

Le 7 septembre, à quatre heures du soir, il monta dans la chambre de M. *Féli*, et lui fit ses adieux. Après neuf mois de séjour, « les portes du petit Paradis de la Chênaie se fermèrent derrière lui. » Les rapports, toujours ambigus et pénibles, de M. de La Mennais avec l'autorité diocésaine avaient empiré dans les derniers temps, et il devenait convenable que la petite école se dispersât. Guérin ne quitta pourtant pas encore la Bretagne, et il y resta jusqu'à la fin de janvier 1834, tantôt à la Brousse, dans la famille de M. de Marzan, tantôt au Val de l'Arguenon, dans l'ermitage de son ami Hippolyte de La Morvonnais, tantôt à Mordreux, chez le beau-père de ce dernier. Il y eut là une nouvelle et importante station dans sa vie. Il avait apporté à la Chênaie une peine secrète de cœur, je ne dis pas une passion, mais un sentiment. Ce sentiment se réveillait à la vue de certains hêtres qu'il voyait de sa fenêtre, du côté de l'étang, et qui lui rappelaient de chers et troublants souvenirs. Il y avait des nuits où il rêvait ; écoutons un de ses rêves : « 15 juin. — *Strange dream !* j'ai rêvé que je me trouvais seul dans une vaste cathédrale. J'étais là sous l'impression de la présence de Dieu et dans cet état de l'âme où l'on n'a plus conscience que de Dieu et de soi-même, lorsqu'une voix s'est élevée. Cette voix était infiniment douce, une voix de femme et qui pourtant remplissait toute l'église comme eût pu faire un grand concert. Je l'ai reconnue aussitôt, c'était la voix de Louise, *silver-sweet sounding* (la douce voix d'argent). » De tels songes, qui rappellent ceux de Dante adolescent et de la *Vita nuova*, ne se passaient que dans la partie élevée de l'esprit, et il y avait moyen d'en guérir. Et pour dire ici tout ce que nous pensons, Guérin n'était pas fait pour les grandes et violentes passions de l'amour. Un jour, quelques années après, lisant les Lettres de Mademoiselle de Lespinasse et y découvrant des flammes à lui inconnues, il s'en émouvait, et il s'étonnait de s'en émouvoir : « En vérité, disait-il, je ne me savais pas une imagination si tendre et qui pût à ce point agiter mon cœur ? Est-ce que je ne connais pas la mesure de mon cœur ? Il n'est pas fait pour ces passions où l'on dit : « *Vous aimer, vous voir, ou cesser d'exister !* » Aucune circonstance de sa vie, pas même l'inclination qui détermina son mariage, n'est venue démentir ce jugement qu'il portait sur lui-même ; il n'aima jamais qu'à la surface et, pour ainsi dire, devant le premier rideau de son âme : le fond restait mystérieux et réservé. Je croirais que lui, l'amant de la nature, il sentait trop l'universalité des choses pour aimer uniquement quelqu'un. Quoi qu'il en soit, il avait une peine alors, et en se trouvant transporté, au sortir de la solitaire Chênaie, dans l'intimité tendre d'Hippolyte de La Morvonnais et de sa jeune femme, cette peine se guérit. Il était de ceux qu'une sympathique amitié de jeune femme apaise au lieu de les enflammer. La pure amitié de la chaste épouse et le bonheur dont il était témoin, sans effacer ni abolir l'autre image, la firent passer à l'état d'ombre légère. Tout rentra dans l'ordre; et Guérin, à la veille de se trouver lancé dans la mêlée du monde, goûta quelques mois de parfaite harmonie.

Les peintures qu'il a retracées de ces jours d'automne et d'hiver, passés au bord de l'Océan dans la maison de l'hospitalité, dans cette *Thébaïde des Grèves* comme l'appelait un peu ambitieusement La Morvonnais, sont de belles pages qui se placent d'elles-mêmes à côté des meilleures, en ce genre, que nous connaissons. Le contraste saisissant de cette paix du foyer et de ces tempêtes presque continuelles de l'Océan, quelquefois cet autre contraste non moins frappant entre la mer paisible, le sommeil des champs et le cœur orageux du contemplateur, donnent aux divers tableaux toute leur vie et leur variété :

« Et voyez combien la Providence est pleine de bonté pour moi. De crainte que le passage subit de l'air doux et tempéré de la vie religieuse et solitaire à la zone torride du monde n'éprouvât trop mon âme, elle m'a amené, au sortir du saint asile, dans une maison élevée sur les confins des deux régions, où, sans être de la solitude, on n'appartient pas encore au monde; une maison dont les croisées s'ouvrent d'un côté sur la plaine où s'agite le tumulte des hommes, et de l'autre sur le désert où chantent les serviteurs de Dieu; d'un côté sur l'Océan, et de l'autre sur les bois; et cette figure est une réalité, car elle est bâtie sur le bord de la mer. Je veux coucher ici l'histoire du séjour que j'y ferai, car les jours qui se passent ici sont pleins de bonheur, et je sais que dans l'avenir je me retournerai bien des fois pour relire le bonheur passé. Un homme pieux et poëte, une femme dont l'âme va si bien à la sienne qu'on dirait d'une seule âme, mais dédoublée ; une enfant qui s'appelle *Marie*, comme sa mère, et qui laisse, comme une étoile, percer les premiers rayons de son amour et de son intelligence à travers le nuage blanc de l'enfance ; une vie simple, dans une maison antique ; l'Océan qui vient le matin et le soir nous apporter ses accords ; enfin un voyageur qui descend du Carmel pour aller à Babylone, et qui a posé à la porte son bâton et ses sandales pour s'asseoir à la table hospitalière : voilà de quoi faire un poëme biblique, si je savais écrire les choses comme je sais les éprouver. »

Je n'ai point de regret à ce poëme biblique ; il va nous en dire assez, tout en disant qu'il ne le saurait faire. Nous en aurons tout à l'heure une *journée* entière, une *journée modèle ;* mais auparavant donnons-nous avec lui le spectacle d'une *mer agitée* et, en même temps, de l'âme humaine qui la contemple :

« (8 décembre). — Hier, le vent d'ouest soufflait avec furie. J'ai vu l'Océan agité, mais ce désordre, quelque sublime qu'il soit, est loin de valoir, à mon gré, le spectacle de la mer sereine et bleue. Mais pourquoi dire que l'un ne vaut pas l'autre ? Qui pourrait mesurer ces deux sublimités et dire : la seconde dépasse la première ! Il faut dire seulement : mon âme se complaît mieux dans la sérénité que dans l'orage. Hier, c'était une immense bataille dans les plaines humides. On eût dit, à voir bondir les vagues, ces innombrables cavaleries de Tartares qui galopent sans cesse dans les plaines de l'Asie. L'entrée de la baie est comme défendue par une chaîne d'îlots de granit : il fallait voir les lames courir à l'assaut et se lancer follement contre ces masses avec des clameurs effroyables ; il fallait les voir prendre leur course et faire à qui franchirait le mieux la tête noire des écueils. Les plus hardies ou les plus lestes sautaient de l'autre côté en poussant un grand cri ; les autres, plus lourdes ou plus maladroites, se brisaient contre le roc en jetant des écumes d'une éblouissante blancheur, et se retiraient avec un grondement sourd et profond, comme les dogues repoussés par le bâton du voyageur. Nous étions témoins de ces luttes étranges, du haut d'une falaise où nous avions peine à tenir contre les furies du vent. Nous étions là, le corps incliné et les jambes écartées pour élargir notre base et résister avec plus d'avantage, et les deux mains cramponnées à nos chapeaux pour les assurer sur nos têtes. Le tumulte immense de la mer, la course bruyante des vagues, celle, non moins rapide, mais silencieuse, des nuages, les oiseaux de marine qui flottaient dans le ciel et balançaient leur corps grêle entre deux ailes arquées et d'une envergure démesurée, tout cet ensemble d'harmonies sauvages et retentissantes qui venaient toutes converger à l'âme de deux êtres de cinq pieds de hauteur, plantés sur la crête d'une falaise, secoués comme des feuilles par l'énergie du vent, et qui n'étaient guère plus apparents dans cette immensité que deux oiseaux perchés sur une motte de terre : oh! c'était quelque chose d'étrange et d'admirable, un de ces moments d'agitation sublime et de rêverie profonde tout ensemble, où l'âme et la nature se dressent de toute leur hauteur l'une en face de l'autre.

« A quelques pas de nous, il y avait un groupe d'enfants abrités contre un rocher, et paissant un troupeau répandu sur l'escarpement de la côte.

« Jetez un vaisseau en péril sur cette scène de la mer, tout change : on ne voit plus que le vaisseau. Heureux qui peut contempler la nature déserte et solitaire! Heureux qui peut la voir se livrant à ses jeux terribles sans danger pour aucun être vivant! Heureux qui regarde, du haut de la montagne, le lion bondir et rugir dans la plaine, sans qu'il vienne à passer un voyageur ou une gazelle! Hippolyte, nous eûmes ce bonheur hier, nous devons en remercier le Ciel.

« De la hauteur nous descendîmes dans une gorge qui ouvre une retraite marine (comme savaient en décrire les Anciens) à quelques flots de la mer qui viennent s'y reposer, tandis que leurs frères insensés battent les écueils et luttent entre eux. Des masses énormes de granit gris, bariolées de mousses blanches, sont répandues en désordre sur le penchant de la colline qui a ouvert cette anse en se creusant. On dirait, tant elles sont étrangement posées et inclinées vers la chute, qu'un géant s'est amusé un jour à les faire rouler du haut de la côte, et qu'elles se sont arrêtées là où elles ont rencontré un obstacle, les unes à quelques pas du point de départ, les autres à mi-côte; mais ces obstacles semblent les avoir plutôt suspendues qu'arrêtées dans leur course, car elles paraissent toujours prêtes à rouler. Le bruit des vents et des flots, qui s'engouffre dans cet enfoncement sonore, y rend les plus belles harmonies. Nous y fîmes une halte assez longue, appuyés sur nos bâtons et tout émerveillés....

« En regagnant le Val, nous admirâmes la position d'une maisonnette habitée par un vieillard. Elle est appuyée contre un mamelon et tourne le dos à la mer, en vraie solitaire qui ne veut qu'entendre le bruit des choses d'en bas. Un petit jardin bien planté, et où il vient un peu de tout, s'étend sur le devant jusqu'à un petit ruisseau qui tombe dans la mer. C'est un petit paysage comme les aimait Virgile.

« Le soir, la voix de l'Océan était rauque et sourde. »

Les poëtes anglais du foyer, Cowper, Wordsworth, ont-ils jamais rendu plus délicieusement les joies d'un intérieur pur, la félicité domestique, ce ressouvenir de l'Éden, que le voyageur qui s'asseyant un moment sous un toit béni, a su dire :

« Le Val, 20 décembre. — Je ne crois pas avoir jamais senti avec autant d'intimité et de recueillement le bonheur de la vie de famille. Jamais ce parfum qui circule dans tous les appartements d'une maison pieuse et heureuse ne m'a si bien enveloppé. C'est comme un nuage d'encens invisible que je respire sans cesse. Tous ces menus détails de la vie intime, dont l'enchaînement constitue la journée, sont pour moi autant de nuances d'un charme continu qui va se développant d'un bout de journée à l'autre : — le salut du matin qui renouvelle en quelque sorte le plaisir de la première arrivée, car la formule avec laquelle on s'aborde est à peu près la même, et d'ailleurs la séparation de la nuit imite assez bien les séparations plus longues, comme elles étant pleine de dangers et d'incertitude ; — le déjeuner, repas dans lequel on fête immédiatement le bonheur de s'être retrouvés ; — la promenade qui suit, sorte de salut et d'adoration que nous allons rendre à la nature, car à mon avis, après avoir adoré Dieu directement dans la prière du matin, il est bon d'aller plier un genou devant cette puissance mystérieuse qu'il a livrée aux adorations secrètes de quelques hommes ; — notre rentrée et notre clôture dans une chambre toute lambrissée à l'antique, donnant sur la mer, inaccessible au bruit du ménage ; en un mot, vrai sanctuaire de travail ; — le dîner qui s'annonce non par le son de la cloche qui sent trop le collège ou la grande maison, mais par une voix douce qui nous appelle d'en bas ; la gaieté, les vives plaisanteries, les conversations brisées en mille pièces qui flottent sans cesse sur la table durant ce repas : le feu pétillant de branches sèches autour duquel nous pressons nos chaises après ce signe de Croix qui porte au Ciel nos actions de grâces ; les douces choses qui se disent à la chaleur du feu qui bruit tandis que nous causons ; — et, s'il fait soleil, la promenade au bord de la mer qui voit venir à elle une mère portant son enfant dans ses bras, le père de cet enfant et un étranger, ces deux-ci un bâton à la main ; les petites lèvres de la petite fille qui parle en même temps que les flots, quelquefois les larmes qu'elle verse, et les cris de la douleur enfantine sur le rivage de la mer ; nos pensées à nous, en voyant la mère et l'enfant qui se sourient ou l'enfant qui pleure et la mère qui tâche de l'apaiser avec la douceur de ses caresses et de sa voix, et l'Océan qui va toujours roulant son train de vagues et de bruits ; les branches mortes que nous coupons dans le taillis pour nous allumer au retour un feu vif et prompt ; ce petit travail de bûcheron qui nous rapproche de la nature par un contact immédiat et me rappelle l'ardeur de M. *Féli* pour ce même labeur ; — les heures d'étude et d'épanchement poétique, qui nous mènent jusqu'au souper ; ce repas qui nous rappelle avec la même douce voix et se passe dans les mêmes joies que le dîner, seulement un peu moins éclatantes parce que le soir voile tout, tempère tout ; — la soirée qui s'ouvre par l'éclat d'un feu joyeux, et de lectures en lectures, de causeries en causeries, va expirer dans le sommeil ; — et à tous les charmes d'une telle journée ajoutez je ne sais quel rayonnement angélique, je ne sais quel prestige de paix, de fraîcheur et d'innocence qu'y répandent la tête blonde, les yeux bleus, la voix argentine, les petits pieds, les petits pas, les rires, les petites moues pleines d'intelligence d'une enfant qui, j'en suis sûr, fait envie à plus d'un Ange ; qui vous enchante, vous séduit, vous fait raffoler avec un léger mouvement de ses lèvres, tant il y a de puissance dans la faiblesse ? ajoutez-y tout ce que vous dira votre imagination, et vous serez loin encore d'avoir touché le fond de toutes ces voluptés secrètes. »

Cependant ces joies de la famille, trop senties par un cœur à qui il n'était point donné de les goûter pour son propre compte, l'attendrissaient trop ; il en était venu, il nous le dit, à pleurer pour un rien, « comme il arrive aux petits enfants et aux vieillards. » Ce calme continuel, cette douce monotonie de la vie familière, en se prolongeant comme une note suave mais toujours la même, avaient fini par l'énerver, par l'exalter et le jeter hors de lui ou le noyer trop avant au dedans de lui ; le trop de paix lui était une nouvelle espèce d'orage ; son âme était *en proie*, et il y avait danger, de ce côté, à je ne sais quelle ivresse de langueur, s'il n'eût trouvé un contre-poids, une puissante diversion dans la contemplation de la nature, de même qu'à d'autres moments il y avait eu danger que l'attraction souveraine, la puissante voix de cette nature ne l'absorbât et ne le dominât uniquement. Car Guérin était une âme merveilleuse, la plus sensible, la plus impressible, mais sans garantie contre elle-même et sans défense. Cette fois il sut se détourner à temps et alterner dans le mode de sa sensibilité :

« Je me mis à la considérer (la nature) encore plus attentivement que de coutume, et par degrés la fermentation s'adoucit ; car il sortait des champs, des flots, des bois, une vertu suave et bienfaisante qui me pénétrait et tournait tous mes transports en rêves mélancoliques.

Cette fusion des impressions calmes de la nature avec les rêveries orageuses du cœur, engendra une disposition d'âme que je voudrais retenir longtemps, car elle est des plus désirables pour un rêveur inquiet comme moi. C'est comme une extase tempérée et tranquille qui ravit l'âme hors d'elle-même sans lui ôter la conscience d'une tristesse permanente et un peu orageuse. Il arrive aussi que l'âme est pénétrée insensiblement d'une langueur qui assoupit toute la vivacité des facultés intellectuelles et l'endort dans un demi-sommeil vide de toute pensée, dans lequel néanmoins elle se sent la puissance de rêver les plus belles choses.....

« Rien ne peut figurer plus fidèlement cet état de l'âme que le soir qui tombe en ce moment. Des nuages gris, mais légèrement argentés par les bords, sont répandus également sur toute la face du ciel. Le soleil qui s'est retiré, il y a peu d'instants, a laissé derrière lui assez de lumière pour tempérer quelque temps les noires ombres et adoucir en quelque sorte la chute de la nuit. Les vents se taisent, et l'Océan paisible ne m'envoie, quand je vais l'écouter sur le seuil de la porte, qu'un murmure mélodieux qui s'épanche dans l'âme comme une belle vague sur la grève. Les oiseaux, gagnés les premiers par l'influence nocturne, se dirigent vers les bois et font siffler leur ailes dans les nuages. Le taillis qui couvre toute la pente de la côte du Val, retentissant tout le jour du ramage du roitelet, du sifflement gai du pivert et des cris divers d'une multitude d'oiseaux, n'a plus aucun bruit dans ses sentiers ni sous ses fourrés, si ce n'est le piaulement aigu jeté par les merles qui jouent entre eux et se poursuivent, tandis que les autres oiseaux ont déjà le cou sous l'aile. Le bruit des hommes, qui se taisent toujours les derniers, va s'effaçant sur la face des champs. La rumeur générale s'éteint, et l'on n'entend guère venir de clameurs que des bourgs et des hameaux, où il y a, jusque bien avant dans la nuit, des enfants qui crient et des chiens qui aboient. Le silence m'enveloppe; tout aspire au repos, excepté ma plume qui trouble peut-être le sommeil de quelque atome vivant, endormi dans les plis de mon cahier, car elle fait son petit bruit en écrivant ces vaines pensées. Et alors, qu'elle cesse; car ce que j'écris, ce que j'ai écrit et ce que j'écrirai ne vaudra jamais le sommeil d'un atome. »

Certes, cela est beau comme de beaux vers. On parle des Lakistes et de leur poésie, et La Morvonnais, vers ce temps même, en était fort préoccupé, au point d'aller visiter Wordsworth à sa résidence de Rydal-Mount, près des lacs du Westmoreland, et de rester en correspondance (1) avec ce grand et pacifique esprit,

(1) On me dit qu'il n'a pas fait le voyage; mais je suis bien sûr

avec ce Patriarche de la muse intime. Guérin, sans tant y songer, ressemblait mieux aux Lakistes en ne visant nullement à les imiter : il n'est point chez eux de sonnet pastoral plus limpide, il n'est point dans les poétiques promenades de Cowper de plus transparent tableau, que la page qu'on vient de lire, dans sa peinture si réelle à la fois et si tendre, si distincte et si émue. L'humble sentiment qui termine, et qui tient compte du moindre atome vivant, est à faire envie à un doux poëte de l'Inde.

Mais Guérin dut s'arracher à cette solitude, où il allait s'oublier et trop savourer, s'il n'y prenait garde, le fruit du *lotos*. Dans une dernière promenade par une riante après-midi d'hiver sur ces falaises, le long de ce sentier qui tant de fois l'y avait conduit à travers les buis et les coudriers, il exhale ses adieux et emporte tout ce qu'il peut de l'âme des choses. Le lendemain il est à Caen, quelques jours après à Paris. Sa nature timide, aussi tremblante et frissonnante que celle d'un daim effarouché, y éprouve, en arrivant, une secrète horreur. Il se méfie de lui, il a peur des hommes :

« Paris, 1ᵉʳ février 1834. — Mon Dieu, fermez mes yeux, gardez-moi de voir toute cette multitude dont la vue soulève en moi des pensées si amères, si décourageantes. Faites qu'en la traversant je sois sourd au bruit, inaccessible à ces impressions qui m'accablent quand je passe parmi la foule ; et pour cela mettez devant mes yeux une image, une vision des choses que j'aime, un champ, un vallon, une lande, le Cayla, le Val, quelque chose de la nature. Je marcherai le regard attaché sur ces douces formes, et je passerai sans ressentir aucun froissement. »

Ici il nous faut bien entrer un peu dans le secret de cette nature de Guérin. Il y avait une véritable contradic-

---

au moins de la correspondance, car j'y ai vu avec une surprise reconnaissante que mon nom était connu de Wordsworth.

tion en lui : par tout un côté de lui-même il sentait la nature extérieure passionnément, éperdument, il était capable de s'y plonger avec hardiesse, avec une frénésie superbe, d'y réaliser par l'imagination l'existence fabuleuse des antiques demi-dieux : par tout un autre côté, il se repliait sur lui, il s'analysait, il se rapetissait et se diminuait à plaisir ; il se dérobait avec une humilité désespérante ; il était de ces âmes, pour ainsi dire, nées chrétiennes, qui ont besoin de s'accuser, de se repentir, de trouver hors d'elles un amour de pitié, de *compassion;* qui se sont confessées de bonne heure, et qui auront besoin de se confesser toujours. J'ai connu de ces âmes-là, et il m'est arrivé à moi-même d'en décrire une autrefois, dans un roman que cette affinité secrète avait fait agréer de Guérin avec indulgence. Lui aussi il était, mais il n'était qu'à demi de la race de René, en ce sens qu'il ne se croyait pas une nature supérieure : bien loin de là, il croyait se sentir pauvre, infirme, *pitoyable*, et dans ses meilleurs jours une nature *plutôt écartée que supérieure :*

« Pour être aimé tel que je suis, se murmurait-il à lui-même, il faudrait qu'il se rencontrât une âme qui voulût bien s'incliner vers son inférieure, une âme forte qui pliât le genou devant la plus faible, non pour l'adorer, mais pour la servir, la consoler, la garder, comme on fait pour un malade ; une âme enfin douée d'une sensibilité humble autant que profonde, qui se dépouillât assez de l'orgueil, si naturel même à l'amour, pour ensevelir son cœur dans une affection obscure à laquelle le monde ne comprendrait rien, pour consacrer sa vie à un être débile, languissant et tout intérieur, pour se résoudre à concentrer tous ses rayons sur une fleur sans éclat, chétive et toujours tremblante, qui lui rendrait bien de ces parfums dont la douceur charme et pénètre, mais jamais de ceux qui enivrent et exaltent jusqu'à l'heureuse folie du ravissement. »

Ses amis luttaient le plus qu'ils pouvaient contre cette disposition découragée, dont il leur exprimait parfois les accès, les flux et reflux intérieurs, avec une délicatesse exquise, avec une lucidité effrayante; ils le pressaient, à cette entrée dans la vie pratique, de se faire un plan d'études, de vouloir avec suite, d'appliquer et de concentrer ses forces intellectuelles selon une méthode et sur des sujets déterminés. On espéra un moment lui faire avoir une chaire de Littérature comparée qu'il était question de fonder au Collége de Juilly, alors dirigé par MM. de Scorbiac et de Salinis ; mais cette idée n'eut pas de suite, et Guérin dut se contenter d'une classe provisoire au Collége Stanislas et de quelques leçons qu'il donnait çà et là. Un cordial ami breton qui se trouvait à Paris (M. Paul Quemper) avait pris à tâche de lui aplanir les premières difficultés et y réussit. Cette part faite aux nécessités matérielles, Guérin se réfugia d'autant plus, aux heures réservées, dans la vie du cœur et de la fantaisie ; il abonda dans sa propre nature ; retiré comme dans son *terrier* dans un petit jardin de la rue d'Anjou, proche de la rue de la Pépinière, il se reportait en idée aux grands et doux spectacles qu'il avait rapportés de la terre de l'Ouest ; il embrassait dans son ennui la tige de son lilas, « comme le seul être au monde contre qui il pût appuyer sa chancelante nature, comme le seul capable de supporter son embrassement. » Mais bientôt l'air de ce Paris qu'il fallait traverser chaque jour agit sur ce désolé de vingt-quatre ans ; l'attrait du monde le gagna peu à peu ; de nouvelles amitiés se firent qui, sans effacer les anciennes, les rejetèrent insensiblement dans le lointain. Qui l'eût rencontré deux ans après, mondain, élégant, *fashionable* même, causeur à tenir tête aux brillants causeurs, n'aurait jamais dit, à le voir, que ce fût un actif *malgré lui*. Il n'est rien de tel que ces poltrons échappés, dès qu'ils ont senti l'aiguillon. Et en même temps, ce talent dont il s'obstinait à douter toujours se développait, s'enhardissait ; il l'appliquait enfin à des sujets composés, à des créations extérieures ; l'artiste proprement dit se manifestait en lui.

Et ici que la piété d'une sœur qui a présidé à ce monument dressé à un tendre génie nous permette une réflexion. Dans le juste tribut que l'on paye à la mémoire d'un mort chéri, il ne doit se glisser rien d'injuste envers les vivants, et l'omission aussi peut être une injustice. Les trois ou quatre années que Guérin vécut à Paris, et où il vécut de cette vie de privations et de lutte, d'études et de monde, de relations diverses, ne sont nullement des années à mépriser ni à voiler. Cette vie est celle que beaucoup d'entre nous ont connue, et qu'ils mènent encore. Il perdit d'un côté sans doute, il gagna de l'autre. Il fut en partie infidèle à la fraîcheur de ses impressions adolescentes ; mais, comme tous les infidèles qui ne le sont pas trop, il ne s'en épanouit que mieux. Le talent est une tige qui s'implante volontiers dans la vertu, mais qui souvent aussi s'élance au delà et la dépasse : il est même rare qu'il lui appartienne en entier au moment où il éclate ; ce n'est qu'au souffle de la passion qu'il livre tous ses parfums.

Gardant toutes ses délicatesses de cœur, ses empreintes de nature champêtre et de paysage qu'il ravivait de temps en temps par des voyages rapides, Guérin, partagé désormais entre deux cultes, le *Dieu des cités* et *celui des déserts*, était le mieux préparé à aborder l'art, à combiner et à oser une œuvre. Il continuait, il est vrai, d'écrire dans son Journal qu'il ne se croyait pas de talent ; il se le démontrait de son mieux dans des pages subtiles et charmantes, et qui prouvaient ce talent même. Mais quand il se risquait à dire ces choses à ses amis, gens d'esprit, gens du métier, de spirituel entrain et de verve, à d'Aurevilly, à Scudo, à Amédée Renée (1) et quelques autres, il était impitoyablement raillé et tancé, et, ce qui vaut mieux, il était rassuré contre lui-même; il leur empruntait, à son insu, de leur mouvement et de leur intrépidité (2). Et c'est ainsi qu'il entra un jour dans toute sa puissance. L'idée du *Centaure* lui vint à la suite de plusieurs visites qu'il avait faites avec M. Trébutien au Musée des Antiques. Il lisait alors Pausanias et s'émerveillait de la multitude d'objets décrits par l'antiquaire grec : « La Grèce, disait-il, était comme un grand Musée. » — Nous assistons aux deux ordres, aux deux suites d'idées qui se rencontrèrent et se rejoignirent en lui dans une alliance féconde.

Le Centaure n'est nullement un pastiche de Ballanche; c'est une conception originale et propre à Guérin. On a vu comment il aimait à se répandre et presque à se ramifier dans la nature ; il était, à de certains moments, comme ces plantes voyageuses dont les racines flottent à la surface des eaux, au gré des mers. Il a exprimé en mainte occasion cette sensation diffuse, errante; il y avait des jours où, dans son amour du calme, il enviait « la vie forte et muette qui règne sous l'écorce des chênes; » il rêvait à je ne sais quelle métamorphose en arbre ; mais cette destinée de vieillard, cette fin digne de *Philémon* et de *Baucis*,

---

(1) Dans le recueil de vers publié par Amédée Renée en 1841 sous le titre d'*Heures de poésie*, il y a une belle pièce consacrée à la *Mémoire de Maurice de Guérin*; sa nature de poëte y est très-bien caractérisée : il y est appelé *malade d'infini*.

(2) Quand il était au plus bas de ses *low spirits*, combien de fois Barbey d'Aurevilly surtout n'eût-il pas à le remonter, à faire résonner à son oreille la voix secrète de son démon! Aucun de ceux qui connaissent ce drôle de corps, cet homme d'esprit infecté de mauvais goût, ne saurait prétendre que son influence puisse être bonne, à la longue, pour personne; mais *relativement*, et pour un temps très-court, Barbey dut être utile à Guérin.

et bonne tout au plus pour la sagesse d'un Laprade, jurait avec la séve ardente, impétueuse, d'un jeune cœur. Guérin donc avait cherché jusqu'alors sa forme et ne l'avait pas trouvée : elle se révéla tout d'un coup à lui et se personnifia sous la figure du *Centaure*. Ces grandes organisations primitives auxquelles ne croyait pas Lucrèce et auxquelles Guérin nous fait presque croire ; en qui le génie de l'homme s'alliait à la puissance animale encore indomptée et ne faisait qu'un avec elle ; par qui la nature, à peine émergée des eaux, était parcourue, possédée ou du moins embrassée dans des courses effrénées, interminables, lui parurent mériter un sculpteur, et aussi un auditeur capable d'en redire le mystère. Il supposa le dernier des Centaures interrogé au haut d'un mont, au bord de son antre, et racontant dans sa mélancolique vieillesse les plaisirs de ses jeunes ans à un mortel curieux, à ce diminutif de Centaure qu'on appelle homme ; car l'homme, à le prendre dans cette perspective fabuleuse, grandiose, ne serait qu'un Centaure dégradé et *mis à pied*. Rien n'est puissant comme ce rêve de quelques pages ; rien n'est plus accompli et plus classique d'exécution.

Guérin rêvait plus : ce n'était là qu'un début ; il avait aussi fait une *Bacchante* qui ne s'est point retrouvée (1), fragment anticipé de je ne sais quel poëme en prose dont le sujet était *Bacchus dans l'Inde* ; il méditait un *Hermaphrodite*. La Galerie des Antiques lui offrait ainsi des moules où il allait verser désormais et fixer sous des formes sévères ou attendries toutes ses sensations rassemblées des bruyères et des grèves. Une première phase s'ouvrait pour son talent. Mais l'artiste, en présence de son temple idéal, ne fit que

---

(1) On l'a retrouvée depuis, et elle a été mise dans la seconde édition des Œuvres (1862).

la statue du seuil; il devait tomber dès les premiers pas. Heureux d'un mariage tout récent avec une jeune et jolie créole, assuré désormais du foyer et du loisir, il fut pris d'un mal réel qui n'éclaira que trop les sources de ses habituelles faiblesses. On comprit alors cette plainte obstinée d'une si riche nature; les germes d'extinction et de mort précoce qui étaient déposés au fond de ses organes, dans les racines de la vie, se traduisaient fréquemment au moral par ce sentiment inexprimable de découragement et de défaillance. Ce beau jeune homme, emporté mourant dans le Midi, expira dans l'été de 1839, au moment où il revoyait le ciel natal, et où il y retrouvait toute la fraîcheur des tendresses et des piétés premières. Les Anges de la famille veillaient en prière à son chevet, et ils consolèrent son dernier regard. Il n'avait que vingt-neuf ans. Ces deux volumes qu'on donne aujourd'hui le feront vivre; et par une juste compensation d'une destinée si cruellement tranchée, ce qui est épars, ce qui n'était écrit et noté que pour lui seul, ce qu'il n'a pas eu le temps de tresser et de transformer selon l'art, devient sa plus belle couronne, et qui ne se flétrira point, si je ne m'abuse.

JOURNAL

D'OLIVIER LEFÈVRE D'ORMESSON

Publié par M. Chéruel (1).

On aura remarqué que ce mot de *Journal* revient bien souvent depuis quelques années au titre des livres que la critique a pour devoir d'annoncer : *Journal de Dangeau, Journal de d'Argenson, Journal de d'Andilly, Journal du duc de Luynes.....* C'est qu'en effet l'on est devenu singulièrement curieux de ces documents directs et de première main ; on les préfère même, ou peu s'en faut, à l'histoire toute faite, tant chacun se sent en disposition et se croit en état de la faire soi-même. Je ne suis pas de ceux qui, par une estime exagérée, mettent les pièces et les matériaux au-dessus de l'œuvre définitive ; mais comme les monuments historiques vraiment dignes de ce nom sont rares, comme ils se font longtemps attendre, et comme d'ailleurs ils ne sont possibles et durables qu'à la condition de combiner et de fondre dans leur ciment toutes les matières premières, de longue main produites et préparées, il n'est pas mauvais que celles-ci se produisent auparavant et soient mises en pleine lumière ; ceux qui ai-

---

(1) Dans la collection des *Documents inédits sur l'Histoire de France*, 2 vol. in-4°. Le premier volume seulement a paru.

ment à réfléchir peuvent, en les parcourant, s'y tailler çà et là des chapitres d'histoire provisoire à leur usage; ce ne sont pas les moins instructifs et les moins vrais. On m'a dernièrement reproché (et ce reproche m'est venu d'un critique très-spirituel, mais qui cherche avant tout dans chaque sujet son propre plaisir et sa gaieté personnelle) d'avoir dit du bien du *Journal* du duc de Luynes, comme si j'en avais exagéré l'utilité par rapport à ces premières années du règne de Louis XV; je ne crois pas être allé trop loin dans ce que j'en ai dit. Il est bien vrai que la lecture continue d'un tel registre est souvent pénible, insipide. De tels livres sont moins à lire qu'à consulter. On ne donne pas ces choses au public pour qu'il s'en amuse, on les destine aux historiens pour qu'ils s'en servent. Ce n'est pas ma faute si le tableau fidèle de la Cour en ces années du vieux Fleury et du jeune Louis XV laisse une impression si chétive, si flétrissante. On y voit trop, me dit-on, ce que la Noblesse était devenue depuis qu'elle s'était *enversaillée*. N'est-ce donc rien que de voir cela, non par des phrases générales et vagues, mais par un nauséabond détail de chaque jour? Persuadé de la durée de la monarchie qu'il avait sous les yeux, le duc de Luynes croyait laisser à ses petits-fils un trésor de *précédents:* il s'est trompé, et nous en jugeons aujourd'hui à notre aise. Une Révolution était au bout de ce régime ruineux et frivole; on comprend mieux, en le suivant tout au long et en le dévidant, pour ainsi dire, dans ces pages, combien elle venait de loin et combien elle était méritée. Parmi ces nobles mêmes, voués à servir une royauté devenue byzantine, et qui en faisaient partie, il y en eut qui, les premiers, sentirent le dégoût de ce qu'ils avaient sous les yeux et de leurs propres fonctions si enviées; les La Rochefoucauld-Liancourt et d'autres opposants de cette volée, précurseurs et complices du

Tiers-Etat, ne sortaient-ils pas de la garde-robe royale et des petits appartements? On est allé jusqu'à mettre en cause, pour ces papiers du duc de Luynes, le *royalisme* du descendant éclairé qui les a livrés à des mains habiles et en a autorisé la publication: comme s'il ne fallait pas le remercier plutôt d'avoir, dans un sentiment libéral, surmonté peut-être des répugnances de famille, et de nous avoir mis à même, par de telles dépositions authentiques, d'observer dans tout son vice une monarchie fastueuse et décrépite, d'où la vie graduellement se retirait! — Mais il s'agit aujourd'hui de toute autre chose, du *Journal* d'Ollivier d'Ormesson, et j'y arrive.

Les d'Ormesson avaient pour nom de famille *Lefèvre*. Ils nous représentent bien ces familles de haute bourgeoisie et parlementaires, chez qui les emplois, les mœurs, la probité, l'esprit lui-même et la langue se transmettaient dans une même maison par un héritage ininterrompu. C'est comme un tome second ou, si l'on veut, un tome premier de ces races équitables et intégres qu'on aime à personnifier finalement sous le nom et la figure de Daguesseau. Toutefois, à force de répéter ce qu'on a dit, et de renchérir, il ne faut pas se faire d'idoles. Voici, pour la plupart de ces familles de haute bourgeoisie, illustrées et anoblies à la fin du xvi° siècle ou dans le xvii°, ce qui en était dans la réalité. L'origine était peu de chose: un grand-père, né de quelque honnête marchand, de quelque commis au greffe, avait commencé la fortune, humblement, laborieusement; il s'était élevé degrés par degrés, en passant par tous les bas et moyens emplois, en se faisant estimer partout, en se rendant utile, nécessaire, en sachant mettre à profit les occasions; il avait à la fin percé, il était arrivé, déjà mûr, à quelque charge honorable et y avait assez vieilli pour confirmer son bon renom : il avait eu un fils, pareil à lui, mais qui, né tout porté, avait pu appliquer dès la jeunesse les mêmes qualités à des objets en vue et en estime, à des affaires publiques et d'État. Ce fils probe et déjà poli, qui hérite et qui répand de l'éclat sur sa maison, était suivi d'un fils grave et digne encore, ou souvent aussi trop poli et déjà corrompu, de quelque brillant marquis, homme à la mode et qui se dissipait. Un peu plus tôt, un peu plus tard, sur la vieille souche foncièrement bourgeoise on voyait éclore ce marquis-là. Telle me semble avoir été d'ordinaire, et du plus au moins, la loi des générations dans ces familles, qu'on est accoutumé à louer uniformément et en bloc, sur l'étiquette. Il serait facile de trouver des exemples assez nombreux pour justifier mon dire, qui n'est guère que celui d'Horace, un peu amendé et particularisé (*Ætas parentum pejor avis...*). L'honneur de ces races dites parlementaires est de s'être maintenues par le travail un peu plus longtemps que d'autres, et de n'avoir pas déchu ou même de s'être perfectionnées durant deux ou trois générations. Les d'Ormesson furent de ceux qui se conservèrent le mieux. L'illustration historique ne leur est venue que par le troisième de la race (depuis qu'elle eut commencé de compter), c'est-à-dire par celui dont on publie aujourd'hui le *Journal*, et qui fut simplement maître des Requêtes ; mais un jour, il eut le périlleux honneur d'être apporteur dans le procès de Fouquet, et, malgré le poids de l'ascendant royal, sous la pression inique et la menace de Colbert, il eut le mérite d'être juste indulgent : il ne conclut point pour la mort, et sa conclusion triompha. L'intérêt prodigieux que mettait la société d'alors à ce procès si justement entamé peut-être, mais si odieusement instruit et si arbitrairement conduit, les habiles instances des amis restés fidèles au malheureux

Surintendant, qui finirent par retourner l'opinion en sa faveur, les Plaidoyers anonymes de Pellisson qui s'échappaient à travers les barreaux de la Bastille et qui se récitaient avec attendrissement, les beaux vers miséricordieux de La Fontaine, et par-dessus tout les bulletins émus, pathétiques, de madame de Sévigné, ont gagné jusqu'à la postérité elle-même; et pour peu qu'on ait vécu en idée dans la société de ce temps-là, on fait comme les contemporains, on demeure reconnaissant envers M. d'Ormesson. Il s'est répandu (toute proportion gardée) sur son nom quelque chose de cette lumière clémente qui brille et qu'on salue au front des défenseurs de Louis XVI.

Ce sentiment de modération et de justice, cette intégrité courageuse, il la tenait en partie de ses vertueux parents et de ses auteurs. Son père, André d'Ormesson, a laissé par écrit l'histoire de la famille, et M. Chéruel, dans son intéressante et complète Introduction, nous en a donné les principaux extraits. On peut comparer ces morceaux avec ce que le chancelier Daguesseau a écrit sur son père; mais ici le langage est plus antique, et le tableau, s'il a moins d'élégance, offre aussi plus de naïveté. On y saisit à merveille la naissance, le mode de formation et d'accroissement de ces saines familles parlementaires. L'aïeul du plus illustre des d'Ormesson, et qui avait comme lui prénom *Ollivier*, était fils d'un commis au greffe du Parlement de Paris, et ne s'appelait d'abord que *Lefèvre;* sa mère, Madeleine Gaudard, était fille d'un procureur en la Chambre des Comptes de Paris. Ollivier, après de courtes études au Collége de Navarre, et que le peu d'aisance de la famille le força d'interrompre, fut placé comme clerc chez un procureur des Comptes ; il y demeurait lorsque l'empereur Charles-Quint fit son entrée solennelle à Paris, en 1539, entre les deux enfants de François Ier.

Il aimait plus tard à montrer à son fils ce logis d'où il l'avait vu passer. Il advint que M. de Roquancour, trésorier du Dauphin Henri eut un jour besoin d'un commis, et s'adressa pour cela au procureur chez qui était le jeune Ollivier Lefèvre. Celui-ci fut proposé et choisi : par son zèle, par sa bonne comptabilité, il se fit bien venir du trésorier, et aussi du Dauphin à qui il avait souvent affaire, et qui l'emmenait avec lui dans ses voyages pour payer sa dépense. Henri devint roi ; son trésorier particulier, M. de Roquancour, passa trésorier de l'Épargne, et Ollivier, à vingt-deux ans, fut son premier commis. Après un exercice de six années, il acheta un office d'argentier du roi, puis fut trésorier de l'extraordinaire des guerres, puis trésorier des parties casuelles : il avait parfois des traverses; les gens de finance étaient sujets alors à suspicion et à des accusations fréquentes, trop souvent justifiées; il en rencontra sur sa route et en triompha par son bonheur et par sa probité. C'est vers ce temps qu'il acquit une terre d'Ormesson (près de Saint-Denis), qui n'est pas la même que celle du même nom en Brie, plus connue, appartenant également à la famille, et il commença de se faire appeler *M. d'Ormesson*, le nom de *Lefèvre* étant trop commun. Cependant il pensait toujours à s'avancer et une alliance en Cour lui était indispensable. Il jeta ses vues sur la famille de M. de Morvilliers, évêque d'Orléans et conseiller d'État, et rechercha une de ses nièces qui lui fut accordée : cette jeune personne appartenait du côté paternel à la famille de saint François de Paule, pour qui la famille d'Ormesson aura une dévotion toute particulière. Ainsi l'utilité s'accordait avec la sainteté, le ciel et la terre y trouvaient leur compte, ce premier d'Ormesson, homme de tant de sens, et de mérite, eut dès lors, par le crédit de M. de Morvilliers, de grands emplois, toujours dans les finances, une commission extraordinaire et de confiance, qui dura deux ans ; en dernier lieu, il était trésorier général de Picardie, charge qu'il avait achetée du précédent trésorier, M. le *général* Molé (comme on disait alors par abréviation). M. de Morvilliers étant venu à mourir, M. d'Ormesson, peu agréé de Henri III, qui l'avait trouvé rétif à ses profusions (« Il est paresseux, à la vérité, disait ce roi, mais il est homme de bien ; ») pensa à la retraite, et s'étant défait de ses charges, il s'était dit qu'il achèverait paisiblement ses jours, tantôt à Paris, tantôt dans ses maisons des champs, qu'il embellirait. Mais il avait compté sans l'ennui. M. d'Ormesson était un homme pratique et d'activité ; il n'était pas lettré comme son fils le sera, comme le seront les Lamoignon ; il vit que son loisir manquerait de pâture et d'occupation. Il désira donc de rentrer dans les charges ; et de toutes celles qui s'offraient à lui, une charge de président à la Chambre des Comptes lui parut le plus à sa convenance. Toutefois, il pouvait y avoir quelque difficulté, ayant été lui-même si longtemps comptable et sujet à la Chambre des Comptes : cette Compagnie le voudrait-elle bien pour un de ses présidents ? Il fit tâter le terrain, reçut pleine satisfaction, et put traiter de la charge dans laquelle il entra avec grand honneur. Il se croyait au port. Voilà la Ligue qui survient, la guerre civile qui éclate : il faut opter. M. d'Ormesson ne jugea pas à propos de quitter Paris ; il fut même choisi par le duc de Mayenne pour être du fameux Conseil, de si mauvais renom, les *Seize ;* mais il en fut comme M. de Villeroy, comme le président Jeannin, pour modérer, s'il était possible ; il était de plus capitaine de son quartier. Ce furent des temps difficiles ; on mourait de faim dans Paris ; ce n'est pas une métaphore ; « M. d'Ormesson fut à la veille de voir ses enfants mourir de faim en sa présence. » Sa femme mourut en effet de la peur et des souffrances qu'elle avait ressenties durant le siége, en 1590. Dans un récit naïf que le fils de ce premier d'Ormesson a tracé de la vie de son père, on lit à cet endroit : « Mon père fut si affligé et étonné de sa mort, qu'il fut près de six mois, comme il nous a dit, qu'il ne trouvait aucun moyen de se consoler. Enfin, il avisa, pour se divertir, d'aller voir les dames veuves de son temps et de sa connaissance, et tâcha à passer son temps doucement ; et, pour ce que le malheur des guerres lui ôtait la liberté de sortir la ville et s'aller promener à Ormesson, il loua un petit jardin, proche sa maison, où il s'allait promener souvent. »

Malgré toutes ses concessions à la force des choses et malgré sa prudence, il était trop honnête homme pour ne pas être suspect ; on le taxait de *modérantisme*, c'est-à-dire d'être un *politique*. Il dut, pour se disculper d'un reproche qu'il méritait si bien, contribuer de mille écus pour la rançon du prévôt des marchands, Marteau, arrêté à Blois, et s'engager encore pour d'autres sommes plus considérables, au risque de voir sa maison, si nette auparavant, s'embrouiller pour une si mauvaise cause ; mais « de deux maux, nous dit son fils, il choisit le moindre ; autrement on l'eût chassé de Paris, pillé ses meubles et confisqué ses biens. »

Henri IV avait besoin de ligueurs aussi tièdes que d'Ormesson pour rentrer dans Paris : c'étaient ses amis et auxiliaires du dedans, qui n'attendaient que sa présence à la messe pour le déclarer. Aussi, lorsqu'il prit possession de sa bonne ville, reçut-il très-bien le président de la Chambre des Comptes qui alla, le jour même, lui faire sa révérence avec ses collègues. M. d'Ormesson obtint du roi confirmation de la surveillance de son office de président en faveur de son fils aîné. Il passa le reste de sa vie fort doucement ; on s'amusait fort chez lui, et l'on y dansait. Il demeurait rue Beaubourg, qui était alors une des belles rues. Il venait chez lui de belles dames et des princes. Henri IV aimait le *bonhomme*, comme il disait ; il venait volontiers à ses assemblées, et y amena un soir le duc de Savoie, avec tous les princes et princesses. M. d'Ormesson allait toujours recevoir le roi et l'accueillait de bonne grâce : « Sans M. d'Ormesson on ne se réjouirait point dans Paris, dit un jour Henri IV en entrant ; c'est le père de la jeunesse. » Mais quand il avait reçu le roi et l'avait conduit dans la salle du bal, M. d'Ormesson se retirait et s'allait coucher de bonne heure, laissant son monde en train de plaisirs. Il mourut en mai 1600, d'une chute de mulet, en revenant à Paris de sa maison d'Ormesson. Dans le récit domestique où il raconte, sans prétendre la surfaire, cette vie si honorable d'un homme de médiocre condition, son fils André avait bien raison de dire au début :

« Ceux qui liront ce discours souhaiteront peut-être sa bonne fortune et tâcheront d'imiter ses vertus et perfections ; car étant aîné d'une famille médiocre en extraction et en biens, ayant perdu son père à cinq ans, sa mère s'étant remariée deux ans après, avoir par bons moyens amassé des biens suffisamment et être parvenu à des charges très-honorables, n'est-ce pas un bonheur très-grand et très-rare ? n'est-ce pas avoir tiré sa naissance de soi-même et n'avoir eu que son bras droit pour son père ? Et ce qu'il a eu encore de plus admirable et comme particulier en lui, c'est d'avoir approché les rois sans médiateur, d'avoir amassé des richesses sans avarice, d'être parvenu aux grandes charges sans ambition, d'avoir bâti une bonne maison avec peu de matière, d'avoir eu beaucoup de prospérité sans orgueil, d'avoir, aimant la douceur et la tranquillité, vécu trente-cinq ans de suite dans la Cour, fait sa retraite vingt ans avant de mourir, sans aucune disgrâce précédente, d'avoir vécu soixante et seize ans d'une santé très-parfaite, rarement troublée de maladies, d'avoir joui en repos des biens qu'il avait amassés, d'avoir reçu de l'honneur aux charges qu'il a exercées, d'avoir fait grande quantité d'amis et point d'ennemis, d'avoir habité les maisons qu'il avait bâties, s'être promené à l'ombre des bois qu'il avait plantés, d'avoir reçu de ses enfants le contentement qu'il en pouvait espérer. »

André d'Ormesson, qui écrit la Vie de son père d'un style si sain et dans cet esprit de bon sens, dans un sentiment si vrai d'onction domestique, était assez lettré ; il avait étudié au Collége du cardinal Lemoine et au Collége de Navarre ; il a pris soin de donner la liste des auteurs classiques qu'il avait expliqués dans sa jeunesse ; il les revoyait de temps en temps pour s'en rafraîchir la mémoire, et aimait à en citer des passages jusqu'à la fin de sa vie. En matière de littérature, il en était resté à ses classes et se refaisait enfant en vieillissant. Il fut successivement conseiller au Grand Conseil, conseiller au Parlement de Paris, maître des Requêtes et conseiller d'État ; ayant vécu quatre-vingt-huit ans, il mourut en 1665, doyen du Conseil d'État. A défaut d'une grande étendue et élévation d'esprit, on doit le vénérer pour l'intégrité et sainteté de sa vie ; un sentiment moral, profond, respire dans ses Mémoires inédits, trop prolixes et trop informes pour être publiés en entier ; M. Chéruel en a tiré ce qui peut servir à l'histoire. Quand on voit la suite des titres de ces magistrats et le cours des charges par où ils ont passé, on n'a qu'une idée assez vague, si l'on ne se rend bien compte de ce que c'était que ce *Grand Conseil*, ce *Conseil d'État*, ce corps et ces fonctions des *maîtres des Requêtes*. Aussi M. Chéruel a-t-il cru nécessaire de bien définir ces termes, et il a pris occasion de là pour tracer, dans son excellente Introduction, une histoire abrégée de ce qu'on appelait en général Conseil d'État, et des divers démembrements ou divisions auxquels il donna lieu dans la suite des temps. Le troisième d'Ormesson, le plus célèbre, et dont le *Journal* fournit sur ce sujet tant de lumières, était maître des Requêtes, et ne fut que cela : car c'est à ce titre qu'il alla quelques années comme intendant en Picardie et dans le Soissonnais. « Les maîtres des

Requêtes étaient rapporteurs au Conseil d'État, juges souverains des officiers de la Maison du Roi ou, comme on disait alors, des Requêtes de l'Hôtel ; ils siégeaient au Parlement immédiatement après les présidents, et étaient envoyés dans les provinces comme intendants de justice, police et finances. » C'étaient des magistrats dans la main du roi, et tout prêts à être des administrateurs, qui avaient un pied dans le Parlement, une robe de Palais quand il le fallait, et qui touchaient au besoin à l'épée ; très-essentiels et des plus utiles dans cette œuvre de la centralisation si avancée par Richelieu et consommée par Louis XIV.

M. d'Ormesson avait hérité, disions-nous, de l'intégrité, de la modération et de l'esprit de justice de ses père et aïeul. En lisant son *Journal*, on ne saurait lui accorder que des qualités solides, du sens, de la droiture, du jugement, une parfaite sincérité ; mais il a l'esprit peu éclairé (accessible aux superstitions, aux dires populaires), il a peu d'esprit dans l'acception vive du mot ; jamais un trait ne lui échappe, jamais une étincelle ; et de plus son goût, quoique sain et sobre en soi, ne l'empêche pas de trouver merveilleux les amphigouris métaphoriques de M. Talon et de Broussel, les comparaisons du Parlement avec la lune, « laquelle a le plus d'éclat lorsqu'elle est opposée au soleil. » Il ne se permet pas d'en sourire. Les Caumartin et ceux qui tenaient pour le Coadjuteur étaient plus fins, et y entendaient plus malice. Sa perspicacité ne devance point les temps, et, ce qui devient une qualité chez un témoin, il ne se presse point sur les événements, il suit toutes les vicissitudes et les fluctuations des choses, il passe lui-même par les états successifs de l'opinion et nous traduit au naturel l'inconséquence de beaucoup d'honnêtes gens. Dans les troubles de la première Fronde, il est pour la résistance en 1648, et pour l'accommodement en 1649. Il veut bien commencer, mais bientôt il se plaint qu'on est allé trop loin. Comme son aïeul qui faisait des vœux pour la paix du sein de la Ligue, il est pour la paix au milieu de la Fronde. Il s'est fait en lui, à l'origine, une confusion naïve de son intérêt particulier comme maître des Requêtes qui s'insurge pour défendre son office, et de l'intérêt public. Il ne voit le dessous des cartes qu'au fur et à mesure et quand on le lui découvre. Il garde dans ses récits des habitudes de rapporteur et s'y complaît; après avoir résumé ce que disent *les uns*, il oppose ce que répondent *les autres*. « Jamais, dit-il d'une des séances du Parlement, je n'ai ouï de délibération plus sérieuse et plus belle, *y ayant quantité de raisons de part et d'autre.* » Il ne nous donne son avis et ne conclut qu'à la fin, après avoir balancé les opinions contraires : ce sont là des garanties d'impartialité. Il est volontiers pour les partis mitoyens et d'entre-deux. Il est humain, chose assez rare chez les magistrats de ce temps ! Un jour qu'il était commis pour interroger un prisonnier dans une affaire de faux, il dut le présenter à la question, faire faire tous les apprêts et même le faire déchausser : « Je souffris beaucoup en mon humeur, nous dit-il, d'être obligé d'user de sévérité et de voir les apprêts de la question, quoique je susse qu'elle ne serait pas donnée. » — Tel était l'homme de bien et du plus honorable caractère, auquel sa conduite depuis, dans le procès de Fouquet, et la louange de madame de Sévigné ont donné du lustre.

Le *Journal* ajoutera à l'estime, non au lustre. Les inconvénients inhérents à cette forme d'écrits, et qui la rendent inférieure en intérêt aux *Mémoires*, sont évidents : un *Journal*, comme son titre l'indique, va et procède au jour le jour ; il dit ce qu'il peut, il ramasse ce qu'il rencontre ; il se répète à satiété, il tâtonne, il se rétracte. Le seul avantage du *Journal* sur les *Mémoires*, est d'être plus complet et plus sûr, plus véridique ; je parle des *Mémoires* qu'on écrit tard, sans notes prises dans le temps même et de pur souvenir. Le *raccourci* de la fin de la vie est trompeur ; on se fait des mirages dans le passé. On a tant de fois raconté les choses à son point de vue, et chaque fois en les arrangeant un peu mieux, qu'on ne sait plus se les représenter que dans cette enfilade unique et suivant cette perspective. Toutes les avenues qu'on ouvre dans la masse de ses souvenirs aboutissent à *soi* comme à un centre. C'est ce qui est arrivé au cardinal de Retz, le prince de ces narrateurs brillants qui mettent partout la vie et chez qui, à tout coup, l'imagination *fait tableau*. Rien assurément ne ressemble moins à ses Mémoires que le *Journal* de d'Ormesson ; l'auteur n'a pas songé une seule fois à être piquant. Il n'en est peut-être que plus utile. Tous ceux qui s'occupent d'une branche de l'histoire traversant cette période du xviie siècle ont à profiter avec lui.

Ceux qui, comme moi, se sont occcupés de Port-Royal et de son premier éclat, y trouvent des détails curieux et précis, d'une impartialité incontestable, sur le bruit que fit le livre d'Arnauld, *De la fréquente Communion*, sur les prédications auxquelles il donna sujet dans les chaires de Paris, sur les sentiments de messieurs du Parlement à l'égard d'Arnauld. — Un de nos jeunes maîtres qui s'occupe, je le sais, d'une histoire de l'Éloquence de la Chaire dans la première moitié du dix-septième siècle et avant Bossuet, y trouvera le compte rendu ou la mention au moins de plus d'un sermon qui fut éloquent à son heure ; et en particulier d'Ormesson, bon témoin, mais nullement prophète, dira de l'un des premiers sermons du Coadjuteur (Retz) :

« L'après-dînée (du jeudi 4 décembre 1643), M. le Coadjuteur prêcha à Saint-Jean où était la Reine, avec toute la suffisance et éloquence possibles, *dont chacun espérait beaucoup de fruit lorsqu'il sera archevêque de Paris. Il y prêcha l'Avent.* » — Un historien du Barreau (si une telle histoire est possible) aurait également à consulter d'Ormesson pour les plaidoiries et *actions* mémorables des avocats pendant ce laps de temps.

Ceux qui s'occupent de madame de Sévigné, et ils sont nombreux, ils se renouvellent sans cesse, trouveront des détails précis, continuels, mais qu'on voudrait, chaque fois, un peu plus développés, sur ses affaires, son mariage, sur une quête même qu'elle fit avant son mariage, aux Minimes, le jour de Saint-François de Paule (5 avril 1644) : « La Reine y vint à vêpres ; M. l'évêque d'Uzès y prêcha. La musique du roi y fut excellente. *Mademoiselle de Chantal quêta.* » Il y avait alliance entre les familles, une d'Ormesson ayant épousé un Coulanges : M. d'Ormesson note donc, comme affaire quasi de famille, tout ce qui se rapporte à cette intéressante personne, sans se douter que la postérité en voudrait encore davantage. M. de Sévigné, quand il se présente pour épouser, lui agrée : « Il est beau et cavalier bien fait, et paraît avoir esprit. » Mais pendant que le mariage se traite et que M. d'Ormesson intervient comme conseil principal pour les arrangements, M. de Sévigné se bat en duel (28 mai 1644) et reçoit à la cuisse une blessure que, dans le premier moment, on croit mortelle. Il guérit, et cinq semaines après ont lieu les accordailles. En effet, la campagne est ouverte, et M. de Sévigné a hâte de partir pour l'armée. Ce vaillant homme presse son mariage, afin de partir deux jours après : « Le jeudi 4 août, l'après-dînée, je fus voir madame de Sévigné qui était fort gaie ; elle avait été mariée à deux heures après-minuit à Saint-Gervais, par

M. l'évêque de Châlons. » M. d'Ormesson n'en dit pas plus, mais c'est assez pour nous donner l'idée de cette gaieté éblouissante qui l'avait frappé. Au contraire des nouvelles mariées qui se croient obligées de baisser les yeux, madame de Sévigné osait montrer sa joie ; et cependant son mari partait deux jours après pour l'armée. Mais la belle humeur chez elle fut toujours irrésistible.

A un point de vue plus général, tout historien profitera beaucoup de la connaissance de ce *Journal* et du contrôle qu'il permet d'établir avec d'autres récits, surtout pour la première Fronde : la seconde n'y est pas. M. Chéruel a indiqué dans son Introduction les principaux points sur lesquels d'Ormesson nous renseigne plus exactement qu'on ne l'avait fait. Je n'y puis entrer ici, et je me bornerai à dire que nulle part on ne suit mieux les variations successives et les altérations de l'esprit public durant ces premières années de la Régence. Sur Richelieu, à peine a-t-il fermé les yeux, qu'on voit la haine qui éclate et se déchaîne ; elle est poussée jusqu'à la frénésie. On en fait aussitôt des Rondeaux qui se chantent.

> *Il est passé*, il a plié bagage
> Ce cardinal, dont c'est moult grand dommage
> Pour sa maison. . . . .
> Or parlerons sans crainte d'être en cage,
> *Il est en plomb* l'éminent personnage, etc.

Deux mois après la mort du Cardinal, un évêque s'arme impudemment de la pointe de ce Rondeau aux États de Bretagne dans une discussion avec le maréchal de La Meilleraie, neveu du Cardinal même. Louis XIII règne encore, ou plutôt il traîne et achève de mourir : on craint une sédition à Paris (27 avril 1643), « parce que le menu peuple murmurait sur la maladie du roi contre

M. le Cardinal de Richelieu, sur ce que l'on disait qu'il avait empoisonné le roi, et parlait-on de tirer son corps de Sorbonne et le traîner par les rues, et l'on disait que l'on avait ôté toute magnificence, même retiré son corps. » On retira en effet son corps, et on le porta pour plus de sûreté dans la Bastille, — Quand on reçoit au Parlement son neveu, le marquis de Brezé, pour le duché de Fronsac (30 avril), on ne fait aucune action oratoire, selon l'usage, aucune plaidoirie, « étant trop jeune pour parler de lui, et la mémoire du Cardinal étant trop odieuse pour en parler. » Un autre de ses neveux, le marquis de Pont-de-Courlay, est insulté dans le même temps à Saint-Germain, et il aurait été maltraité des pages et des laquais « sans l'assistance de quelques gardes qui croisèrent leurs hallebardes pour empêcher l'entrée d'une porte où il venait d'entrer. » Ce ne sont pas seulement les pages et laquais, ce n'est pas seulement le menu peuple, qui est ingrat envers le Cardinal, c'est le roi qui, en mourant dévotement, lui paye cette dette de reconnaissance pour toute la grandeur qu'il avait donnée à son règne; et en effet qu'aurait-il été, ce roi, sans le Cardinal qui, pendant vingt ans, ne lui avait jamais fait faire les choses que par contrainte: « De sorte que pendant sa maladie il disait que les peines et contraintes que le Cardinal avait faites sur son esprit l'avaient réduit en l'état où il était. » Louis XIII mort, la rage du bon peuple est au comble; neveux et nièces du Cardinal, les marquis de Brezé et de Pont-de-Courlay et la duchesse d'Aiguillon, sont obligés de se retirer *d'appréhension* et de se jeter dans le Havre. On se raconte des horreurs sur ce Cardinal-tyran : « Il en était venu à tel point, lorsqu'il mourut, qu'il ne voulait plus voir le roi que le plus fort, et avait dans sa maison trois caves capables de tenir près de trois mille hommes. » M. le prince de Condé, toujours si plat envers celui qui règne et de qui il espère, lui qui avait un jour imploré à genoux comme un honneur l'alliance du Cardinal vivant, s'élève maintenant tout haut, en plein Parlement, contre ce qui s'est fait « sous une puissance qui allait jusques à la tyrannie. » Il a même le dessein de faire casser le mariage de son fils, le grand Condé, avec la nièce du Cardinal, de le faire déclarer nul; et quand il naît un fils de ce mariage (26 juillet 1643), il ne peut contenir sa honteuse douleur :

« Madame la comtesse de Morel, qui était présente au travail de la duchesse d'Enghien, a raconté que lorsqu'on annonça que c'était un garçon, l'on vit M. le Prince et madame la Princesse changer de visage comme ayant reçu un coup de massue, et qu'ils en témoignèrent très-grande douleur; que madame la Princesse à qui l'on présentait plusieurs nourrices avait dit qu'il ne fallait point choisir, que la première était bonne pour ce que c'était. Il faut qu'ils craignent, ajoute l'honnête d'Ormesson, que recevant si mal une grâce de Dieu, il les en punisse. »

Est-ce assez de lâcheté? On est un peu soulagé de tout le dégoût qu'elle inspire, lorsqu'on rencontre la lettre suivante du Cardinal Mazarin, adressée au maréchal de Brezé, l'un des neveux de Richelieu (28 mai 1643) :

« Monsieur, bien que je ne pusse recevoir de douleur plus sensible que d'ouïr déchirer la réputation de M. le cardinal, si est-ce que je considère qu'il faut laisser prendre cours, sans s'en émouvoir, à cette intempérance d'esprit, dont plusieurs Français sont travaillés. Le temps fera raison à ce grand homme de toutes ces injures, et ceux qui le blâment aujourd'hui connaîtront peut-être à l'avenir combien sa conduite eût été nécessaire pour achever la félicité de cet État, dont il a jeté tous les fondements. Laissons donc évaporer en liberté la malice des esprits ignorants ou passionnés, puisque l'opposition ne servirait qu'à l'irriter davantage, et consolons-nous par les sentiments qu'ont de sa vertu les étrangers, qui en jugent sans passion et avec lumière. Ce que vous m'écrivez même de la sédition qui a failli plusieurs fois s'exciter à Angers est une preuve du bien que causait le seul nom et la seule autorité de cet incomparable Ministre... »

Dix-huit mois environ après que cette lettre était

écrite, le Cardinal Mazarin, que d'Ormesson nous montre, la première fois qu'il le voit au Conseil, « grand, de bonne mine, bel homme, le poil châtain, un œil vif et d'esprit, avec un grande douceur dans le visage, » avait si bien fait son chemin et assuré son crédit auprès de la reine, qu'il avait la Cour à ses pieds. « Les pièces de médisance commençaient à courir (décembre 1644), et l'on se plaignait du gouvernement : *on regrettait celui du Cardinal de Richelieu.* C'est ce qui a toujours été et sera : se plaindre du temps présent. »

Voilà aussi ma leçon pour aujourd'hui. Et ma conclusion sur l'auteur du *Journal* sera en deux mots, qu'en histoire comme dans le procès de Fouquet, M. d'Ormesson a été un bon et fidèle rapporteur. C'est proprement sa fonction. — Toute une vie d'équité, et à la fin, dans la ligne de ses devoirs, et sans l'avoir cherchée, une occasion d'éclat, une journée d'honneur immortel (1).

(1) « Je vous mandai samedi comme M. d'Ormesson avait rapporté l'affaire et opiné ; mais je ne vous parlai point assez de l'estime extraordinaire qu'il s'est acquise par cette action. J'ai oui dire à des gens du métier que c'est un chef-d'œuvre que ce qu'il a fait, pour s'être expliqué si nettement, et avoir appuyé son avis sur des raisons si solides et si fortes ; il y mêla de l'éloquence, et même de l'agrément. Enfin jamais homme de sa profession n'a eu une plus belle occasion de paraître, et ne s'en est mieux servi. » (Lettre de madame de Sévigné à M. de Pomponne, du mercredi 17 décembre 1664.)

MÉLANGES

DE CRITIQUE RELIGIEUSE

Par M. Edmond SCHERER (1).

Il faut bien s'y résigner; il y a des noms qu'on ne connaissait pas hier et qu'il faut se mettre à apprendre aujourd'hui ; il y a, en dehors de ceux qu'on cite tous les jours, des mérites et des talents réels qui font tôt ou tard leur entrée et leur avénement dans notre monde. Ils étaient déjà connus depuis longtemps ailleurs, loin de Paris, hors de France ; et en France, et à Paris qui est toute la France (au moins en littérature), on ne fait attention qu'à ce qui revient sans cesse sous les yeux, à ce qui résonne de près aux oreilles. Qui a entendu parler de M. Edmond Scherer, hors du monde protestant qu'il a étonné pourtant et peut-être scandalisé dans ces dernières années, presque autant que M. Ernest Renan a pu faire pour notre monde orthodoxe? Et voilà bientôt dix ans que M. Edmond Scherer s'est fait une réputation solide et originale, non-seulement comme hébraïsant, mais comme critique théologien, comme investigateur historique aussi précis que hardi dans l'examen des textes du Nouveau Testament, et

(1) Paris, Cherbuliez, rue de la Monnaie, 10.

aussi comme écrivain philosophique du premier ordre. Sa place est entre M. Ernest Renan et M. Taine, qu'il apprécie et juge avec supériorité et indépendance : il faudrait peu de chose, selon moi, pour que le volume qu'il publie, et qui est le recueil des articles qu'il a insérés soit dans la *Revue de Théologie,* éditée à Strasbourg, soit dans la *Bibliothèque universelle de Genève,* le classât d'emblée dans l'estime publique à côté des esprits éminents auxquels il ne le cède ni par la science ni par la sagacité.

Le volume se compose de deux parties fort distinctes et qui eussent gagné à être séparées. La première partie comprend des travaux théologiques proprement dits, qui ont la forme et portent le cachet de l'école germanique-française, et plus germanique que française. Quand on écrit pour de purs savants et si près du Rhin, on ne se gêne guère, on emploie leur langage, leur phraséologie, les termes en usage dans les controverses engagées. Cela abrége. Quand je veux m'instruire, je passe là-dessus, je marche sur ces cailloux au risque de m'écorcher un peu ; mais jamais pour le grand public français, jamais dans la patrie de Malebranche et de Jouffroy je ne croirai qu'il est nécessaire ou utile de se servir de ces termes que je prends au hasard, *le déterminisme, l'hypothèse d'une chute préexistentielle, l'existence de l'inconditionné,* etc. Aussi eussé-je désiré que M. Scherer eût recueilli dans un volume à part toutes ces discussions très-élevées, très-subtiles, mais d'une difficile lecture, sur le *péché inné* ou *non inné,* le *libre arbitre,* la *coulpe* et la *grâce,* etc. Le public sérieux, religieux, qui aime ces discussions et qui se prête au jargon d'école ou, si l'on aime mieux, à l'espèce d'annotation algébrique qu'elles supposent, les aurait bien su trouver.

J'aurais eu regret cependant que l'auteur eût complétement supprimé dans le volume offert à notre public deux ou trois morceaux. *La Crise de la foi* est un beau chapitre intérieur, et qui rappelle, à quelques égards, le touchant monologue de Jouffroy au moment où il s'aperçut que la foi première sur laquelle il s'appuyait s'était écroulée dans son cœur. « Il est difficile, confesse à son tour M. Scherer, de dire tout ce qu'il y a d'agitation dans notre cœur lorsque nous commençons à reconnaître que notre Église et notre système n'ont pas le monopole du bien et du vrai, lorsque nous rencontrons des hommes également éminents et sincères qui professent les opinions les plus opposées..., lorsque nous découvrons qu'il n'y a point d'erreur qui n'ait un mélange de vérité, point de vérité qui ne soit partielle, étroite, incomplète, entachée d'erreur, lorsque ainsi le *relatif* nous apparaît comme la forme de *l'absolu* sur la terre, l'*absolu* comme un but éternellement poursuivi mais éternellement inaccessible, et la vérité comme un miroir brisé en mille fragments qui tous réfléchissent le Ciel et dont aucun ne le reflèchit tout entier. Jusque-là la soumission avait suffi ; maintenant l'examen devient un devoir. L'autorité et l'absolu ont disparu du même coup, et puisque la vérité n'est nulle part concentrée entre les mains d'un seul dépositaire, il s'agit désormais de chercher, d'éprouver, de choisir. Noble, mais douloureux labeur ! »

Bien que, pour plus d'une raison, je doive m'interdire l'examen de cette partie toute théologique du volume, je ne puis omettre de remarquer que M. Scherer nous offre, dans cette suite d'études premières, le spectacle d'une âme, d'une intelligence en travail, en marche continuelle, en évolution permanente : c'est une variante moins orageuse et sous forme toute scientifique, une variante qui a son intérêt pourtant, de la lutte et de la recherche que nous offre l'homme de

Pascal dans les *Pensées,* avec cette différence qu'au lieu d'acquérir de la foi, il va la perdant, ce semble, de plus en plus, mais en s'obstinant à ne jamais la perdre tout à fait. Chrétien sincère, il s'est détaché, à un certain jour, de la foi naïve pour s'élever (car il estime que c'est un progrès) par un examen rigoureux à la foi réfléchie. Il va *où la vérité le mène,* « Mais, comme il se le fait dire à lui-même par un interlocuteur dans un fort noble Dialogue, vous ne savez pas où elle vous mène.... Vous êtes entré dans une voie que vous ne sauriez suivre jusqu'au bout sans mettre en péril une foule d'idées qui vous sont encore chères et sacrées. » Nous sommes avertis, en effet, par l'auteur dans la courte préface qu'il a mise en tête, que ce volume renferme « des manières de dire et de penser qui lui sont devenues à peu près étrangères. » Où en est-il aujourd'hui? Jusqu'à quel point la connaissance, l'analyse sévèrement appliquée a-t-elle dissous ou transformé la foi en lui? Il ne nous appartient pas de le fixer. Ce qui est certain, c'est qu'il est encore et toujours chrétien, en ce sens au moins que le Sermon sur la montagne lui paraît d'inspiration divine et quelque chose de tel que l'humanité d'*après* ne doit point ressembler à l'humanité d'*avant;* ce qui est certain, c'est qu'à ses yeux, comme il le dit excellemment; et à ne parler même qu'au nom de l'histoire, « Jésus en tout est l'unique, et que rien ne saurait lui être comparé. » M. Scherer est un des nobles types des esprits sérieux qui croient à une vérité absolue, qui, même lorsqu'ils ont le sourire fin, ne l'ont pas léger et moqueur; et quand il ne nous le déclarerait pas, on sent, en le lisant, qu'il signerait volontiers cette pensée du théosophe Saint-Martin : « La vie nous a été donnée pour que chacune des minutes dont elle se compose soit échangée contre une parcelle de la vérité. » Voilà une vocation. Maintenant il peut chercher toujours, ne s'arrêter jamais ; il n'est pas de ceux qui doutent radicalement, et qui ont pour chef de file Montaigne, le badin charmant et intrépide. Il est de la famille opposée, de la race de Lessing.

J'en viens à la partie du volume que je suis plus à même d'apprécier, et qui me paraît pouvoir s'adresser à tous ; elle se compose de sept morceaux capitaux ou portraits : *Joseph de Maistre, La Mennais, le Père Gratry, M. Veuillot, M. Taine, M. Proudhon, M. Ernest Renan.* Il va sans dire qu'en parlant avec éloge de ces portraits, de la science comparée qu'y déploie l'auteur, du talent d'analyse et de discussion qu'il y porte, de la netteté, du nerf, de l'incis… je ne prends point à ma charge la responsabilité de ses conclusions sur les individus. Il en est pour qui il me paraît bien indulgent, tandis qu'il est sévère à l'excès pour d'autres. Dans plusieurs de ces morceaux, M. Scherer cependant avait un avantage dont il a largement profité : il a parlé des vivants sans être gêné par leur présence et leur voisinage. On ne saurait imaginer en effet combien ce voisinage gêne un écrivain critique qui se respecte. Si l'on y gagne de connaître un peu mieux le personnage par des détails particuliers, on y perd en ne pouvant le plus souvent exprimer ce qu'on sent avec une entière netteté et franchise. Au lieu de cela, placez-vous à la frontière, dans un pays encore français, n'ayez nulle chance de rencontrer dans un salon le soir l'écrivain que vous avez jugé le matin, de le rencontrer, lui ou l'un de ses amis intimes, de ses proches par le sang ou par le cœur, et vous pouvez avec *convenance* en parler comme d'un ancien, comme d'un mort, sans embarrasser votre pensée dans toutes sortes de circonlocutions, en appelant faux ce qui est faux, puéril ce qui est puéril, en entrant dans le vif de la pensée à tout coup.

L'auteur y est entré tout d'abord et sans peine en traitant de Joseph de Maistre, avec qui l'on n'a pas tant de ménagements à garder puisqu'il n'en a eu pour personne. De Maistre a trouvé en M. de Scherer un jouteur digne de lui, — et plus qu'un jouteur, un vrai juge. Le morceau qu'il lui a consacré est de tout point excellent, et d'une langue qui est à l'usage de tous. J'insiste sur ce dernier éloge, et je convie M. Scherer à le mériter toujours. On me dit qu'il se rapproche en ce moment de Paris, et qu'il va habiter ou Paris même, ou Versailles. Il sentira bientôt qu'il faut laisser aux lieux d'où il vient toute cette phraséologie scientifique et théologique qui s'adresse plus aux lecteurs de Munich ou de Tubingen qu'à nous. Oh! quand on n'a qu'à vouloir pour être un bon et peut-être un grand écrivain, comment ne le veut-on pas tout de suite et toujours? M. Cousin avait commencé, dans ses premiers *Fragments philosophiques*, par adopter le jargon de l'école au point d'en être presque inintelligible : oh! comme il s'en est bien corrigé, et que ceux qui lisent aujourd'hui son livre du *Vrai*, du *Bien* et du *Beau*, auraient peine à comprendre qu'il ait pu hésiter à se montrer à tous si naturellement éloquent! Et pourtant je me rappelle l'avoir vu, il y a quinze ou vingt ans, qui hésitait encore. — Supposez M. Ernest Renan, avec toute sa science, son élévation et sa finesse, se renfermant dans une langue toute théologique, opérerait-il cette merveille de faire lire à nos légers Français, et dans un journal, des morceaux de si neuve et si forte conception? Mais en parlant de la sorte à M. Scherer, je prêche un converti. L'homme qui a écrit le chapitre de Joseph de Maistre n'a plus besoin qu'on lui donne de conseils : c'est un maître de qui nous pouvons plutôt nous-même en recevoir. Je ne sais pas en notre langue d'article critique de pareille étendue qui soit mieux pensé, mieux frappé. Le talent de de Maistre y est reconnu, mais strictement caractérisé et réduit à ses seuls éléments originaux. M. Scherer ne se laisse pas distraire un seul instant de son objet principal; sa plume a quelque chose d'inflexible. Les charmantes Lettres de Joseph de Maistre qu'on a publiées en dernier lieu, et qui nous ont presque séduit jusqu'à amollir notre jugement, ne lui font pas illusion. Au milieu de tout ce qu'elles renferment de gracieux, d'aimable, de tendre même au point de vue de la famille, il fait remarquer qu'on n'y rencontre jamais l'expression d'un sentiment religieux, pieux, jamais une larme de tendresse ou de tristesse, une parole d'humilité ou de compassion. En ce sens, il est vrai de dire que de Maistre, le plus catholique des esprits, paraît le moins chrétien des cœurs. La religion est avant tout, pour lui, une théologie, une théorie; sa foi est un système sur la foi, Avec ses grands airs qui imposent au premier abord, il a plus d'esprit, de mordant et de vivacité piquante que d'autorité grave et de véritable éloquence. Le *parti pris* est au point de départ et remplace, chez lui, le foyer de l'inspiration; l'avocat revient et perce sans cesse, et prime tout. Il est érudit, il sait beaucoup, il a beaucoup lu et dévoré; mais tout cela est à une fin déterminée d'avance; il tire à lui les textes et les détourne; ses étymologies sont dérisoires et sentent le calembour. « Il a de l'érudition, il n'a point de science : on ferait une longue liste de ses bévues. » M. Scherer en énumère quelques-unes, et il en cite une surtout qu'il a faite en traduisant à contre-sens Bacon, et en le dénaturant pour mieux l'insulter ensuite. Un écolier en anglais ne le ferait pas. Tous ceux qui ont eu à passer sur un des chemins que M. de Maistre a traversés savent à quoi s'en tenir sur son exactitude et ses scrupules en matière de citation. M. Scherer a très-bien dit que le de Maistre historique, c'est bien souvent *du Voltaire retourné*. Les prédictions, qui sont une forme favorite de la pensée de de Maistre et de sa rhétorique, une de ses manies, sont réduites à leur valeur. Pour une ou deux qui ont réussi, toutes les autres portent à faux et ont été démenties par les événements : le courant du siècle lui donne de plus en plus tort. M. de Lamartine, dans une conclusion éloquente qui termine ses *Entretiens* sur de Maistre, a également relevé cette suite de démentis éclatants donnés au prophète du passé; et, comme pour les consommer et les résumer en un seul, la vieille Savoie elle-même, avec ses glaciers, ses rochers et ses chalets, ne vient-elle pas de rouler, de glisser vers la France? Illustre de Maistre, qui vous occupiez de Paris et des Parisiens plus que vous n'en vouliez convenir, vous voilà cependant devenu Français et des nôtres, plus encore que vous n'auriez voulu ! — De quelle vigueur de discussion a fait preuve M. Scherer dans l'examen du livre du *Pape* et des autres écrits du grand théocrate ! Quelle argumentation serrée et vigoureuse ! Le caractère *scolastique* essentiel à la pensée de de Maistre est parfaitement mis à nu et démontré. Ces trente pages sont à la fois une réfutation solide et un portrait. — Et cependant (car je suis l'homme des doutes et des repentirs), tout en reconnaissant, surtout quand je considère certains disciples, que cette conception théocratique, telle que l'a présentée de Maistre, est en effet comme une armure du Moyen Age qu'on va prendre à volonté dans un vestiaire ou dans un musée et qu'on revêt extérieurement sans que cela modifie en rien le fond, je me demande, quand je considère d'autres disciples, s'il n'y avait pas un côté mystique en lui, plus intérieur, et répondant aux sources secrètes de l'intelligence et de l'âme. En un mot, quand je lis madame Swetchine, ce subtile et fidèle élève de de Maistre, il me semble que M. Scherer n'a pas tout dit, et qu'il aurait pu lui accorder quelque chose de plus.

Sur La Mennais, tout en étant aussi sévère et aussi rigoureux pour chaque ouvrage en particulier, il se montre plus indulgent dans l'ensemble; il est respectueux et presque sympathique en concluant. Il sait gré à cet infatigable coureur, même à travers toutes ses chutes et ses culbutes, d'avoir été sincère et de s'être fait le chevalier errant de la vérité: M. Scherer d'ailleurs, quel que soit le sentiment qui l'anime, ne mollit jamais dans la discussion, et avec La Mennais il institue sur chaque article, à chaque étape du système, une discussion encore plus en règle qu'avec de Maistre. Le théologien croise le fer avec le théologien. La Mennais, pour ceux qui l'ont le mieux connu, reste une énigme; on s'explique difficilement qu'une si haute et si puissante intelligence, à côté de si vives lumières et de si profondes pénétrations, ait eu de telles éclipses, de tels aheurtements presque absurdes. Je dis cela, à quelque point de vue qu'on se place, soit religieux, soit philosophique. Au point de vue religieux et quand il s'y plaçait lui-même, son système du *consentement univesel* donné comme base et mesure de l'orthodoxie était une invention insoutenable, tout au moins une innovation étrange; et cependant il ne paraissait pas se douter qu'il y eût lieu seulement de la mettre en question, de la discuter. Dès qu'on n'est pas de l'avis de La Mennais, de l'opinion et du système qu'il tient pour vrai dans le moment, il vous insulte et vous injurie; il vous appelle imbécile, *idiot*, et vous loge aux petites maisons; c'est sa formule invariable : « Le sentiment que fait éprouver la lecture de l'*Essai sur l'Indifférence*, dit M. Scherer, est un sentiment mêlé. D'un côté, on s'étonne qu'un si grand et, à certains égards, un si puissant esprit ait pu se faire autant d'illusion sur la valeur de ses idées; on rougit pour l'auteur de la faiblesse, nous dirions presque de la puérilité de son argumentation. Il semble, et ce n'est pas le seul des ouvrages de La Mennais qui fasse éprouver cette impression, il semble qu'il y ait eu dans cette vigoureuse intelligence quelque vice organique, une lacune secrète, je ne sais quel manque de netteté dans les conceptions et de rigueur dans la dialectique. D'un autre côté, en faisant même abstraction du talent de l'écrivain, il est impossible de ne pas être touché de la généreuse hardiesse de sa tentative. » Il y avait dans l'esprit de La Mennais un noble besoin qui était de savoir *à quoi s'en tenir* sur la vérité; mais il voulait le savoir sur l'heure, à la minute, absolument comme si la vérité pouvait s'enfermer une fois pour toutes dans une formule et se serrer, pour ainsi dire, dans la main; il avait une impatience d'enfant pour s'en emparer là où il la croyait voir, pour l'arracher et la cueillir. On raconte qu'Alfred de Musset, tout enfant, eut un jour de petits souliers rouges fort jolis, qu'on appelle, je crois, des *mignons*, et pendant qu'on les lui mettait pour aller à la promenade, comme cela tardait un peu, il s'impatientait et disait à sa bonne : « Dépêche-toi, je veux sortir, mes mignons seront *trop vieux*. » La Mennais était cet enfant, et comme lui avide, à sa manière, de jouir; en présence de la vérité qu'il essayait, il était si pressé, si impatient, qu'on aurait dit qu'à tarder d'un seul instant, elle allait devenir trop vieille. Pour un homme qui avait des parties si élevées de philosophie et des prétentions à tout fonder ou reconstruire, il se payait souvent de mots; on n'a jamais tant usé et abusé des mots *passé* et *avenir;* ils ont pour lui un sens absolu; ce sont des êtres complets, déterminés, des abstractions distinctes, des idoles; il maudit l'un et adore l'autre. Il ne soupçonne pas que le présent est mêlé et comme tissu, à tout moment, de passé et d'avenir. Il a, lui aussi, la manie de prédire, le *tic prophétique*, autant et plus que de Maistre. Il porte dans son esprit je ne sais quelle vision apocalyptique qu'il promène devant lui et qu'il projette dans les différentes sphères d'idées et de passions qu'il traverse. Toujours il se croit à la veille d'une révolution qui va tout changer et renouveler entièrement la face de la terre. Attention ! le rideau va se déchirer; le présent ne compte pas ; il marche dessus avec mépris, ce n'est que boue et fange : mais l'avenir, que ce sera beau ! Il faut faire dans tout cela la part de l'amour-propre et de l'orgueil personnel plus que ne l'a fait M. Scherer. La Mennais, en prédisant un tel renouvellement social, a l'air de s'oublier, il ne s'oublie pas ; car il est le précurseur, le saint Jean-Baptiste, ou le saint Jean évangéliste de cette révélation nouvelle, il est la trompette éclatante, et pour qui ne hait rien tant que le silence, c'est là un rôle assez grand. Tous les défauts, au reste, de l'esprit et de l'œuvre de La Mennais sont dénoncés et marqués avec précision par M. Scherer; il ne tâtonne pas, il n'hésite pas ; c'est un esprit assis et ferme qui a en soi de quoi prendre l'exacte mesure de tout autre esprit, c'est un pair qui rend son verdict sur ses pairs, un vrai juge. Il y a, en ce qui est du jugement littéraire proprement dit, une page excellente, définitive :

« Les *Paroles d'un Croyant*, dit M. Scherer, ouvrent une série assez nombreuse de pamphlets politiques dans l'examen desquels nous ne croyons pas devoir entrer : aussi bien, nous pensons qu'ils ont mal servi la réputation de La Mennais. L'auteur s'y est montré dénué du sens pratique, violent, déclamateur. Son talent d'écrivain y a même perdu. On a beaucoup admiré les *Paroles d'un Croyant*; nous n'avons, pour notre part, jamais su goûter ce pastiche apocalyptique, ce genre emprunté à la Bible et qui consiste essentiellement dans le dépècement du discours en versets et dans l'usage de la conjonction *et* au commencement des phrases, cette prose soi-disant poétique enfin, qui trahit par son ambition même l'impuissance d'écrire un poëme véritable. La Mennais avait de bonne heure cultivé ce genre, il avait composé des hymnes *aux Morts, à la Pologne*; il avait terminé son livre des *Maux de l'Eglise* par un épilogue dans le même style. Il nous semble qu'il y a là un manque de goût littéraire, et que ce manque de goût tient au vice fondamental du talent de La Mennais, la tendance à l'emphase et à la déclamation. Malheureusement, cette tendance se développa à mesure que l'auteur entra plus avant dans la carrière politique; son rôle d'opposition, le vague de ses principes, ses emportements le poussaient à la phrase. Il devint sonore et vide, quelquefois même boursouflé et burlesque. Ce mot ne semblera pas trop fort si l'on prend la peine de relire des sorties telles que la suivante (*je supprime la citation probante qui vient à l'appui*). — Quelle chute, continue M. Scherer, qu'un semblable passage pour un grand écrivain ! Hâtons-nous d'ajouter qu'il serait souverainement injuste de juger du talent de La Mennais d'après des morceaux de ce genre. Son style est l'un des plus puissants et des plus magnifiques de la langue française. Ce style n'est point inférieur en ressources à celui de Chateaubriand, et il tend moins au pur effet littéraire. La gamme en est d'ailleurs plus étendue qu'on ne croit généralement. Les *Affaires de Rome* renferment des descriptions charmantes et de piquants portraits; la préface des *Troisièmes Mélanges* est un modèle de lucide discussion ; l'*Esquisse d'une Philosophie* contient sur l'Art un chapitre d'une merveilleuse et mystique poésie. »

Il est très-vrai, en effet, que dans ses productions de cette seconde époque, la *gamme* de l'écrivain, chez La Mennais, s'est étendue. On pouvait croire qu'il manquait tout à fait de tendresse et d'onction ; mais, par un ou deux chapitres de ces *Paroles* même *d'un Croyant* qu'on vient de voir si sévèrement jugées, il a commencé de prouver qu'il n'était pas tout à fait dépourvu de cette fibre-là. On pouvait croire qu'avec toute son éloquence d'invective, il manquait de finesse ; mais il a prouvé par deux ou trois passages des *Affaires de Rome* qu'il en était capable à l'occasion. Cependant c'est dans la véhémence qu'il triomphe, et M. Scherer a raison de dire que « La Mennais est, avec Chateaubriand, le plus grand maître d'invective que nous offre la langue française. » Il est juste aussi de remarquer que, peu intelligent de l'histoire et « dépourvu de tout sens politique proprement dit, La Mennais a une certaine intuition des grands mouvements de l'humanité, » un pressentiment que bien des politiques réputés habiles et qui de près le méprisaient comme visionnaire n'avaient pas. C'est jusqu'à un certain point un *voyant*. La conclusion de ce beau travail de M. Scherer est à lire (pages 368-370 et page 343), et si dans cette conclusion l'impression morale qui surnage semble un peu en contradiction avec la conséquence intellectuelle, si on s'étonne de trouver l'une beaucoup plus favorable que l'autre, je me l'explique très-bien par la situation personnelle du critique lui-même, qui fait un retour sur son propre passé, et qui, lui aussi, a osé se modifier, varier (toute proportion gardée) dans le degré de sa foi, et l'avouer sincèrement à son monde. — Et je me rappelle à ce sujet un dernier entretien que j'eus avec La Mennais. Après l'avoir beaucoup connu, je m'étais éloigné et l'avais perdu de vue pendant près de dix ans. Le retrouvant au printemps de 1846, il avait oublié quelques critiques de moi un peu vives, et me les avait pardonnées; il me parut aimable, gai, comme il l'était volontiers dans ses bonnes heures, fécond de vues et jeune d'esprit ; et entre autres choses, il me dit ces propres paroles qui étaient une manière d'apologie en réponse à des objections qu'il devinait au dedans de moi et que je me gardais bien d'exprimer ; je ne donne d'ailleurs l'apologie que pour ce qu'elle vaut : « J'ai reçu de la Providence, me disait-il, une faculté heureuse dont je la remercie, la faculté de me passionner toujours pour ce que je crois la vérité, pour ce qui me paraît tel actuellement. Je m'y porte à l'instant comme à un devoir, sans trop me soucier de ce que j'ai pu dire autrefois. On arrangera tout cela un jour après moi, on en tirera ce qu'on pourra ; je ne m'en charge pas, et je laisse ce soin aux autres. On dira : *Il fut sot tel jour*, ce qui ne m'étonnerait pas beaucoup si j'étais là pour l'entendre.» Et il riait de son petit rire en parlant ainsi.

Je n'examinerai point les autres morceaux critiques de M. Scherer, et qui touchent à des contemporains pleins de vie. Il me serait impossible de le faire en toute liberté et en toute convenance. Je connais personnellement et j'honore par quelque endroit tous ceux qu'il prend à partie, à commencer par le Père Gratry. L'un de ceux qu'il traite avec le plus de sévérité en croyant peut-être le traiter encore avec indulgence, est en ce moment hors de la patrie ; un autre est comme un combattant, longtemps redouté, qui ne tient plus, à l'heure qu'il est, cette plume dont il faisait une épée. Quant à MM. Taine et Ernest Renan, de plus en plus goûtés du public, ils peuvent très-bien se passer de notre surcroît de critiques et d'éloges. Mais M. Scherer lui-même avait peut-être besoin d'être signalé à la classe plus nombreuse de lecteurs auxquels je désire qu'il s'adresse dorénavant, et j'ai tenu à le faire sans retard ; c'était justice à la fois et plaisir ; j'aime assez à sonner le premier coup de cloche, comme on sait

Lundi, 3 décembre 1860.

CORRESPONDANCE DIPLOMATIQUE

DU COMTE JOSEPH DE MAISTRE

RECUEILLIE ET PUBLIÉE PAR M. ALBERT BLANC (1).

Je parlais il y a peu de temps et ici même de Joseph de Maistre, et j'en parlais d'après les jugements d'un esprit exact et rigoureux, d'un savant moderne, M. Scherer; ainsi pressée et poussée dans ses résultats, serrée de près dans ses principes et ses déductions, la doctrine du grand théocrate se réduisait de beaucoup; je ne voyais pas ce qu'en vérité on pouvait répondre à son ferme et froid contradicteur; et pourtant l'homme en Joseph de Maistre me paraissait supérieur à ce qui ressortait de cette exacte analyse. Cet homme que j'ai tant lu et (je puis dire) tant connu autrefois à force de le lire, je viens de l'approcher de nouveau, je viens de l'entendre; la Correspondance qu'on publie me l'a rendu au complet, vivant, parlant, dans ses jets et ses éclairs, dans ses éruptions et ses *effusions* de chaque jour, et je me suis senti de nouveau sous le charme, sous l'ascendant. Est-ce faiblesse de ma part, incertitude de jugement? J'aime à croire que non, car le fond de mon opinion est le même; mais j'aime tout ce qui

(1) Deux volumes in-8, chez Michel Lévy, rue Vivienne, 2 *bis*.

est de l'homme quand l'homme est distingué et supérieur ; je me laisse et me laisserai toujours prendre à la curiosité de la vie, et à ce chef-d'œuvre de la vie, — un grand et puissant esprit; avant de la juger, je ne pense qu'à la comprendre et qu'à en jouir quand je suis en présence d'une haute et brillante personnalité.

Ce n'est pas la première fois qu'on livre à la publicité Joseph de Maistre diplomate. Il y a deux ans que M. Albert Blanc avait commencé de donner les dépêches confidentielles écrites par le comte de Maistre pendant qu'il représentait le roi de Sardaigne à Pétersbourg. Cette première publication, je l'avoue, laissait beaucoup à désirer et à dire. Elle semblait avoir un but politique et de circonstance, un but oblique. On prétendait tirer à soi Joseph de Maistre contre ses adversaires menaçants. L'éditeur se piquait d'avoir découvert un Joseph de Maistre tout à fait inconnu avant lui; il le libéralisait le plus qu'il pouvait, et le montrait surtout très-national, antipathique à l'Autriche. Joseph de Maistre, qui distinguait toujours entre la Cour et le cabinet autrichien, avait eu des paroles fort vives; car il ne pouvait s'empêcher de les avoir fort vives, fort ardentes, sur tous les sujets qui lui traversaient la pensée. On s'emparait aussi de phrases étranges qui lui étaient échappées sur le pape à l'époque du couronnement; était-ce pour faire une niche à l'illustre auteur du livre du *Pape* qu'on les publiait ? On pouvait se le demander vraiment. Mais dans les colères mêmes de Joseph de Maistre il y a fort à distinguer ; il y a la colère contre les amis, laquelle est d'une nature et d'une qualité particulière, ce qu'il appelle *la colère de l'amour.* Cette première publication de M. Albert Blanc, dans laquelle le savant docteur en droit de l'Université de Turin intervient d'un bout à l'autre avec ses formules pour expliquer Joseph de Maistre, pour le transformer et l'approprier à sa cause, mériterait un examen plus impartial et plus sévère que celui qu'elle a généralement obtenu. On a loué M. Albert Blanc, on ne l'a pas discuté (1). Le fait est qu'en nous présentant de Maistre diplomate, il le passait préalablement dans je ne sais quelle teinture de philosophie de l'histoire, il nous

(1) A cet endroit je me suis rendu coupable, à ce que j'ai appris depuis, d'une bien grave omission ; car, quoiqu'en général il soit vrai de dire que le travail de M. Albert Blanc, joint et entremêlé à cette première publication des Lettres diplomatiques de de Maistre, a été accepté et loué dans les journaux plutôt que discuté, il y a eu une critique qui a institué cette discussion à sa manière : c'est M. Barbey d'Aurevilly qui a pris soin lui-même de relever mon omission dans un article inséré dans le journal *le Pays* (décembre 1860), et il l'a fait en auteur qui se montre fort piqué qu'on ne garde pas souvenir de ses paroles et de ses phrases. Cet écirvain qui a le catholicisme le plus affichant et le moins chrétien, se croit, en effet, des droits sur de Maistre. Homme d'esprit et de plume, il sent très-bien les jets vifs, hardis, étincelants, les tons vibrants et insolents de celui auquel il a la prétention de se rattacher et qu'il imite ou parodie seulement par ses excès. De Maistre serait, certes, plus étonné que personne de se voir un tel disciple ; il en serait honteux. Pour moi, si j'ai eu le tort d'oublier la discussion de M. d'Aurevilly, c'est qu'en général, quand je le lis, je ne retiens jamais de lui que des mots ou des traits (et il en a de très-fins et de très-distingués, mais qui sont, par malheur, noyés dans toutes sortes d'affectations et d'extravagances). Quant au fond de ses idées, on en tient peu compte avec lui, qui est un homme de parti pris, un écrivain tout de montre et de parade, et qui nous offre le plus singulier assemblage de toutes les prétentions et de toutes les *boîtes à onguent* de style mêlées on ne sait comment à d'heureuses et très-heureuses finesses qu'on en voudrait détacher. Mais du fond des idées avec lui, je le répète, et de la solidité du jugement, il en faut peu parler. Ses pointes de bon sens (et il en a de très-soudaines, de très-imprévues) sont compromises par trop de fusées et de feux de Bengale, ou par de choquantes rodomontades et des airs de matamore. Aussi, avec bien plus de talent et de portée que beaucoup de ses confrères en journalisme, manque-t-il et manquera-t-il toujours d'autorité. C'est un grand travers de croire que pour être plus prisé et mieux goûté de quelques-uns, il faut commencer par être le scandale de tous. Pourquoi donc, quand on est un esprit essentiellement distinguée et brillant, aller prendre tant de soin pour se déguiser en couleurs de carnaval ?

le préparait moyennant des recettes qui ont cours apparemment dans la patrie de Vico comme dans celle de Hegel. Quand vous voudrez nous donner du Joseph de Maistre, donnez-nous-en, nous vous en remercierons, mais ne vous mettez pas en travers et devant nous en guise d'écran avec votre opacité philosophique. Laissez parler l'homme. Joseph de Maistre est bien assez net, assez clair et vibrant, assez aigu de ton pour s'expliquer lui-même. Cette fois, M. Albert Blanc nous a donné du de Maistre tout pur, et nous lui en savons gré (1).

La Correspondance diplomatique actuelle ne commence qu'en 1811; la précédente, qui était composée d'extraits et morcelée, comprenait l'intervalle de 1803 à 1810 : elle pourra un jour, nous fait espérer l'éditeur, se rejoindre plus exactement à celle qui nous est aujourd'hui livrée tout entière. Nous avons ici les sept dernières années que le comte de Maistre passa à la Cour de Russie. Ses débuts sont faits ; il est à cette Cour, sur le pied où il a su s'y mettre en vertu de son propre caractère et de son mérite. Seul, sans mission réelle, jeté avec ce titre de ministre à l'extrême Nord par une royauté qui s'est réfugiée à Cagliari et qui se soucie très-peu de lui, n'en recevant ni instructions ni directions, et à peine quelque traitement, n'ayant pas toujours de quoi prendre une voiture, n'ayant pas même de quoi payer un secrétaire, il a su par la noblesse de son attitude, par sa dignité naturelle, par sa

---

(1) Cependant l'éditeur a passé d'un extrême à l'autre, en n'indiquant même pas à qui les lettres sont adressées, en ne mettant aucune note qui serait de nature à éclaircir le texte, en laissant de simples initiales aux noms propres là où il coûtait bien peu de les donner en entier (par exemple, tome II, page 218), et quand il les donne, en permettant à l'imprimeur d'écorcher ces noms de diplomates très-connus (tome II, page 278 et ailleurs).

probité parfaite, par l'éclat et les lumières de sa parole sitôt qu'il se montre, se faire estimer, considérer au plus haut point, pénétrer dans l'intimité des premiers personnages de l'Empire, y compris l'Empereur lui-même qui le goûte, qui l'écoute, qui lui demande des mémoires et des notes, et qui certainement a dû penser un moment à se l'acquérir. Mais le comte de Maistre, même mécontent, n'est pas de ceux qu'on détache. Cet esprit éminent, ardent, toujours en action, sobre, austère, chaste et fécond, enfermé dans son appartement, dans son étude ou son étuve, avec ses livres, ne dormant que trois heures au plus sur vingt-quatre, que voulez-vous qu'il fasse? il pense, il fermente, il s'exalte, il prend feu, il amasse des mondes d'idées, de projets, des vues, des conceptions de toutes sortes sur les événements, sur les hommes et les choses ; et quand il lui vient un interlocuteur ou un *écouteur*, il déborde, il lance ses feux et ses flammes, ou quand il prend la plume, il se répand. Il se répand affectueusement quand il écrit aux siens dont il est séparé, à sa fille qui a grandi dans l'absence et qu'il ne connaît pas: on sait en quels termes imprévus de forte et charmante tendresse. Quand il écrit à son maître ou à quelque ministre, il ne peut se contenir davantage, il dit tout, il dit trop, c'est sa manière de s'exprimer et de marquer sa pensée. L'absence même d'un secrétaire est chose heureuse ; il n'a ni le temps, ni l'idée de se corriger, de se modérer, et nous avons à tout coup le premier jet du volcan.

Les événements de ces années étaient les plus grands qui pussent intéresser et passionner une intelligence attentive à méditer sur les destinées des empires. C'est à l'heure de la rupture et de la lutte gigantesque entre la France maîtresse du continent et la Russie que la Correspondance commence. On n'attend pas de Joseph de Maistre un jugement froid et des paroles mesurées : il a sur ces terribles combats dont l'issue tient le monde en suspens, sur ces grands revers et ces désastres inénarrables dont il est témoin, des attentes, des transes, des espérances et des cris de joie, qui nous étonnent, qui nous blessent. On souffre involontairement de voir un homme qui parle un si beau français exprimer des sentiments qui sont si peu nôtres ; mais enfin, pour peu qu'on y réfléchisse, il est dans son rôle, il est bien lui, le représentant d'un souverain à demi dépouillé, l'homme de l'ancien droit divin et l'ennemi de la Révolution, sous quelque forme qu'elle se montre. Et pourtant que de contradictions traversent ces jugements si absolus et si tranchants, à y regarder de près ! lui qui reproche à d'autres de s'être laissés séduire par Napoléon, n'avait-il pas désiré un moment se mettre à cette rude épreuve, et s'exposer au péril d'être séduit à son tour en se flattant de le persuader ! N'avait-il pas, en 1807, désiré obtenir par l'entremise du général Savary, alors envoyé extraordinaire à Pétersbourg, de venir à Paris pour y entretenir en particulier l'Empereur des Français ? n'avait-il pas compté (quel plus grand hommage d'esprit à esprit !) sur l'effet de sa parole et sur le choc électrique direct qu'il aurait pu produire dans ce tête-à-tête, — que dis-je ? dans cette espèce de duel à armes égales avec le suprême antagoniste ? n'avait-il pas espéré tirer de lui je ne sais quelle étincelle sympathique ? On s'expose fort soi-même à être entamé quand on se flatte si fort de gagner les autres. Mais tout cela était bien loin en 1811 ; de Maistre était redevenu irréconciliable, et, à le prendre pour tel, rien ne saurait être plus intéressant que de saisir ses vues, ses impressions de chaque jour dans la terrible partie qui se joue sous ses yeux et où lui-même est en cause. « Depuis vingt ans, dit-il, j'ai assisté aux funérailles de plusieurs souverainetés; rien ne m'a frappé comme ce que je vois dans ce moment, car je n'ai jamais vu trembler rien de si grand. » On tremblait, en effet, à l'heure où il écrivait cela, on faisait ses paquets là où était de Maistre, et la joie bientôt, et l'ivresse fut en raison de cette première crainte. En rabattant tout ce qu'on voudra des impressions de de Maistre, qui varient d'ailleurs au jour le jour au gré des nouvelles et des bruits divers, mais qui n'excèdent pas (car rien ne saurait les excéder) de pareilles réalités, il reste très-curieux d'observer avec lui cette grande et unique année par le revers russe, de passer par toutes les vicissitudes d'émotions qui, là-bas, répondaient aux nôtres en sens inverse, et de connaître autrement que par nos bulletins ces physionomies singulières et expressives des Kutusoff, des Tchitchagoff, du Modenais Paulucci et de tant d'autres; de comprendre enfin le génie russe dans son originalité, dans sa religion nationale et sa foi inviolable. De Maistre le sent presque comme ferait un patricien de vieille race moscovite, et il a de ces mots qui ne sont qu'à lui pour le caractériser, ne fût-ce que par contraste : « Qu'est-ce que Pétersbourg en comparaison de Moscou ? s'écrie-t-il quelque part : une grande maison de plaisance, *pas plus* et même *moins* russe que parisienne, où tous les vices dansent sur les genoux de la frivolité. » — Il dira comme un boyard de vieille roche : « J'en veux toujours à Pierre Ier qui a jeté cette nation dans une fausse route. »

La convenance, le sentiment patriotique interdisent de détacher, dans les pages toutes palpitantes où il les faut chercher et où il les sème à poignées, les mots perçants qui, sous une autre plume que la sienne, sedaient outrageux et cruels. Encore un coup, il a des froids dans sa passion, dans sa haine. Cette haine même a des élans qui nous honorent. Oh! comme il nous craint! comme il redoute l'homme que le destin a marqué d'un signe au front et qui obsède toutes ses pensées! Comme il a peur, même au milieu des résultats les plus implacables et du triomphe aveugle des éléments, que la *grande proie* ne s'échappe! Un seul s'échappant, malheur! tout est remis en question, tout recommence. Et puis, tout d'un coup, car nul esprit n'est plus sincère quand il est dans son premier bond, il a des hommages imprévus et des admirations pour cette nation française dont il est lui-même, bon gré, mal gré, avec son élément *gaulois*, et à laquelle il fait honneur. « Ce qui est étonnant, dit-il, parlant des Français faits prisonniers dans cette héroïque et lamentable retraite, c'est l'inébranlable fidélité de ces gens-là : nous ne voyons pas qu'un seul général ait, comme on dit, *tourné casaque;* les simples soldats mêmes faits prisonniers sont très-modérés sur le compte de Napoléon ; ils lui reprochent l'ambition, mais sans outrages et sans récriminations. C'est une étrange nation, qui fait depuis deux cents ans, par un instinct aveugle, tout ce que la plus profonde sagesse dicterait aux plus profonds philosophes, c'est-à-dire d'être fidèle à son Gouvernement, quel qu'il soit, et de répandre tout son sang pour lui, sans jamais lui demander compte de ses pouvoirs... »

Il peut haïr, il peut maudire, exécrer son grand adversaire, mais ce n'est pas lui qu'on pourra jamais soupçonner de le mépriser. M. de Maistre n'a rien de l'émigré en cela; il voit l'ennemi en plein, dans toute sa grandeur : « Jamais, écrit-il en 1813, Napoléon n'a été plus grand militaire que dans la manière dont il s'est tiré de la catastrophe de 1812. » Mais ce qui le préoccupe le plus, c'est le tour et la trempe de l'esprit français : il revient à diverses reprises sur ce qu'il a dit tout à l'heure et qu'il a peine à s'expliquer.

« Personne peut-être n'a été plus à même que moi de faire des observations directes ou indirectes sur l'esprit français. Jamais je n'ai pu découvrir un seul signe de révolte contre Bonaparte : « *Il est trop ambitieux*, ou *ambitionnaire*, comme disait un soldat; s'il veut que nous nous battions, il faut bien qu'il nous nourrisse. » Voilà ce que j'ai pu connaître de plus fort; mais jamais un mot ni un geste contre sa souveraineté. L'impression que cet homme fait sur les esprits est inconcevable. — I... (un Piémontais prisonnier), qui était présent à la revue qui se fit avant de sortir de Moscow, m'a fait peur à moi-même en me disant : « Lorsque je le voyais passer devant le front, mon cœur battait comme lorsqu'on a couru de toutes ses forces, et mon front se couvrait de sueur, quoiqu'il fît très-froid. »

Ici nous touchons au grand problème que de Maistre se pose sans cesse, mais qu'il ne resout pas, ou du moins qu'il ne résout jamais que dans un sens exclusif, celui du passé. Il ne paraît pas supposer qu'il y ait des souverainetés qui recommencent, des dynasties nouvelles qui prennent racine, quand les anciennes dépérissent et sont rejetées. Il estime que ces anciennes souverainetés sont inviolables, immortelles, qu'elles doivent se considérer comme telles par nature, et ne pas trop faire pour se retremper. Dans un entretien confidentiel qu'il a avec l'empereur Alexandre, en mai 1812, il déconseille à ce monarque de faire la guerre en personne; il faut laisser cela à l'usurpateur, dit-il : « Un usurpateur ne peut être tel qu'en vertu d'une volonté de fer et d'une force qui tient du miracle. Au contraire, un souverain légitime, en voulant combattre de sa personne, amènera à l'armée la Cour, c'est-à-dire l'intrigue, les passions et la multiplicité des pouvoirs. » Dans le cas présent, le conseil pouvait être bon, Alexandre n'étant pas précisément un général; mais la raison que donne de Maistre n'est point toujours et partout applicable. Il avait, d'ailleurs, des manières de l'exprimer qui étaient piquantes. Ce n'est pas un désavantage, remarquait-il ni une preuve d'infériorité pour un souverain légitime de ne pouvoir faire en cela ce que peut l'usurpateur : « *L'or ne peut couper le fer, est-ce parce qu'il vaut moins? C'est parce qu'il vaut plus.* » « Ah ! que cela est bien dit ! » s'écriait à ce mot l'empereur Alexandre en l'interrompant. Nous frisons de même; mais le *bien dit* ne suffit pas en telle matière ; nous ajouterons quelque chose.

Il y a un moment très-difficile à fixer avec précision où, dans ces luttes du héros nouveau, de *ce grand diable d'homme* (comme il l'appelle) contre les souverains des vieilles races, le fer insensiblement se transmute et acquiert de l'or : laissons les figures ; il y a un moment où le fait devient droit, où l'utilité publique, la grandeur nationale, l'immensité des services rendus et à rendre, le prestige qui rayonne et ne se raisonne pas, se confondent pour sacrer un homme nécessaire et une race qui fait souche à son tour. Et voilà que quelque chose de ce qui s'est passé dans les temps antiques recommence sous nos yeux, au grand étonnement et au scandale de plusieurs. De Maistre ne put jamais s'y faire; mais il faut lui rendre cette justice que, tout en résistant à la solution moderne qui, au fond, n'est autre que l'ancienne, sauf qu'elle est moins revêtue de mystère, il s'est toujours posé le problème. Il s'est demandé, par exemple, comment Guillaume d'Orange étant (selon lui) un usurpateur, il n'en était pas moins vrai que Georges III régnait en souverain légitime : « A quel moment, se disait-il, entre ces deux points extrêmes la légitimité a-t-elle commencé? » Car il admettait qu'elle était incontestable. Il est presque plaisant aujourd'hui d'assister aux étonnements de de Maistre, d'entendre ses exclamations d'homme scandalisé, ses cris d'effroi comme si tout l'ordre politique était bouleversé, quand il voit en 1812 le prince royal de Suède acquérir auprès des souverains des droits dont il lui sera tenu compte. Il y a des choses qui ne lui paraissent nullement possibles, qu'il déclare monstrueuses, plus monstrueuses que le règne de Robespierre, et qui sont arrivées tout simplement, qui ont été acceptées. Cela aurait dû l'avertir. Cet esprit perçant, élevé, reste trop absolument l'homme de la politique sacrée, d'un ordre de choses qui avait la prétention d'être établi une fois pour toutes et de ne plus avoir à se renouveler.

Un jour douze cents Espagnols incorporés dans la grande armée désertent et arrivent au camp russe gelés, affamés; on les traite en amis, on les caserne par ordre de l'empereur de Russie, et dans les plaines de Czarko-Zélo, le ministre d'Espagne en résidence à Pétersbourg leur fait prêter serment à leur souverain Ferdinand VII, *à la Constitution et au Roi*, c'est la formule : le ministre d'Espagne, dans un discours très-chaud, célèbre le prix inestimable de la *liberté civile*. Suivent des *vivat* pour tous les princes de la famille des Bourbons, pour tous ces rois légitimes plus ou moins dépossédés, et pour le roi de Sardaigne aussi. Il faut entendre de Maistre, témoin de cette scène qu'il raconte, et jouir de son étonnement. « Pendant ce temps, ajoute-t-il, Alexandre Ier proclame au milieu de la Germanie qu'il combat pour *l'honneur et la liberté de l'homme*. Ces proclamations sont bien plus terribles que celles des généraux qui proclamaient, il y a quinze ou vingt ans, la *guerre aux trônes;* car de celles-là la probité se défiait. C'est donc une affaire finie, le monde est changé; mais qu'y gagnera-t-il ? c'est un grand problème. » Il reconnaît donc le grand fait, bien que sans l'accepter : « Le monde que nous avons connu il y a trente ou quarante ans n'existe plus. » Philosophe politique, pourquoi se cabrer ainsi, pourquoi se roidir de toute la hauteur de son intelligence? pourquoi ne pas s'emparer de ce qui se passe sous nos yeux, pour se rendre compte de la manière dont les choses ont dû se passer dans des temps hors de notre portée et qui nous fuient? C'est le présent dont nous sommes les témoins intelligents, qui éclaire pour nous le passé; c'est la vie présente et que nous vivons, qui nous apprend à bien lire dans l'histoire, dans cette histoire humaine qui n'a été qu'un perpétuel mouvement.

De Maistre n'est pas seulement religieux, il est mystique, il cherche le miracle. Je pourrais citer bien des preuves frappantes de cette disposition de son esprit dans ces volumes (tome 1, pages 98, 108, 209, 237). Au lieu d'expliquer les événements de l'histoire par les causes secondes, naturelles, par le rapport exact des faits, et même quand il a cette explication sous la main, il passe outre, il veut quelque chose au delà; il s'y complaît. Je crois le voir : son œil s'enflamme, sa tête se redresse, un éclair caresse son front, un souffle agite sa coiffure à ses tempes; il a du prophète, il ne peut s'en empêcher. C'est un instinct de haute nature, qui fait anachronisme de nos jours, qui se prend à de petits faits comme aux plus grands, qui s'expose à recevoir un démenti du jour au lendemain, à bout portant. L'espace et l'air lui manquent. L'Horeb est trop loin. Que devient le geste d'Isaïe dans un salon?

Il sent bien tout le premier, et il se le dit assez souvent, que les temps sont changés ; il s'avertit de ne pas faire le prophète, de se contenter de dire : *Nous verrons :* « Depuis vingt ans, je vois les empires tomber les uns sur les autres sans se douter seulement de ce qu'il faudrait faire pour se sauver. J'ai vu les apparences toujours trompeuses et le bon sens ordinaire toujours trompé. Je suis donc timide, et je dois l'être. » Singulière timidité que la sienne! mais il nous plaît comme cela, pourvu que ce soit à bâtons rompus que nous l'écoutions et non quand il dogmatise; que de vues chemin faisant, que de paroles qui restent et qu'on emporte ! Quel causeur, quel contradicteur réjouissant pour l'esprit ! S'il lui arrivait bien souvent de dormir quand on essayait de lui répondre, s'il avait fort à propos alors ce qu'il appelait des *coups de sommeil*, c'est-à-dire de petits sommeils subits de quelques minutes, combien il était impossible de dormir en l'écoutant, et qu'il savait tenir l'attention en éveil, la piquer par de poignantes images, par des vérités relevées en paradoxes ! — La bataille de Borodino, l'immortelle Moscowa, est-elle perdue ou gagnée par les Russes ? Les Russes disent d'abord qu'ils l'ont gagnée. De Maistre est tout près de le croire, il va même au *Te Deum* qu'on chante pour célébrer la victoire prétendue; mais il se ravise. Cette bataille est-elle réellement gagnée ? « Peu de batailles se perdent physiquement, c'est presque toujours moralement qu'elles se perdent. Le véritable vainqueur, comme le véritable vaincu, est celui qui croit l'être. » Il faut l'entendre développer spirituellement cette thèse : « Vaincre, c'est avancer ; par conséquent, reculer, c'est être vaincu. Ce n'est pas le jour d'une bataille qu'on la gagne, c'est le lendemain et quelquefois deux ou trois jours après. » Et il conclut que Kutusoff n'a pas eu la *force* de gagner la bataille. — Sur tout sujet, en toute rencontre, on n'a pas plus de trait, de mordant. Sa Correspondance est le contraire d'une Correspondance effacée ; ce sont des saillies perpétuelles, des éclats de bon sens ou du moins qui tiennent le bon sens sur le *qui vive*. Ses outrances d'expression, quand elles frappent dans une pensée juste, l'enfoncent et la fixent comme avec des clous d'or ou d'airain. Il donne aux moindres choses un tour original. Je prends au hasard quelques-uns de ces mots, quelques-unes de ces pensées qu'on emporte après soi comme des flèches.

« La Suède est une île lorsque la Russie est pour elle. »

« Le Piémont est un tout compacte qui ne peut être appauvri, tout comme il ne peut être augmenté sans devenir une simple province. »

« Il n'est pas nécessaire d'être bien fin pour deviner (en 1814) que l'Italie est une monnaie qui doit payer d'autres choses. »

« Après tout ce que la France a fait souffrir à nous et à l'Europe, le sentiment qui nous écarterait d'elle serait assez naturel; cependant ce sentiment serait trompeur, et l'axiome prêché depuis dix ans semble plus vrai que jamais : « *Point de salut que par la France!* » (Écrit en décembre 1812.)

« La puissance de la nation française pour agir sur les autres, même sur les moins changeantes, même sur celles qui la haïssent, est un phénomène que je n'ai jamais cessé d'admirer sans le comprendre. » (Ailleurs il nous appelle sans tant de façons *la nation grimpante*. Cela est vrai du moins les jours d'assaut.)

— Sur l'esprit européen, si entreprenant, par contraste avec l'esprit asiatique : « L'homme européen, le fils de Japhet (*audax Iapeti genus*) veut changer, *même sans profit*. Sem est bon homme : pourvu qu'il ait une pipe, un sofa et deux ou trois femmes, il se tient assez tranquille ; mais Japhet est un terrible polisson ! »

— Sur Napoléon après son entrée à Moscou : « Imaginez un homme au sommet d'une échelle de cent échelons, et tout le long de cette échelle des hommes placés à droite et à gauche avec des cognées et des massues, prêts à briser la machine : c'est l'image naturelle de la situation où se trouve Napoléon. »

— Sur l'incendie de Moscow : « Il faut l'avouer : ces flammes ont brûlé la fortune de Napoléon. Richelieu conseillé par Machiavel n'aurait pu inventer rien de plus décisif que cette épouvantable mesure. »

— Sur la famille de Napoléon (octobre 1816) : « Sa personne seule a disparu, mais son esprit demeure. Il a fait des nobles, il a fait des princes, il a fait des rois, tout cela subsiste. Le roi de France porte son Ordre. Il est tombé seul, et parce qu'il l'a bien voulu et parce qu'il devait tomber ; quant à sa maison, en possession de biens immenses, et liée par le sang aux plus grandes maisons souveraines, rien ne peut la faire rétrograder. Si c'est un mal, il fallait y penser plus tôt. »

« Les préjugés des peuples ressemblent à des tumeurs enflammées : il faut les toucher doucement pour éviter les meurtrissures. »

« Pourquoi deux grandes puissances ne feraient-elles pas une fois au profit de l'humanité la plus belle et la plus utile des expériences, celle d'une liberté de commerce de bonne foi, convenue pour un certain terme et sans aucun dessein de se circonvenir mutuellement? Mais peut-être que c'est trop espérer. Ou je suis fort trompé, ou cette expérience découvrirait une grande vérité. »

C'est ainsi qu'il pense en tous sens, même en avant, et de droite et de gauche, surtout de haut; au risque de tirer parfois sur ses propres troupes. Il a des percées de vues qui, détachées, sembleraient vraiment justifier ses airs de prophète. Il a des parties et comme des débris d'ancien prophète. Mais n'oublions pas le fond, son arrière-pensée fixe : « Le monde est dans un état d'enfantement, » répète-t-il souvent en ces années 1815-1816. Est-ce à dire qu'il attend de ce travail une vraie régénération ? espère-t-il que de cet état il va naître et sortir un enfant nouveau qui vivra ? nullement. Ce qu'il espère au fond, homme tout d'une pièce, joueur intrépide et buté qu'il est, c'est que par un vigoureux effort et je ne sais quel coup de collier ou quel coup de dez venu je ne sais d'où, toutes choses reprendront leur ancienne assiette; on regagnera d'emblée tous les points. Au lieu de l'enfant miraculeux, on aura l'éternel vieillard, l'antique monde patriarcal soudainement réintégré ; il y compte ; c'est là le coin mystique : « Il viendra un moment, *dont la date seule est douteuse,* qui changera tout en un instant. »

Après tout, il n'y a pas trop d'hommes qui soient tout d'une pièce, surtout en ces époques de révolutions qui brisent souvent les meilleurs en plusieurs morceaux. Qu'il y en ait un au moins qui, pour l'exemple, n'ait jamais fléchi, et qu'il s'appelle de Maistre ! Qu'on le montre à jamais comme l'une des cimes de son austère pays, une de ces dents de rocher taillées en acier. Ce que de Maistre a de merveilleux, c'est sa langue; avec toutes ses roideurs et ses tons cassants, elle est incomparable, et on lui rend forcément les armes chaque fois qu'on l'entend ou qu'on le lit. Il a dit quelque part, écrivant à quelque ministre de son pays : « Il y a, Votre Excellence le sait assez, deux langages ministériels. L'un est de convention et tout en compliments et en grands mots; il ne parle que de *confiance parfaite*, de *reconnaissance sans bornes*, d'*augustes amis*, de *hautes puissances*, etc., etc.; je sais cette langue aussi bien qu'un autre, et je la vénère comme bonne dans l'usage commun et extérieur. Mais il y a une autre langue sévère et laconique qui atteint la racine des choses, les causes, les motifs secrets, les effets présumables, les tours de passe-passe et les vues souterraines de l'intérêt particulier; cette langue-là a bien aussi son prix. » Cette langue, c'est le plus souvent la sienne, et elle acquiert une vibration, une sonorité particulière sous sa plume et sur ses lèvres. Dès qu'il est là et qu'il parle, on l'entend de loin.

Les dernières années que de Maistre passa en Russie furent moins heureuses que ne l'avaient été celles de la grande crise; le lendemain du triomphe fut presque partout le commencement de la désunion. En Russie, les questions religieuses acquirent beaucoup d'importance à partir de 1814. De Maistre était un personnage trop considérable et un esprit trop convaincu pour se borner à être un observateur, un témoin passif et désintéressé; il prit parti pour une Société célèbre qui porta bientôt ombrage à l'orthodoxie russe, et dont le zèle arma le zèle contraire. Des conversions opérées chez des personnes de la haute société firent éclat: de Maistre en avait été, de bonne heure, le confident; on le soupçonna d'en avoir été l'instrument ou l'auxiliaire. Ce seul soupçon le compromettait comme ministre étranger, et lui qui, à la longue, s'était presque naturalisé Russe, il désira son rappel. A propos de ces conversions qu'on lui reprochait d'avoir favorisées, et dont l'une, celle de madame Swetchine, est devenue littérairement un fait éclatant, il a de singulières paroles, et qui marquent bien l'esprit et l'accent d'aristocratie qu'il portait en tout. On avait mal traduit en français l'endroit de l'Ukase où l'on parlait de ces conversions de quelques dames, de *quelques personnes du sexe le plus faible*, ainsi que le portait le texte officiel ; on avait mis dans la traduction, *quelques femmes d'un esprit faible et inconséquent*. De Maistre s'en indigne : « Ce qu'il y a de bon, dit-il, c'est que les dames que ce texte frappe, et que tout le monde connaît, sont bien ce qu'on peut imaginer de plus distingué en vertu, en esprit et même en connaissances, sans compter le rang qui est aussi cependant quelque chose. Mille badauds, en lisant cette traduction, croiront qu'il s'agit de quelques vendeuses de pommes. » Chrétiennement, on avait toujours cru que le rang n'était pas un titre, que c'était plutôt un obstacle, une circonstance aggravante. Ces *vendeuses de pommes* dont il parle de ce ton de mépris sur l'article de la conversion, n'ont-elles donc pas des âmes, et des âmes respectables aux yeux du chrétien, autant que d'autres ? Mais je ne sais pourquoi je fais cette remarque ; de Maistre ne serait pas lui-même, il dérogerait s'il ne s'exprimait ainsi. — Sa supériorité est dans le monologue politique : de ces deux volumes, il y a les deux tiers très-intéressants. C'est un terrible rédacteur de bulletins ; il lui manquait cela pour le compléter.

Lundi, 24 décembre 1860.

HISTOIRE

DU CONSULAT ET DE L'EMPIRE

Par M. THIERS.

TOME DIX-HUITIÈME (1).

Ce n'est pas un volume comme je l'avais cru d'abord, c'est trois volumes que M. Thiers a consacrés à l'exposé de l'année 1814 et des Cent-Jours. Le tome présent, qui entame cette dernière période de son Histoire, nous ouvre une série de faits nouveaux et nous montre une nouvelle application de ce talent multiple et fertile. C'est la troisième fois que M. Thiers historien aborde un ordre de choses, un régime social tout différent, et chaque fois il est tellement entré dans l'esprit de chaque régime qu'il a semblé en être un historien spécial et presque partial, tandis qu'il n'en était qu'un interprète et un explicateur souverainement intelligent.

Jeune, à l'âge des assauts et des audaces, il a abordé l'Histoire de la Révolution française, et avec une telle verve, un tel entrain, une telle résolution de ne pas s'arrêter à mi-chemin avant le triomphe et la bonne issue, qu'il a semblé être, avant tout, un historien

(1) Paulin et C°, rue Richelieu, 60.

révolutionnaire. On sait quelle trace lumineuse, et non effacée encore, il a laissée dans cette marche rapide à travers les diverses phases de cette grande et terrible époque. S'il avait à repasser aujourd'hui sur ce sujet, je ne doute pas qu'il ne le traitât autrement, et cependant je serais fâché qu'il ne l'eût pas traité comme il l'a fait, dussent quelques parties de cette première œuvre être un peu trop abrégées et incomplètes. Mais que de justesse de premier coup d'œil! quel prompt éclair jeté sur les situations, sur les groupes divers! quelle vue sympathique, non systématique, sur tout ce qui tient au cœur de la nation et s'y rattache par quelque fibre profonde! Quelle modération (on a droit de le dire maintenant, après qu'on a lu les historiens ses successeurs) dans les jugements sur les hommes de la Convention, sur ces Montagnards qu'on l'accusait d'abord de trop favoriser! Non, — il les désavouait pour leurs crimes, pour leur inhumanité, mais il sentit en même temps ce qu'il y avait dans quelques-uns des plus fameux d'essentiellement patriotique, d'héroïque et d'invincible. « Et, après tout, comme il le disait un jour, parlant à Chateaubriand lui-même, ç'a été une bataille où chaque parti a eu ses morts. » Et le plus affreux de la crise passé, aux différentes phases du décours, comme il touche à point les moments essentiels, les occasions irréparables et fugitives! Dans l'éclat si pur de cette première campagne d'Italie, quel sentiment vif, léger, allègre, de liberté et de victoire! Le mérite et le charme de l'historien dans ce premier ouvrage, c'est que tout cela semble enlevé, tout cela court et n'appuie pas. Le tableau même des intrigues et des boues du Directoire, suffisamment indiqué, n'en éteint pas, tout à côté, les parties honnêtes, recommandables et saines. Tant que cette histoire dure, il y règne, il y circule un souffle de jeunesse, d'espérance, celui même de l'aurore de la Révolution, celui de 89 et de 91, et c'est ce qui en fait l'unité et la vie.

Le second ordre de choses, le second régime, commencé et inauguré sous un astre tout différent et sous un génie réparateur, a été celui du Consulat. Quel historien a semblé plus fait que M. Thiers pour en raconter et en développer les merveilles, tant civiles que militaires, tous les bienfaits! Là encore, on l'a pu croire quelquefois entraîné, fasciné, tant il pénétrait avec satisfaction et avec plénitude dans toutes les branches de son sujet, tant il se laissait porter avec la pensée de son Héros à toutes les conséquences, et jusqu'aux extrêmes splendeurs, jusqu'aux éblouissements de l'Empire. Mais ici la rapidité n'est plus la même : c'est le *complet* auquel aspire l'historien dorénavant formé par la connaissance des affaires, et devenu à son tour homme d'État. Aussi, dans la peinture et l'explication de cette époque, la plus fertile en conceptions de toutes sortes et en créations, est-il l'historien administratif et stratégique par excellence. Tous les ressorts des machines diverses, il les a touchés; tous les plans et les projets jaillissant d'un front sublime, il les a eus sous les yeux, entre les mains; et le travail qu'il a fait lui-même en s'en rendant compte, le plaisir qu'il a ressenti en les découvrant, il nous le reproduit, il nous le communique avec largesse et lucidité. Il ne résume rien, ce n'est pas sa manière, il recommence son étude entière et toute son information personnelle pour tous et devant tous. Nous assistons pour la première fois, dans le plus parfait détail, à ce que des particuliers (comme on disait autrefois) n'auraient jamais eu chance autrement de savoir, au secret des conseils, des négociations, à l'intimité des entretiens souverains, à la succession des pensées agitées sous la tente de César ou au chevet d'Alexandre. Le souffle de cette Histoire, dans toute son étendue, est le même, bien que dans les derniers volumes les réflexions, les regrets et les critiques s'y mêlent plus fréquemment : mais l'admiration, l'amour pour le Héros, pour sa personne encore plus que pour son œuvre, subsiste. L'historien rompu aux habitudes et aux discussions parlementaires a beau faire, son goût vif pour cette nature de conquérant organisateur et civilisateur a pu souffrir, mais n'a pas faibli ; et lorsqu'aux dernières heures de la lutte, il le retrouve tout d'un coup rajeuni, éblouissant de génie et d'ardeur, il retrouve à son tour sa note jeune, émue, sa note claire et première, le Chant du départ, trop tôt éteint et reperdu dans les deuils, dans les tristesses suprêmes de Fontainebleau.

Aujourd'hui, dans cet appendice historique de 1814-1815, qui va former une sorte de second ouvrage ajouté au premier, c'est décidément encore un nouveau régime qui s'inaugure, et M. Thiers n'a pas eu d'effort à faire pour en saisir d'abord le courant principal et pour nous le faire remarquer. Esprit marseillais et grec, du plus fin et du plus léger, il excelle à sentir le génie des temps. Ici d'ailleurs, avec la Restauration, c'est le régime plus ou moins combattu et contrarié, mais enfin c'est le régime et le règne des assemblées qui s'inaugure ; et M. Thiers est l'homme qui a déployé le plus d'habileté pour amener insensiblement à ses fins, pour mouvoir et conduire les grandes assemblées. Ce n'est point de hauteur et d'autorité comme d'autres grands orateurs, ses rivaux, ce n'est point sur des majorités organisées et compactes qu'il agissait d'ordinaire, d'une parole tranchante et d'un geste décisif : lui, il persuadait, il s'insinuait, il avait faveur ; par la clarté spécieuse de ses exposés, par l'abondance et le flot accumulé et limpide de ses déductions, il amenait ceux mêmes qui ne se croyaient point de son groupe et de son armée à conclure comme lui, à agir et voter comme lui, et dans un sens où la plupart n'auraient point pensé être conduits d'abord. Il a été un grand généralissime dans ce vaste champ de manœuvres qui n'était pas le plus pacifique de tous. Aussi dans ce nouveau volume, après avoir commencé par une revue des derniers événements de guerre qui se prolongèrent quelque temps avec obstination sur quelques points de la circonférence, depuis Anvers défendu par Carnot, depuis Hambourg défendu par Davout, jusqu'à la bataille livrée dans la plaine de Toulouse par le maréchal Soult ; après avoir rendu justice à ces derniers efforts et avoir rallié, pour ainsi dire, tous les détachements de nos héroïques armées ; puis, avoir montré les Bourbons et Louis XVIII rentrant dans le royaume de leurs pères, avoir tracé du roi et des princes des portraits justes, convenables, et qui même peuvent sembler adoucis et un peu flattés plutôt que sévères (tant l'ancien journaliste polémique, l'ancien fondateur du *National*, a tenu à s'effacer et à se faire oublier dans l'historien !) ; après avoir fait toucher du doigt les premières difficultés presque insurmontables avec lesquelles on était aux prises ; lorsqu'il arrive à l'ouverture des Chambres et à l'essai de ce nouveau régime de discussion, M. Thiers a ses pages les plus heureuses. Il n'insiste pas trop sur les gaucheries et les inexpériences inévitables dans tout noviciat, il est plutôt frappé de la promptitude de certains députés à se saisir des sujets qui occupaient l'opinion publique, et à conquérir aussitôt une part d'influence plus grande qu'on ne l'aurait cru. Lorsque dans la discussion de la loi de la Presse, M. Raynouard, nommé rapporteur, présente à la Chambre le résultat du travail de la Commission l'historien a là une page que je mettrais volontiers à côté de telle de ses pages de jeunesse sur la mort des

Girondins, sur les victoires encore républicaines des
jeunes et brillants généraux de l'an V. Il est difficile, en
général, de détacher rien des livres de M. Thiers pour
le citer. Ce n'est pas un peintre qui se concentre dans
des tableaux à part, en y sacrifiant les alentours; il ne
sacrifie rien, il arrive par des revues étendues à un effet
d'ensemble, sans rien de bien accentué dans le détail.
Il y a dans ses écrits une grande *diffusion* de talent, si
je puis dire; le talent, comme un air vif et subtil, y est
disséminé partout, et ne s'y réfléchit guère avec splendeur
et couleur à aucun endroit en particulier; il craint
de paraître viser à l'effet, il se méfie de l'emphase; c'est
tout au plus si par places il se permet des portraits proprement
dits, tels que ceux du roi de Prusse Frédéric-
Guillaume et de l'empereur Alexandre (pages 424-427),
et encore il les fait alors, beaucoup plus fins et spirituels
que saillants et colorés. Je veux pourtant donner cette
page où respire l'esprit nouveau à sa naissance, où s'élève
comme le premier souffle de cet air public qui va
circuler et se développer durant plus de trente ans avec
toutes les variations de sérénité et de tempête. C'est
une grande délicatesse à un historien d'être ainsi sensible
aux premiers symptômes des temps, et, en y étant
sensible, de savoir les rendre avec cette vivacité, avec
cet atticisme.

« Le jour où M. Raynouard présenta son Rapport, dit M. Thiers,
l'affluence au palais de la Chambre fut considérable. On n'avait jamais
vu pour les séances du Corps législatif un pareil empressement. Le
public qui accourait ainsi était un public à mille nuances, comme la
France depuis trois mois. C'était dans l'émigration la portion instruite,
acceptant la Charte par nécessité, mais ayant pour les choses
de l'esprit un goût aussi ancien que la noblesse française; c'étaient,
parmi les amis de la liberté, des hommes nouveaux, acceptant les
Bourbons comme les autres la Charte, par nécessité, mais très-disposés
à recevoir la liberté de leurs mains, et résolus à leur être fidèles s'ils
étaient sincères; c'étaient, dans les partis mécontents, les révolutionnaires,
les militaires, les partisans de l'Empire, se déguisant en amis

de la liberté, et le devenant sans s'en apercevoir. Les uns et les autres étaient attirés par des motifs divers : ceux-ci par l'intérêt qu'ils portaient au Gouvernement, ceux-là par le plaisir de le voir contredire, beaucoup par zèle pour la question soulevée, tous enfin par la curiosité, et, il faut le dire, par un goût tout nouveau pour la discussion éloquente des affaires publiques qui venait de se développer dans notre pays. Il suffit chez une nation vive qu'un goût l'ait longtemps dominée pour qu'elle soit prête à en éprouver un autre. Si la France avait ressenti le goût des scènes militaires, elle avait eu, hélas! le temps de le satisfaire... Il fallait désormais d'autres tableaux à son patriotisme et à son esprit. Le spectacle d'hommes remarquables par le caractère, l'intelligence, le talent, pensant différemment les uns des autres, se le disant vivement, rivaux sans doute, mais rivaux pas aussi implacables que ces généraux qui, en Espagne, immolaient des armées à leurs jalousies; occupés sans cesse des plus graves intérêts des nations, et élevés souvent par la grandeur de ces intérêts à la plus haute éloquence; groupés autour de quelques esprits supérieurs, jamais asservis à un seul; offrant de la sorte mille physionomies, animées, vivantes, vraies comme l'est toujours la nature en liberté; — ce spectacle intellectuel et moral commençait à saisir et à captiver fortement la France. Les militaires, fatigués eux-mêmes de donner le spectacle de leur propre sang versé à flots, n'étaient pas les moins pressés d'assister à ces luttes, et de s'y mêler. On ne connaissait pas encore de grands talents; on les cherchait, on les espérait, on y croyait, par l'habitude de voir la France produire toujours ce dont elle a besoin. Elle n'avait pas manqué de généraux en 1792, on était certain qu'elle ne manquerait ni d'hommes d'État ni d'orateurs en 1814 ! Le rapport de M. Raynouard, un peu diffus, un peu académique, n'ayant pas encore la simplicité et le nerf du langage des affaires, que la pratique pouvait seule donner à l'éloquence française, fut écouté avec une religieuse attention. Il contenait, du reste, toutes les raisons, les médiocres et les bonnes, et il fit effet. Le soir on n'avait pas dans Paris d'autre sujet de conversation. »

Quelle page vive et neuve! Comme tout y est, et sans effort ! C'est ainsi, lui dirai-je, qu'on parle de ce qu'on aime, et j'ajouterai, de ce qu'il n'est plus permis de regretter qu'à demi, —de ce qu'il ne tient guère qu'à lui de ne plus regretter du tout. M. Thiers aime assurément beaucoup de choses; mais en parlant ainsi de la première journée marquante et de l'aurore de la discussion parlementaire, il parle de l'objet même et du théâtre de son talent, de son élément préféré, de ce à quoi (après l'histoire) il a le plus excellé et le mieux réussi.

J'ai eu l'occasion ici même, il y a quelques mois (1), à l'occasion de la consciencieuse et si estimable Histoire de M. Louis de Viel-Castel, de parcourir rapidement cette année de la première Restauration et d'en dire mon impression sincère, telle qu'elle résultait d'une fidèle lecture. L'impression que me laisse aujourd'hui le volume de M. Thiers n'est guère différente; il est arrivé seulement que M. de Viel-Castel, plus attaché d'origine aux traditions monarchiques, n'a pas craint de se montrer à la rencontre plus rude parfois et plus bref dans l'énoncé de ses jugements envers d'anciens amis; il n'y a pas mis tant de façons : M. Thiers, au contraire, semble par moments s'être méfié davantage de sa plume, et il a redoublé, à l'égard des personnes, de précautions et de ménagements qui sont chez lui du meilleur goût; il y a mis proprement de la courtoisie; mais le résultat, le fin mot est le même : l'impossibilité d'une durée pour ce premier essai de Restauration si mal conduit est également évidente. M. Thiers, qui d'ailleurs se montre si attentif à en signaler les parties recommandables, notamment le rétablissement des Finances dû au baron Louis, est plus sévère que M. de Viel-Castel au sujet des négociations diplomatiques, et sur le chapitre de M. de Talleyrand au Congrès de Vienne. Selon lui, en effet, dans le récit des plus circonstanciés qu'il nous offre des dispositions des puissances à ce congrès et des phases diverses par lesquelles on passa successivement, M. de Talleyrand, qui eut l'art et le mérite, dès le premier jour, de s'y faire une place digne de la France, n'aurait point été également habile à profiter de la situation qu'il s'y était

(1) Dans *le Moniteur* du 21 mai 1860. — Voir au tome XIV des *Causeries*.

faite; il aurait dû tenter d'autres alliances que celles qu'il pratiqua, se rapprocher de la Russie et de la Prusse plutôt que de se lier avec l'Angleterre et avec l'Autriche. Ce sont là de trop grosses questions pour nous, et sur lesquelles, dans tous les cas, il nous paraît plus facile de raisonner après coup que de se prononcer de si loin avec certitude. Mais ce qui n'est pas douteux, ce que M. Thiers fait énergiquement ressortir, c'est le triste et fort laid spectacle que présentent ces vainqueurs, coalisés la veille contre l'ambition d'un seul, à ce qu'ils disaient, et qui, le lendemain, se montrent les plus ambitieux et les plus avides à se partager ses dépouilles; c'est cette politique de *Vœ victis*, impitoyablement dirigée à la fois contre la France et contre ceux des États et des souverains secondaires qui lui étaient restés attachés dans la lutte, c'est cette curée de sang-froid, où quelques commissaires d'élite attablés autour d'un tapis-vert se disputent, jusqu'à en venir (ou peu s'en faut) aux menaces, des morceaux de territoire et des lots de quelques centaines de mille âmes, jusqu'à ce qu'ils aient obtenu à peu près le chiffre rond qu'ils revendiquent pour le leur. Cet ensemble de procédés, cette rigueur européenne, d'où la France est sortie réduite à ses plus justes limites et à son strict nécessaire, mais digne et à son honneur, sinon à son profit, arrache à M. Thiers, en terminant, des réflexions empreintes d'une patriotique tristesse, qui pourtant doit être aujourd'hui, ce nous semble, soulagée en partie et consolée.

Le retour de l'île d'Elbe, les préparatifs de la campagne de 1815, et cette fatale journée de Waterloo dont il reste à dégager du moins la gloire lugubre, et sur laquelle nous croyons savoir qu'entre les partis contradictoires M. Thiers a une solution décidée, promettent aux prochains volumes un intérêt puissant.

Lundi, 31 décembre 1860.

OEUVRES ET CORRESPONDANCE

INÉDITES

DE M. DE TOCQUEVILLE (1).

Je ne sais rien de plus fait que ces deux volumes pour confirmer et accroître l'estime et le respect qu'inspirait déjà un des esprits les plus distingués et des plus honorables caractères de ce temps-ci. M. Alexis de Tocqueville donna, pour son début, un bel ouvrage, qui assit du premier jour sa réputation. Les deux premiers volumes de *la Démocratie en Amérique* (1835), qui, d'emblée, obtinrent à leur auteur tous les suffrages non-seulement en France, mais dans les deux mondes avaient le mérite de faire très-bien connaître la Constitution américaine et l'esprit de ce peuple, de cette société neuve, en même temps que d'y joindre de fortes réflexions, de fines remarques à l'adresse des sociétés modernes et de la France en particulier. Le mélange, la combinaison de ce qui était observé et de ce qui était pensé était continuel et se corrigeait, se complétait dans une juste mesure. La forme était grave, sentencieuse, le détail ingénieux et sévère. M. Royer-Collard, complimentant l'auteur qu'il voyait pour la première

---

(1) Publiées et précédées d'une Notice par M. Gustave de Beaumont (2 vol. in-8°, Paris, Michel Lévy, rue Vivienne, n° 2 *bis*).

fois, put lui dire que « son livre était le livre politique le plus remarquable qui eût paru depuis trente ans. » S'il est exact qu'il ait dit encore par une sorte de renchérissement : « Depuis Montesquieu, il n'a rien paru de pareil, » il aurait provoqué une comparaison qui ne servirait qu'à éclairer ce qui, au milieu de tous ses mérites, a manqué pourtant à l'auteur. Montesquieu, en effet, auquel l'ouvrage de M. de Tocqueville faisait naturellement songer, et dont il affectait de reproduire quelques-unes des formes, telles que la fréquence, la coupe des chapitres, leur intitulé, etc., Montesquieu est un philosophe politique supérieur, en ce qu'il est souverainement indifférent et calme, se plaçant dès l'origine au vrai point de vue de la nécessité et de la réalité des choses, s'y conformant selon les lieux, les climats, les races, sans y apporter en travers un idéal préconçu qui pourrait bien être une idole. Montesquieu, ami de la civilisation et de l'avancement humain autant que personne, n'avait pas sur l'origine des sociétés de ces hypothèses dites les plus honorables, mais qui s'interposent ensuite, pour les fausser et les faire dévier, jusque dans les résultats directs de l'observation. De plus, Montesquieu écrivain a, avant tout, comme son compatriote Montaigne, de l'imagination dans le style ; il s'exprime par images ; presque à tout coup il enfonce des traits, il frappe des médailles. N'allons donc point tout d'abord heurter sans nécessité contre la statue d'airain de Montesquieu l'œuvre de M. de Tocqueville, c'est-à-dire d'un talent éminent, judicieux, fin, honnête, mais doublé d'une âme si anxieuse et si scrupuleuse, et servi d'un style ferme, solide, ingénieux, mais de peu d'éclat.

Ces côtés un peu ternes et un peu difficultueux se trahirent dans les deux derniers volumes de *la Démocratie en Amérique*, publiés quelques années après (1840).

La partie moralisante et méditative l'emporte ici sur ce qui est d'observation. L'Amérique, depuis près de dix ans qu'il l'a quittée, n'est plus qu'un prétexte pour l'auteur ; elle n'est qu'un prête-nom, et c'est aux sociétés modernes en général, et à la France autant qu'à l'Amérique, qu'il s'adresse. Sa thèse est sur les effets et les dangers de l'égalité dans toutes les conditions et les relations civiles au sein d'une société démocratique. C'est ici surtout qu'on sent l'infériorité de manière, si l'on se reporte à Montesquieu. A tout moment les exemples manquent à l'auteur pour illustrer ou pour animer ses pages ; le conseil est d'ordinaire juste et bien donné, mais il est court, et rien ne le relève. Cette Amérique, qui revient chaque fois comme unique exemple allégué, est d'une grande monotonie à la longue. On a reproché quelquefois à Montesquieu les historiettes dont il égaye encore plus qu'il ne les appuie ses graves sujets ; mais il savait, l'habile homme et le grand artiste, que même en telle matière il est souvent vrai de dire que *le conte fait passer la morale avec lui*. M. de Tocqueville, qui n'avait guère jamais lu un livre qu'en creusant et en méditant, n'avait pas assez lu au hasard et en butinant. Un certain manque de littérature libre et générale se fait sentir dans cette suite de chapitres coupés, où il se pose plus de questions encore qu'il n'en résout.

La complexité, qui est l'essence même de cet esprit distingué, fait aussi le cachet de son œuvre, et a pu faire hésiter quelquefois le lecteur superficiel sur son but véritable. Quoique appartenant par sa naissance comme par ses goûts fins et délicats à l'ancien régime, il abonde dans le sens de 89. Homme de 89, il est cependant tellement jaloux de la liberté qu'il est en garde et en méfiance contre l'égalité ; il est pour celle-ci un conseiller si morose qu'on dirait par moments un adversaire. Avec cela, préoccupé de la condition des classes pauvres et laborieuses plus qu'on ne l'était d'ordinaire dans les rangs des hommes d'État et des politiques constitutionnels, il a des pressentiments sociaux qui le mènent à prévoir des transformations radicales comme possibles et peut-être comme légitimes. Il a, en un mot, pour parler son langage, plusieurs idées *centrales*, et plus d'un foyer de lumière ou de chaleur. La Correspondance, aujourd'hui publiée, nous édifie complétement à ce sujet. Il n'y a donc rien d'étonnant que le lecteur même attentif soit partagé quelquefois comme l'auteur, et qu'il éprouve quelques-uns des embarras dont celui-ci a eu à triompher. Pour moi, je l'ai tout d'abord comparé dans sa recherche de la démocratie future vers laquelle il tend et s'achemine, mais d'un visage si pensif qu'il en est triste, au pieux Énée qui allait fonder Rome tout en pleurant Didon :

Mens immota manet, lacrymæ volvuntur inanes.

Le dernier ouvrage publié par M. de Tocqueville en 1856, sous le titre de *l'Ancien Régime et la Révolution*, porte surtout l'empreinte de cette espèce de combat intérieur. Il ne serait pas juste de juger la pensée de l'auteur sur une première partie qui attendait son développement ; il est permis pourtant de dire que cette vue des deux sociétés et des deux régimes fut conçue trop exclusivement sous une inspiration de circonstance. M. de Tocqueville sembla reculer pour la première fois en arrière de 89, lui qui en avait eu jusque-là la religion et qui n'entendait point badinage sur ce sujet. Les faits qui sont rassemblés dans cet ouvrage sont moins neufs que l'auteur ne le supposait d'après ses lectures assez récentes ; mais les conséquences qu'il en tire sont extrêmes et singulières. S'il croit découvrir, en effet, « mille motifs nouveaux de haïr l'ancien régime, » il trouve, en revanche, « peu de raisons nouvelles pour aimer la Révolution. » Voilà l'exacte impression, telle qu'elle s'annonce tome II, (page 233). Dans son effroi de la centralisation, l'auteur en vient à méconnaître de grands bienfaits d'équité dus à Richelieu et à Louis XIV. Homme du peuple ou bourgeois, sous Louis XIII, ne valait-il pas mieux avoir affaire à un intendant, à l'homme du roi, qu'à un gouverneur de province, à quelque duc d'Épernon? Ne maudissons pas ceux à qui nous devons les commencements de l'égalité devant la loi, la première ébauche de l'ordre moderne qui nous a affranchis, nous et nos pères, et le tiers-état tout entier, de cette quantité de petits tyrans qui couvraient le sol, grands seigneurs ou hobereaux. La préoccupation de l'auteur en faveur de la liberté de l'individu et de ses garanties est, d'ailleurs, des plus honorables et des plus généreuses ; mais sous cette impression il était en train, dans cet ouvrage, de maîtriser l'histoire et de lui imposer une vue fixe, exclusive. Plongé dans les archives d'une seule province, il n'avait pas assez présent à l'esprit l'entier tableau de cet ancien régime dont il exagérait et dont il méconnaissait à la fois quelques derniers bienfaits; car c'était un bienfait que ce qu'il y avait de régime moderne préexistant depuis cent soixante ans dans l'ancienne monarchie, mais ce n'était pas tout. La Révolution, quoi qu'il semble dire, reste la Révolution ; 89 reste 89. Le génie de Sieyès a bien vu et a eu raison.

Quant à prétendre, comme il le fait, qu'à partir de 1771, moment de la création du Parlement Maupeou, « la révolution radicale qui devait confondre dans une même ruine ce que l'ancien régime contenait de plus mauvais et ce qu'il renfermait de meilleur, était désormais *inévitable*, » qu'en sait-il? Pourquoi cette date plutôt qu'une autre? car chacun peut donner la sienne. C'est là une de ces assertions d'après coup qui supposent qu'on tient dans la main tous les éléments du problème, tous les fils et les ressorts de l'histoire. J'admire les esprits dits philosophiques d'avoir, en telle matière, de ces certitudes. Qu'ils essayent donc de faire application de ces assertions tranchantes sur les faits présents et en cours de développement, ils recevront des démentis à chaque pas. Il n'y a rien de si brutal qu'un fait.

La Correspondance et les écrits qui sont publiés aujourd'hui sont d'un intérêt très-varié et nous remettent tout à fait dans le vrai avec M. de Tocqueville. On apprend à l'y bien connaître, à ne pas le surfaire (car lui-même, si ambitieux, mais en même temps si modeste, ne se surfaisait pas), et aussi à lui voir dans leur juste degré tous ses mérites de philosophe politique, de citoyen passionné pour le bien, d'ami tendre et d'homme aimable dans l'intimité.

Dans ce qui n'est pas correspondance, deux morceaux se font remarquer : une Relation de voyage et un fragment d'histoire. La relation, *Quinze jours au désert*, qu'on a pu lire dans un des derniers numéros de la *Revue des Deux-Mondes*, nous montre un Tocqueville simple voyageur, chevauchant à côté de son ami Gustave de Beaumont, cherchant presque les aventures, et nous racontant ses impressions vives et sérieuses, aux limites extrêmes de la colonisation, à travers une forêt vierge. On y rencontre à chaque page un esprit ferme, exact, sensé, fin, moral, ami des considérations, qui raisonne à l'occasion de chaque incident, mais qui raisonne bien, d'une manière solide et élevée, et qui, quand il décrit, nous rend en fort bonne prose ce dont Chateaubriand le premier nous a donné la poésie en traits hasardeux et sublimes. — Et il a lui-même jugé en termes excellents cette poésie un peu arrangée et toute *chateaubrianesque* du désert, quand il a dit (non pas dans cette Relation, mais dans une de ses lettres) : « Les hommes ont la rage de vouloir orner le vrai au lieu de chercher seulement à le bien peindre. Les plus grands écrivains ont donné quelquefois dans ce travers-là. M. de Chateaubriand lui-même a peint le véritable désert, celui du moins que je connais, avec des couleurs fausses. Il semble avoir, en Amérique, traversé sans la voir cette forêt éternelle, humide, froide, morne, sombre et muette, qui vous suit sur le haut des montagnes, descend avec vous au fond des vallées, et qui donne plus que l'Océan lui-même l'idée de l'immensité de la nature et de la petitesse ridicule de l'homme. »

Le fragment d'histoire, — deux chapitres qui ont pour objet d'analyser l'esprit public sur la fin du Directoire et à la veille du 18 Brumaire, — est d'un historien de l'école de Polybe. Parlant l'autre jour de M. Thiers et de sa manière, je disais qu'il ne se résumait point, mais qu'il développait. Ici c'est le contraire : M. de Tocqueville résume et concentre : « J'étudie, j'essaye, dit-il quelque part, je tâche de serrer les faits de plus près qu'on ne me semble l'avoir entrepris jusqu'ici, afin d'en extraire les vérités générales qu'ils contiennent. » Les faits donc passent dans son esprit comme dans un creuset ; ils nous arrivent tous avec un sens, une signification précise, une raison qui leur semble inhérente et qu'il leur a reconnue ou parfois peut-être prêtée. Ici, les chapitres sont fort justes, et le caractère de profondeur qu'ils ont et qu'ils affectent répond bien à toutes les circonstances dès longtemps connues. Le style s'y anime et se rehausse de figures ; on croirait lire deux chapitres de considérations de Montesquieu s'appliquant à notre histoire.

La Correspondance est très-riche, pleine de cœur et

de pensée. Toute une première série de lettres s'adresse à M. Louis de Kergorlay, l'ami intime, l'intelligence-sœur de M. de Tocqueville, et qui lui fut de bonne heure un confident unanime et comme une seconde conscience. Ils étaient là, dans ce monde aristocratique et libéral, il y a quelque trente ans, un certain nombre de jeunes gens noblement doués, partisans éclairés des idées nouvelles, retenus par plus d'un anneau à la tradition, exacts et réguliers de mœurs, religieux de pratique ou du moins de doctrine ; nés tout portés, dispensés de percer la foule et de donner du coude à droite ou à gauche, n'ayant, s'ils le voulaient, qu'à sortir des premiers rangs et à faire preuve d'un talent ou d'un mérite quelconque pour être aussitôt acceptés. Je touche là à un inconvénient pour eux en même temps qu'à un avantage · quelques-uns sont restés à l'état méditatif et expectant, faute de cet aiguillon souverain de la nécessité. Ceux-mêmes que l'ambition généreuse et une secrète ardeur ont le plus poussé en avant et à se faire connaître n'ont pas toujours assez tenu compte de cette rude condition du grand nombre, qui consiste à lutter de bonne heure, à pâtir, à forcer des difficultés de plus d'un genre. Sans faire tous les métiers comme Gil Blas, il est bon de savoir ce que c'est qu'un métier, ne fût-ce que pour être plus indulgent au pauvre monde, au commun des honnêtes gens, et pour ne pas opposer trop souvent un véto absolu aux faits accomplis nécessaires. Certes, il est beau, il est satisfaisant pour un délicat orgueil de pouvoir s'écrier à un certain jour, comme M. de Tocqueville écrivant à M. Lanjuinais : « Vous appartenez, et je me permets de dire, *nous* appartenons à une famille intellectuelle et morale qui disparaît. » Je reconnais le droit de le dire à celui qui parle ainsi, comme je le reconnaissais à M. Royer-Collard le patriarche ; mais le monde va, l'humanité subsiste et se transforme ; les sectes morales les plus nobles elles-mêmes passent ; et dans le lointain quel effet nous font-elles ? Quel effet, par exemple, nous fait aujourd'hui la plus respectable des sectes morales de l'Antiquité, le Stoïcisme ? On s'incline, on salue ; mais la vraie philosophie politique et morale, qui accompagne l'homme tel qu'il est et non tel qu'on veut qu'il soit, passe outre, poursuit sa marche, et n'abdique jamais.

M. de Tocqueville me communique, sans que j'y songe, de sa méthode, et je m'aperçois que je m'arrête pour raisonner avec lui et sur lui à chaque pas. Il y avait donc autour de sa personne un groupe qui s'isolait un peu, et qui se distinguait par des traits particuliers entre les divers groupes de la jeunesse d'alors. Le comte Louis de Kergorlay, l'un des plus distingués du petit cercle choisi (cela ressort pour ceux-mêmes qui ne le connaîtraient que par la Correspondance présente), est un de ces heureux qui méritent de l'être, et qui ont mieux aimé faire le bien en agissant qu'en écrivant. Combien de fois M. de Tocqueville ne s'est-il point posé cette question au sujet de son ami : Pourquoi n'écrit-il pas ? Pourquoi, nature si riche, ne produit-il pas au dehors ses fruits naturels ? M. de Kergorlay (pour une raison ou pour une autre) se contentait d'être le dépositaire et le critique intelligent des idées de celui qu'il admirait sans le flatter ; en écoutant la suite des confidences et des épanchements de M. de Tocqueville, celui-ci se définira de lui-même à nos yeux.

Juge auditeur à Versailles avant la révolution de Juillet 1830, il prend part aux travaux du ministère public ; il est plusieurs fois appelé à parler devant la Cour d'assises : « En général, écrivait-il à son début (23 juillet 1827), il y a chez moi un besoin de primer qui tourmentera cruellement ma vie. J'ai un autre défaut pour le moment présent : je m'habitue difficilement à parler en public ; je cherche mes mots, et j'écoute mes idées ; je vois à côté de moi des gens qui raisonnent mal et qui parlent bien : cela me met dans un désespoir continuel. Il me semble que je suis au-dessus d'eux, et quand je me montre, je me sens au-dessous. » M. de Tocqueville parlait bien et très-bien, quoi qu'il en dise ; il lui manquait, pour être décidément un orateur, la force des organes, les moyens d'action, et aussi, selon sa juste expression, il *écoutait ses idées*, plus qu'il ne les versait ; il avait un geste familier par lequel il s'adressait à lui-même et à son propre front plutôt encore qu'à ses auditeurs : il regardait son idée. L'orateur le plus spirituel et le plus facile de nos grandes assemblées (1) disait un jour de lui par une ironie légère : « Quand je considère *intuitivement*, comme dirait M. de Tocqueville... » Voilà pour le dehors ; mais de près, dans un cercle moindre, devant un comité, dans une Académie, il reprenait tous ses avantages, toutes ses distinctions, netteté, finesse, nuance, une expression ferme et décisive, une pensée continue, un accent ému et vibrant donnant la note de l'âme.

Dans ses lettres à M. de Kergorlay on le voit de bonne heure tracer le plan de sa vie, s'assigner un but élevé et se confirmer dans la voie dont il n'a jamais dévié : « A mesure que j'avance dans la vie, écrivait-il (6 juillet 1835) âgé de trente ans, je l'aperçois de plus en plus sous le point de vue que je croyais tenir à l'enthousiasme de la première jeunesse : une chose de médiocre valeur, qui ne vaut qu'autant qu'on l'emploie à faire son devoir, à servir les hommes et prendre rang parmi eux. » Il est déjà en plein dans l'œuvre politique, au moins comme observateur et comme écrivain, et

---

(1) M. Thiers.

malgré tout, en présence du monde réel, il maintient son monde idéal ; il se réserve quelque part un monde à la Platon, « où le désintéressement, le courage, la vertu, en un mot, puissent respirer à l'aise. » Il faut pour cela un effort, et on le sent dans cette suite de lettres un peu tendues, un peu solennelles. Voulant exprimer le besoin qu'il a de la conversation de son ami, dans la solitude de la campagne où il est pour le moment, il dira : « Il y a trois hommes avec lesquels je vis tous les jours un peu, c'est Pascal, Montesquieu et Rousseau : il m'en manque un quatrième, qui est toi. » Et la phrase qui suit ne corrige par aucun sourire la solennité de cette déclaration ; bien au contraire elle la motive sérieusement. Je sais qu'entre l'arbre et l'écorce il ne faut pas mettre le doigt, ni demander une raison exacte à ces étroites alliances d'âmes, à ces amitiés de Montaigne et de La Boëtie ; pourtant, dès qu'on nous livre les secrets de l'intimité, nous devenons plus ou moins des juges. Il y a donc dans cette suite d'épanchements d'une âme jeune et mûre, beauté morale, élévation constante, mais aussi tension très-sensible, et qui se traduit même par des mots. Le mot de *visée* revient volontiers sous la plume de l'auteur ; il se crée des *nœuds* au dedans : « Il y a, dit-il, deux tendances en apparence inconciliables qui se trouvent unies dans ma nature ; mais comment s'est fait ce *nœud* ? Je l'ignore. Je suis tout à la fois l'homme le plus impressionnable dans mes actions de tous les jours, le plus entraînable à droite et à gauche du chemin dans lequel je marche, et à la fois le plus obstiné dans mes *visées*. » Sa noble vie sera tout d'une teneur, mais on y sentira la *ténacité*, et ce mot non plus ne lui déplaît pas (tome I, page 433). Ces formes de la langue indiquent bien et accusent l'état et, pour ainsi dire, la posture habituelle de l'âme : la sienne était toute bandée, comme dirait Montaigne, vers un but relevé et hautain. Même lorsqu'il se croira un peu détendu et calmé, il rendra cet effet par un mot qui est bien du même ton : « J'attends moins de la vie, je *cave* moins haut. Voilà, à ce qu'il me paraît, ce que j'ai gagné. »

Dans cette disposition alternative, dans ce double état d'excitation ou de calme relatif, que de questions également il s'adresse? Il est l'un des hommes qui s'est le plus adressé de questions, qui s'est le plus mis à la question lui-même. Dans ses dernières années comme dans les premières, « le grand problème que présente l'avenir des sociétés modernes est sans cesse devant son esprit, » et jusqu'à l'offusquer, jusqu'à l'empêcher de voir autre chose. Quand il entreprend vers la fin de sa vie cet ouvrage de *l'Ancien Régime et la Révolution*, que de difficultés il se pose pour ses lectures dans un sujet si ouvert et si exploité (tome I, page 403)? Entre tout lire et ne rien lire dans cette immense littérature de la Révolution, quel parti prendre, se demande-t-il, à quel point intermédiaire s'arrêter? Il est évident que cet éminent esprit n'a pas fait jusqu'alors comme le commun des martyrs qui lit les ouvrages intéressants au fur et à mesure de leur publication, et que depuis 1825 il n'a pas lu, comme tous les jeunes gens de sa génération, au hasard et à tort et à travers (c'est la bonne méthode), cette quantité de mémoires et de documents qui ont successivement paru ; sans quoi il aurait ses premières couches et son fond de tableau déjà préparé, il ne se poserait pas toutes ces questions préliminaires, il ne dresserait pas avec tant de peine tous ses appareils comme pour une découverte. Et sur le caractère de la Révolution en particulier, sur cette sorte de fanatisme essentiellement révolutionnaire qu'elle a inculqué à quelques hommes, à une postérité survivante et vivace, que de questions encore (tome I, page 404)!

« D'où vient cette race nouvelle? qui l'a produite? qui l'a rendue efficace? qui la perpétue?... Mon esprit s'épuise à concevoir une notion exacte de cet objet... » Il y a assurément de l'excès dans cet méthode scrutatrice, et bien des horizons plus ouverts et souvent plus faciles à atteindre qu'on ne se l'imagine se ferment devant elle (1).

La sincérité de l'auteur en ressort d'autant mieux. S'il est ambitieux dans son effort, il est d'une modestie parfaite en ce qui le touche personnellement, lui et son œuvre. Lorsque ce livre sur la Révolution paraît et obtient aussitôt un succès assez vif auquel on ne se serait pas précisément attendu, au milieu des éloges ou des contradictions qu'il excite et des félicitations qui lui en arrivent, l'auteur ne s'exagère en rien la portée d'influence qu'il peut avoir : « Les classes influentes ne sont plus celles qui lisent, écrit-il à M. de Kergorlay (29 juillet 1856). Un livre, quel que soit son succès, n'ébranle donc point l'esprit public et ne saurait même attirer longtemps, ni de la part du grand nombre, l'attention sur son auteur. Cependant comme, même chez les peuples qui lisent le moins, ce sont après tout certaines idées, souvent même certaines idées très-abstraites qui, au fond, finissent par mener la société, il peut toujours y avoir quelque utilité éloignée à répandre celles-ci dans l'air. De nos jours, d'ailleurs, je ne vois pas d'emploi plus honorable et plus agréable de la vie que d'écrire des choses vraies et honnêtes qui peuvent signaler le nom de l'écrivain à l'attention du monde civilisé, et servir, quoique dans une petite mesure, la bonne cause. » — A propos de quelques critiques de

---

(1) Quelqu'un de très-judicieux et de très-respectable a dit sur M. de Tocqueville ce mot dont on rabattra ce qu'on voudra, mais dont il reste quelque chose de vrai : « Il a commencé à penser avant d'avoir rien appris; ce qui fait qu'il a quelquefois pensé creux. »

style que son ami lui adressait dans le même temps, il répondait avec une docilité et une modestie exemplaires : « Ce n'est pas la perception et la conviction du mal que tu signales qui me manquent. Je sais qu'il y a entre mon style et le style des grands écrivains un *certain obstacle* qu'il faudrait que je franchisse pour passer de la foule dans les rangs de ceux-ci. » Il va trop loin et il n'est pas du tout juste avec lui-même en se mettant dans la foule ; il est au premier rang des écrivains de notre temps qu'on appelle distingués.

Je ne suis pas sans m'étonner moi-même de la liberté que je prends de marquer ainsi mes réserves et mes limites d'éloge en parlant d'un homme si fait pour commander l'estime. Nous qui avons passé le meilleur de notre jeunesse au gré de notre imagination, dans les jeux de la poésie et de l'art, nous devons, ce me semble, y regarder à deux fois, quand nous nous mêlons de vouloir mesurer et discuter des esprits constamment sérieux, qui se sont occupés sans relâche et passionnément des grands intérêts publics. Et toutefois, en vieillissant, nous avons acquis notre sérieux aussi, nous avons notre expérience des choses et notre résultat moral ; pourquoi hésiterions-nous à en user pour dire notre pensée, pour témoigner avec respect nos dissidences et toucher les points qui nous séparent ? En continuant de parcourir la Correspondance de M. de Tocqueville, nous aurons d'ailleurs à y signaler des parties vraiment belles et même tout à fait aimables.

Lundi, 7 janvier 1861.

OEUVRES ET CORRESPONDANCE

INÉDITES

DE M. DE TOCQUEVILLE.

(SUITE ET FIN.)

Les amis de M. de Tocqueville eurent besoin eux-mêmes de quelques explications pour être assurés de sa pensée fondamentale et de son but, lorsque les deux premiers volumes de *la Démocratie en Amérique* parurent. M. de Corcelles avait été frappé de cette sorte de contradiction qu'il y avait entre le tableau vraiment assez triste de cette démocratie moderne, présente ou future, et les conclusions du livre qui tendaient à l'acceptation et à l'organisation progressive de cette même démocratie. M. de Tocqueville lui répondait, comme aussi à un autre de ses amis, M. Eugène Stoffels, en leur indiquant le double effet qu'il avait la prétention de produire sur les hommes de son temps : diminuer l'ardeur de ceux qui se figuraient la démocratie brillante et facile ; diminuer la terreur de ceux qui la voyaient menaçante et impraticable ; les concilier, les régler, les guider s'il était possible, leur montrer les périls et en même temps que les conditions essentielles, les voies et moyens. Noble but, noble effort, et par lequel il réalisait un des vœux de sa première jeunesse, lorsqu'après le récit d'une de ses courses opiniâtres à travers les montagnes de la Sicile, il s'écriait en finissant : « Pour moi, je ne demande à Dieu qu'une grâce : qu'il m'accorde de me retrouver un jour voulant de la même manière une chose qui en vaille la peine ! »

La volonté ! c'est ce dont il fait le plus de cas : « Ce monde, pense-t-il, appartient à l'énergie. » Lui si moral, si tempéré, il semble même par moments tout près de vouloir cette énergie à tout prix, tant il est l'ennemi de la mollesse et de l'indifférence : « A mesure que je m'éloigne de la jeunesse, écrivait-il à M. Ampère, je me trouve plus d'égards, je dirai presque de respect pour les passions. Je les aime quand elles sont bonnes, et je ne suis pas bien sûr de les détester quand elles sont mauvaises. C'est de la force, et la force, partout où elle se rencontre, paraît à son avantage au milieu de la faiblesse universelle qui nous environne. » Ses passions, à lui, se réduisaient pourtant à une seule, et il nous la déclare : « On veut absolument faire de moi un homme de parti, et je ne le suis point (il écrivait cela en mars 1837, après son premier grand succès). On me donne des passions et je n'ai que des opinions ; ou plutôt je n'ai qu'une passion, l'amour de la liberté et de la dignité humaine. Toutes les formes gouvernementales ne sont à mes yeux que des moyens plus ou moins parfaits de satisfaire cette sainte et légitime passion de l'homme. »

Lorsqu'on entre dans la politique avec une telle visée, on court risque de rencontrer sur son chemin bien des mécomptes. Ceux qui se croient le plus affranchis des préjugés de naissance (et M. de Tocqueville était de ce nombre) ont à se garder d'un autre préjugé indirect bien tentant pour une âme généreuse ; c'est d'aller transporter à l'humanité tout entière les idées nobiliaires trop avantageuses qu'ils n'ont plus pour eux-mêmes. L'homme, il faut le savoir, peut s'élever très-haut par la culture, par l'effet continu et sans cesse agissant de la civilisation; mais, en fait, le point de départ, dans quelque doctrine qu'on se place, et que l'on se reporte au dogme mystérieux de la Chute, ou que l'on se tienne à l'observation naturelle directe, le point de départ a été très-bas et infime. Demandez aux plus grands de ceux qui ont gouverné les hommes et qui ont le plus fait avancer leur nation ou leur race, à quelques croyances religieuses et métaphysiques qu'ils appartiennent, — Mahomet, Cromwell, Richelieu, — ils se sont tous conduits en vertu de l'expérience pure et simple, comme gens qui connaissent à fond l'homme pour ce qu'il est, et qui, s'ils n'avaient pas été les plus habiles des gouvernants, auraient été les moralistes perspicaces les plus sévères. Émancipés aujourd'hui, fils de l'Occident, héritiers de tant d'œuvres, et comme portés sur les épaules de tant de générations, espérons mieux; mais, si nous nous appelons philosophes, n'en venons jamais, par une sorte d'orgueil intellectuel, à oublier les origines si grossières et si humbles de toute société civile.

M. de Tocqueville, non content d'écrire et de méditer, entra dans la politique active et fut nommé député en 1839; il s'était présenté aux électeurs dès 1837, et un incident curieux signala cette première candidature. M. Molé, alors président du Conseil des ministres, qui aimait et estimait fort M. de Tocqueville, le porta ou avait dessein de le porter comme candidat du Gouvernement; dès que M. de Tocqueville le sut, il s'empressa de repousser toute attache officielle, revendiquant non pas le droit d'attaquer le Pouvoir, mais celui de ne l'appuyer que librement, dans la mesure de ses convictions. Une lettre qu'il écrivit en ce sens à M. Molé

provoqua une fort belle réponse de cet homme d'État;
je la citerai ici tout entière, parce qu'en y faisant la
part d'une certaine vivacité qui tenait aux circonstances
et aussi à la délicatesse chatouilleuse des deux personnes, on y trouve une leçon gravement donnée, et
d'un ton fort digne ; il y respire un sentiment fort élevé
de la puissance publique que M. Molé concevait et représentait en homme formé à la grande école. Dans la
lettre de M. de Tocqueville perçait l'idée, poliment
exprimée, qu'un homme qui se respecte doit être de
l'opposition. M. Molé ne se le laissa pas dire, et ne souf-
frit pas qu'on déplaçât ainsi le respect :

« Paris, ce 14 septembre 1837.

« Mon cher monsieur, je reçois de vous une lettre qui demande
prompte et ample réponse. Je vous rendrai franchise pour franchise,
et puisque, d'un bout à l'autre, je ne partage aucun des sentiments
ou des principes qui vous l'ont inspirée, j'aurai le courage de vous le
dire. Je réclamerai d'abord et protesterai, au besoin, contre la distinction que vous établissez entre le président du Conseil et M. Molé.
Si ce dernier avait dû s'effacer pour faire place à l'autre, il aurait
repoussé, la présidence et, comme dans toute sa carrière, il eût préféré
sans hésiter la moindre de ses convictions morales ou politiques au
pouvoir et à tous les avantages qu'on lui attribue. Ce n'est pas seulement dans l'exercice du pouvoir politique, c'est dans toutes les affaires
de la vie qu'il faut accepter la lutte du bien contre le mal. Si on ne
se mêlait que de celles où l'on serait sûr de faire tout ce qu'on croit
bien ou vrai sans transaction, on ne ferait pas même ses propres
affaires ; il faudrait se renfermer dans l'inaction. Je suis donc au pouvoir, comme vous y seriez, faisant le bien, empêchant le mal, avec
toutes les ressources que me fournissent les circonstances ou mes
facultés. Le premier des devoirs est, à mes yeux, de lutter dans les
élections comme ailleurs pour l'opinion qui m'a porté au pouvoir, que
j'y défends et qui m'y prête son loyal appui. Je n'admets donc pas
que ce soit accepter un joug dont la délicatesse ou la fierté aient à
souffrir, que d'arriver par notre influence à la Chambre, ni que ce
fût trahir un engagement que de se séparer de nous plus tard sur une
question où l'on ne pourrait, en conscience ou avec conviction, nous
soutenir. Tout ceci est bien terre à terre, je le sais, aux yeux de cette
opinion factice et amoureuse de popularité, qui tient le *Pouvoir*,
quelles que soient les mains qui l'exercent, pour l'adversaire présumé
de la société. Mais je me permettrai de vous demander si vous croyez

donc que vous serez plus libre d'engagement, si vous arrivez par les
légitimistes, les républicains ou une nuance quelconque de la gauche
que par le juste-milieu. Il faut choisir; l'isolement n'est pas l'indépendance, et l'on dépend plus ou moins de ceux qui vous ont élu.
L'armée du ministère dans les élections ne se compose pas seulement
de gens qui relèvent de lui et lui doivent leur existence; elle se compose surtout d'hommes pensant comme lui et croyant bon pour le
pays qu'il se maintienne et qu'il l'emporte contre ses adversaires.
C'est parmi de tels hommes, mon cher monsieur, que j'aurais été
heureux et fier de vous rencontrer. Vous ne le voulez pas, vous avez
presque dit que vous en rougiriez : à la bonne heure ! Je méritais que
vous me parlassiez avec autant de franchise. Mais vous n'avez pu croire
que je prisse assez peu au sérieux le métier que je fais pour désirer
de vous voir arriver sous l'un des drapeaux de nos adversaires. Ce
métier, sachez-le bien, est un des plus pénibles et des plus méritoires
que l'on puisse faire. Il entraîne pour moi plus de sacrifices que pour
bien d'autres, parce que les goûts de mon esprit, les penchants de
mon âme, toutes mes habitudes y sont complètement sacrifiées. Mais
je croirais manquer aux vues de la Providence sur moi, si je ne por-
tais pas avec courage ma destinée. J'estime que, dans nos circonstances
publiques, le pays courrait quelque risque, si le pouvoir passait
actuellement dans d'autres mains. Si je ne me trompe pas, les cœurs
honnêtes et les esprits sensés me doivent quelque estime, même
quelque encouragement et quelque appui. En résumé, il sera fait selon
votre volonté. Je vous avais porté dans l'intérieur du Cabinet comme
au dehors jusqu'ici *à outrance*, il faut que je m'en confesse. Je ne
connais pas votre préfet, mais apparemment il m'avait deviné. Aujour-
d'hui même le ministre de l'intérieur va apprendre de moi que nous
ne devons vous soutenir nulle part. Nos amis (car nous en avons)
vous combattront; car, en matière d'élection, la neutralité est impossible. Si vous arrivez, je m'en féliciterai pour vous, et d'autant plus,
permettez-moi de l'ajouter, que la pratique des affaires et des hommes
pourra vous rapprocher de ces malheureux ministres qu'il vous paraî-
trait si fâcheux aujourd'hui de paraître appuyer. Dans quelques rangs
que vous vous placiez, vous n'en serez pas moins pour moi un parent
que j'aime et honore, l'un des esprits les plus élevés et des talents les
plus rares que notre époque ait produits. Agréez, etc. »

Le pronostic de M. Molé se réalisa. M. de Tocqueville
s'isola un peu trop, même dans l'Opposition ; il eut jusqu'en 1848 un rôle des plus honorables, mais peu efficace, peu étendu, un de ces rôles d'Ariste ou de Cléante
au théâtre, et qui, le faisant estimer dans les deux
camps, ne lui procura dans aucun une action propor-

tionnée à ses lumières et en rapport avec l'énergie de ses sentiments.

Il étudiait beaucoup cependant, il approfondissait chacun des sujets en discussion, et dans les questions non politiques, non ministérielles, ses collègues aimaient à le choisir comme le rapporteur le plus sûr, le plus consciencieux. La question de l'Algérie fut une de celles qu'il étudia le plus à fond; il fit pour cela deux voyages en Afrique. Dans une des lettres si aisées et si spirituelles du maréchal (alors colonel) de Saint-Arnaud, je lis ce passage : « Je suis parti mardi (25 novembre 1846) pour aller chercher le maréchal (Bugeaud) à l'Oued-Fodda avec un escadron... Il avait avec lui MM. de Tocqueville, de Lavergne, Béchamel et Plichon, députés, et Broët et Bussière, gens de lettres. M. de Tocqueville posait un peu pour l'observation méthodique, profonde et raisonnée... » Il ne posait pas, c'était l'attitude naturelle de son esprit, de toute sa personne; mais il faisait un peu cet effet aux militaires, à ceux qui ont l'esprit prompt, l'observation facile et nette, et même brusque : ce sont des familles d'esprits différentes et même opposées; il n'y a rien d'étonnant que quelque antipathie se prononce. J'entendais, à ce propos, l'autre jour, un de nos braves et spirituels généraux lâcher sous sa moustache le mot de *pédantisme*. De son côté, M. de Tocqueville le leur rendait. Lisant plus tard les Mémoires de Marmont, il l'appelle « un de ces aventuriers (fort bien élevés d'ailleurs), que la Révolution française a fait percer. » — « Je m'étonne toujours, dit-il, qu'on ait pris part à de si grandes choses, touché à de si grandes affaires et vécu en telle compagnie, et qu'on n'ait que cela à dire? Ce peu pourtant est très-digne d'être lu... » M. de Tocqueville avait un peu du dédain des esprits établis pour les *aventuriers* qui se risquent et commencent, pour ceux qui, engagés à corps perdu dans l'action, ne s'avisent pas d'en raisonner; il oubliait qu'on ne raisonne pas des choses à perte de vue quand on les touche à bout portant. Lisant une autre fois les Mémoires historiques du grand Frédéric, il en dira :

« Je vous renverrai sous peu les Mémoires du grand Frédéric, que j'ai lus; c'est assurément une œuvre remarquable, bien moins cependant que l'homme même dont elle émane. Quels produits différents de l'intelligence que la pensée qui fait écrire et celle qui fait agir; la pensée qui se resserre dans les limites d'un acte à accomplir, et celle qui s'étend dans un grand espace et veut juger en général les résultats et les causes! Comme le même homme peut être supérieur dans le premier emploi de son esprit, et médiocre dans l'autre, et réciproquement! Jamais cela ne s'est mieux vu qu'ici. Dans ces Mémoires, d'ailleurs, le grand Frédéric ne parle guère que de batailles, ce à quoi je n'entends rien... Ce que j'aurais voulu surtout savoir, c'est comment Frédéric menait son gouvernement, et les réflexions que ce sujet lui suggérait; mais j'imagine qu'il dédaignait trop cette partie de sa vie pour s'appliquer à la faire comprendre au lecteur. »

Pas du tout. Le grand Frédéric n'avait pas de ces dédains et ne fait pas de ces mystères; lisez ses lettres. Si lui, le plus sensé et le plus pratique des esprits, le roi administrateur par excellence, il est sobre, dans ses Histoires, de longs raisonnements et de grandes considérations, même de guerre, c'est qu'il savait à combien peu tiennent souvent les plus grandes choses.

Je ne fais qu'indiquer les groupes opposés d'esprit, ceux que M. de Tocqueville appelle réalistes en politique, et ceux dont il est lui-même, les raisonneurs ou généralisateurs; les praticiens et les théoriciens. Ce n'est pas que M. de Tocqueville ne juge à merveille les situations politiques, les crises; qu'il ne les prévoie mieux que bien des politiques qui se piquaient d'être plus pratiques que lui. Il a des diagnostics et des pronostics excellents de sagacité; il sait tâter le pouls à son malade; il dira le danger, il en expliquera les causes; mais, comme beaucoup de savants médecins, il ne va pas jusqu'au remède, — je ne parle que du remède efficace, du remède possible à l'heure même. Il a des théories qui le gênent. Périsse le malade plutôt qu'un principe !

Il ne pouvait se résoudre à dire avec Montaigne, « La vertu assignée aux affaires du monde est une vertu à plusieurs plis, encoignures et coudes pour s'appliquer et joindre à l'humaine faiblesse... »

La Correspondance s'anime beaucoup depuis la révolution de Février, et, toute tronquée qu'elle est, acquiert un grand intérêt. M. de Tocqueville s'y épanche avec beaucoup d'âme et de sincérité; il devient plus expansif, ce me semble. Son court passage au ministère des Affaires étrangères avait altéré sa santé. Il souffrait de plus, et avec toute l'intensité morale qui lui était propre, de la marche des choses publiques, qui allaient à l'encontre de son rêve, de la fondation idéale de toute sa vie. Ceux même qui partagèrent le moins cette douleur d'une noble intelligence sont faits pour la comprendre, pour la respecter; ici, chez lui, ce n'était pas une ambition déçue, ce n'était pas un point d'honneur en jeu, c'était une religion. Il n'y avait rien à lui dire. Le théoricien idéaliste était confondu et stupéfait encore plus que l'homme politique n'était froissé en lui. Pour s'arracher de lui-même, pour se distraire et s'absorber, il se mit courageusement à l'œuvre; il tenta de renouveler sa vie; il s'appliqua à l'étude de l'allemand, à toutes sortes de lectures; il entreprit son travail sur l'ancien Régime et sur les causes de la Révolution. Il faut voir avec quelle anxiété, avec quelle conscience émue il aborde le moment, pour lui solennel, de la rédaction et de la mise à exécution, après que le plus gros de ses recherches est terminé. De la part d'une intelligence si ferme et si exercée, cette soudaine méfiance d'elle-même a quelque chose de maladif et de touchant :

« J'ai à peu près terminé, écrivait-il à M. Rivet (23 octobre 1853), les travaux préparatoires dont je vous ai parlé... Il s'agit de savoir s'il y a maintenant quelque chose à tirer de ces matériaux qui ne sont qu'un fumier inutile si par leur moyen on ne fait pas pousser quelque plante nouvelle. Je me mettrai à écrire véritablement dans une dizaine de jours. C'est alors que je me recommande à vos prières ; car alors seulement se posera et se débattra au dedans de moi cette redoutable question de savoir si je puis, oui ou non, tirer désormais parti de ma vie. »

Et à M. Freslon (3 novembre 1835) :

« C'est enfin la semaine prochaine que j'abandonnerai la lecture des livres et la recherche des vieux papiers, pour commencer à écrire moi-même. Je vous assure que je vois arriver ce moment avec une grande anxiété et une sorte de terreur. Trouverai-je ce que je vais chercher? Y a-t-il en effet dans le sujet que j'ai choisi de quoi faire le livre que j'ai rêvé, et suis-je l'homme qu'il faut pour réaliser ce rêve? Que ferais-je si j'apercevais que j'ai pris des inspirations vagues pour des idées précises, des notions vraies mais communes pour des pensées originales et neuves? J'ai tellement arrangé ma vie que si j'échouais dans cette tentative, je ne saurais que faire ; car vivre pour *vivre* ne m'a jamais été possible : il m'a toujours fallu de toute nécessité faire ou du moins me donner l'illusion que je faisais quelque chose de plus. »

Et à M. Gustave de Beaumont (3 octobre 1854) :

« Je tremble d'avance en pensant à quel degré il est nécessaire pour moi de réussir. Je ne sais en vérité ce que je deviendrais si cette unique occupation me manquait. Je suis comme ces pauvres gens qui, s'étant réduits à ne vivre que de pommes de terre, meurent de faim sans miséricorde dans les mauvaises années. »

La question, pour lui, est de savoir s'il pourra transformer l'homme politique en homme de science et d'érudition ; il s'y applique à cinquante ans avec toute l'ardeur de la jeunesse. Pour celui qui étudie les formes différentes et caractéristiques des esprits, il est curieux de suivre M. de Tocqueville en Allemagne, dans son voyage à la recherche de cet ancien Régime qui le préoccupe tant : il ne parvient pas d'abord à trouver ce qu'il espérait, et à découvrir un ordre de symptômes précurseurs de 89 et corrélatifs aux nôtres. Cet ancien Régime allemand est multiple, il diffère d'État à État, il a peu de rapports avec l'ancien Régime français. La Révolution de 89, sur cette autre rive du Rhin, était apparemment très-peu prévue. Bref, l'objet de sa recherche, et pour lequel, dans son zèle d'investigateur, il a fait le voyage, paraît se dérober. Il est évident qu'il arrivait là avec son cadre de questions toutes dressées, avec son *moule* tout prêt ; la réalité n'y répond pas, et les choses ne se prêtent pas à y entrer : mais il apprend en revanche quantité d'autres choses imprévues, il fait mainte autre observation chemin faisant. La vie lui a manqué pour élaborer et mettre en œuvre ces matériaux tout neufs qu'il était en train de fondre.

Dans une lettre à M. Duvergier de Hauranne (1er septembre 1856), il a du reste exposé sa méthode de composer, de considérer et d'écrire. Cette méthode, qui est singulière et toute personnelle, une vraie méthode *à priori*, est chez lui invariable et inflexible; il n'a pas l'idée de la modifier selon les sujets, il faut que les sujets s'y accommodent et arrivent bon gré mal gré sous sa prise. L'instrument, tel qu'il nous le définit, est encore plus original que le résultat.

D'autres choisiront de préférence d'autres passages dans ses lettres ; pour moi, je l'aime mieux quand il est moins affirmatif, moins dogmatique, quand des accès de doute et de scepticisme le viennent saisir et qu'il les confesse avec ingénuité. Comme il est très-sincère, il se montre à ses amis tel qu'il est, selon les moments :

« Ma santé, écrit-il à M. Gustave de Beaumont (3 mars 1853), semble graduellement se raffermir; je recommence à travailler très-activement, mais sans rien produire encore. Je suis perdu dans un océan de recherches, au milieu desquelles la fatigue et le découragement viennent parfois me saisir. Ce n'est pas seulement le découragement de moi-même, mais des hommes, à la vue chaque jour plus claire du petit nombre de choses que nous savons, de leur incertitude, de leur répétition incessante dans des mots nouveaux depuis trois mille ans, enfin de l'insignifiance de notre espèce, de notre monde, de notre destinée, de ce que nous appelons nos grandes révolutions et de nos *grandes* affaires... Il faut travailler pourtant : car c'est la seule ressource qui nous reste pour oublier ce qu'il y a de triste à survivre à l'empire de ses idées, etc... »

En ces endroits tristes, mais non plus amers, et que je voudrais plus fréquents, il s'est détendu, il a mûri, il a gagné à être roulé dans le courant des choses ; il n'est plus là si affirmatif ni si absolu. Ne croyez point pourtant que je sois de ceux qui ne commencent à estimer Brutus que du moment où il a dit : « Vertu, tu n'es qu'un nom ! » mais j'aime une philosophie moins fastueuse et moins guindée, et qui me paraît plus d'accord avec la faiblesse et la diversité humaines. Ainsi encore ce passage d'une lettre à M. de Corcelles (4 août 1855) :

« En revoyant mes paperasses, j'ai songé au temps passé. Cela produit un singulier effet de se promener ainsi tranquillement au milieu des débris de tant d'agitations ; de rencontrer, à chaque pas, des maux prévus qui ne sont pas survenus, des biens espérés qui ne se sont pas réalisés, et, pour comble de misères, la trace de préoccupations violentes à propos de faits qui ne sont pas indiqués et dont la mémoire même ne reproduit rien. Une pareille promenade devrait suffire pour apprendre à supporter paisiblement le mouvement de toutes les affaires de ce monde. Mais à quel âge et par quels procédés apprend-on jamais à corriger ce qui tient au fond même de la nature humaine ?

Tout cela est charmant et d'une tristesse adoucie ; mais tout à côté ce sont des accents étouffés de douleur et presque de désespoir. Le trouble l'a envahi. Il a des mots d'une expression poignante, des mouvements sentis, éloquents, mais aussi (et j'en ferai juge les plus désintéressés) des paroles d'injustice.

Quoique cette note lamentable revienne sans cesse et domine, son talent, dans ses lettres des dernières années, me paraît s'être sensiblement assoupli. Il n'avait pas eu jusque-là beaucoup de souplesse; il n'avait jamais pu, par exemple (n'y ayant jamais été forcé), faire d'article de Journal ou même de Revue; les articles qu'il commençait, il nous le dit, devenaient peu à peu sous sa plume des *chapitres*. Vers la fin, il était en voie de se rompre; il introduisait plus de variété dans ses lectures, dans ses études et dans ses idées. Son champ s'étendait chaque jour. Il ne lui avait manqué, avec le loisir, qu'un peu plus d'habitude des choses purement littéraires, et il y venait.

Ces esprits faits, quand ils s'y mettent, ont sur les livres des jugements droits et justes, et qui ne sentent en rien le métier. Sur *Gibbon*, sur *Bourdaloue*, sur *Bossuet*, M. de Tocqueville a des appréciations qui méritent d'être retenues. On ne dit pas mieux en moins de mots :

« Pour remettre mon esprit en équilibre, écrivait-il à M. de Corcelles (un esprit à la fois libéral et religieux, et à qui il savait que cela ferait plaisir), je lis toujours, de temps en temps, du Bourbaloue ; mais je crains bien que le bon Dieu ne m'en saches pas beaucoup de gré, parce que je suis trop frappé du talent de l'écrivain et trouve trop de plaisir à la forme de sa pensée. Quel grand maître, en effet, dans l'art d'écrire! Je ne saurais trop, surtout, admirer l'art avec lequel il conduit ses auditeurs, sans les en avertir, à travers des images qui leur sont familières, vers les objets qu'il a en vue, et la perfection avec laquelle il fait correspondre exactement ces images matérielles avec les vérités invisibles qu'il veut faire comprendre. Je remarquais notamment l'autre jour, — dans le sermon *sur l'Aumône*, je crois, — une de ces comparaisons non indiquées. Elle est entre Dieu et le seigneur féodal ; cela m'a frappé, parce que je suis maintenant aussi savant qu'un feudiste en fait de féodalité. Dans cette matière si éloignée des habitudes de son esprit, Bourdaloue emploie avec une exactitude si rigoureuse, quoique non affectée, les termes justes, et ils s'appliquent si bien à ce qu'il veut dire, qu'il n'y a pas un des hommes de son temps auquel il ne rendît sensible sa pensée...

« L'adresse avec laquelle il varie les formes du langage pour soutenir et reposer l'attention de l'auditeur est véritablement merveilleuse. Où Bourdaloue, qui avait vécu si longtemps en province, avait-il pu acquérir ces finesses de l'art, et, parmi les qualités plus substantielles encore que celles dont je parle, le don de choisir le mot nécessaire (il n'y en a jamais qu'un), et de *vider*, pour ainsi dire, *la pensée de toutes les choses qu'elle contient ?*

Je le demande, un critique de profession qui se serait occupé de Bourdaloue, un abbé Maury ou un Vinet trouveraient-ils mieux ? — Et sur Bossuet prédicateur :

« J'ai lu aussi des Sermons de Bossuet. C'est une partie de ses écrits que je connaissais peu, si toutefois on peut appeler cela des écrits : ce sont des improvisations dans lesquelles son génie, moins contraint qu'ailleurs, m'a paru heurté et presque sauvage, mais plus vigoureux encore et peut-être plus grand que dans aucun de ses ouvrages. »

Ce mot de *sauvage* est le mot juste ; c'est bien l'effet que produit par moments cette singulière et si brusque éloquence des Sermons de Bossuet, à laquelle les critiques classiques proprement dits, de l'école de La Harpe, ont eu tant de peine à s'accoutumer.

Quoi qu'il en soit de ces excursions où j'aimerais à le suivre dans le champ de la littérature sérieuse, M. de Tocqueville, membre assidu et actif de l'Académie des sciences morales et politiques, venait assez peu à l'Académie française, au sein de laquelle il va être si magnifiquement célébré. Il était plus homme à s'intéresser à de véritables travaux qu'à de simples digressions et à des aménités littéraires. Je me souviens de l'y avoir entendu parler deux fois avec un talent remarquable. La première, il s'agissait d'un vote au sujet de l'ouvrage de M. Bouchitté sur Poussin, qui était présenté pour l'un des prix Montyon. M. de Tocqueville, favorable à l'auteur et au livre, en prit occasion d'exposer ses idées sur les beaux-arts et sur leur fonction dans la société : l'idée de moralité dominait sa pensée, le nom de Poussin y prêtait. Il me parut que, dans cette théorie grave et un peu oppressive, plus d'une branche des beaux-arts restait écartée et absente; la partie libre, aimable, brillante, ionienne et voluptueuse y périssait.

Une autre fois, il s'agissait d'un livre de M. de Vidaillan sur l'organisation des Conseils du roi dans l'ancienne France : l'ouvrage était également présenté pour l'un des prix, et M. de Tocqueville ne s'y opposait pas. Mais M. de Vidaillan avait, à ce qu'il paraît, dans une certaine page, parlé trop peu respectueusement de Turgot et de ce premier essai de réforme sous Louis XVI. M de Tocqueville en prit occasion de venger la mémoire de Turgot, d'honorer son intention généreuse et celle du monarque ami du peuple ; cela le conduisit à une profession libérale des mêmes idées, des mêmes sentiments, qu'il rattachait à une grande, à une sainte, à une immortelle cause, où toutes les destinées de l'humanité étaient renfermées et comprises. Il s'animait en parlant de ces choses; il était pénétré; sa main tremblait comme la feuille, sa parole vibrait de toute l'émotion de son âme: tout l'être moral était engagé. On l'écoutait avec respect, avec admiration. J'admirais autant que personne, tout en m'étonnant un peu de cette éloquence disproportionnée au sujet; et, comme j'aime aussi la liberté à ma manière, je fus tenté de demander s'il y avait désormais une orthodoxie académique établie sur M. Turgot. Le respect que j'eus pour l'arrière-pensée brûlante et profonde qui s'était fait jour par cette ouverture me contint.

Aujourd'hui, que l'enveloppe délicate et frêle qu'usait et dévorait une pensée si fervente s'est brisée, je me rends mieux compte que jamais de ce qui me frappa alors ; et certes mon respect pour l'homme ne diminue pas. Qu'on me pardonne dans tout ceci de l'avoir désiré, comme philosophe politique, supérieur d'un degré, c'est-à-dire plus calme et plus froid ! nous le posséderions encore (1).

(1) Dans l'étude des esprits de différents ordres, rien ne me plaît comme les rapprochements, les comparaisons, les contrastes. A ceux qui sont faits comme moi, j'indiquerai pour lecture et correctif utile, en regard de ce Tocqueville au cœur oppressé et frémissant, une Notice historique sur le grand mathématicien Lagrange, qui se trouve au tome III, page 117, des *Mélanges scientifiques et littéraires* de M. Biot. Je prends très-haut, comme on voit, mon point d'opposition.

Jeudi soir, 24 janvier 1861.

RÉCEPTION DU PÈRE LACORDAIRE

Elle a donc eu lieu cette séance tant attendue, tant désirée, et qui devait être la plus curieuse de toutes les fêtes que l'Académie française a offertes jusqu'ici à son brillant public : car c'est proprement un bal de beaux esprits qu'une séance de réception. Le principal intérêt est dans le caractère des deux personnages qui y figurent. L'élection du Père Lacordaire promettait depuis un an à la société parisienne ce qu'elle aime le plus, un spectacle et une singularité. C'était la première fois depuis la fondation qu'un membre du Clergé *régulier*, un religieux, un moine, pour l'appeler par son nom, était appelé à siéger parmi les Quarante. L'ancienne Académie française qui compta toujours un si grand nombre d'abbés, d'évêques, de cardinaux, la fleur du Clergé *séculier*, n'aurait jamais songé à choisir un religieux proprement dit, un homme voué à la retraite, enchaîné par des vœux étroits, eût-il été un foudre d'éloquence. Cela tenait à des nuances oubliées, à des convenances évanouies. L'Académie nouvelle n'en a pas tenu compte, et elle a sans doute bien fait de ne songer qu'au talent. On assure qu'en allant choisir à ce moment le Père Lacordaire, dont elle aurait pu se souvenir plus tôt, elle a songé à autre chose encore ; je veux dire qu'elle a désiré voir appliquer ce beau talent d'orateur à un sujet qui lui était particulièrement cher, au panégyrique d'un éminent académicien mort avant l'âge et enlevé dans la ferveur de ses œuvres. Les amis et les admirateurs de M. de Tocqueville, en le perdant, ont été saisis en effet d'une crainte : c'est qu'il ne fût pas assez dignement loué, et que sa renommée sérieuse ne resplendît point suffisamment. Ils étaient sûrs, au contraire, qu'il serait fait selon leur vœu de pieuse ambition, en remettant le soin de le célébrer au Père Lacordaire. Le nom de M. de Tocqueville devait acquérir aussitôt, sous cette parole d'oraison funèbre, ce qui justement lui avait un peu manqué, le lustre et l'éclat.

Et puis, une fois que l'idée était venue d'un tel choix, comment résister à la mettre à exécution ? Car voyez la perspective : d'un côté, un Dominicain avec M. de Tocqueville pour sujet, c'est-à-dire la démocratie américaine pour champ illimité ; et de l'autre côté, pour vis-à-vis, le Directeur de l'Académie, M. Guizot en personne, un calviniste, un hérétique, le plus éloquent organe, pendant dix-huit ans, de la liberté ordonnée, de la liberté réglée et restreinte : — quel antagonisme ! quelle antithèse ! Ajoutez-y l'impossibilité, dans les circonstances présentes, qu'entre de tels jouteurs il ne fût pas un peu question de Rome, du Pape ! une difficulté de plus, un intérêt, un péril : *incedo per ignes*... Et voilà ce qui fait que le genre du discours académique, dont on dira tout ce qu'on voudra, est un genre bien moderne, bien vivant, bien dramatique, et plus couru que toutes les tragédies du monde.

Si M. Lacordaire a pu hésiter un moment avant d'accepter les avances de l'Académie (et on assure qu'il a hésité en effet), il y a quelque chose qui a dû le décider plus que tout, lui orateur et depuis quelques années réduit au silence ; c'est la pensée d'une telle joute, la perspective d'une telle journée. Il n'a pas dû résister à l'idée de faire (comme on disait autrefois au barreau) une *action* d'éclat.

Il l'a faite, et nous y avons applaudi, non sans quelque restriction. D'abord l'orateur, le prédicateur enflammé, le missionnaire qu'est ou qu'a été le Père Lacordaire, avait quelque effort à faire pour se mettre au ton du discours académique, de ce discours qui doit être lu et qui n'est, si je puis ainsi parler, qu'un demi-discours, orné et mesuré. Aussi n'y a-t-il réussi qu'imparfaitement. L'orateur est sorti plus d'une fois du ton ; tantôt il baissait trop la voix, tantôt il la poussait d'un accent trop aigu ; son geste aussi, par moments, était criard, et, à certains passages à effet, son bras tendu, frémissant et flamboyant comme s'il eût secoué une torche, semblait vouloir chercher jusqu'au fond des tribunes des applaudissements que l'orateur eût trouvés à moins de frais tout près de lui. Ce sont des habitudes d'un autre genre et d'une autre enceinte qu'il apportait dans une enceinte nouvelle. Il y a donc eu un certain défaut général dans l'*action*, cette condition première, ce premier ressort de l'éloquence.

La composition m'a paru aussi assez irrégulière et disproportionnée ; plusieurs fois, l'orateur, après avoir atteint tout d'un trait jusqu'aux limites de son sujet et au terme de la carrière qu'il avait à retracer, a dû revenir sur ses pas et en arrière. On retrouvait là cette « imagination vagabonde » dont M. Guizot a parlé ; et, en tout, cet improvisateur ardent, hasardeux, assujetti cette fois au débit académique, me faisait l'effet d'un oiseau de haut vol, attaché et retenu par un fil ; il y avait des moments où l'on aurait dit qu'il allait prendre son essor ; mais le fil était court, l'essor se brisait, et l'on n'avait qu'un vol saccadé.

L'orateur a eu d'heureux traits pour caractériser M. de Tocqueville. Il est bien entendu qu'en ces jours

de solennité oratoire, il ne faut pas demander un jugement tout à fait exact et définitif sur l'homme qu'on célèbre. On n'est pas immortel pour rien, et, le jour de
l'apothéose académique, chacun à son tour a chance
d'être élevé au rang des demi-dieux. C'est avant ou
après, et quand on est à l'abri du prestige de cette
puissance trompeuse qui s'appelle l'éloquence, qu'on
peut prendre véritablement la mesure de l'homme.
Tous les thèmes qu'offrait la carrière si noblement parcourue par M. de Tocqueville ont été traités. Il en est un
qui a longtemps occupé l'orateur : qu'est-ce que le *démocrate américain*, et en quoi diffère-t-il essentiellement
du *démocrate européen* ? Ç'a été le sujet d'un long parallèle, dans lequel tous les avantages, toutes les vertus,
toutes les piétés ont été libéralement reconnus ou oc-
troyés au démocrate américain ; quant à l'européen, il
a été si maltraité que j'aurais vraiment envie de dire
quelque chose en sa faveur et à sa décharge, si c'était
le moment et le lieu. Littérairement, ce morceau n'a
paru qu'un lieu commun trop prolongé, et dans lequel
les traits qui, à la rigueur, pouvaient être ressemblants,
disparaissaient dans la façon déclamatoire de l'ensemble. Il y a eu je ne sais quelle phrase sur Tibère, à
laquelle l'orateur a paru attacher beaucoup d'importance, et qui n'est que de mauvais goût. L'orateur a été
mieux inspiré, quand il nous a dit tout ce qu'aimait
M. de Tocqueville, quand il nous l'a peint surtout dans
sa retraite, dans la vie privée, dans l'union domestique,
où il ne fut trompé que dans la mesure de bonheur qui
surpassa encore son espoir et son vœu. En rentrant dans
le naturel, il a trouvé des tons tout à fait aimables.

Mais il me semble s'être tout à fait mépris lorsqu'en
finissant il nous a montré M. de Tocqueville « penché
vers l'antiquité, » relisant ses anciens auteurs, admirant
non-seulement Platon, mais Zénon, préférant même

Lucain à ces poëtes courtisans, Virgile et Horace. M. de Tocqueville, un pur penseur, n'était que peu versé dans les lettres anciennes et dans l'antiquité classique. Ces manques de justesse dans un panégyriste nous font souffrir plus qu'il ne faudrait, nous autres critiques littéraires qui y regardons de plus près.

Lu, le discours trahira de grandes irrégularités de style, et plus que des audaces, je veux dire des incohérences d'images, des disparates de ton et des défauts d'analogie qui s'apercevront assez: Cela sautait aux yeux, même à l'audition.

Les honneurs de la séance ont été pour le discours de M. Guizot. Ç'a été celui d'un maître, d'un orateur consommé dans l'art de bien dire.

Un petit détail où la curiosité l'attendait : — il a commencé son discours en disant *Monsieur* et non pas *mon Père*. C'est le droit et l'usage de l'Académie de ne dire jamais que *Monsieur*, à pareil jour, au nouveau membre qu'elle a élu ; on a dit *Monsieur* tout court au duc de Noailles, on a dit *Monsieur* et non pas *Monseigneur* à l'évêque d'Orléans. C'est le signe de l'égalité parfaite et de la confraternité académique, au moins pour ce premier jour de réception. Il n'y a eu que le cardinal Maury qui a exigé qu'on lui donnât du *Monseigneur*, et encore a-t-il fallu des négociations pour cela et un ordre d'en haut : ce qui lui a valu, dans le temps, plus d'une épigramme.

M. Guizot a commencé très-spirituellement par se demander ce qu'un hérétique comme lui et un dominicain comme le récipiendaire auraient eu à se dire il y a six cents ans, s'ils s'étaient rencontrés face à face, dans la guerre des Albigeois, par exemple. Ç'a été pour lui une occasion naturelle de rendre hommage à la civilisation moderne et à cette société française qui a du bon et qui n'est pas uniquement, comme on venait de le dire, « une statue de Nabuchodonosor. » — Il a parfaitement défini le genre d'éloquence mi-partie tribunitienne et religieuse du Père Lacordaire, cette éloquence de laquelle M. de La Mennais disait, comme de celle de M. de Montalembert : « Ce sont là pourtant des œufs que nous avons couvés ! » M. Guizot a su si bien choisir les termes de ses éloges qu'ils impliquent la critique et la leçon. — Il a maintenu, en présence du religieux catholique, l'autorité supérieure et souveraine de l'Évangile ; et comme s'il estimait, par là, avoir suffisamment assuré son drapeau, il a cru pouvoir aller plus loin que le récipiendaire qui s'était borné à faire allusion, en passant, à la question romaine. — Ici je demande la permission de ne pas insister. Je suis toujours étonné, en ma qualité d'académicien, lorsque je suis amené à me prononcer sur ces questions compliquées et délicates, et que l'invasion hardie de quelqu'un de mes illustres confrères sur ce terrain brûlant de la politique me met, pour ainsi dire, au pied du mur. Je saurais bien que dire là-dessus tout comme un autre, mais il me semble que ce n'est vraiment pas le lieu, et que, même à l'Académie, c'était beaucoup trop comme cela. — J'aime mieux suivre M. Guizot dans les différences naturelles et nécessaires qu'il a reconnues entre la société américaine et la nôtre. — Un piquant parallèle, et tout à fait académique, entre M. de Tocqueville et son successeur, et l'accord, l'harmonie finale de leurs deux esprits, résultant du contraste même de leurs vocations et de leurs destinées, cette vue ingénieuse semblait terminer à souhait un discours constamment applaudi. M. Guizot a pourtant voulu le prolonger encore et l'agrandir : ces éloquences faites pour de plus vastes théâtres débordent à tout moment leur cadre. Se reportant donc aux années des luttes parlementaires, l'ancien ministre s'est demandé comment il se faisait que

M. de Tocqueville et lui, qui ne semblaient aujourd'hui, et dans ce raccourci de conciliation suprême, n'avoir jamais différé que sur des degrés et des nuances, avaient toujours été cependant en face l'un de l'autre et dans des camps opposés ; reprenant à son compte, exprimant à sa manière ce que M. Molé avait déjà dit autrefois à M. de Tocqueville entrant dans la vie publique, il a paru croire que l'expérience seule avait manqué à ce dernier, pour le rendre plus équitable et plus indulgent envers le pouvoir, et que M. de Tocqueville, après en avoir tâté lui-même, après en avoir senti le poids, aurait été moins rigide pour ceux qu'un abîme ne séparait pas de lui.

Est-il donc bien vrai que, si ç'eût été à recommencer, M. de Tocqueville, éclairé par l'expérience, se fût mieux entendu avec M. Guizot sur cette politique conservatrice, telle qu'elle était alors et telle qu'elle consentirait peut-être à être aujourd'hui. Oserai-je me permettre une remarque ? La supposition, dans les termes où elle est faite, *est par trop simple et trop facile.* Il est bien clair que si, sachant le résultat et l'issue, les hommes avaient à parcourir exactement le même chemin, à repasser par les mêmes épreuves, quelques-uns, les plus sages au moins, éviteraient les écueils où ils ont touché, les excès de passion ou de système par où ils ont péri. Mais il n'est jamais donné aux hommes de recommencer ainsi exactement leur vie ; le jeu serait trop aisé, la partie serait trop belle. Le vrai bénéfice de l'expérience devrait être de savoir distinguer, dans des cas qui sembleront toujours différents, ce qu'il y a au fond de semblable, et de démêler la bonne voie dans un pays neuf. Si l'on a péché par une opposition opiniâtre et continue, par une coalition à tout prix et qu'on regrette d'avoir faite, si l'on a péché ou péri par là, pourquoi, dirai-je, venir la refaire contre d'autres, sous prétexte que le cas actuel est tout différent ? Mais cette expérience toujours à propos et toujours renouvelée, que je demande ici, je vois que très-peu d'hommes la possèdent, et beaucoup de ceux même qui passent pour sages sont tout prêts, en avançant dans la vie, à commettre et à recommencer, dans un ordre un peu transposé, précisément les mêmes fautes. Ils ne tiennent compte que des différences qui les choquent, et oublient trop cette grande cause commune et qui, sauf des nuances, après tant d'échecs et de mécomptes, devrait être la nôtre à tous, la cause d'une société forte et d'une France glorieuse.

Dimanche 31 mars 1861.

HISTOIRE
DE LA LITTÉRATURE FRANÇAISE
A L'ÉTRANGER
PENDANT LE DIX-HUITIÈME SIÈCLE,
Par M. A. SAYOUS (1).

Cet ouvrage de M. Sayous est la suite de celui qu'il publia, il y a quelques années, sur la Littérature française à l'étranger pendant le dix-septième siècle. Nous avons à rappeler l'idée même et le sujet de l'important travail qu'il vient de mener à fin. Beaucoup d'écrivains, d'auteurs de profession ou d'amateurs ont écrit en français hors de France, sans être Français eux-mêmes ou en étant des Français exilés, émigrés : c'est de cette vaste littérature *de banlieue* que M. Sayous a fait l'histoire. J'éclairerai sa pensée par quelques exemples.

Saint-Évremond et Bayle sont des Français émigrés qui continuent d'écrire dans leur langue hors de la patrie, avec cette différence que Saint-Évremond est proprement un *émigré*, et que Bayle est plutôt un *réfugié*. L'*émigré*, homme de Cour, continue d'écrire dans la langue élégante qui était en usage et à la mode au moment de sa sortie. Le *réfugié*, homme de religion, a

---

(1) Deux volumes in-8°, chez Amiot, rue de la Paix, 8.

des habitudes et des plis de langage qui dénotent la secte, le conventicule. Bayle lui-même, le Voltaire anticipé du genre, l'esprit le plus émancipé du Calvinisme, n'a rien qui sente le Français de pure race, du milieu et du cœur de la France.

Frédéric le Grand est un étranger, Français par l'éducation, qui *adopte* le français dans ses écrits ; il écrit et compose dans notre langue par choix et par goût ; ainsi faisait la grande Catherine, dont on a publié depuis peu les curieux Mémoires. Ces illustres étrangers qui choisissent le français pour leur langue littéraire, même sans être jamais venus en France ni à Paris, sont assez nombreux au dix-huitième siècle. Notre langue avait fait la conquête de l'Europe du Nord et même d'une partie du Midi.

Il y a encore une classe d'étrangers qui écrivent en français, mais ceux-ci parce qu'ils sont venus en France et à Paris, qu'ils y habitent, qu'ils y vivent dans la meilleure société et en ont pris le ton, le tour d'esprit. Le charmant Hamilton, Grimm et Galiani, sont les principaux noms qui se présentent d'abord quand on cherche des exemples de ces parfaits *naturalisés*. Ce ne sont plus vraiment des étrangers, ils sont de Paris (le Suisse Bezenval n'était plus de Soleure, mais bien de Versailles), et l'on ne songe à les rattacher à leur première origine que lorsque, comme Grimm et Galiani, ils s'en retournent vieillir et mourir au dehors. Nous avons, à l'heure qu'il est, de spirituels Italiens qui écrivent le plus joli français, le plus net, le plus attique, qui payent tous les matins de leur personne, de leur plume. Et qui donc oserait dire que **M. de Rovray** n'est point de Paris ?

Enfin, il faut bien en convenir, il y a des étrangers qui écrivent en français du même droit que nous et sans être Français, tout simplement parce **que** c'est leur langue propre et maternelle. L'Empire français ne comprend pas exactement et rigoureusement tous les pays de langue française ; il y a des bords qui dépassent, des coins et des contours qui échappent et qui ont toujours échappé. La Savoie est française, elle l'avait été une fois : Lausanne ne l'a jamais été. On y parle français pourtant au même titre que dans le Bugey ou le Dauphiné. Il y a donc des branches de littérature française qui sont chez elles et en pleine terre, tout en étant à l'étranger. La plus considérable de ces branches est la littérature génevoise : elle occupe la plus grande place dans les deux derniers volumes de M. Sayous. Il avait toutes les qualités et conditions pour en bien parler ; il en sort, il en possède la suite et la tradition.

Nous avons en France une prévention *à prori* contre la littérature génevoise ; nous l'estimons, et nous la goûtons peu. Nous en usons sobrement : en ceci comme en beaucoup de nos préventions, nous avons tort ; mais nous corrigerons-nous ? Bons catholiques ou non, nous n'avons pas le *goût protestant* en littérature : quoi qu'il en soit, il convient, au moins à quelques-uns, de bien connaître ce monde à part, cette province littéraire non soumise qui a son fond et sa forme d'indépendance et d'originalité. Les écrivains de Port-Royal font une tribu distincte dans la littérature française et au cœur du grand siècle : Pascal seul a éclaté pour tous ; si l'on veut bien connaître les autres, il faut y regarder de très-près et les suivre longtemps dans leur monotonie apparente, dans leur demi-obscurité. Il en est de même pour la tribu intellectuelle génevoise au dix-huitième siècle. Jean-Jacques Rousseau seul a brillé aux yeux de tous : celui qui se proclamait *le Citoyen de Genève* par excellence, est sorti de son cercle natal ; il a éclaté ailleurs, mais ç'a été en rompant avec les siens. Les autres écrivains et citoyens génevois, restés plus fidèles que lui, ont besoin, pour être appréciés, d'une étude attentive, et d'être écoutés de très-près ; et ils en sont dignes. M. Sayous vient de s'appliquer à ce travail, non pas ingrat, mais lent, difficile, et qui demande un graveur encore plus qu'un peintre. Nous n'avons plus qu'à l'accompagner et à nous en remettre à lui comme au plus sûr introducteur.

Je lui ferai pourtant une critique en commençant. Pourquoi n'avoir point placé en tête de ces deux volumes un court abrégé de la Constitution, de l'histoire politique de Genève au dix-huitième siècle, un petit tableau résumé des luttes, des querelles et guerres civiles entre les différentes classes, entre les citoyens et bourgeois, membres de l'État, parties du Souverain, et les *natifs* exclus, tenus en dehors et revendiquant des droits ; querelles du *haut* et du *bas*, de patriciens et de plébéiens, renouvelées des Grecs et des Romains, inhérentes à la nature des choses, qui se sont reproduites plus tard, sous une forme un peu différente, dans la moderne Genève, et qui ont été finalement tranchées à l'avantage du grand nombre. M. Sayous suppose apparemment que nous savons tout cela, et il ne nous croit pas aussi ignorants que nous le sommes sur ces matières du dehors, même quand elles appartiendraient à un État plus considérable que celui de Genève. Quelques pages nettes et précises où il nous aurait présenté les vicissitudes de la Cité républicaine fondée sur une aristocratie orthodoxe et bourgeoise, jusqu'au moment où elle fut englobée par la Révolution française, nous auraient satisfaits et tranquillisés ; nous aurions pu ensuite nous livrer avec plus de sécurité, sous sa conduite, aux études successives d'écrivains distingués qu'il déroule devant nous.

Nous apprenons tout d'abord qu'un notable changement s'opéra, au commencement du dix-huitième siècle, dans l'atmosphère théologique de Genève ; il y eut une détente, et le climat moral s'adoucit. Cette heureuse modification qui tempérait la rigidité, devenue impossible, de Calvin, et qui mettait Genève plus en accord avec l'air extérieur, fut, en grande partie, due à un ministre et prédicateur, Alphonse Turretin, lequel avait beaucoup voyagé dans sa jeunesse, avait visité Newton et Saint-Évremond à Londres, Bayle et Jurieu en Hollande, Bossuet, Fontenelle et Ninon à Paris, et qui, après bien des comparaisons de curieux, était revenu dans sa patrie, mitigé, modéré et tolérant. Turretin sut intervertir habilement l'ordre calviniste, en faisant passer la morale avant le dogme, en posant en principe « qu'on ne doit jamais porter en chaire ces questions qui sont controversées entre les Protestants : d'un côté parce qu'elles surpassent la portée du peuple, et de l'autre parce qu'elles ne contribuent en rien à avancer la sanctification des âmes. » Sous l'empire de ces idées de bon sens, il se fit peu à peu, dans l'esprit exclusif de ses concitoyens, un assez grand changement pour qu'après lui, en 1738, on pût voir, dans la cité calviniste par excellence, s'élever une église, — non pas catholique (ne demandons pas l'impossible), — mais une église luthérienne. Luther admis à côté de Calvin, quel effort ! quelle tolérance ! A défaut d'une grande originalité, Turretin eut donc de l'à-propos, de la sagesse pratique, de la persuasion, une influence salutaire, et il contribua à fixer pour un long temps cette température religieuse et morale dans laquelle on respira désormais plus librement, et qui permettait d'être à la fois, dans une certaine mesure, chrétien, philosophe, géomètre et physicien, homme d'expérience, d'examen, de doute respectueux et de foi.

Ce fut la ligne que suivirent les Cramer, les Calandrini, les Abauzit, et qu'observa lui-même dans sa belle et juste carrière Charles Bonnet, le dernier de tous et le plus en vue. Regardez-y bien : tous ces Génevois de la vieille souche ont finesse, modération, une certaine tempérance, l'analyse exacte, patiente, plus de savoir que d'effet, plus de fond que d'étalage; et quand ils se produisent, ils ont du dessin plutôt que de la couleur, le trait du poinçon plus que du pinceau ; ils excellent à observer, à décrire les mécanismes organiques, physiques, psychologiques, dans un parfait détail; ils regardent chaque pièce à la loupe et longtemps; ils poussent la patience jusqu'à la monotonie ; ils sont ingénieux, mais sans une grande portée. Une teinte grise les environne, aucun rayonnement ne les dénonce au dehors ; pour les apprécier, il faut venir chez eux et vivre avec eux. Je les définis, au dix-huitième siècle, toute une tribu intellectuelle, née de Calvin, restée très-morigénée en s'émancipant, très-philosophisée d'ailleurs et sécularisée, où Bayle est entré, où Fontenelle a passé, mais où, même avec la liberté de penser acquise, il se sent beaucoup de circonspection, de réserve, et une sorte de contrainte. Il y a toujours pour limite à la discussion ouverte le Symbole légal et la Révélation. En un mot, malgré l'extension morale et la tolérance relative, due à l'influence de Turretin, la cité intellectuelle génevoise restait, à quelques égards, fermée comme la cité politique.

Le chapitre d'Abauzit est un des meilleurs du livre de M. Sayous : cette physionomie, telle qu'il nous la montre, est toute une nouveauté et une restitution. Abauzit pour nous n'était qu'un nom, et un nom fastueux. On en était resté, avec lui, sous le coup de la fameuse note de la cinquième partie de *la Nouvelle Héloïse :* « Non, ce siècle de la philosophie ne passera point sans avoir produit un vrai philosophe. J'en connais un, un seul, j'en conviens; mais c'est beaucoup encore, et pour comble de bonheur, c'est dans mon pays qu'il existe... Savant et modeste Abauzit!... Vénérable et vertueux vieillard, etc... » C'est ainsi qu'était arrivé à la plupart d'entre nous le nom d'Abauzit, bombardé *modeste* et *vertueux* par cette apostrophe de Jean-Jacques. M. Sayous a rendu au personnage sa vie et sa réalité. Abauzit est bien un contemporain, plus jeune, de Bayle, de Fontenelle, un contemporain exact de Mairan. Il me paraît surtout avoir plus d'un rapport avec ce dernier, avec le philosophe de Béziers, de qui Marmontel nous dit que « ce que l'âge lui avait laissé de chaleur n'était plus qu'en vivacité dans un esprit gascon, mais rassis, juste et sage, d'un tour original, et d'un sel fin et doux (1). » Abauzit, né à Uzès, avait l'accent qui relève la douceur ; il avait la finesse, l'ironie bienveillante et avec sourire. Savant en toute chose, nullement inventeur, possédant les mathématiques, la physique, l'histoire, bon critique, théologien moraliste, peu soucieux de métaphysique ou de dogmes, pratique avant tout, chrétien comme Channing ou comme Locke, le bibliothécaire de Genève, était un sage aimable, discret, nullement ennuyeux. Ce n'est pas pour rien qu'*Abauzit*, en patois languedocien, veut dire *avisé :* l'homme, si vertueux qu'il fût, ne jurait pas avec le nom. Il s'était appliqué à se bien connaître lui-même, et il savait aussi le train du monde, le cours des idées, *le fin* des choses. L'auteur du *Barbier de Séville* nous a exposé, dans une tirade célèbre, ce que c'est que la calomnie, et comment elle naît, glisse et s'accroît : Abauzit fait voir de même ce que c'est que l'Opinion, et de quel petit pas bien souvent elle se met en marche pour aller

---

(1) *Mémoires* de Marmontel. — Voir aussi, dans les *Contes moraux*, celui qui a pour titre *le petit Voyage*, et où l'esprit de Mairan est présenté dans sa nuance et dans tout son jour.

à l'aventure, gagner du pays, et bientôt envahir le monde :

> « Dès que l'opinion, dit-il, est reconnue une fois, elle devient de toutes les autorités la plus grande et la plus forte. Après cela, il ne faut plus se mettre en peine du reste ; malgré de si faibles commencements, croyez que tout ira bien. Figurez-vous un brin de neige que la moindre agitation d'air détache du haut d'une montagne ; le peloton se forme, et, à force de rouler, la masse devient si énorme, qu'elle entraîne tout ce qu'elle rencontre. Telle est la force du courant de l'opinion. Qu'elle se maintienne et roule quelque temps, elle aura bientôt tout le monde à sa suite. — J'ai vu, disait quelqu'un, la naissance de plusieurs bruits de mon temps ; et bien qu'ils s'étouffassent en naissant, nous ne laissions pas de prévoir le train qu'ils eussent pris s'ils avaient vécu leur âge. Car il n'est que de trouver le bout du fil, on dévide tant qu'on veut, et il y a plus loin de rien au plus petit atome, qu'il n'y a de cet atome à la plus grande chose du monde. L'opinion particulière fait souvent l'opinion publique, et l'opinion publique fait à son tour l'opinion particulière. Ainsi va tout ce grand bâtiment, s'étoffant et se formant de main en main, de manière que le plus éloigné témoin en est mieux instruit que le plus voisin, et le dernier plus convaincu que le premier. Qu'un certain docteur, Justin Martyr, par exemple, ait dit une chose sans y avoir pensé, elle n'en vaut pas moins pour cela, et il ne faut pas désespérer qu'elle fasse fortune. A force de jeter le dé, elle rencontre le point favorable, gagne la multitude, et s'empare de la créance publique : témoin la statue de Simon le Magicien (1). Cette créance publique, élevée sur celle d'un particulier, devient ensuite elle-même pour le particulier un nouveau degré de crédibilité, et le fait en est mieux cru qu'auparavant. Voilà le cercle des opinions humaines, non-seulement des fausses, mais encore des véritables... »

C'est dans un discours sur l'*Apocalypse* qu'Abauzit parlait et pensait ainsi. Malheureusement il y a trop peu de ces passages dans le recueil de ses Œuvres trop sèches et trop ternes (2) ; il se réservait pour la con-

---

(1) Il s'agit de la statue que les Romains auraient élevée à Simon le Magicien comme à un dieu, au dire de Justin Martyr et de Tertullien, qui paraissent bien s'être mépris et avoir fait un quiproquo.

(2) On peut lire pourtant encore une *Lettre à une dame de Dijon touchant les dogmes de l'Église romaine*, où il y a bien des choses justes et fines : comme on oppose toujours aux Protestants l'*Exposition*

versation ou la correspondance. — Être plutôt que paraître, savoir plutôt qu'enseigner, préférer une vie égale et tranquille avec l'estime des siens à une réputation lointaine, renoncer aux chimères, aux grands desseins, pour cultiver cette sorte de mérite « qui a sa récompense en soi-même et se suffit ; » faire tout cela et par choix, et aussi parce qu'on n'a pas en soi de démon qui vous pousse ailleurs : tel était, avec ses trente louis de rente, et même un peu plus, dit-on, Abauzit, le type du studieux et du sage non professant, mais consultant.

Ce n'était plus un Génevois ou de naissance ou d'adoption ; c'était, je crois bien, un Bernois que le Suisse de Muralt, auteur d'intéressantes *Lettres sur les Anglais et les Français*, publiées pour la première fois en 1725, mais dont la composition, antérieure de près de trente ans, remonte par conséquent aux dernières années du dix-septième siècle. Je dirai qu'en lisant les *Lettres* de M. de Muralt, on s'aperçoit aussitôt qu'il n'est point de Genève ; il n'en a point le cachet. Ce gentilhomme bernois, qui a dû vivre assez longtemps en Angleterre, qui a servi en France, écrit un français net et ferme, vif et dégagé, comme le fera plus tard son compatriote Bonstetten. Il est plus aisé, en effet, à un Suisse homme d'esprit, de la partie allemande, tel que Bezenval, Bonstetten, Meister ou M. de Muralt, de prendre, quand il s'y

de la Foi catholique, par Bossuet. Abauzit fait très-bien remarquer que ce livre si vanté, auquel on renvoie toujours et qui fut publié dans des circonstances et dans des vues qu'on n'ignore pas, « est moins une *Exposition* qu'un *Adoucissement* de la Foi catholique, » que l'on s'efforce de rapprocher de la protestante : « Ainsi le livre de M. de Meaux ne nous regarde pas, mais il est excellent pour son Église qui devrait en profiter ; et ce n'est pas tant une Apologie dans les formes que des excuses qu'il nous fait. Nous sommes très-disposés à les recevoir, bien entendu que ce sont des excuses et non pas des commandements. » Tout cela, le rôle étant donné, est fort bien plaidé.

met, le tour français tout net en écrivant, qu'à des Génevois déjà Français de langage, mais qui ont leur forme à eux et leur pli contracté dès l'enfance. Les jugements de M. de Muralt, qui atteignent l'Angleterre dans toute sa crudité sous Guillaume et avant qu'elle ait eu le temps de se polir sous la reine Anne, grâce aux Pope et aux Addison, demeurent d'une singulière et parfaite justesse, et vont au fond du caractère de la nation. De même pour les Français, qu'il goûte sans les flatter, qu'il déshabille hardiment, cherchant le solide sous les belles manières, et à qui, dès qu'il n'y trouve pas son compte (ce qui lui arrive souvent), il dit des vérités *suisses* avec beaucoup d'esprit. Observateur philosophe, il a pourtant un défaut marqué dans ces Lettres sur la France, qu'il a retouchées après coup plus que les premières : il y raisonne trop, il disserte ; il distingue sans cesse entre le *Bon* et le *Beau*. On était alors, au dix-septième siècle, pour le *bel esprit*, comme on a été de nos jours pour le *talent ;* c'était un mot magique qui couvrait tout. M. de Muralt est tout occupé de n'en pas être dupe, et de juger du fond. Il a, sur nos écrivains du grand siècle, et sur Boileau notamment, considéré comme auteur de Satires, des opinions qui ne laisseraient pas de suprendre si on les citait, et qui ne me paraissent pas manquer de vérité dans leur entière indépendance. Et puisque le lièvre est levé, pourquoi ne risquerai-je pas cette opinion assez singulière d'un Suisse de ce temps-là sur M. Despréaux ? nous-même autrefois, en notre verte jeunesse, nous nous en sommes permis bien d'autres :

« Le premier qui se présente (entre les beaux esprits vivants) est leur poëte célèbre, l'auteur des Satires, qui balaye le Parnasse français et en chasse la foule des beaux esprits qui le sont à faux titre. Ses ouvrages ont leur mérite, et justifient en quelque sorte le cas que le public en fait : ils sont compassés et élégants, et ils ont quelque chose qui impose. L'art et le travail s'y trouvent joints à des talents de nature, et le poëte a su employer heureusement les plus beaux traits des poëtes anciens et s'en parer. Ici, les rapports vont à l'homme, à l'homme en tant qu'il est sociable et qu'il se garantit du ridicule, et, généralement parlant, ils ne manquent pas de justesse, ni l'ouvrage de dignité. Mais le prix que l'auteur y met au bien et au mal, au bien surtout, paraît moins partir du cœur que de la tête, comme aussi l'effet que ses Satires font va plus à la tête qu'au cœur. Par là encore elles ne sont pas du premier ordre pour ce qui regarde la beauté, qui est l'endroit par où on les envisage et par où on leur applaudit. Au reste, cet auteur n'a point de caractère dominant. Il a du bon sens et de l'esprit, assez pour être au-dessus des génies ordinaires; mais on ne peut pas dire de lui que ce soit un grand génie. Il semble souvent employer son bon sens et son esprit séparément, et l'un au défaut de l'autre, plutôt que de se servir de l'un et de l'autre conjointement, pour mettre dans leur jour les sentiments du cœur qui font le poëte. Il lui arrive de s'élever, mais il a de la peine à se soutenir; il a le vol court, et ses poésies sentent l'effort et le travail; on s'aperçoit que la recherche du beau, d'un certain éclat, en fait le grand ressort : de là viennent les bons mots ou il lui arrive si souvent de s'échapper, aussi bien que toutes ces malignités hors d'œuvre, ces traits qui divertissent le lecteur, mais qui ne font pas honneur au poëte. Ils font sentir que le tout n'est qu'un jeu, que le poëte n'a d'autre vue que de s'égayer et de remporter l'approbation du public, du grand nombre qui prend goût à ces malignités. C'est encore ce qui lui a donné lieu à se jeter sur des matières générales plutôt que sur les défauts de sa nation, et par cet endroit aussi bien que par son caractère d'esprit, il ne fait pas aux Français tout le bien qu'un poëte satirique pouvait leur faire. Par cette raison principalement, je le crois autant au-dessous de l'excellent, où la voix publique le place, qu'au-dessus du médiocre qu'il attaque avec succès dans ses Satires; et je suis persuadé que le temps, qui met le vrai prix aux auteurs, ne placera pas celui-ci au premier rang où son siècle le place. »

Savez-vous bien que, malgré tous nos efforts et nos plaidoiries incessantes (depuis que nous sommes revenus à résipiscence) pour le mérite, l'utilité critique et l'excellence *relative* de Boileau, ce jugement de M. de Muralt pourrait bien être vrai en définitive, surtout pour ceux qui regardent la littérature française à quelque distance, et qui prennent leurs termes de comparaison chez les grands poëtes de tous les temps, de tous les pays, et dans la nature humaine?

M. de Muralt disait encore, à propos des séances solennelles de l'Académie française et des discours de réception qui étaient dans leur première vogue en ce temps-là ; — mais, pour mieux faire apprécier le piquant de ce passage, il faut voir comme il l'amène et l'introduit :

« En France, les femmes surtout sont à plaindre, du moins les femmes raisonnables. La plupart des hommes croiraient ne savoir pas vivre s'ils les entretenaient naturellement et d'autre chose que d'elles-mêmes ; il leur paraît que de ne pas dire à une femme, du moins de de temps en temps, qu'elle est belle et qu'elle a de l'esprit, ce serait lui faire entendre que la beauté et l'esprit lui manquent. Mais les femmes ont de quoi se consoler, en ce que les hommes font la même chose entre eux et se traitent en femmes les uns les autres : ils font entrer les louanges ou, pour me servir de leur terme, des choses obligeantes dans tout ce qu'ils se disent. C'est le goût du pays, et on s'y fait généralement, comme il y a des pays où tous les mets qu'on mange sont apprêtés avec du sucre, et on les y trouve bons...

« Non-seulement leurs discours ordinaires ont quelque chose de flatteur, qui fait de la peine à un homme modeste et sensé, à tout homme qui n'est point fait à ce langage et qui ignore la manière de repousser les louanges, ou d'y répondre en les faisant retomber sur ceux qui les donnent ; mais même leurs discours prémédités sont le plus souvent consacrés à la louange, comme ce qu'il y a de plus conforme au génie de la nation. C'est en quoi l'on excelle en France, et c'est en quoi on se fait gloire d'exceller. Il y a un Corps d'hommes choisis entre tous les gens d'esprit, entre les plus fameux écrivains de la nation, et qui en prend même le nom comme par excellence, un Corps voué à la pureté du discours et à l'éloquence, et qui, par sa supériorité d'esprit, impose aux autres et les règle. Chacun d'eux, lorsqu'il est reçu dans ce Corps, prononce un discours comme pour montrer de nouveau et de vive voix qu'il est digne du choix qu'on a fait en sa personne, et ce discours qui servira de modèle à d'autres, et qui montre sur quoi principalement un orateur a bonne grâce de s'exercer, doit contenir des éloges, des éloges donnés aux vivants et aux morts. On y loue comme par arrêt des hommes loués déjà, et qui doivent être loués de nouveau dans toute la suite des temps. On les loue comme on tire au blanc ; on les crible de louanges. Ceux qui louent recevront à leur tour la louange qu'ils ont donnée à d'autres, et ces hommes habiles et placés comme à la tête de la nation française l'entretiendront sans doute dans l'habitude qu'elle s'est faite de louer et de faire consister dans la louange l'action la plus noble de l'esprit humain. »

S'il avait vécu un siècle plus tard, M. de Muralt aurait vu que la louange, tout en se perpétuant et se renouvelant sans cesse au sein de l'Académie, s'est parfois assaisonnée de malice ; le double penchant de la nation s'est trouvé ainsi combiné et satisfait, et les mêmes hommes qui savent si bien se louer en face, quand ils veulent, sont souvent aussi ceux qui raillent le mieux, là et ailleurs, et qui frondent. Ces deux talents s'appellent et se complètent naturellement : l'art de fronder égal à l'art de louer. C'est le progrès de la nouvelle Académie sur l'ancienne.

Maintenant qu'on réimprime tout, on devrait bien réimprimer ces Lettres de M. de Muralt ; elles le méritent. Il a dit le premier bien des choses qu'on a répétées depuis avec moins de netteté et de franchise.

Si nous revenons à Genève, le baromètre intellectuel et moral y dut éprouver de grandes variations et perturbations, on le conçoit, de la présence dans le voisinage de ces deux météores du dix-huitième siècle, Voltaire et Rousseau, du passage orageux de l'un et du séjour prolongé de l'autre. Ces deux épisodes fournissent à M. Sayous le sujet de ses chapitres peut-être les plus intéressants et les plus neufs.

L'histoire littéraire vit de détails, et ce n'est pas nous qui reprocherons à l'auteur de les prodiguer, surtout dans une histoire littéraire du genre de celle-ci, et qui était à créer : ma critique porterait seulement sur un certain manque de proportion. C'est ainsi que la biographie de Georges Le Sage, esprit plus singulier encore qu'original, et qui d'ailleurs n'a rien produit, me paraît tenir trop de place, venant après les études sur Charles Bonnet et sur l'illustre Saussure, les deux noms qui forment le véritable couronnement de ce beau siècle littéraire et scientifique de Genève. Saussure, le premier explorateur et peintre des Alpes, est particulièrement admiré et mis en lumière par M. Sayous, qui a autrefois extrait et publié, des *Voyages* de ce savant, les parties pittoresques et descriptives, propres à être goûtées de tous les lecteurs. Saussure est de ces esprits parfaits qui unissent dans une haute et juste mesure les éléments les plus différents, l'exactitude du physicien, le jugement froid de l'observateur, la sagacité du philosophe, l'amour et le culte de la nature, l'imagination qui l'embrasse; avec cela, n'accordant rien à l'effet, à la couleur, à l'enthousiasme; et quand il devient peintre, n'y arrivant que par la force du dessin, par la pureté de la ligne, la clarté de l'expression, et, comme il sied au savant sévère, avec simplicité (1). Comparez Saussure écrivain avec Buffon, avec Ramond et même avec Volnay, et il vous apparaîtra, réduit à ses seules qualités sans doute, mais aussi dans toute la rectitude et l'excellence de son goût.

Lorsqu'on a fermé ces deux volumes dans lesquels ont passé devant nous tant de figures sérieuses, souriantes à peine, originales et modestes, une pensée vous suit; on se fait à soi-même une question. Tout a changé dans Genève, tout s'est transformé; après un âge brillant, qui a recommencé et même surpassé en mouvements d'idées les beaux jours du dix-huitième siècle, une autre révolution s'est produite; la face des choses a été renouvelée; là comme ailleurs, le flot du grand nombre débordant, ce qui était relativement l'aristocratie a perdu son petit empire. Nous n'avons pas à nous prononcer en ces matières. Mais faut-il donc, pour cette république studieuse et intelligente, parce qu'elle est devenue démocratique dans sa forme, dans son ménage intérieur, lui faut-il renoncer à l'idée de

---

(1) Je ne fais en tout ceci que répéter et traduire l'éloge que lui a donné sir Humphrey Davy, ce juge si compétent.

voir sortir désormais de son sein des continuateurs et de dignes héritiers de ces hommes qui ont exercé sur leur temps une action si suivie, si salutaire, qui ont rempli dans le monde savant une telle fonction, plus efficace et plus utile encore que brillante? Oh! non pas. Le rôle de Genève n'a pas changé, et le côté par lequel elle intéresse l'Europe savante et pensante n'a fait, ce me semble, que se rajeunir. Genève est à la fois une retraite et un lieu de passage; on y est curieux, et l'on y sait le prix du temps; on s'y recueille, et l'on y voit tout défiler devant soi. Chaque année l'élite du Nord y descend : c'est la station naturelle et presque obligée pour l'Italie; on y est plus à portée qu'ailleurs de tout apprendre, de tout comparer, de tout élaborer. Il y a dans le caractère génevois une tendance assez forte à reformer sans cesse des exclusions ou des restrictions, des orthodoxies et des sectes, à replacer des barrières : ne vous mettez pas en peine, il y aura toujours assez de ces *a parte* de société à Genève, fût-elle par sa Constitution la plus démocratique des cités, fût-elle par son courant habituel la plus cosmopolite des villes. Cette disposition d'ailleurs, quand elle n'est pas poussée trop loin et qu'on n'y étouffe pas, a ses avantages ; il n'est pas mauvais d'être un peu gêné et contenu, quand le stimulant est partout alentour : une ceinture un peu serrée est utile pour mieux marcher. Genève a été de tout temps une forte nourrice des esprits; elle peut l'être encore. Elle portait autrefois plus d'hommes distingués qu'elle n'en pouvait contenir, elle en envoyait de tous côtés à l'étranger. La patrie des La Rive, des Pictet, ne s'est pas appauvrie d'intelligences. Elle en produit, et elle en adopte. Elle nous prend M. Barni : elle vient de nous rendre, après des années de séjour, M. Schérer, plus fort, plus aguerri et comme exercé par cette lente contrainte. Des talents nouveaux s'y annoncent et s'y distinguent par des caractères genevois encore, mais qui ont bien le cachet du dix-neuvième siècle, à sa date la plus avancée. Jeunes, ils ont lu tous les livres, ils ont vu tous les pays, exploré toutes les érudilions, embrassé tous les systèmes; ils savent tout ce qui se peut savoir et d'Allemagne, et de Grèce, et de France (cela va sans dire); ce sont des Français nés plus graves, qui ont beaucoup vu de bonne heure et qui se sont recueillis. Je pense surtout, en écrivant ces lignes, à un jeune critique dont le début vient de marquer la place entre les meilleurs, M. Victor Cherbuliez qui, dans ses *Causeries Athéniennes*, a traité les plus délicates questions de l'Art avec une verve, un savoir, une élévation de vues, auxquels je ne trouve à dire que pour le trop de densité. Heureux défaut, et qui rappelle encore, par une sorte de marque héréditaire, la suite des ancêtres ! Ainsi la chaîne reprend et se prolonge ; elle n'est pas rompue.

Lundi, 8 avril 1861.

LE GÉNÉRAL JOUBERT

EXTRAITS DE SA CORRESPONDANCE INÉDITE. — ÉTUDE SUR SA VIE,

Par M. EDMOND CHEVRIER (1).

Combien faut-il, en poésie, de Millevoye, de Malfilâtre, de Gilbert tombés dès l'entrée de la carrière, pour en venir à un grand talent qui réussit et qui vit? — Élevons-nous d'un degré : Combien faut-il de Vauvenargues, d'André Chénier, de Barnave, pour arriver au philosophe, au poëte puissant et complet, à l'orateur homme d'État, qui domine son temps, qui fait époque et qui règne? — Changeons de carrière : Combien faut-il de Hoche, de Desaix, de Joubert, de ces héros moissonnés avant l'heure pour rehausser et grandir encore le général en chef consommé, qui conçoit, qui combine avec génie, qui dirige et résout, après se les être posés, les plus grands problèmes de son art?

Ce sont les questions qui se posent fatalement devant nous et qui reviennent inévitablement à l'esprit chaque fois qu'on se trouve en présence d'une de ces destinées brillantes, tranchées et interrompues. Et cette prophétie encore du plus sensible des poëtes : « Jeune héros, si tu parviens à rompre le destin contraire, tu seras

(1) Bourg (Ain), chez Martin Bottier.

Marcellus! » cette pensée mélancolique, ce *Tu Marcellus eris* est comme un refrain funèbre qui retentit de lui-même à notre oreille chaque fois qu'on prononce un de ces noms.

La carrière du général Joubert, du moins, si elle a été courte, a été pure et glorieuse. Que si cependant sa physionomie, son caractère personnel étaient restés un peu indécis et entourés de quelque vague, faute d'un développement historique suffisant, les Lettres que M. Chevrier vient de publier et qui sont tirées des papiers de famille, achèveront de le dessiner heureusement et de l'entourer d'une lumière morale complète. Il est permis maintenant de parler du général Joubert comme de l'un des hommes que l'on connaît le mieux.

Il nous représente bien, en effet, avec toutes leurs qualités et dans leur bel enthousiasme, ces jeunes hommes enfants de Révolution, sortis de la classe moyenne éclairée, ces volontaires de 92, patriotes, républicains francs et sincères, mais instruits, bien élevés; non moins opposés à tout regret et retour royaliste qu'à tout excès terroriste et au genre *sans-culotte;* ces Girondins aux armées et qui n'eurent point à y commettre de faute. Joubert nous représente à merveille, surtout quand on le suit dans sa Correspondance, l'esprit et l'âme de ces générations non moins civiques que guerrières, et il vécut assez peu pour n'avoir jamais à se démentir.

De plus, il a cela de particulier d'être un pur produit de l'armée républicaine d'Italie, et celui de ses enfants peut-être qu'elle eût pu présenter le plus avantageusement comme parfait émule en regard et en contraste d'un enfant de l'armée du Rhin. C'est avec elle, c'est du revers des Alpes à l'Apennin et de l'Apennin aux Alpes qu'il fit ses débuts et toutes ses campagnes, qu'il gagna tous ses grades, jusqu'à celui de général de division et au commandement en chef d'un corps d'armée. Il ne fit de campagne d'Allemagne que celle que fit l'armée d'Italie et par laquelle elle couronna la série de ses victoires en 1797. Il a eu ce beau cadre pour carrière; il s'y forma tout entier. Quel fut, cette immortelle et quadruple campagne terminée, quel fut le jeune général que Bonaparte choisit entre tous pour envoyer au Directoire le drapeau dont la Convention avait fait présent à l'armée d'Italie, drapeau qui revenait si glorieux, si surchargé de victoires? Ce fut Joubert avec Andréossi. Joubert représente donc parfaitement l'esprit de cette armée, de ces brigades intrépides et de leurs jeunes officiers, par le brillant de la valeur, par la politesse et l'élégance naturelle des manières, l'habitude et le prestige de la victoire, et un attachement profond au général en chef qu'il eût suivi sans doute s'il eût vécu.

Né à Pont-de-Vaux en 1769, l'année même de la naissance de Napoléon, Joubert était fils d'un juge-mage du pays. Son père, fort considéré en Bresse, de bonne et honnête race bourgeoise, avait abondé dans le sens du mouvement de 89 et avait été l'un des principaux rédacteurs du *Cahier* de la ville de Pont-de-Vaux : avec cela, homme de principes religieux et bon chrétien. On voit par les lettres du fils que le père était exigeant avec lui, ne se contentait pas aisément et lui demandait de se distinguer, d'avancer toujours. Le jeune général, même après ses victoires et son élévation, ne cessa jamais, en écrivant à son père, de signer : « Votre très-*soumis* fils. »

Dès l'âge de seize ans, étant en rhétorique et quoique bon élève, Joubert avait trahi ses instincts belliqueux en s'échappant du collège pour s'engager dans l'artillerie. Cette escapade n'eut pas de suite, son père l'ayant obligé de revenir à ses classes et à ses études. Il se préparaît sérieusement pour le barreau, quand la Révolution éclata. Enrôlé en 1791 dans les volontaires de l'Ain, il eut différentes destinations, mais ne commença à voir l'ennemi qu'en 1792, dans l'armée du Midi, commandée par le général Anselme. Ce général, chargé d'envahir le comté de Nice et de défendre la frontière contre les Piémontais et les Autrichiens, avait fait d'emblée la partie facile de sa tâche, la conquête du comté ; mais il s'y était tenu, ne se sentant pas la force de rien tenter de considérable au delà. De grands désordres qu'il n'avait pas empêchés avaient soulevé la population ; les paysans, insurgés sous le nom de *Barbets*, se battaient dans les montagnes. Joubert, lieutenant dans les grenadiers, et grenadier en effet par la taille comme par le courage, s'aguerrit dans ces combats journaliers, y trempa sa constitution d'abord un peu frêle, et se fit remarquer par l'audace extraordinaire avec laquelle il relançait l'ennemi jusque sur les cimes les plus escarpées et sur des rochers inabordables. Par un contraste qui n'est point rare, dans le feu de sa plus bouillante valeur il restait bon, humain, ouvert aux meilleurs sentiments; et, après le récit animé de quelque coup de main audacieux, il ajoutait à ses lettres des *post-scriptum* tels que celui-ci :

« Bien des choses à toute la famille. Dans mes dangers, je suis toujours avec vous. Je travaille pour ma famille, et si j'acquiers de l'honneur, ce n'est que pour elle. Si j'étais isolé je n'aurais pas de courage ; mais pour son père, mais pour ses frères, ses sœurs, on ne peut qu'être des lions. »

Le général Brunet, qui succéda à Anselme, ne réussit point dans ses entreprises d'attaque; il échoua contre les camps fortifiés des Piémontais, et il fallut rétrograder après bien des pertes. La position de l'armée ne redevint tout à fait solide et offensive que sous le général Dumerbion, conseillé par le commandant en chef de l'artillerie, Bonaparte. C'est dans une des affaires qui eurent lieu sous le général Brunet que Joubert, assiégé dans une redoute avec trente grenadiers, après s'être défendu à outrance, fut fait prisonnier. On l'envoya à Turin, et il y fut bientôt échangé. Revenu dans sa ville natale, chez son père, il y rencontra des dangers moins beaux. On était au fort de la Terreur ; il ne put contenir son indignation généreuse. Dénoncé au représentant Albitte et décrété d'arrestation, il n'échappa qu'en passant par une fenêtre. Il retourna vite braver la mort là où elle était plus tentante pour les nobles cœurs, sous le drapeau.

Capitaine toujours placé à l'avant-garde, puis chef de bataillon, envoyé à Toulon pour diriger un embarquement de troupes qui ne se fit pas, il est retenu pendant quelques mois à l'hôpital par une maladie grave. On le retrouve à l'armée dans l'été de 1795, faisant les fonctions d'adjudant-général chef de brigade. Pendant qu'il s'y battait au premier rang et se signalait aux yeux de ses camarades et de ses chefs, une mesure soudaine de réforme l'atteignit. Il en fut profondément blessé : « Quelle situation ! Oserai-je me présenter dans l'intérieur avec la note infamante d'officier général réformé ?... Mais, ajoute-t-il avec fierté, mes camarades sont plus affectés de ce coup que moi. Ils m'ont vu huit jours de suite, par une pluie affreuse, ne prendre jamais un moment de repos, les conduire intrépidement au feu, les encourager dans leurs malheurs, et seul de l'état-major, ne les jamais quitter. » — « J'ai été instruit de ma réforme, écrit-il encore, dans un moment où, honoré de la confiance des généraux, je commandais le point essentiel de la première division de droite, avec huit et même douze bataillons, et à l'une des plus sanglantes affaires qui eurent lieu à l'armée d'Italie, à Melogno. » Il avait été desservi à Paris dans les bureaux du Comité de salut public. Le général en chef Kellermann réclama pour son brave et utile officier qu'il voyait chaque jour à l'œuvre ; il le maintint à sa place, en attendant la réponse du Comité. Le grade d'adjudant-général chef de brigade, qu'on avait voulu retirer à Joubert, lui fut définitivement acquis.

Il n'en demeura pas moins découragé pour un temps et dégoûté, dans les intervalles, du moins, où l'on ne se battait pas ; il écrivait à son premier chef, le général Cervoni, sous qui il avait servi dès son arrivée à l'armée, et qui, lui-même, paraît avoir essuyé à ce moment une mortification ; car il avait quitté les camarades sans faire d'adieux et s'en était allé à Menton :

« (Août 1795.) Je regardais comme un honneur, après avoir été bien noté du général Schérer, de me trouver encore du nombre de ceux que l'intrigue avait écartés ; j'étais fier de ma réforme, et il n'a rien moins fallu que les ordres de Kellermann pour me faire demeurer ; car, après la retraite, j'allais prendre le même chemin que toi sans plus de façon, et le diable s'en est mêlé pour me faire demeurer : enfin, on m'a envoyé une nomination, et je suis encore attaché à la chaîne. Dans quelque gouvernement que ce soit, pour être indépendant, il ne faut tenir en rien à ceux qui gouvernent. »

Notez, en passant, ce mot chez celui dont on aurait voulu faire, par la suite, un chef de Gouvernement.

Cette lettre à Cervoni finit par un retour et un regret sur le passé :

« Incertitude, dégoût, fatigues, tel est le sort du militaire actuel ; il est bien différent de celui de nos premières années, où nous guerroyions en chantant. »

Les lettres de Joubert à cette époque présentent avec une grande vérité l'état de cette armée d'Italie, si aguerrie, si éprouvée, et qui, avant ses jours d'éclat et de triomphe, eut à supporter tant de privations, de souffrances obscures et de misères, — l'école, après tout, du bon soldat (1). A Kellermann a succédé Schérer ; il se décide à agir. Son plan est bien conçu : il veut séparer les Autrichiens des Sardes ; tenant ceux-ci en échec par la division Serrurier, il attaquera les Autrichiens de front aux environs de Loano, sur le littoral, par la division Augereau, tandis que, dans l'entre-deux, Masséna, chargé d'occuper et de couronner les cimes des Apennins, devancera l'ennemi par les hauteurs, aux défilés où il aura à passer en se retirant. Il faut entendre le cri d'enthousiasme de Joubert, à l'annonce de cette campagne ; il a secoué tous ses ennuis ; il écrit à son père, le 28 octobre (1795) :

« Ce n'est plus de repos qu'il faut que je vous parle, mais bien d'une nouvelle campagne que nous allons commencer dans quatre ou cinq jours avant l'hiver. 40,000 hommes s'ébranlent pour attaquer l'armée austro-sarde, retranchée jusqu'aux dents ; 12,000 grenadiers et chasseurs, commandés par le général Laharpe, commenceront la trouée ; je figurerai avec cette brave division. Vous voyez, mon père, que ce n'est plus à Pont-de-Vaux qu'il faut songer à aller ; aussi je n'ai plus que Milan ou la paix devant les yeux.

« Tandis que la Convention triomphait (en vendémiaire), on y parlait de nous ; je commandais, en effet, sous les ordres du général Miollis, la colonne qui brûlait le camp austro-sarde. Eh bien, on en parlera encore pendant l'établissement du nouveau Gouvernement (le Directoire) dont nous attendons notre bonheur. Toute l'armée demande le combat à grand cris. L'enthousiasme est tel qu'au commencement de la Révolution; et les ennemis, en apprenant nos triomphes, trembleront dans l'intérieur comme à l'extérieur. J'attends, moi, la paix pour résultat de notre campagne d'hiver, et, dans cet espoir, je m'y livre tout entier. Vous ne serez sûrement pas fâché d'apprendre que je commanderai une des têtes de colonnes de 12,000 (?) grenadiers et chasseurs. »

Nobles sentiments, confiance inaltérée au génie de la Révolution ! renouvellement d'espérance que partageait alors toute cette armée ! Mais il y a ceci de particulier

(1) *Mémoires de Napoléon*, Guerre d'Italie, chap. V, 2.

en Joubert, que s'il fait la guerre avec tant d'ardeur, il a en vue la paix. Cette idée reviendra souvent jusque dans ses lettres les plus belliqueuses ; tout son feu n'exclura jamais la modération. Il y a du citoyen uni en lui au guerrier ; il a dans les camps les qualités civiles.

Le plan de Schérer, admirablement servi par les généraux divisionnaires, a réussi ; la victoire de Loano, des 2 et 3 frimaire (23 et 24 novembre 1795), vient saluer d'un présage heureux l'inauguration du Directoire.

Joubert a été l'un des héros de ces combats. Toujours à l'avant-garde de Masséna, le 23 et le 24, il s'est porté en dernier lieu, avec une poignée d'hommes, les meilleurs marcheurs de sa troupe harassée, au point le plus avancé des crêtes sur les derrières de l'ennemi, et par son audace il l'a étonné, épouvanté, forcé d'abandonner dans les gorges chariots et pièces. Il raconte vivement, mais sans vanterie, sa conduite en ces deux journées, dans une lettre qui vient expliquer et confirmer les récits donnés par les historiens militaires. Lire à ce propos Jomini (1), si lumineux, si judicieux, et qui nous fait si bien voir le nœud stratégique d'une action, est un plaisir qui n'est pas réservé aux seuls militaires et que tous les esprits critiques savent apprécier.

Joubert, qu'il nomme souvent dans sa relation de Loano, dut à sa belle conduite d'être nommé général de brigade. Il eut un moment d'hésitation avant d'accepter ; il le dit à son père dans une lettre datée de quelques jours après, et où il se montre bien à nous dans l'élan et la poursuite de la victoire :

« Sous Ceva, 30 novembre 1795.

« Nos fatigues et nos victoires ne cessent point. Je viens encore, après avoir battu les Autrichiens, d'être chargé, avec ma brigade, de

(1) *Histoire critique et militaire des Guerres de la Révolution*, t. VII, pages 307-321.

talonner les Piémontais, et je leur ai enlevé 19 pièces de canon. Je ne sais si mon physique y résistera. Ma marche est si rapide, que j'ai perdu aides de camp, domestiques, chevaux. Je suis à pied ; tout est derrière moi.

« J'avais eu des scrupules d'accepter le grade de général de brigade; mais mes camarades et les généraux, le représentant Ritter lui-même, m'ont paru si contents de cette promotion, et je suis chargé d'entreprises si intéressantes (1), que mon refus aurait passé pour refus de service. Je laisse donc aller l'eau sous le pont. »

Ardeur et modestie ! arrêtons-nous un moment : car c'est surtout le caractère moral de Joubert que nous étudions. Voilà les scrupules qui commencent. Quoi ! ce jeune guerrier si intrépide, si intelligent, si actif et si infatigable, hésite à accepter le grade de général de brigade qu'il vient de mériter et de gagner, au vu et su de tous ! Et bientôt, quand il sera nommé par Bonaparte, à la veille de Rivoli, général de division, ce sera bien pis ! Son premier mouvement sera non de joie, mais pour décliner l'honneur, le fardeau ; il écrira à son père pour le consulter, pour lui demander s'il doit ou non accepter. « Je ne saurai trop vous répéter, général, écrit-il à Bonaparte lui-même, qu'une division de 9,000 hommes est pour moi un fardeau qui m'accable. Une brigade est mon fait, et tout en obéissant au général en chef, je ne puis m'empêcher de le lui représenter. » Et plus tard, quand il sera général en chef, donc ! que ne dira-t-il pas, que ne sentira-t-il pas du poids accablant dont il voudrait bien se démettre, dont il se démit même une première fois ! Qu'il y ait eu un peu de faiblesse physique, de la mauvaise santé dans cette disposition à se méfier de soi-même, je le crois ; mais il y a autre chose encore ; on est obligé d'y voir un trait essentiel de son caractère qui reparaîtra en toute occasion

(1) Du côté des Piémontais contre qui l'on s'était retourné sur l'autre versant des Apennins.

décisive de sa vie, et que Saint-Cyr nous a révélée s'accusant et redoublant avec une persistance étrange dans la nuit de perplexité qui précéda la glorieuse mort du jeune général.

Joubert se rendait compte mieux que personne de la responsabilité d'un chef de troupe, et dans un de ses jours d'inquiétude il la résumait ainsi :

« A chaque heure répondre de la vie de plusieurs milliers d'hommes ; hasarder à propos la vie de ses soldats pour la leur sauver ; ne négliger aucune précaution pour se défendre des embuscades et des surprises de nuit ; voir dans cette lutte continuelle succomber ses amis, ses connaissances, par les blessures ou les maladies : il y a là de quoi tourmenter un homme. Et moi qui ne sens rien faiblement, je m'affecte d'autant plus profondément que dans notre état il faut avoir l'art de cacher aux autres ses affections particulières. Il faut paraître confiant quand on est inquiet, dur envers le soldat, quand souvent il n'inspire que de la pitié ; il faut enfin avoir un visage qui ne soit point le miroir de son cœur. »

Touchantes et humaines paroles, et dignes d'un Vauvenargues dans les camps ! Dans tout ce que je vais dire, que l'on me comprenne bien, je suis loin de vouloir infirmer le mérite de Joubert, je ne le diminue point. Cette modestie qu'il a, non pas seulement extérieure et apparente, mais intime et sincère, le marque et le distingue entre tous : ce coin de faiblesse (car il y a un peu de faiblesse) me le fait aimer ; c'est une grâce de plus, c'est comme un pressentiment, si on le rapproche de sa fin prématurée. Je veux pourtant suivre la veine et la dessiner nettement aux yeux pour qu'il n'y ait pas doute ni incertitude. J'anticiperai donc sur les faits pour embrasser tout le caractère. Ainsi, simple général de brigade quand il se définissait de la sorte la responsabilité, à peine sera-t-il général de division qu'il dira (22 novembre 1796) :

« Avec mon avant-garde, j'étais joyeux ; avec une division, la tristesse me saisit, je crains les événements. Cependant il faut servir... »

Entre Arcole et Rivoli (toujours dans ses lettres à son père) :

« Vous ne me croyez occupé que de gloire : vous vous trompez ô mon père; je ne soupire qu'après le repos. Il m'est impossible, dans l'occasion, de ne pas suivre l'impulsion naturelle; il faut se montrer. Mais je vous assure que je désire n'avoir plus occasion de guerroyer, et encore une fois que le repos seul est l'état que je désire et dont j'ai besoin. »

A l'entendre, ne dirait-on pas vraiment qu'il n'est soldat que comme Nicole prétendait être controversiste? malgré lui. Il faut rabattre de ces paroles, je le sais; mais rabattez ce que vous voudrez, il en restera encore assez pour déceler le symptôme que nous y cherchons.

Après Rivoli, où il s'est couvert de gloire, où il a justifié hautement sa promotion de divisionnaire, et à la veille de sa première expédition dans le Tyrol, dont il vient d'être chargé :

« Plus je réfléchis, moins je me trouve à ma place; tout, jusqu'au succès, me désespère. Encore une fois, dès que je vois jour, je me débarrasse de tout ce fardeau et je quitte le métier. Je suis né pour les armes et non pour le commandement. Je maudis l'instant où je fus fait caporal; et je voudrais avoir l'apathie de ceux qui finiront par s'établir bourgeoisement. C'est là où est le bonheur, et c'est là sûrement où, s'il est possible, j'irai le chercher. En attendant je vais, en faisant mon devoir, faire taire encore la cabale. »

On n'est pas plus héros et plus sceptique à la fois. — Et arrivé à Trente, après avoir réussi :

« Je me livre à la fortune, mais je m'en défie; et si la chance est favorable, je m'en défierai plus encore et rechercherai les postes secondaires que vous prétendez que je ne dois plus accepter. Un soldat se bat dans tous les rangs. Dans une république, on n'est général qu'un temps. J'ai sous mes ordres le brave Dumas, qui a commandé en chef cinq armées; je lui ai confié mon aile droite, et nous sommes intimes. Pourquoi ne pourrai-je pas me trouver dans le même cas? »

Et de cette même ville de Trente, après des succès auxquels il ne manquait plus que la seconde expédition dans le Tyrol allemand pour atteindre à leur plein éclat, il écrivait à son père encore, plus ambitieux que lui et qui le poussait à tous les genres d'ambition :

« J'ai reçu votre lettre ; vous m'y supposez bien des qualités que je n'ai pas. Pour être homme de pouvoir, il faut de l'ambition et je n'en ai pas. Pour désirer des places, il faut une science approfondie du cœur humain, et une conduite politique à l'avenant ; je dédaigne tant de prudence. Malgré tout ce que vous m'en dites, je suis décidé à quitter une carrière dont je ne voulais parcourir que les degrés moyens et où je me trouve au faîte, sans l'avoir désiré. Je n'ai accepté avec plaisir que le grade d'adjudant-général chef de brigade (comme qui dirait colonel), et c'était là ma place. J'ai été porté plus haut contre mon gré. A présent j'ai trois divisions sur les bras, et je suis décidé à les quitter. *J'aime rendre des services*; qui ne serait sensible à la joie d'en rendre? Mais je préfère un poste, une position où l'homme jouit de lui-même, à l'éclat d'une grande place où l'on ne vit jamais pour soi. D'ailleurs, ce qu'on appelle réputation dépend toujours des événements, et encore une fois je serais un fou de courir de nouvelles chances sans ambition. »

Je pourrais multiplier les aveux de ce genre. La disposition ici est trop persistante pour qu'on puisse douter de sa profondeur et de ses racines dans la nature même de l'homme. Décidément Joubert aime les postes en second et s'y sent plus à l'aise que dans les premiers. D'autres aspirent à monter ; lui, il aspirerait plutôt à descendre. Personne n'est moins enivré après la victoire, personne n'est plus méfiant que lui de l'avenir.

Sans doute un homme, un guerrier mort à trente ans n'a pas donné sa mesure : il ne l'a pas donnée pour tous ses talents et ses mérites, pour tout ce qui s'acquiert par l'expérience ; mais comme génie, comme jet naturel, il s'est montré dans sa force d'essor, dans sa portée et sa visée première, s'il est à l'œuvre depuis déjà cinq ou six années. Je me risquerai donc, à propos de cette singulière modestie de Joubert, à rappeler la pensée d'un moraliste de l'école de La Rochefoucauld : « Une modestie obstinée et permanente est un signe « d'incapacité pour les premiers rôles, car c'est déjà « une partie bien essentielle de la capacité que de por- « ter hardiment et tête haute le poids de la responsa- « bilité ; mais de plus cette modestie est d'ordinaire « l'indice naturel et le symptôme de quelque défaut, de « quelque manque secret : non pas que l'homme mo- « deste ne puisse faire de grandes choses à un moment « donné, mais les faire constamment, mais recommen- « cer toujours, mais être dans cet état supérieur et « permanent, il ne le peut, il le sent, et de là sa mo- « destie qui est une précaution à l'avance et une sorte « de prenez-y-garde. On ne se contient tant que parce « qu'on a le pressentiment de ne pouvoir aller jusqu'au « bout. »

Ce qui ne veut pas dire au moins, en prenant pour vrai le signe inverse, qu'il suffit de ne douter de rien et de se croire propre à tout, pour être en réalité capable de tout. Entendez tout cela comme il convient, c'est-à-dire sobrement, et dans la juste application à notre sujet.

Le malheur du jeune général que nous verrons sortir si brillamment victorieux, si intrépide et si habile dans les luttes prochaines où il n'était que lieutenant et en second, ce fut, à une certaine heure, d'avoir été poussé au premier rang, d'y être arrivé dans tous les cas trop tôt, et par le jeu des partis qui s'inquiètent peu de vous compromettre et de vous briser, pourvu que vous leur serviez d'instrument un seul jour. Mais que de qualités charmantes et pures en lui ! que de vertus aimables, ornement du guerrier ! Énumérons un peu :

Sentiment de famille, on l'a vu ; — fidélité au pays, je ne parle pas du grand pays, de la patrie et de la

France, mais du pays de Bresse et de tous les camarades qui en sont :

« (Avril 1795.) Nous souffrons tous les maux, couchés sur la paille, buvant de l'eau, très souvent réduits à 12 ou 14 onces de pain rempli de pierres et noir comme du temps de Robespierre. J'ai vu passer mon troisième bataillon de l'Ain. Pannetier, Soulier, Boisson sont venus me voir et ont partagé ma misère. Rien n'était si risible que de voir l'approche de ces deux jeunes gens ; ils avaient fait une lieue pour nous voir. Je les ai reconnus qui se tenaient à vingt pas de moi, détournant la tête quand je les regardais, en s'extasiant sûrement de voir des *pays* si loin. Nous avons joui un moment de leur embarras bressan. Enfin, pour en finir, mon frère est allé les chercher. »

Autre vertu : sentiment touchant de confraternité d'armes, sainte amitié des camps, qu'il ressent vivement et qu'il a inspirée. Ainsi après une affaire malheureuse, l'attaque des positions en avant de Saorgio, sous Brunet, il écrivait (juin 1793) :

« De notre côté, nous avons à pleurer bien des braves. Un capitaine de mon régiment, M. Langlois, mon intime ami, blessé en tête de sa colonne, et la balle dans le corps, élevait encore son épée en avançant et en excitant le soldat, jusqu'au moment où il est tombé de faiblesse. Je l'ai vu en passant à Sospello, une amie le soignait ; et comme tout le monde longtemps m'avait cru mort, il avait, dans ses douleurs souvent parlé de moi et souvent envié mon sort. Trois heures après que je l'eusse vu, il était plus gai et beaucoup mieux. *Il croit que puisque je vis, il ne mourra pas. Dieu le veuille !* »

Superstition du guerrier si naturelle, si nécessaire, au milieu de cette vie de hasards ! Mais ici, et dans ce mot échappé du cœur, on reconnaît plutôt encore la religion de l'amitié.

La probité enfin, la pureté et le désintéressement sont les vertus ordinaires de Joubert. Le lendemain de la victoire de Loano, il se trouve dépourvu de tout. Ce général de brigade, qui vient de prendre les chariots et les bagages de l'ennemi, se voit dans la nécessité d'écrire à son père :

« Un peu de numéraire pour changer mes habits et harnacher mes chevaux me serait nécessaire. Vous savez que je ne demande que quand j'ai besoin. Faites encore un effort, mon père, et un bon mariage raccommodera cela. »

Les fruits de cette victoire de Loano furent à peu près nuls ; l'habileté supérieure avait fait défaut. On resta sur place en définitive. Cinq mois après (19 mars 1796), Joubert écrivait de Finale, dans la rivière de Gênes :

« Le Gouvernement, tout occupé du Rhin, nous laisse sans argent, à la merci des fripons qui nous administrent.

« Il n'y a de beau ici que le courage infatigable du soldat et de l'officier, et la patience imperturbable de tous deux. La France frémirait si on comptait tous ceux qui sont morts d'inanition, de maladies. Le pauvre volontaire, en se traînant, s'arrête où il se trouve, s'affaisse sur la terre et meurt. Mon père, si la campagne n'est pas offensive, je prévois des horreurs, et, plutôt que d'assister à l'enterrement d'une armée, je donne ma démission. »

Mais Bonaparte, nommé général en chef, arrivait à Nice le 27 mars et venait prendre en main cette armée de braves, sans habits, sans pain et sans souliers, qui n'attendait qu'un tel chef pour faire ses prodiges.

LE GÉNÉRAL JOUBERT

EXTRAITS DE SA CORRESPONDANCE INÉDITE. — ÉTUDE SUR SA VIE,

Par M. EDMOND CHEVRIER.

(SUITE.)

Je voudrais bien établir et déterminer en traits précis cette figure sympathique du jeune général, sans lui faire tort et sans la surfaire. Je n'ai pour cela qu'à profiter des documents mêmes que me fournit la publication nouvelle, en tirant un peu moins du côté de l'éloge que ne l'a dû faire naturellement l'estimable biographe (tout biographe devient aisément un apologiste ou un panégyriste), et en me tenant d'ailleurs dans les lignes exactes du récit de Napoléon, le premier des juges, ainsi que dans les termes des meilleurs témoins, auteurs de Mémoires. La juste mesure et la proportion dans un portrait sont la première loi de la ressemblance.

Nous n'en sommes encore qu'au rôle militaire et au début des grades supérieurs. Joubert, général de brigade à vingt-six ans, au moment de l'entrée en campagne (1796), est un des bras les plus actifs de cette jeune et déjà vieille armée d'Italie. Il commence à se signaler et à être nommé dans les faits de la première campagne de quinze jours, un chef-d'œuvre de l'art, où le général en chef sépare les Autrichiens des Sardes, les coupe violemment dans une suite de combats acharnés, écarte et refoule les uns, et finalement a raison des autres. Il est curieux de voir dans le récit de Napoléon, à côté des noms des grands divisionnaires d'alors, Laharpe, Masséna, Augereau, Stengel trop tôt enlevé, poindre coup sur coup et comme s'échelonner les nouveaux noms destinés à l'illustration prochaine : Joubert en tête, distingué pour le combat du 13 avril à l'attaque de Cosseria et à la prise des hauteurs de Biestro ; Lanusse, adjudant général, décidant de la victoire du 15 à Dego ; Lannes fait colonel pour sa conduite dans le même combat ; Murat suppléant et vengeant dans une charge dernière Stengel tué le 21 à Mondovi. C'est une seconde génération de braves qui pousse la première et qui va l'égaler ou la remplacer ; les promotions se font vite à la guerre. Joubert se distingua particulièrement à l'attaque du château de Cosseria, position des plus fortes sur le sommet le plus élevé de cette partie de l'Apennin ; il y fut blessé d'un coup de pierre, ce qui ne l'empêcha pas d'aller toujours et de poursuivre. Il a raconté ainsi cet assaut qui manqua, mais qui amena la reddition le lendemain :

« Rien de plus terrible que l'assaut où j'ai été blessé en passant par un créneau : mes carabiniers me soutenaient en l'air ; d'une main j'embrassais le mur, je parais les pierres avec mon sabre, et tout mon corps était le point de mire de deux retranchements dominant à dix pas. J'ai paré deux pierres et n'ai reçu qu'un coup de feu dans mon habit, et j'ai été abattu au moment où je pénétrais. Ma colonne étonnée de ce nouveau genre d'attaque, était ébranlée. Il avait fallu me sacrifier, et je me suis ressouvenu d'avoir été grenadier [1]. Un officier

---

[1] C'est l'éloge que lui donne pour cette action Bonaparte, dans son Rapport du 15 avril au Directoire : « Déjà l'intrépide général de brigade Joubert, grenadier par le courage et bon général par ses con-

m'a aidé à me relever. Toute ma colonne me croyant tué avait reculé de trente pas. Cet assaut n'a pas réussi ; nous y avons eu un général et un adjudant-général tués ; mais l'ennemi, intimidé du premier coup de main, s'est rendu. Je m'étends sur cette affaire, parce qu'il n'y a rien de plus terrible. Pannetier (son compatriote de l'Ain et son aide de camp) était auprès de moi. J'ai été consolé de ma blessure en entendant mes chasseurs crier : *Vive notre Général !* »

Le lendemain de cet assaut, dans une lettre adressée à Joubert et où il lui donnait ses ordres, Bonaparte, vainqueur à Millesimo et se portant sur Dego, s'excusait presque de ne pas l'avoir appelé pour prendre part au dernier combat : « Je conçois que vous allez nous faire bien des reproches de ne vous avoir pas appelé ; mais vous étiez trop sur la gauche. Demain vous aurez l'avant-garde. » Voilà ce qui s'appelle un dédommagement.

Atteint à la poitrine d'une balle morte à Mondovi, il marchait toujours et était lancé à l'avant-garde sur Turin. Cependant sa moralité militaire avait à souffrir à la vue des désordres, suite de la victoire ; il y eut en effet de grands excès commis après tant de privations, à l'arrivée dans ces riches plaines, à l'entrée dans la *terre promise:*

« La richesse du pays rend à notre armée son amour du pillage, et je fais peste et rage auprès du général en chef pour faire fusiller quelques coupables ; car je prévois de grands malheurs si elle continue. »

Bon gré, mal gré, tout le monde profitait de ce superflu de la victoire, succédant à une pénurie si extrême :

naissances et ses talents militaires, avait passé avec sept hommes dans les retranchements de l'ennemi ; mais, frappé à la tête, il fut renversé par terre, etc. »

« Nous avons bien travaillé : en quinze jours détruire deux armées et forcer un roi à la paix. Je me ressens du bonheur général : j'ai huit chevaux, une collection de sucre et de café que je vous destine, bonnes prises sur l'état-major ennemi. Je ne loge que chez des comtes, des marquis qui nous appellent des héros et qui nous trouvent encore le caractère aimable des Français. Nous ne parlons pas politique ; nous ne nous mêlons pas de leur Gouvernement. »

L'entrain du triomphe et de la jeunesse, la familiarité militaire et républicaine, l'amabilité naturelle, la gaieté et même un peu d'étourderie française, respirent dans le récit, qu'on va lire, de l'accueil fait à Joubert et à Masséna dans la citadelle d'Alexandrie (6 mai 1796) :

« J'aurais voulu dater ma lettre d'Alexandrie ; mais j'ai passé si rapidement avec mon avant-garde, que j'ai à peine eu le loisir de profiter des honnêtetés de M. le gouverneur (Solaro), homme à crachats et à deux ou trois ordres au moins. Cette réception singulière me sera toujours présente à l'esprit. Figurez-vous deux généraux, qui guerroyent depuis un mois, qu'on vient prendre en carrosse et conduire dans la citadelle la plus renommée du Piémont, qui se trouvent au milieu de tout un état-major de généraux et officiers ennemis, qui faisaient entre eux plusieurs siècles, et qui brillaient comme des soleils.

« Les Allemands venaient de quitter Alexandrie au moment où le général Masséna et moi nous y faisions une reconnaissance avec 200 chevaux et 600 chasseurs à pied. Nous nous mîmes en bataille sous les murs de la ville, et nous envoyâmes un officier prévenir M. le commandant (de la place) que nous allions lui présenter nos devoirs. Le commandant répondit qu'il dépendait du gouverneur de la citadelle qu'il allait prévenir... Nous lui fîmes dire que nous ne venions pas avec des vues hostiles, et sans attendre davantage nous entrâmes avec quarante dragons. Il pleuvait fort. Toutes les fenêtres étaient garnies de têtes, toutes les rues remplies de curieux ; la place d'armes fut pleine en un instant, et nous fûmes obligés de traverser une foule innombrable qui venait voir ses vainqueurs. Le peuple n'était ni joyeux ni triste. On ne distinguait que des mouvements de curiosité, et la tranquillité que l'armistice avait fait naître. Nous descendîmes au palais du Gouvernement. *Il cavaliere Solaro*, décoré d'un crachat de tous les grands ordres, arrivait de la citadelle ; il nous pria à dîner, fit monter Masséna et moi dans son carrosse, et fit accompagner nos officiers par des colonels.

« Lorsque je me vis dans la citadelle, séparé de nos troupes, avant que l'armistice fût officiellement connu, je craignais qu'on ne nous retînt pour l'échange des officiers généraux pris aux Piémontais. Je communiquai mes craintes à Masséna, qui était d'autant moins tranquille qu'il est du comté de Nice, quoique ayant toujours servi en France.

« Nous en fûmes quittes pour la peur. Nous dînâmes avec trois généraux, quatre colonels. Rien ne fut plus gai. »

Nous ne nous attacherons pas à suivre Joubert dans les diverses actions qui marquent les temps glorieux de cette multiple campagne. Il montre partout intrépidité et intelligence : nous irons là où il prouve sa supériorité. Il est à l'avant-garde de Masséna, et de bonne heure il se trouve placé entre le lac de Garde et l'Adige, à la forte position de Corona, au-dessus de Rivoli, regardant le Tyrol italien et faisant face aux troupes impériales qui tendent sans cesse, à chaque recrue considérable, à déboucher et à forcer de ce côté. Tantôt il a l'avantage, et il pousse en avant jusqu'à l'entrée du Tyrol ; tantôt il est repoussé et obligé lui-même à faire retraite sur Rivoli et jusqu'en arrière de Rivoli. Le brave La Noue, cet excellent homme de guerre du seizième siècle, a soutenu dans ses *Paradoxes militaires* « qu'il est profitable à un chef de guerre d'avoir reçu une *route*, » c'est-à-dire d'avoir, une fois dans sa vie, essuyé une déroute ou du moins un échec qui lui est une leçon ; Joubert essuya une première défaite à Corona, et cela dut lui servir : il paraît bien, d'ailleurs, qu'il avait reconnu tout d'abord, et mieux que Masséna son chef, l'importance de ce poste de Corona, qui est la *clef*, le point stratégique des opérations dans cette contrée du Montebaldo :

« Pour ce qui me regarde, dit-il, je n'osais, après ma défaite de Corona, me présenter à Bonaparte ; mais tous les volontaires avaient parlé de ma défense. Il me prévint lui-même et me dit que j'avais fait mon devoir. »

Mandé la veille de la bataille de Castiglione, il arrive à temps pour y prendre sa bonne part :

« J'arrivai à l'heure indiquée (le 4 août à six heures du soir) : Voilà Joubert, dit un des aides de camp du général en chef, c'est un bon augure pour la journée de demain. — « *Il faut encore que tu donnes* « *un coup de collier,* me dit Bonaparte, *et nous nous reposerons ensuite.* » Je l'ai vivement donné ce coup de collier... »

On sourit involontairement : on songe à cette longue série de *coups de collier*, depuis Montenotte, depuis Castiglione jusqu'à Moscou, jusqu'à Montmirail. Encore un, et ce sera le dernier... Illusion et mobile des héros !

Joubert n'est pas nommé dans tous les bulletins et Rapports où il devrait l'être. Son père s'en plaint : il s'excuse ; Masséna se tait assez volontiers sur Joubert dans quelques-uns de ses bulletins :

« Au reste, si vous me demandiez où j'étais, je vous répondrais que je faisais l'avant-garde de Masséna le 2, le 3 (août, combat de Lonato), et qu'à la bataille du 5 (Castiglione), je faisais celle du général Augereau, attaquant le centre de l'ennemi. Les généraux divisionnaires ont encore tout eu pour eux : *Sic vos non vobis fertis aratra boves.* »

Joubert est un militaire qui a fait ses études ; il sait le latin.

Il y a un moment de cette campagne où Joubert voit tout en noir et ne présage que malheurs. Sans doute, il est un peu blessé de l'oubli qu'on a fait de sa brigade dans le Rapport sur le combat de Lonato ; mais, indépendamment de cela, il obéit à sa disposition *philosophique* et assez prudente dès qu'il n'est pas au feu. Loin d'être enivré du succès, il ne voit que les difficultés surgissantes, et il se méfie de la Fortune « qui aime, dit-il, à changer de parti. » C'est d'un titre tout pareil (« Tantôt pour l'un, tantôt pour l'autre ») et d'un seul mot en sa belle langue (1), qu'Homère, ce premier chantre des combats, s'est plu à désigner Mars et la Victoire.

Joubert paraît aussi avoir essuyé quelque froideur de la part du général en chef à cette date (août-septem-

---

(1) Ἀλλοπρόσαλλος.

bre 1796). Il écrivait des lettres dans son pays, et un de ses correspondants en avait fait imprimer une dans un journal. Cela était revenu à Bonaparte, qui lui en avait parlé.

Cependant le moment approchait où il allait se dégager du second rang et être appelé à se produire en première ligne. Il s'usait beaucoup de généraux (1) dans cette guerre sans cesse renaissante et où les victoires elles-mêmes, en récidivant, épuisaient une armée que le Directoire ne renforçait pas. « Les blessés sont
« l'élite de l'armée, écrivait Bonaparte au Directoire
« (13 novembre 1796) : tous nos officiers supérieurs,
« tous nos généraux d'élite sont hors de combat ; tout
« ce qui m'arrive est si inepte, et n'a pas la confiance
« du soldat ! L'armée d'Italie, réduite à une poignée
« de monde, est épuisée. Les héros de Lodi, de Mille-
« simo, de Castiglione et de Bassano, sont morts pour
« leur patrie ou sont à l'hôpital ; il ne reste plus aux
« Corps que leur réputation et leur orgueil. Joubert,
« Lannes, Lanusse, Victor, Murat, Chabot, Dupuy,
« Rampon, Pigeon, Chabran, Saint-Hilaire sont bles-
« sés, ainsi que le général Ménard. Nous sommes
« abandonnés au fond de l'Italie... » Joubert, en tête de cette élite dont chaque nom est celui d'un héros, quel plus bel éloge ! Le général en chef comptait désormais sur lui.

Commandant à Legnago en octobre, il avait reçu ordre du général en chef de lui faire un rapport sur la défense de Corona en été et en hiver, et sur toute la ligne de l'Adige au lac de Garde. Cette étude, cette connaissance approfondie de l'un des grands chemins du Tyrol en Italie, était devenue comme la spécialité

---

(1) Voir la lettre de Napoléon au Directoire, du 14 août 1796, dans laquelle il donne son opinion sur chacun des divisionnaires.

stratégique de Joubert, et le point capital sur lequel le général en chef allait se confier à lui pour un grand commandement : « Je ne peux confier une divison, disait Bonaparte, sans avoir éprouvé, par deux ou trois affaires, le général qui doit la commander. » Joubert avait eu ses trois affaires, et au delà ; il était éprouvé, il était mûr. La grande carrière pour lui commence.

Le général Vaubois s'est laissé battre. Bon officier dans l'ordinaire, s'acquittant bien des emplois réguliers, il s'est trouvé au-dessous du poste de guerre qui lui a été confié dans le Tyrol, et sa retraite a dégénéré un moment en déroute. Joubert est nommé général de division pour le remplacer (22 novembre 1796). Nous avons dit ses craintes, ses effrois, son double refus. Bonaparte y ferme l'oreille, et dit tout haut, de manière à ce qu'on le lui rapporte (1) : « Je compte sur lui comme sur moi. » Enfin il se résigne, et il écrit au général en chef, le 18 décembre :

« Je n'accepte ce grade qu'avec inquiétude. Au reste, sous vos ordres j'agirai toujours avec confiance. Et puis il faut laisser quelque chose à César et à sa fortune. »

Et à son père, trois jours après (21 décembre) :

« Je vais donc encore faire l'épreuve de la fortune. Je m'en défie furieusement. Mais enfin je suis poussé, il faut relever mon vol. Je vois malheureusement aujourd'hui qu'il est plus difficile de l'arrêter que de le commencer.

« Faire son devoir, le faire avec distinction sans se mêler des partis, voilà le vrai patriote, l'homme estimable ; et voilà bien pourquoi je ne me soucie guère d'une grande charge où l'on est entraîné dans les partis, ou du moins l'on est entraîné à des liaisons qui décident souvent de votre sort, avec des gens qui ne peuvent exister sans troubler l'État par des opinions exclusives. »

(1) De manière *à ce que*... C'est parler comme le peuple. Mais pourquoi ne pas parler comme le peuple, là où le peuple marque une nuance que les grammairiens suppriment et ne sentent pas ?

Prévision étrange! paroles presque prophétiques, et comme s'il avait déjà sa fin en perspective!

La gloire militaire de Joubert, et qui le mit réellement en vue, il va l'acquérir à Rivoli et dans le Tyrol, c'est-à-dire dans les dernières opérations qui couronnèrent une campagne que rien depuis n'a surpassée.

L'armée d'Italie, toujours victorieuse, était cependant dans une position difficile, à cette fin de 1796. Si peu nombreuse au début, n'atteignant pas d'abord le chiffre de 40 mille hommes, n'ayant jamais, avec les renforts reçus, passé de beaucoup le chiffre de 50 mille, elle avait dû vaincre successivement l'armée sarde et l'armée de Beaulieu, fortes ensemble de 73 mille hommes (*Montenotte, Millesimo, Dego, Mondovi*); — puis l'armée de Beaulieu (*Lodi*), renforcée des 20 mille hommes de Wurmser (*Salo, Lonato, Castiglione, Roveredo, Bassano*); — puis l'armée de Wurmser, renforcée des 36 mille hommes d'Alvinzi (*Arcole*). Enfin, une dernière fois, et Wurmser plus que jamais bloqué et enfermé dans Mantoue, on allait avoir affaire aux débris de toutes ces armées, à l'armée d'Alvinzi, renforcée de 30 à 35 mille hommes. Le Directoire n'envoyait que peu de monde.

De quel côté Alvinzi, avec le gros de ses forces, essayerait-il de percer? Dans son plan il y avait diversion et double attaque : une sur le bas Adige, l'autre, la principale, par Corona. Cette dernière ne se démasqua qu'au dernier moment. Bonaparte à Vérone, dans l'intervalle et prêt à tout, attendait. Joubert, attaqué le 13 janvier, se défend avec vigueur, se sent débordé, se replie en ordre sur le plateau de Rivoli, et avertit le général en chef que le danger sérieux est là et non pas ailleurs. Bonaparte, qui avait prévu le mouvement, s'y porte aussitôt. Il arrive sur le plateau de Rivoli dans la nuit. Au clair de lune et par un froid excessif, il fait, accompagné de Joubert, la reconnaissance de l'armée ennemie et observe les lignes des feux sur les différentes hauteurs. Toutes les dispositions sont prises pour prévenir l'ennemi et l'attaquer deux heures avant le jour (14 janvier) : c'est Joubert qui commence. Masséna, avec sa division fraîche, n'arrive qu'à huit heures. Je ne recommencerai pas un récit de cette journée de Rivoli : on ne refait pas un tableau après les maîtres (1). Qu'il suffise de dire que Joubert, avec sa division, a été comme le centre et le noyau de Rivoli, qu'il a porté le premier poids de l'affaire, qu'elle a roulé longtemps sur lui, qu'il avait commencé la veille, qu'il a été chargé d'achever le lendemain de la victoire ; que dans l'immortelle journée, au moment le plus critique de la mêlée, quand on était tourné au revers de la chapelle de San-Marco et qu'on allait être cerné, quand pendant deux heures d'horrible confusion et de refoulement les charges étaient alternatives ainsi que les déroutes, quand chacun sur son point et par où il pouvait, faisait rage (Berthier, Masséna, Leclerc, Lasalle), lui, il redevint grenadier, chargea à pied le fusil à la main, et reprit à la baïonnette les ouvrages de Rivoli. Certes, s'il avait vécu, personne n'aurait eu plus de droits que lui à être duc de Rivoli. Mais, cette part faite (et elle est assez belle), qu'on n'essaye pas un seul instant de séparer Joubert de Napoléon dans toute la conduite de cette affaire ni dans ses suites. C'est le plus admirable lieutenant, le plus parfait élève qui vient de gagner l'estime, l'amitié du maître, et à qui Bonaparte, dès le lendemain (le 15), écrit : « Je vous apprends avec plaisir, *mon cher* général, que le général Augereau a attaqué

(1) Napoléon a fait non-seulement un récit, mais de plus un examen critique de la bataille de Rivoli, une suite d'observations sur les principaux mouvements qui s'y rapportent (*Mémoires*, tome II, pages 69-80; et tome IV, pages 27-34 et 52-70).

hier l'ennemi, lui a pris quelques hommes, douze pièces de canon, lui a brûlé ses ponts, etc. » Joubert, enfin, chargé seul de poursuivre et d'achever Alvinzi dans cette journée du 15, écrit à Bonaparte, le soir même :

« J'ai parfaitement suivi vos dispositions pour l'attaque de la Corona ; le succès a été au delà des espérances : trois pièces de canon, quatre ou cinq mille prisonniers ; Alvinzi lui-même, précipité dans les rochers et se sauvant comme un éclaireur sur l'Adige et sans soldats : tel est en abrégé le résultat de cette affaire. »

Mais à la guerre rien n'est fait tant qu'il reste à faire quelque chose. Joubert se voit chargé encore de tirer les conséquences dernières du succès de Rivoli, c'est-à-dire d'envahir le Tyrol italien jusqu'à Trente. On est au cœur de l'hiver ; l'opération peut rencontrer des difficultés très-grandes, et Joubert n'est pas homme à se les dissimuler : elles sont présentées avec des alternatives de crainte, même d'accablement, puis tout à coup des reprises d'ardeur et d'espérance, dans des lettres charmantes et naïves (sauf quelques *lauriers* qu'il craint de voir changer en *cyprès;* c'était le style du temps). Je regrette de ne pouvoir citer davantage. Il faudrait dans une réimpression, si elle se fait, en rapprocher les lettres que Napoléon écrivait à Joubert dans le même temps, pour le guider, pour le rassurer. Je signale notamment celle du 17 février 1797, écrite pendant les négociations de Tolentino, et quand Joubert, après son succès, était à Trente. Tous les cas y sont prévus, et en particulier celui d'une retraite après les lignes forcées et devant un ennemi supérieur. Joubert y est guidé pas à pas, étape par étape ; cette lettre n'est plus seulement d'un général en chef qui lui donne des ordres, mais d'un maître qui se plaît à l'initier au grand art.

La campagne suivante est le plus beau fleuron militaire de notre jeune héros. Il eut ordre, après la bataille du Tagliamento et pendant que l'armée française s'avançait en Carinthie pour arracher la paix sous les murs de Vienne, de partir de Trente (17 mars 1797), de s'enfoncer dans le Tyrol allemand, d'y battre l'ennemi auquel il était supérieur en forces, et couvrant ainsi la gauche de l'armée, de la rejoindre en débouchant par le Pusterthal. Il réussit dans toutes ces opérations, combats vigoureux, marches rapides, par un pays de montagnes, avant la fonte des neiges, au milieu de paysans soulevés. Il modifia ses ordres avec intelligence, selon les conjectures. Le 10 avril, deux jours après avoir rejoint l'armée en Carinthie, il écrivait à son père :

« Je suis sorti vainqueur du Tyrol. On aura peut-être fait courir le bruit que j'y ai succombé avec toutes mes troupes, parce que j'ai interrompu de suite toutes mes communications avec Trente, et que laissant un corps ennemi derrière moi, je me suis jeté au milieu des gorges, à travers une multitude de paysans armés, pour forcer les passages et faire ma jonction avec le général Bonaparte qui est aux portes de Vienne. Mon projet a réussi ; je fais à présent l'arrière-garde, j'espère bientôt faire une aile de son armée. Pendant vingt-quatre heures je me suis vu sous le fer homicide des Tyroliens levés en masse, et pendant une marche de vingt lieues, dans les pays les plus terribles ; je les ai contenus. Ma marche est quelque chose d'extraordinaire ; avec Bonaparte peut-on faire autre chose ? Puissent tant d'efforts héroïques nous amener la paix ! »

Il n'eut jamais de plus beau moment. C'est pour le coup qu'il avait de quoi se consoler, dans sa modestie, d'avoir été mis à la tête d'une division. Il apportait le poids de ses succès dans la balance de la paix glorieuse qui s'agitait encore et qui se réglait huit jours après.

Pendant ce temps, il faut être juste, on faisait des caricatures et des chansons sur Joubert dans son pays natal. On l'avait cru perdu dans le Tyrol, et l'on s'en réjouissait. Il était républicain sincère, il aimait la loi et la discipline; il s'indignait de la connivence des autorités du département qui favorisaient les déserteurs et n'envoyaient pas à l'armée les réfractaires. Une lettre qu'il avait écrite en ce sens, rendue publique, était devenue un texte à calomnies et à diatribes. Ceux qu'on appelait *anarchistes*, les chauds révolutionnaires de l'Ain s'en étaient emparés pour s'en faire une arme; les *blancs*, au contraire, n'y avaient vu qu'une excellente occasion pour en décrier l'auteur et le cribler d'épigrammes. Il écrivait noblement à son père, que ces méchantes rumeurs avaient fort troublé (18 avril, lendemain de la signature de la paix de Léoben):

« Est-ce ma faute, et faut-il que je fasse des rétractations puériles et inutiles? on me chansonnerait bien plus encore. Vous vous alarmez en vain. Peu m'importe qu'on parle bien ou mal de moi dans les partis! je ne suis jaloux que des suffrages des Français qui n'en adoptent aucun, qui aiment la gloire de leur pays et la prospérité d'un Gouvernement établi, ne ressemblant ni à la royauté ni à l'anarchie, qui enfin n'ont aucune pensée, royaliste ou jacobine. »

Pendant que se signait cette paix achetée par tant de travaux et de victoires, l'esprit de parti, l'esprit royaliste continuait d'infester la France; la réaction levait la tête et avait pris pied partout, jusque dans les pouvoirs publics; et le 18 Fructidor, ce coup d'État fâcheux, mais nécessaire, n'était pas encore venu rappeler à l'ordre les mauvais Français, ou ceux qui, se croyant bons, s'égaraient assez pour laisser naître et s'élever en eux des désirs de malheur. On est bien près de former des vœux pour l'ennemi du dehors, quand on désire que les choses aillent très-mal au dedans.

Lundi, 22 avril 1861.

LE GÉNÉRAL JOUBERT

EXTRAITS DE SA CORRESPONDANCE INÉDITE. — ÉTUDE SUR SA VIE,

Par M. EDMOND CHEVRIER.

(SUITE ET FIN.

Y eut-il jamais, dans la vie d'un peuple militaire et libre, un plus admirable moment et pour ce peuple lui-même et pour les jeunes guerriers dont il était fier, que l'heure où, après une pareille campagne unique par le génie et toute patriotique d'inspiration, toute défensive encore jusque dans ses conquêtes, après n'avoir battu tant de fois l'étranger au dehors et ne l'avoir relancé si loin que pour ne pas l'avoir chez soi au dedans, les enfants de cette triomphante armée d'Italie revinrent dans leurs foyers, simples, modestes, décorés du seul éclat des victoires? Par malheur, le Gouvernement qui régissait alors la France ne présentait plus qu'un simulacre d'autorité ou de liberté, et n'était de force à relever et à maintenir résolûment ni l'une ni l'autre. « Les *messieurs* sont divisés entre eux, » écrivait Bonaparte à Joubert, à la veille du retour. Ils l'étaient avant le 18 Fructidor, ils le furent encore après.

Joubert ne revint à Paris qu'après cette journée du

18 Fructidor. Dans l'intervalle des préliminaires de Léoben au traité de Campio-Formio (avril-octobre 1797), nommé gouverneur du Vicentin et d'autres parties du territoire vénitien, il se distingua par sa bonne administration et sa sagesse. Bonaparte lui écrivait le 30 mai : « Tous les renseignements qui me viennent sur la discipline de votre division, ainsi que sur la bonne conduite des officiers qui la commandent, lui sont favorables : cela vient de l'exemple que vous leur donnez et de la vigilance que vous y portez. » En faisant connaître à ses troupes cette lettre d'éloges, Joubert y joignait l'expression de ses sentiments en des termes qui, pour avoir été souvent répétés depuis et un peu usés par d'autres, ne cessent pas d'être les plus honorables et d'avoir tout leur prix dans sa bouche :

« Je fais connaître avec plaisir la lettre que je viens de recevoir du général Bonaparte, et je saisis cette occasion de témoigner mes sentiments à mes braves camarades. La sagesse honore les militaires comme la victoire. Vous prouvez que vous êtes dignes d'aller en France jouir du repos dû à vos grands travaux.

« Le général en chef vous rend toute la justice que vous méritez. Officiers et soldats, je suis charmé de vous marquer moi-même ma satisfaction. Conservez cet esprit d'union et de discipline qui fera notre force et qui assure à tous les Français le maintien d'un Gouvernement libre, et le respect des personnes et des propriétés. Songez que vous êtes l'espoir de la France entière. Faites que le Gouvernement ait non-seulement votre courage à récompenser, mais encore toutes les vertus qui distinguent le soldat citoyen. N'oubliez surtout jamais quelles furent vos intentions quand vous volâtes aux frontières. Nourrissez votre enthousiasme du souvenir des prodiges qu'il a produits durant la guerre? conservez-le pur jusqu'au dernier soupir, et ne doutez pas qu'avec une conduite aussi régulière, un patriotisme aussi intact et aussi soutenu, on ne distingue toujours les vieilles brigades d'Italie et qu'elles ne soient toujours chères à la patrie. »

Un guerrier qui pensait ainsi était bon à montrer aux amis comme aux ennemis, et dans la paix comme dans la guerre. Ce fut lui que Bonaparte, avant de quitter Milan pour Rastadt (16 novembre 1797), chargea, avec le général Andréossy, de porter le drapeau de l'armée au Directoire, et il confirma cette mission d'honneur par un magnifique éloge qui est devenu la récompense historique suprême :

« Je vous envoie le drapeau dont la Convention fit présent à l'armée d'Italie, par un des généraux qui ont le plus contribué aux différents succès des différentes campagnes, et par un des officiers d'artillerie les plus instruits de deux Corps savants qui jouissent d'une réputation distinguée dans l'Europe.

« Le général Joubert, qui a commandé à la bataille de Rivoli, a reçu de la nature les qualités qui distinguent les guerriers. Grenadier par le courage, il est général par le sang-froid et les talents militaires. Il s'est trouvé souvent dans ces circonstances où les connaissances et les talents d'un homme influent tant sur le succès. C'est de lui qu'on a dit avant le 18 Fructidor : « *Cet homme vit encore* (1). » Malgré plusieurs blessures et mille dangers, il a échappé aux périls de la guerre; il vivra longtemps, j'espère, pour la gloire de nos armes, le triomphe de la Constitution de l'an III et le bonheur de ses amis.

« Le chef de brigade Andréossy a dirigé, etc. (suivait l'éloge d'Andréossy). »

On aura remarqué ces mots : *le bonheur de ses amis*. Bonaparte avait un coin de tendresse pour Joubert. Cela perce dans trois lettres qu'il lui écrit de janvier à mars 1798, pendant que Joubert commande l'armée d'occupation en Hollande, et un peu avant le départ pour l'Égypte. Ces lettres se terminent par des mots dont il est généralement sobre et qui reviennent rarement ailleurs sous sa plume sévère : « Je vous salue et *vous embrasse*, » ou « Je vous salue et *vous aime*. »

Cependant, malgré cette affection mêlée à l'estime, Bonaparte n'emmena point Joubert avec lui dans son expédition d'Orient. A ceux des gouvernants qui lui faisaient remarquer qu'il emmenait avec lui l'élite des braves et laissait la France dépourvue, il répondait :

---

(1) C'est une allusion probablement à quelqu'une des chansons qui avaient couru contre Joubert lorsqu'on l'avait cru perdu dans le Tyrol.

« Je vous laisse Joubert. » Il laissait aussi Masséna et quelques autres. On se prend à regretter, quand on considère le terme fatal et si prochain de sa destinée, que le brillant général n'ait pas été compris dans ce glorieux exil et dérobé par là aux intrigues de l'intérieur. Il y aurait eu deux Desaix à l'armée d'Orient. Ce qui décida surtout Bonaparte en faveur du seul Desaix qu'il appelle l'officier le plus distingué de cette armée, c'est qu'il était plus fait et plus mûr. Joubert livré à lui-même était exposé à une redoutable épreuve ; là où Bonaparte n'avait pas cru pouvoir demeurer impunément pour sa gloire pendant un an encore ou dix-huit mois, dans un Paris en fermentation, à côté d'un Gouvernement encore existant, mais déjà condamné, qui achevait de se décomposer et de s'user, — de pourrir (c'est le mot), — comment Joubert aurait-il pu résister ? Ses belles qualités elles-mêmes, son honnêteté, sa droiture, sa candeur, la chaleur et la pureté de son civisme donnaient prise sur lui, donnaient envie et moyen aux principaux chefs des partis de le tirer à eux sous le prétexte du bien public.

Il fut quelque temps, avons-nous dit, commandant en chef de l'armée d'occupation en Hollande ; et il y présida à une répétition qui s'y fit, le 22 janvier 1798, du 18 Fructidor. Il n'y eut aucune effusion de sang, et, grâce à une démonstration militaire bien combinée, la dose de démocratie dans les institutions de la République batave fut augmentée, à jour et à heure fixe, d'après la formule émanée du palais du Luxembourg. Joubert, d'ailleurs, apporta dans les conséquences de ce coup d'État, contre-coup du nôtre, la modération qui était dans son caractère et qui servait utilement de correctif à la chaleur de ses opinions.

Nommé un moment général en chef de l'armée du Rhin, puis, presqu'aussitôt, de l'armée d'Italie (octobre 1798), il se vit aux prises avec des difficultés de tout genre, devant lesquelles il commença à sentir un embarras extrême et son impuissance. Militairement, il conseilla et consomma l'occupation du Piémont, la prise de possession de Turin et l'abdication du roi. Politiquement, il ne put faire agréer ses vues au Directoire. Un personnage célèbre, qui faisait alors ses premières armes dans les grandes affaires d'État, Fouché, envoyé à Milan comme ambassadeur de la République française près la République cisalpine, avait concerté avec le général en chef Brune, prédécesseur de Joubert, une répétition aussi du 18 Fructidor, *faite à l'eau rose* (ce sont ses expressions). Cette journée du 20 octobre avait eu pour but ou pour prétexte de faire passer le gouvernement dans les mains des patriotes cisalpins et des amis de la France, en éliminant les tièdes ou les suspects. Mais l'acte, cette fois, fut cassé à Paris par le Directoire, et Brune désapprouvé et rappelé. « Heureusement, nous dit Fouché (dans les Mémoires publiés sous son nom et qui, dans cette partie du moins, offrent un cachet frappant d'authencité), heureusement il fut remplacé par le brave, modeste et loyal Joubert, bien propre à tout calmer et à tout réparer. » J'ai toujours peur, je l'avoue, toutes les fois que je vois un homme si habile et si fin donner tant d'éloges à un si honnête homme, et je me demande involontairement : « Que lui veut-il ? qu'en veut-il faire ? »

Sans prétendre juger du fond des choses dans des affaires si embrouillées, il est certain pour moi, par la manière dont il est parlé de Joubert dans le récit de Fouché, et par la comparaison des pièces produites dans cette Vie même du général, que Joubert, plus ou moins en garde d'abord contre les procédés de Brune, fut bientôt retourné et gagné par Fouché. Cet homme si hardi, si remuant, qui peut-être avait raison et voyait juste dans le cas présent, convertit Joubert à ses vues dès les premiers entretiens. Il s'en vante, et les résultats répondirent en effet à ce qu'il raconte. Destitué lui-même par le Directoire peu après le rappel de Brune, et remplacé par Rivaud qui lui apportait l'ordre de sortir de l'Italie : « Je n'en tins aucun compte, dit-il, persuadé que le Directoire n'avait pas le droit de m'empêcher de vivre en simple particulier à Milan. Une conformité sympathique d'opinions et d'idées avec Joubert, qui venait d'y prendre le commandement à la place de Brune, me portait à y rester pour attendre les événements qui se préparaient. A peine fûmes-nous, Joubert et moi, en relations et en conférences, que nous nous entendîmes. C'était, sans contredit, le plus intrépide, le plus habile et le plus estimable des lieutenants de Bonaparte ; il avait favorisé, depuis la paix de Campio-Formio, la cause populaire en Hollande ; il venait en Italie, résolu, malgré la fausse politique du Directoire, de suivre son inclination et de satisfaire au vœu des peuples qni voulaient la liberté. Je l'engageai fortement à ne pas se compromettre pour ma cause et à louvoyer. »

Mais Joubert n'était pas de ceux qui louvoient ; il se fit le défenseur, dans ses lettres au Directoire, et de Fouché (alors en rébellion ouverte contre son Gouvernement), et de quelques-unes des mesures politiques prises par son prédécesseur Brune. Partagé entre ses devoirs militaires et ses convictions civiles, s'en exagérant peut-être la complication, il commença dès lors à ressentir et à exprimer des dégoûts extraordinaires, à fléchir sous le poids de la responsabilité. Les lettres de réconfort et d'encouragement que lui adressent coup sur coup les directeurs Barras, Merlin et La Réveillère, sont un témoignage à la fois de la haute confiance qu'il inspirait, et des *peines morales* sous lesquelles il se disait accablé. Il offrait sa démission, parlait de trois mois de repos, de convalescence nécessaire, et déclarait en même temps que, l'opération du Piémont terminée, il n'accepterait aucun commandement *en chef*. Cette dernière résolution répondait à cette fibre secrète de modestie profonde que nous avons reconnue en lui. Oh! qu'il était plus à l'aise sur son plateau de Rivoli et à San-Marco, lorsqu'entouré déjà de toutes parts et pressé d'assaillants, il les précipitait des rochers par une charge impétueuse; — oh! qu'il se sentait le cœur plus léger alors, j'en réponds, qu'au milieu de ces sourdes intrigues, de ces tiraillements en sens divers, dont son honorable indécision ne triomphait pas.

Enfin, après deux mois seulement de contestation encore plus que de commandement, il donna de nouveau et maintint sa démission (décembre 1798). « L'armée d'Italie, dit à ce propos Jomini, avait changé six fois de chef en moins d'un an, lorsqu'après la réduction du Piémont elle perdit Joubert, qui demanda son remplacement par dépit de ne pouvoir conserver, pour son chef d'état-major, Suchet, avec lequel il était lié d'amitié. « Le refus qu'on lui faisait du général Suchet ne fut qu'une dernière marque de désaccord qui amena la rupture. Le mot de *dépit*, d'ailleurs, n'est pas très-juste : quand on a mesuré, comme tous le peuvent faire aujourd'hui, la belle carrière fournie par le maréchal Suchet, on conçoit le prix que mettait Joubert à conserver un tel chef d'état-major, et combien il fut blessé de se voir retirer un homme de ce mérite et de son étroite confiance, duquel le Directoire le disait *engoué* et qu'on traitait *comme suspect*.

Revenu en France et à Paris, Joubert n'échappait pour cela ni aux complications ni aux anxiétés : c'était le malheur de la situation. Il est de ces misérables époques intermédiaires qui ne sont bonnes qu'à user les hommes : que tous ceux qui se sentent valeur et avenir, s'y tiennent à l'écart, s'ils le peuvent, et se réservent pour le jour utile! L'année 1799 était une de ces tristes années expirantes. Le Directoire faisait l'effet d'un arbre à moitié déraciné et déchaussé de toutes parts ; il ne s'agissait plus que de savoir de quel côté il tomberait, — à droite ou à gauche ? Sieyès, qui avait au plus haut degré le sentiment des situations, qui avait compris et proclamé le premier la Révolution commençante, et qui était le premier encore à deviner et à désigner la solution par où elle allait finir, gagnait chaque jour en influence. Entré au Directoire où il avait tout d'abord assisté à l'expulsion des collègues qui le gênaient, il était devenu maître du terrain et comme l'arbitre des combinaisons qui s'essayaient journellement. Joubert, nommé au commandement de Paris peu avant ce petit coup d'État du 30 Prairial (18 juin), y avait prêté la main et en approuvait l'esprit. Il était alors le plus en vue des généraux et sur le premier plan politique. Fouché, nommé par suite du revirement de Prairial à l'ambassade de Hollande, a raconté qu'étant allé prendre congé de Sieyès, celui-ci lui dit « que jusque-là on avait gouverné au hasard, sans but comme sans principes, et qu'il n'en serait plus de même à l'avenir ; il témoigna de l'inquiétude sur le nouvel essor de l'esprit anarchique, avec lequel, disait-il, on ne pourra jamais gouverner. Fouché aurait répondu « qu'il était temps que cette démocratie sans but et sans règle fît place à l'aristocratie républicaine, ou gouvernement des sages, le seul qui pût s'établir et se consolider. » — « Oui, sans doute, reprit Sieyès, et si cela était possible, vous en seriez ; mais que nous sommes encore loin du but! » — « Je lui parlai alors de Joubert, ajoute Fouché, comme d'un général pur et désintéressé, que j'avais été à portée de bien connaître en Italie, et auquel on pourrait, au besoin, donner sans danger une influence forte : il n'y avait à craindre ni son ambition, ni son épée, qu'il ne tournerait jamais contre la liberté de sa patrie. — Sieyès, m'ayant écouté attentivement jusqu'au bout, ne me répondit que par un *C'est bien*. Je ne pus lire autre chose dans son regard oblique. »

Sieyès avait déjà sans doute son arrière-pensée, qui se trahit par ce mot fameux : « Il nous faut une tête et une épée. » Il entendait la tête d'un côté, — c'était lui, — l'épée de l'autre, un général quelconque : combinaison abstraite et de cabinet ! Le métaphysicien était devancé : la tête et l'épée existaient déjà, mais ensemble; la tête et l'épée ne faisaient qu'un. Mais à cette heure, Bonaparte, exilé dans sa conquête d'Égypte, semblait perdu pour la France. On s'agitait, on se cotisait pour faire un sauveur en plusieurs personnes.

Joubert était le point de mire de toutes ces ambitions et de ces espérances. Fouché, très-bon témoin en tout ceci, va nous le dire encore : « Quand Sieyès vit qu'il y avait moyen, en effet, de s'appuyer sur Joubert, revêtu du commandement de Paris, circonvenu avec habileté, et dont on allait captiver les penchants par un mariage où il se laisserait doucement entraîner, il résolut d'en faire le pivot de sa coalition réformatrice. En conséquence, le commandement en chef de l'armée d'Italie lui fut dévolu, dans l'espoir qu'il ramènerait la victoire sous nos drapeaux et acquerrait ainsi le complément de renommée nécessaire pour la magie de son rôle. »

Cette espèce de partie liée avec Sieyès tint-elle jusqu'à la fin? ou bien Joubert prêta-t-il l'oreille à d'autres ouvertures, et inclina-t-il vers une autre combinaison en germe? questions inutiles, oiseuses et presque misérables à poser aujourd'hui en présence des accomplissements souverains de l'histoire. M. de Sémonville, que nous avons connu de tout temps si actif, si empressé à se mêler du jeu des événements publics et de leurs chances, avait enlacé Joubert par le plus sûr des liens; une jeune personne charmante, sa belle-fille (1), avait fait impression sur le cœur du général, et allait devenir sa femme. Comment résister à une séduction si touchante, si légitime? Joubert était donc le héros désigné à l'avance et le sauveur attendu par toute une partie de la société parisienne.

Les salons de Paris! il est curieux de voir ce qu'ils ont bientôt fait d'un jeune général en renom qui leur arrive, comme ils l'enlacent et l'*enguirlandent* dans leur tourbillon de coteries, dans leurs flatteries et leurs intrigues; comme ils sont prompts et habiles à se faire de son nom et de son épée un instrument, s'il n'y prend garde et s'il n'est doué du plus mâle bon sens. Joubert se laissa faire ; il était amoureux, il se maria, perdit quelques semaines à jouir d'une félicité fugitive, et partit à la fin de juillet 1799 pour prendre le commandement en chef de l'armée d'Italie.

Je le répète, il n'est guère possible aujourd'hui de déterminer avec précision le projet politique auquel il aurait concouru, s'il lui avait été donné de vaincre. Ceux qui, du milieu de leurs clubs ou du fond de leurs boudoirs l'envoyaient si résolûment au loin, à la victoire, le savaient-ils eux-mêmes, et étaient-ils bien fixés? Leurs coalitions mobiles et peu sincères, dénouées et renouées selon les intérêts et les versatilités de chaque instant, avaient-elles pu s'accorder dans un plan arrêté? Ce qui me paraît plus certain, c'est qu'il allait concourir à un changement social dont il n'avait point le secret, dont il ne mesurait pas la portée. Il

(1) Mademoiselle Zéphyrine de Montholon. Devenue veuve, elle épousa le maréchal Macdonald. Parny a célébré ces secondes noces par des couplets (1802).

était chargé, dans cette première distribution des rôles, il était mis en demeure, de gagner avant tout un *appoint* d'illustration qui lui permît de servir ensuite d'instrument à de moins scrupuleux et à de plus habiles. C'était (et il le sentait bien tout en y cédant) s'être jeté, de gaieté de cœur, dans un conflit et un courant de difficultés presque impossible à surmonter pour aucun autre, plus impossible encore pour lui avec son caractère.

Et d'abord la victoire sur laquelle on comptait à Paris pour compléter Joubert n'était point si facile à remporter. A peine arrivé à l'armée, il s'en aperçut trop. Il avait à réparer des désastres, la défaite de Magnano sous Schérer, celle de Cassano sous Moreau. Ce dernier commandait en chef lorsque Joubert vint le relever; il eut le patriotisme de vouloir assister et prendre part à la bataille que le jeune général était pressé de livrer. Saint-Cyr, qui commandait la droite de l'armée, nous a laissé, dans ses intéressants Mémoires où il fait preuve d'un sens critique si distingué mais si sévère, le tableau circonstancié et fidèle de tout ce qui se passa la veille de cette intempestive journée de Novi. La bataille n'était pas nécessaire, elle était sans but, et l'eût-on gagnée par l'infanterie sur les hauteurs, on n'avait pas assez de cavalerie pour poursuivre les avantages en plaine ; elle pouvait parfaitement s'éviter. Dans un conseil de guerre auquel furent appelés Moreau, Saint-Cyr, Pérignon, ainsi que Dessolles, chef d'état-major de Moreau, et Suchet, chef d'état-major de Joubert, toutes les raisons furent données, toutes les considérations furent mises sous les yeux de celui qu'il importait de convaincre :

« Rien ne vous oblige à livrer une bataille; l'ennemi finit le siége de la citadelle de Tortone; mais cette place ne peut tomber en son pouvoir par un siége : il est à désirer qu'il le continue; il y brûlerait toutes ses munitions avant de pouvoir s'en emparer. Cette place ne peut se rendre que faute de vivres, et l'on est sûr qu'elle en a encore pour deux mois. Vous avez la certitude qu'avant dix jours l'armée du général Championnet, qui se forme dans les Alpes, sera en état de déboucher dans la plaine pour se réunir à la vôtre; on vous assure que cette armée sera forte d'environ 35,000 hommes, c'est à peu près autant que vous en avez; ainsi la supériorité que l'ennemi conservera encore ne sera du moins plus aussi disproportionnée quelle l'est aujourd'hui. Nous pensons qu'il vaut mieux rentrer dans les montagnes, d'où l'on n'aurait pas dû sortir, et se préparer à s'y défendre; car les raisons qui doivent nous porter à ne point livrer une bataille avant la jonction de l'armée des Alpes doivent décider l'ennemi à nous attaquer avant qu'elle soit effectuée; mais les positions que nous devons occuper nous sont bien connues; ce n'est pas une affaire de quelques heures qui pourra décider les succès de l'ennemi; là, il ne s'agira pas d'une seule bataille, mais de vingt combats plus ou moins acharnés, sur des points difficiles, où leur nombreuse artillerie et leur cavalerie se trouveront à peu près paralysées. »

Cependant, tout en insistant auprès du général en chef en ce sens de la temporisation, les généraux divisionnaires l'assurèrent de leur zélé concours, quel que fût le parti auquel il s'arrêterait; seulement il y avait hâte et urgence à en prendre un, — ou celui de la retraite, très-possible et le plus opportun, — ou celui d'une bataille à livrer; mais, dans ce cas, serait-elle défensive ou offensive ? attaquerait-on l'ennemi, ou l'attendrait-on ? Il n'y avait pas un moment à perdre pour les dispositions: on avait affaire à Souvarof, ce vieil et ardent guerrier, qui « avait l'âme d'un grand capitaine, » s'il lui manquait la science et bien des parties du métier. Joubert écouta tout, et ne put prendre sur lui de se décider. On était au soir, la délibération durait toujours; on voyait des fenêtres du casin les mouvements de l'ennemi et ses préparatifs pour une bataille. Joubert s'était flatté en croyant que l'ennemi ne la voulait pas; il essayait tout bas de s'en flatter encore. Saint-Cyr insista une dernière fois sur la possibilité d'une retraite à travers l'Apennin, indiquant avec précision les moyens, les positions à occuper:

« Cette proposition, ajoute-t-il (et lui seul a l'autorité suffisante pour faire accepter de telles paroles), ne put tirer Joubert de l'état d'incertitude où il était plongé; il en était si affecté, qu'on peut dire qu'il en avait honte. Il dit à Pérignon et à Saint-Cyr qu'il les priait de l'excuser, qu'il ne s'était jamais vu d'une telle faiblesse; qu'il avait été plus d'une fois utile par ses conseils au général Bonaparte dans des moments très-difficiles, et qu'il ne concevait pas d'où provenait l'extrême irrésolution d'où il ne pouvait sortir. Enfin, sur le soir, il parut décidé à la retraite; il dit à ses généraux qu'ils pouvaient se rendre près de leurs troupes, et que d'ici à une heure ou deux il leur expédierait les ordres pour commencer le mouvement : mais ceux-ci avaient été trop longtemps témoins de cette funeste hésitation pour se persuader que le général en chef persisterait dans le parti qu'il semblait décidé à prendre; ils se rendirent près de leurs troupes, et s'occupèrent plus de dispositions de défense que de retraite. »

Dans une visite qu'il revint faire dans la soirée au général en chef, Saint-Cyr le retrouva le même, sans plan arrêté, et la nuit ne changea rien à son irrésolution : il ne donna point d'ordres. Le 15 août, un peu avant le jour, l'attaque de l'ennemi commence à notre aile gauche. Aux premiers coups de fusil, Saint-Cyr envoie prévenir Joubert, qui a peine à quitter son illusion et veut s'assurer de la réalité de l'attaque : « Je vais à la gauche, dit-il, je compte ici sur vous. » Il n'était pas arrivé à son extrême gauche qu'il put voir aux mouvements de l'ennemi que c'était une bataille sérieuse. « Il réalisa aussitôt ce que quelques mots qui lui étaient échappés la veille devaient faire prévoir; il dit aux aides de camp dont il était entouré : *Jetons-nous parmi les tirailleurs!* Ce furent les dernières paroles qu'il prononça, car il fut aussitôt atteint d'une balle qui le renversa mort. » On reporta son corps à Saint-Cyr, qui cacha cette mort aux troupes jusqu'à la fin de la journée. Moreau prit le commandement, repoussa pendant tout le jour les efforts de Souvarof et perdit la bataille le moins possible.

Ainsi mourut à l'âge de trente ans ce jeune général,

aimé, regretté de tous, succombant, on peut le dire, à une situation trop forte, à une épreuve où la préoccupation politique avait pesé étrangement sur les déterminations de l'homme de guerre. On raisonna beaucoup dans le temps sur cette mort; il me semble qu'elle s'explique tout naturellement. Joubert qui avait tant *maudit l'instant où il fut fait caporal*, qui avait tant repoussé le poids de la responsabilité, sentit qu'il en avait assumé une double sur sa tête, celle d'une armée, celle d'un parti; mais il était embarqué, il fallait poursuivre. Il défaillait dans son for intérieur, il avait perdu l'espérance; l'homme de cœur et le héros en lui se revancha du moins, se releva tout d'un bond. Aux premières balles qu'il entendit, il courut leur demander le secret du sort; il voulut se dédommager par son intrépidité de grenadier de son irrésolution comme général.

Six semaines après, le 30 septembre, Bonaparte, revenant d'Égypte, relâchait dans le golfe d'Ajaccio; il y apprenait pour première nouvelle la mort de Joubert sur le champ de bataille de Novi et ce concours d'événements qui marquaient comme au front des étoiles que l'heure du destin était arrivée. Cette mort, avec les circonstances qui l'avaient amenée, était un nouvel et dernier augure.

Napoléon a toujours parlé très-bien de Joubert, et comme d'un ami; son jugement, conservé tant dans ses Mémoires que dans les conversations de Sainte-Hélène, résume toute la carrière du jeune guerrier, ses services, ses mérites et ses qualités, avec cette conclusion : « Il était jeune encore et n'avait pas acquis toute l'expérience nécessaire. Il eût pu arriver à une grande renommée. »

Il est téméraire de prédire ce qui sera; il est plus téméraire encore et plus vain de prétendre s'imaginer ce qui n'a pas été. Si l'on essaye pourtant (car la pensée va d'elle-même) de se figurer ce qu'eût été Joubert devenu maréchal d'Empire, il me semble que l'illustre maréchal Suchet nous en donne assez bien l'idée : un militaire brave, instruit, progressif, un parfait lieutenant, capable de conduire à lui seul des opérations circonscrites, administrateur habile et intègre, combinant des qualités militaires et civiles, se faisant aimer même dans les pays conquis. C'eût été un maréchal Suchet venu plus tôt et de la première promotion.

Mais en un sens, et si l'on ne cherche que ce qui le distingue des autres, il est mort à temps, au moment où ce simulacre de république dont il était l'une des plus nobles colonnes, allait s'écrouler sous un choc puissant; il est mort jeune avec ce qui devait mourir alors pour n'avoir pas à se démentir ou à se transformer. Son nom n'eut qu'un bien court intervalle pour se dégager, mais il s'y lit entouré d'un signe.

Ne le remarquez-vous pas? Il en est de l'Histoire comme de la Nature : elle essaye avant de réussir, elle ébauche avant de créer. La destinée de Joubert n'est qu'une ébauche, mais c'est à ce titre surtout qu'elle vivra. Ce qu'il y eut de brave, d'intrépide, d'honnête, d'individuel en lui, a dès longtemps pâli dans l'éloignement et serait déjà effacé par la distance : son caractère plus distinct, sa marque fatale et comme sacrée est dans ce qui le rattache au grand mouvement irrésistible qui se préparait, à l'ère de rénovation vers laquelle aspirait la société tout entière. C'est comme signe et comme symptôme, c'est comme présage avant-coureur, c'est comme usurpateur à son insu (le loyal jeune homme!) du plus grand rôle moderne, qu'il nous est visible aujourd'hui. Sa vie est un feuillet déchiré, mais qui précède immédiatement un des plus mémorables chapitres du livre auguste de l'Histoire. Dans une histoire universelle, si courte qu'elle soit, et fût-elle à la Bossuet, il est sûr par là d'être nommé. Ce n'est pas en vain qu'on a été choisi, même pour manquer le rôle de César, et qu'en tombant au premier souffle du Destin, on est une preuve, **un illustre pronostic** de plus de la fortune de César.

Lundi, 27 mai 1861.

MÉMOIRES DE MADAME ELLIOTT

SUR LA RÉVOLUTION FRANÇAISE

TRADUITS DE L'ANGLAIS PAR M. LE COMTE DE BAILLON (1).

Elle a été galante, elle a été légère, elle a ébloui les yeux des princes et de ceux qui sont devenus rois; elle n'a pas cru qu'on dût résister à la magie de sa beauté ni qu'elle dût y résister elle-même; elle a tout naturellement cédé et sans combat, elle a triomphé des cœurs à première vue et n'a pas songé à s'en repentir; elle a obéi à cette destinée d'enchanteresse comme à une vocation de la nature et du sang; il lui a semblé tout simple de jouer tantôt avec les armes royales de France, et tantôt avec celles d'Angleterre qu'elle écartelait à ses panneaux : mais tout cela lui a été et lui sera pardonné, à elle par exception; tous ses péchés lui seront remis, parce qu'elle a si *bien pensé,* parce qu'elle a si loyalement épousé les infortunes royales, comme elle en avait naïvement usurpé les grandeurs; parce qu'elle est entrée dans l'esprit des vieilles races à faire honte à ceux qui en étaient dégénérés; parce qu'elle a eu du cœur et de l'honneur comme une Agnès Sorel en avait

(1) Un vol. in-18, chez Michel Lévy, rue Vivienne, 2 *bis.*

eu ; parce qu'elle a eu de l'humanité au péril de sa vie, parce qu'elle a confessé la bonne cause devant les bourreaux, et qu'elle a osé leur dire en face : *Vous êtes des bourreaux !* — parce qu'enfin, comme Édith *au col de cygne,* s'il avait fallu choisir et reconnaître parmi les morts de la bataille le corps du roi vaincu qu'elle avait aimé, les moines eux-mêmes se seraient adressés à elle pour les aider dans leur pieuse recherche. Que dire encore? cette maîtresse de princes a mérité la bénédiction de M. de Malesherbes prêt à partir pour l'échafaud.

Grace Dalrymple, née en Écosse vers 1765, la plus jeune de trois Grâces ou de trois sœurs, fille d'un père avocat en renom et d'une mère très-belle, élevée dans un couvent en France jusqu'à l'âge de quinze ans, mariée inconsidérément à un homme qui aurait pu être son père, et devenue ainsi madame Elliott, secoua vite le joug, amena le divorce, devint à Londres la maîtresse du Prince-régent, de qui elle eut une fille, puis la maîtresse du duc d'Orléans, pour qui elle vint d'Angleterre en France.

C'est là que nous la trouvons au moment où la Révolution éclate : elle en fut témoin, une des patientes et des victimes, victime non immolée toutefois, et qui survécut assez pour être une des belles indignées qui se vengèrent par un récit où elles mirent leur âme.

Le sien a des caractères qui lui sont propres, entre les diverses relations qu'ont laissées les femmes échappées au glaive de la Terreur. Je viens d'en relire quelques-unes : celle de Madame Royale (la duchesse d'Angoulême), une relation auguste et simple; celle de mademoiselle de Pons, depuis marquise de Tourzel, celle de madame de Béarn, née Pauline de Tourzel. Oh ! cette dernière relation (*Souvenirs de quarante ans,*

Récits d'une dame de Madame la Dauphine) est bien touchante, bien sentie, très-modérée de ton, très-habile ; seulement, il y a sous main, cela est trop sensible, un arrangeur, un rédacteur autre que madame de Béarn elle-même ; et dès lors je suis inquiet, je conçois des doutes, je pense à M. Nettement ou à tout autre ; je ne suis plus sous le charme. On n'a pas à craindre cet inconvénient avec madame Elliott ; M. de Baillon s'est borné à la traduire, et il l'a fait en homme d'esprit sans doute et en homme de goût, mais en la laissant d'autant plus elle-même, d'autant plus naturelle, tellement que ce livre a l'air d'avoir été écrit et *raconté* sous sa forme originale en français. Et c'est bien en français qu'il a été *senti,* si je puis dire. Quand madame Elliott éprouvait toutes ses émotions, ses indignations, ses loyales colères, elle n'en allait pas demander l'expression à sa langue maternelle ; elle répondait à l'injure dans la même langue, elle avait son cri en français. Et c'est cette parole, vive et jaillissante, qu'elle a retrouvée, grâce à son fidèle interprète. Oui, c'est bien ainsi, à supposer qu'au lieu d'écrire pour George III elle se fût adressée à l'un de ses amis de France, c'est ainsi que les mots auraient sauté de son cœur sur le papier.

Ne lui demandez pas d'être raisonnable, elle est passionnée. Attachée au duc d'Orléans par une amitié qui survivait à un premier sentiment déjà entièrement éteint, elle nous montre d'abord la Révolution presque uniquement par ce côté du Palais-Royal et de Monceaux. Deux jours avant la prise de la Bastille, le 12 juillet, elle était à dîner au Raincy, château du prince. En revenant le soir à Paris pour aller à la Comédie-Italienne, on trouve la ville en combustion. Elle supplie le duc d'Orléans de ne pas traverser ostensiblement la ville, et elle lui offre sa voiture : « J'avais cru d'abord, dit-elle, que le duc voulait se montrer à la foule, et qu'il avait réellement le projet de se créer un parti en agissant ainsi ; mais je ne vis jamais une surprise moins feinte que celle qu'il montra en apprenant tous ces événements. Il monta dans ma voiture et me pria de le faire descendre au Salon des Princes, club fréquenté par toute la noblesse, où il espérait rencontrer des gens qui lui donneraient des nouvelles. » Le club était fermé, et il fallut aller jusqu'à Monceaux, en traversant la place Louis XV remplie de troupes. Que va faire le duc d'Orléans, placé ainsi entre l'insurrection de Paris, dont on le croit complice, et les périls de la Cour, où l'appellerait sa qualité de premier prince du sang ? C'est la question qui s'agite à Monceaux dès le soir même, qui s'agitera encore les jours suivants. Les familiers du prince qui ont toute sa confiance, c'est le duc de Biron (Lauzun), c'est madame de Buffon, la maîtresse régnante depuis 1787. Quant à madame Elliott, la maîtresse passée (quoique n'ayant que vingt-quatre ans et si belle), elle apparaît par éclairs, et représente le rappel aux devoirs du sang, la fidélité monarchique : « La politique de madame de Buffon, nous dit-elle, était différente de la mienne. » Je le crois bien, la rivalité s'en mêlait ; mais il y avait pis auprès du duc d'Orléans que madame de Buffon.

On ne peut demander à madame Elliott des jugements bien mûrs sur les personnes, il ne faut chercher avec elle que des impressions ; et, comme les siennes sont fort sincères, elles ont du prix. Ce qu'elle nous dit du duc d'Orléans, à ce moment et dans toute la suite, s'accorde bien, au reste, avec le jugement que les meilleurs esprits ont porté de ce déplorable prince.

Ainsi, il résulte du récit de madame Elliott que ce soir du 12 juillet, en arrivant à Monceaux, le duc était encore *très-indécis;* que, deux ou trois heures après, madame Elliott, qui était sortie à pied avec le prince

Louis d'Arenberg pour juger par elle-même de la physionomie des rues de Paris et de ce qui s'y disait, revint à Monceaux, et, dans un entretien particulier qui dura jusqu'à deux heures du matin, conjura à genoux le duc de se rendre immédiatement à Versailles et de ne pas quitter le roi, afin de bien marquer par toute sa conduite qu'on abusait de son nom. Le duc lui donna sa parole d'honneur qu'il partirait pour Versailles dès sept heures du matin. Il y alla, en effet, dans cette matinée du 13. Madame Elliott, malade des émotions de ces journées, ne put retourner savoir le résultat de la démarche; mais le duc vint lui-même chez elle le lui apprendre, et lui raconta de quelle manière il avait été reçu; comment, arrivé à temps pour le lever du roi et s'y étant rendu, ayant même présenté au roi la *chemise* selon son privilége de premier prince du sang, et ayant profité de ce moment pour dire qu'il venait prendre les ordres de Sa Majesté, Louis XVI lui avait répondu rudement : « Je n'ai rien à vous dire, retournez d'où vous êtes venu. » Le duc paraissait ulcéré; cette dernière injure, venant après tant d'autres affronts, avait achevé de l'aliéner. Dès cet instant, selon madame Elliott, il fut tout à fait irréconciliable.

Je ne sais s'il est bien vrai, comme elle le prétend, qu'en lui montrant plus de considération et de confiance, on l'aurait pu détacher de son *détestable* entourage. Cet entourage se formait, se renouvelait presque au hasard et sans qu'il s'en mêlât. En qualifiant ceux qui en faisaient partie, elle a grand'peine à tenir compte des degrés et des nuances. A ses yeux d'Écossaise de pur sang et de Jacobite irritée, tous ceux qui donnèrent dans le mouvement de 89 sont des *coquins* et des *misérables* : il n'y a de différence que du plus au moins. Ce *détestable* entourage dont elle parle, c'est d'abord, pour elle, « Talleyrand, Mirabeau, le duc de Biron, le vicomte de

Noailles, le comte de La Marck et d'autres moins connus. Ce sont eux, dit-elle, qui les premiers entraînèrent le duc d'Orléans dans toutes les horreurs de la Révolution, quoique beaucoup l'aient abandonné depuis, quand ils virent qu'il ne pouvait plus servir à leurs projets. Ils le laissèrent alors dans des mains pires que les leurs. » Au nombre des pires, et au premier rang, elle cite Laclos, présent au Palais-Royal dès ce temps-là.

Le fait est que Laclos, l'auteur des *Liaisons dangereuses*, du moment qu'il fut devenu l'âme du parti d'Orléans, n'eut qu'à appliquer son art et sa faculté d'intrigue à la politique pour en tirer, dans un autre ordre, des combinaisons non moins perverses et vénéneuses. Madame Elliott l'a instinctivement en horreur et nous le dénonce comme le mauvais génie du lieu.

En faisant toujours la part de sa vivacité de femme et de royaliste, son témoignage, en tout ceci, ne diffère pas sensiblement de celui du duc d'Arenberg, ce même comte de La Marck qu'elle vient de citer, et dont la Correspondance avec Mirabeau, publiée il y a une dizaine d'années, a éclairé bien des points obscurs de ce commencement de la Révolution. Sur Mirabeau, le comte de La Marck peut servir à rectifier ce qu'elle vient de lui imputer de relations intimes et d'intelligences factieuses avec ce parti. Mais en ce qui concerne la personne du duc d'Orléans, madame Elliott nous dit presque dans les mêmes termes que le correspondant de Mirabeau : « Ce prince était un homme de plaisir, qui ne pouvait supporter ni embarras ni affaire d'aucun genre ; il ne lisait jamais et ne s'occupait de rien que de son amusement. A cette époque, il était amoureux fou de madame de Buffon, la menant tous les jours promener en cabriolet, et le soir à tous les spectacles.; il ne pouvait donc s'occuper de complots ni de conspirations. Le vrai malheur du duc fut d'être entouré d'ambitieux qui l'amenaient peu à peu à leurs desseins, lui montrant tout sous un jour favorable, et le tenant tellement en leur pouvoir qu'il ne pouvait plus reculer. » Elle insiste un peu plus que M. de La Marck, et selon son rôle de femme, sur les qualités sociales du prince et son amabilité superficielle; mais pour le fond, elle nous montre encore plus, elle nous fait encore mieux comprendre son peu de caractère et de consistance, et cette absence de tout ressort moral qui le laissait à la merci des factieux et des intrigants, dont les groupes se succédèrent, se relayèrent jusqu'à la fin autour de lui, sans pouvoir jamais l'associer à quelque plan suivi ni rien faire de lui en définitive, dans le plus fatal des instants, qu'un criminel par faiblesse.

La vraie explication est là : prince faible, inappliqué, dissolu ; mortellement blessé dans son amour-propre, n'ayant que cette idée fixe de rancune (si même il l'eut), toutes les autres idées légères; caractère mou et détrempé ; il put être conduit de concession en concession, de déchéance en déchéance, à toutes les hontes et jusqu'au crime.

« Je regrette d'être obligée de dire tout cela, ajoute madame Elliott (dont je n'ai fait, dans ce qui précède, que resserrer la pensée), car je connaissais le duc d'Orléans depuis des années, et il a toujours été bon et aimable pour moi, comme il l'était du reste pour tous ceux qui l'approchaient. J'avais une véritable affection pour lui, et j'aurais donné ma vie pour lui épargner le déshonneur. Aussi personne ne peut s'imaginer ce que j'ai souffert, en le voyant se plonger par degrés, petit à petit, dans toute sorte de malheurs; car j'ai la conviction au fond de l'âme qu'il n'a jamais cru ou voulu aller aussi loin qu'il l'a fait.

Ma vraie consolation est de n'avoir pas manqué de l'avertir depuis le premier jour des troubles de Paris, et de lui avoir annoncé comment tout cela finirait. Je déplore amèrement le peu d'influence que j'ai eu sur lui, car j'ai toujours détesté la Révolution et ceux qui l'ont amenée..... Même quand je le vis abandonné et repoussé de tous, je le reçus chez moi, et j'essayai de lui faire comprendre ses fautes. Parfois il semblait les reconnaître, et je me flattais qu'il allait changer de voie; mais il me quittait pour aller chez madame de Buffon dont il s'était fort épris, et dont la politique, je suis fâchée de le dire, était celle de Laclos et de Merlin, qu'il trouvait toujours chez elle et avec qui il dînait tous les jours. Ils persuadaient au faible duc que tout ce qui se faisait était pour le bien de son pays, et alors tout ce que j'avais dit était oublié. A mon grand regret, je le vis tellement circonvenu, qu'il ne pouvait éviter leurs pièges et que je n'étais plus bonne à rien. Il me disait seulement, en riant, que j'étais une orgueilleuse Écossaise qui n'aimait rien que les rois et les princes. »

Il existe un témoignage naïf des illusions qu'on se faisait dans ce parti d'Orléans, à l'un des moments les plus critiques de la Révolution, au lendemain du 10 août. Le trône écroulé, le roi arrêté et mis en jugement, lui, prince du sang, il se figurait qu'il allait continuer de vivre à Paris à son aise, dans les plaisirs et en riche citoyen; et son amie madame de Buffon, femme gracieuse, qui montra plus tard bien du dévouement, écrivait au duc de Biron (un autre intime), alors à la tête de l'armée du Rhin, une lettre curieuse, incroyable (1), où elle lui racontait à sa manière et sur un ton badin, les événements du 10 août, les arrestations qui en étaient la suite, les exécutions qui devaient commencer le lendemain au Carrousel :

« Au milieu de ces arrestations, disait-elle, Paris est calme pour ceux qui ne tripotent point. — J'oubliais de vous dire que madame d'Ossun est à l'Abbaye. Celles qui sont à la Force ne savent point pour combien de temps, et la ci-devant princesse (de Lamballe) est sans femme de chambre, elle se soigne elle-même : pour une personne qui se trouve mal devant un *oumard* en peinture, c'est une rude position. — On ne voit pas une belle dame dans les rues; je roule cependant

(1) Elle a été donnée par MM. de Goncourt dans la deuxième édition de leur *Histoire de Marie-Antoinette*, page 351; il faut la lire tout entière.

avec mon cocher qui chatouille les lanternes de Paris avec son chapeau. J'ai été hier à l'Opéra; les aboyeurs étaient occupés de mon seul service; j'avais le vestibule pour moi, et Roland mon domestique faisait promenade solitairement dans le couloir; cependant la salle était pleine... — On court après Lafayette. Je ne sais s'il se défendra avec une partie de son armée, ou s'il sera ramené à Paris... La fourberie de ce général prouvera en faveur du plus franc et du moins ambitieux des citoyens, notre ami Philippe. »

Et en post-scriptum :

« Je me porte à merveille. J'espère tout de cette crise et pour le bonheur et la santé de mon ami. On n'en parle pas, même en bien. C'est très-heureux; il a, je crois, une conduite parfaite, et j'espère qu'un jour on saura l'apprécier. — Tous ses ingrats amis sont dans un moment de presse pénible; il y en a bien quelques-uns qui ont eu la bassesse de chercher à se rattacher à lui. Nous sommes bien *bon*, mais pas *bête*. »

Voilà où l'on en était au Palais-Royal dix jours après le 10 août. On aurait bien voulu s'y persuader que, du coup, la Révolution était finie. « Je suis sûre, nous dit madame Elliott, que si le duc d'Orléans avait supposé que la Révolution pût durer plus de six mois, il ne l'aurait jamais désirée. »

Madame Elliott, vers ce temps et peu après, pendant les journées de septembre, était dans d'affreuses transes. Elle demeurait dans le faubourg Saint-Honoré, au bout de la rue de Miroménil. Elle avait trouvé moyen de sortir de Paris dans la nuit du 10 au 11 août, en escaladant le mur d'enceinte à un endroit qu'on lui avait indiqué et où il y avait une brèche. Retirée dans une maison qu'elle avait à Meudon, il ne tenait qu'à elle d'y rester, lorsque le matin du 2 septembre, elle reçut un mot d'avis d'une dame anglaise de ses amies, qui l'engageait à revenir à Paris, parce qu'elle pourrait y être fort utile à un malheureux. Ce malheureux n'était autre que le marquis de Champcenetz, l'ancien gouverneur des Tuileries, fugitif et caché depuis le

10 août, mais que la pauvre dame qui l'avait recueilli n'espérait plus pouvoir dérober aux recherches, si on ne lui venait promptement en aide. Madame Elliott n'hésita point et rentra dans Paris au jour et à l'heure même où tous eussent voulu s'en échapper; femme timide, mais enhardie par un sentiment d'humanité, elle se replongea bravement dans la gueule du monstre et en pleine fournaise. Il faut voir dans ses récits la suite de ses effrois et de ses stratagèmes de toute sorte, dont le résultat fut de sauver l'infortuné marquis. Elle le tint caché, la nuit dans son alcôve et entre les matelas de son lit, pendant une visite domiciliaire qui se prolongea et où elle dépista les fouilleurs acharnés par ses façons enjouées et légères. Ce marquis de Champcenetz, frère aîné de l'aimable mauvais sujet, fait dans tout ce récit, on en conviendra, une assez triste figure. Vous en parlez bien à votre aise, me dira-t-on, et j'aurais voulu vous voir en sa place :

Croyez-vous donc qu'on soit si bien dans une armoire?

— dans une armoire ou entre les matelas d'un lit. Ce qui est certain, c'est que tous les honneurs de la contenance et du courage, dans ces scènes à la fois atroces et grotesques, sont pour la charmante et généreuse femme qui risque vingt fois sa vie en le cachant.

Le duc d'Orléans, il faut être juste, l'aida à faire évader M. de Champcenetz, de qui il croyait avoir personnellement à se plaindre. Un jour (c'était dans l'après-midi même du 3 ou 4 septembre), revenant à sa maison de Monceaux et passant devant la maison de madame Elliott dont il vit les portes ouvertes, il demanda si elle était en ville, et s'arrêta pour lui faire visite. Madame Elliott, le cœur plein de ces horreurs, lui dit qu'elles étaient bien faites, elle l'espérait, pour guérir enfin tous les admirateurs de cette hideuse Révolution. Le duc répondit : « Elles sont en effet terribles, mais dans toutes les révolutions on a toujours versé beaucoup de sang, et une fois commencées, on ne peut les arrêter quand on veut. »

« Il me parla, continue madame Elliott, de l'abominable meurtre de madame de Lamballe, de sa tête qu'on lui avait apportée au Palais-Royal pendant son dîner. Il me parut très-impressionné de cette mort, et il avait fait, me dit-il, tout ce qui était en son pouvoir pour l'empêcher... Il resta quelque temps avec moi ; il était triste et dit que les révolutions devaient être très-bonnes et très-utiles pour nos enfants, car elles étaient vraiment terribles pour ceux qui en étaient témoins et qui les subissaient.

« Je lui exprimai mes regrets qu'il ne fût pas resté en Angleterre lorsqu'il y était ; il me répondit qu'il l'aurait désiré, mais qu'on n'aurait pas voulu le lui permettre... Il m'assura qu'il avait toujours envié la vie d'un gentilhomme campagnard anglais, et que, pendant que ses ennemis l'accusaient d'avoir voulu se faire roi, il aurait volontiers échangé sa position et toute sa fortune contre une petite propriété en Angleterre, avec les priviléges de ce délicieux pays, qu'il espérait revoir encore...

« Je lui conseillai alors de s'arracher aux mains des misérables qui l'entouraient, et de ne pas les laisser abuser de son nom pour commettre de si horribles attentats.

« Tout cela, me dit-il, semble facile à faire dans votre salon ; je voudrais bien que cela le fût autant en réalité ; mais je suis dans le torrent, je dois m'élever ou tomber avec lui. Je ne suis plus le maître de mon nom ni de ma personne, et vous ne pouvez pas juger de ma position, qui n'est pas agréable, je vous assure. »

« Je ne m'appartiens pas, j'obéis à ce qui m'entoure, » c'est l'aveu perpétuel et le refrain à voix basse de ce triste et abandonné prince. Il rappelle, à bien des égards, ce Gaston d'Orléans, frère de Louis XIII, cet autre prince si lâche de volonté, si misérable de conduite, avec cette différence que Gaston, poussé de même par ceux qui le gouvernaient, compromettait ses amis et ensuite les plantait là, au péril de leur tête, et que Philippe se laissa compromettre par eux au point d'y tout perdre, tête et cœur, honneur et vie. Gaston, plus avisé, n'y laissait en chemin que l'honneur.

Madame Elliott, la belle compatriote de Marie Stuart et de Diana Vernon, est de la race la plus opposée à celle de ces hommes de peur (*chickenhearted*) au cœur amolli. Il y a de ces choses qui lui font bouillir le sang et dont elle ne supporte pas l'idée. Elle est de la religion politique de Burke qui ne concevait pas que dans une nation de galants hommes, dans une nation d'hommes d'honneur et de chevaliers, dix mille épées ne sortissent pas de leurs fourreaux à l'instant, pour venger une noble reine de l'insulte, ne fût-ce que de l'insulte d'un seul regard. Causant un jour avec Biron du procès du roi, elle lui dit « que c'était l'événement le plus cruel et le plus abominable qu'on eût vu jusqu'alors, et que son seul étonnement était qu'il ne se fût pas trouvé un brave chevalier français pour mettre le feu à la salle où siégeait la Convention, brûler les scélérats qui y étaient, et délivrer le roi et la reine de la prison du Temple. » Causant avec le duc d'Orléans lui-même de ce procès qui allait se conclure, elle lui dit (le lundi 14 janvier) (1) qu'elle espérait bien qu'il n'irait pas siéger à côté de ces vils mécréants :

« Il me répondit que son titre de député l'obligeait à le faire. — « Comment ! m'écriai-je, pourriez-vous siéger et voir votre roi et votre « cousin traîné devant cette réunion de misérables, qui oseraient « l'outrager en lui faisant subir un interrogatoire ? Je voudrais pouvoir « être à la Convention, ôter mes souliers et les jeter à la tête du pré- « sident et de Santerre, qui n'auront pas honte d'insulter leur maître « et leur souverain. » Je m'emportai sur ce sujet, et le duc d'Orléans paraissait de fort mauvaise humeur. Le duc de Biron lui fit alors quel-

(1) Madame Elliott avait fait ici une légère confusion de dates, comme l'a remarqué M. Laurent (de l'Ardèche) dans son livre sur la *Maison d'Orléans* (page 171). Le roi fut condamné à mort dans la séance permanente du 16 au 17 janvier, dans la nuit du mercredi au jeudi. J'ai remis partout les jours et dates problables ou nécessaires.

ques questions sur le procès. Je ne pus m'empêcher de dire : — « J'espère, monseigneur, que vous voterez pour la mise en liberté du roi. » — « Certainement, répondit-il, et pour ma propre mort! »

« Je vis que le prince était en colère, et le duc de Biron dit : « Le « duc ne votera pas. Le roi en a mal usé toute sa vie avec lui ; mais « il est son cousin, et il feindra une maladie pour rester chez lui, « samedi, jour de l'appel nominal qui doit décider du sort du roi. » — « Alors, monseigneur, dis-je, je suis sûre que vous n'irez pas à la « Convention mercredi ; je vous en prie, n'y allez pas. » Il répondit qu'il n'irait certainement pas, qu'il n'en avait jamais eu le projet, et il me donna sa parole d'honneur qu'il ne s'y rendrait pas ce jour-là, ajoutant que, quoique, selon lui, le roi eût été coupable en manquant de parole à la nation, rien ne pourrait le contraindre, lui, son parent, à voter contre Louis XVI. Ce fut là pour moi une triste consolation, mais je ne pouvais faire davantage, et les deux ducs me quittèrent.

« Je ne vis personne le mardi... Le mercredi, je reçus un mot du duc de Biron qui me priait de venir passer la soirée avec lui, madame Laurent et Dumouriez, à l'hôtel Saint-Marc, rue Saint-Marc, près de la rue de Richelieu ; que là j'apprendrais des nouvelles et qu'il espérait beaucoup que les choses pourraient s'arranger. A cette époque, le duc de Biron n'avait ni maison ni domicile à Paris ; il avait été dénoncé à l'armée par un des généraux révolutionnaires nommé Rossignol... Le duc, qu'on nommait alors le général Biron, était venu se disculper auprès du ministre de la guerre, et il logeait, pour le peu de temps qu'il devait rester à Paris dans cet hôtel garni.

« J'y arrivai à sept heures et demie, et je trouvai M. de Biron et toute la compagnie fort tristes : on lui envoyait toutes les demi-heures une liste des votes, et nous voyions tous avec désespoir que beaucoup de ces votes demandaient la mort du roi. On nous apprit aussi qu'à huit heures le duc d'Orléans était entré à la Convention, ce qui nous surprit tous. J'avais grand'peur qu'il ne votât pour la réclusion, car je n'ai jamais pensé à pis que cela. Chaque liste pourtant devenait plus alarmante, et enfin vers dix heures nous arriva la triste et fatale nouvelle de la condamnation du roi et du déshonneur du duc d'Orléans.

« Je n'ai jamais ressenti pour personne une horreur pareille à celle que j'éprouvai en ce moment pour la conduite de ce prince. Nous étions tous dans une profonde affliction et dans les larmes. Le pauvre Biron qui était, hélas! républicain, avait presque un accès de désespoir. Un jeune aide de camp du duc arracha son uniforme et le jeta dans le feu, en disant qu'il rougirait de le porter désormais. Il se nommait Rutan et était de Nancy ; c'était un noble et excellent jeune homme, qui n'avait point émigré par affection pour le pauvre Biron, quoique de cœur il fût avec les princes. Quand ma voiture vint, je retournai chez moi, mais tout me semblait affreux et sanglant. Mes gens paraissaient frappés d'horreur. Je n'osai pas coucher seule dans ma chambre ; je fis veiller ma femme de chambre avec moi toute la nuit, avec beaucoup de lumières et en priant. Il m'était impossible de dormir: l'image de ce malheureux monarque était sans cesse devant mes yeux. Je ne crois pas qu'il soit possible de ressentir un malheur de famille plus vivement que je ne ressentis la mort du roi. Jusqu'à ce moment, je m'étais toujours flatté que le duc d'Orléans s'était laissé séduire, et je voyais les choses sous un faux jour ; maintenant, toute illusion était dissipée. Je jetai dehors tout ce qu'il m'avait donné, tout ce que j'avais dans mes poches et dans ma chambre, n'osant pas garder près de moi rien de ce qui lui avait appartenu.— Telle était en ce moment, la répulsion que j'éprouvais à l'égard d'un homme pour lequel quelque temps auparavant j'aurais donné ma vie. »

Retirée les jours suivants à sa maison de Meudon, et devenue peu après assez sérieusement malade, elle reçut un matin, par les mains d'un vieux valet de chambre, une lettre du duc d'Orléans, très-affectueuse, dans laquelle il regrettait de ne pas oser venir lui-même, et la priait de passer chez lui dès qu'elle serait mieux, « ajoutant que tout le monde l'avait abandonné et qu'il espérait que sa malheureuse situation lui vaudrait un pardon, si elle le croyait coupable. » Désirant alors quitter la France et obtenir un passe-port pour l'Angleterre, madame Elliott alla donc un jour au Palais-Royal. C'était six ou sept semaines environ après la mort du roi ; le duc d'Orléans était en grand deuil, comme elle l'était elle-même. Elle ne put s'empêcher tout d'abord de lui jeter à la face la pensée dont son cœur était plein, et de lui dire qu'elle le supposait en deuil apparemment de la mort du roi : il sourit d'un air contraint et dit qu'il était en deuil de son beau-père le duc de Penthièvre. Elle fut impitoyable et retourna le poignard en tous sens : « Je présume, dit-elle que la mort du roi a hâté la sienne, ou peut-être est-ce la manière cruelle dont son procès a été mené, et votre vote pour sa mort. » Il lui répéta dans cette conversation ce qu'il avait dit tant de fois: « Je connais ma position; je ne pouvais éviter de faire ce que j'ai fait. Je suis peut-être plus à plaindre que vous ne pouvez l'imaginer. Je suis l'esclave d'une faction plus que personne en France; mais laissons ce sujet; les choses sont au pire. » Il croyait en détournant les yeux du danger, l'ajourner un peu, et il allait, en marchandant le plus qu'il pouvait, et le front de plus en plus bas, à sa perte prévue et certaine. Il savait bien (sans même que madame Elliott le lui dît) que, pour lui aussi, l'échafaud était au bout; seulement, il tâchait *à tout prix* d'allonger le tour et, suivant l'expression vulgaire, de prendre le plus long.

J'ai indiqué le côté historique de ce petit volume, ce qui sert à expliquer le caractère d'un prince que l'histoire ne peut éviter. Le reste n'est qu'anecdotes, mais anecdotes bien vives, bien contées, et qui tranchent assez agréablement sur le fond connu d'horreurs. Il y a l'historiette du vieux médecin anglais, le philosophe athée, que madame Elliott a pour compagnon de chambre dans la prison de Versailles, et qu'elle soigne comme un père. Transférée à Paris aux Carmes, elle est fort surprise de voir arriver le général Hoche qu'on y écroue en même temps qu'elle. Bon gré mal gré, il faut bien faire connaissance; elle le trouve très-aimable et très-poli, tout républicain qu'il est. Dès les premiers instants, en raison du malheur commun, on devient les meilleurs amis du monde. « C'était un très-gai jeune homme, avec un air très-militaire, très-beau et très-galant. » Il venait beaucoup, dès qu'on le lui permit, du côté des dames, et il y en avait de très-grandes de l'ancienne noblesse, qui toutes paraissaient le connaître. A un moment Santerre est aussi jeté dans la même prison, et de près on ne le trouve pas si monstre; mais ici la royaliste en madame Elliott tient bon : « Malgré toutes les attentions qu'il eut pour moi, je ne pus jamais vivre en bonne amitié avec lui : beaucoup de nos grandes dames se lièrent intimement avec cet homme qu'elles croyaient bon et inoffensif... Il fut délivré avant la mort de Robespierre... Il nous envoyait toujours quelques provisions, et je dois dire qu'il ne manquait jamais une occasion de nous être utile. A peine sorti de prison, il m'envoya une livre de thé vert, le meilleur que j'aie jamais pris, et une petite provision de sucre. » Mais le souvenir du 21 janvier s'interposait toujours, et elle ne put s'empêcher d'être ingrate. — Le régime de la prison en vue d'une mort commune et prochaine est la plus grande leçon d'égalité. Au milieu de ce cercle presque entièrement aristocratique, un pauvre homme et sa femme qui avaient un petit théâtre de marionnettes aux Champs-Élysées furent amenés un matin, pour avoir exposé une figure en cire de Charlotte Corday. « Ces pauvres gens étaient bons et honnêtes, et quoique nous ne pussions leur être utiles en rien, ils nous rendaient tous les services qui étaient en leur pouvoir. Nous espérions que, pauvres comme ils l'étaient, ils seraient épargnés; mais, hélas! ils furent aussi traînés à cet horrible échafaud, et nous donnâmes à leur mort des larmes sincères. » — Là, madame Elliott connut madame de Beauharnais, la future impératrice, avec qui elle se lia tendrement et passa, dit-elle, des moments délicieux : « C'est une des femmes les plus accomplies et les plus aimables que j'aie jamais rencontrées. Les seules petites discussions que nous avions ensemble, c'était sur la politique; elle était ce qu'on appelait constitutionnelle au commencement de la Révolution, mais elle n'était pas le moins du monde jacobine, car personne n'a plus souffert qu'elle du règne de la Terreur et de Robespierre. » Elle y trouva aussi madame de Custine, qui y devint veuve de son jeune mari exécuté, et qui s'en montra d'abord inconsolable. Mais, on le sent, on le devine dans **le récit de madame Elliott**, ces réunions même les plus menacées et si souvent traversées d'appels funèbres ne laissaient pas de voir renaître les distractions de la jeunesse, les oublis, les inconstances faciles, les jalousies même, et de recommencer en tout, dans de si courts intervalles, une société volage et légère.

Les Mémoires s'arrêtent à ce moment voisin du 9 thermidor et sont restés inachevés. Madame Elliott ne retourna en Angleterre qu'à la paix d'Amiens; elle y reparut plus belle que jamais, dit-on, et y revit beaucoup le prince de Galles. Ce fut d'après le désir du roi son père qu'elle mit par écrit ses souvenirs. Elle avait connu en France le général Bonaparte qui la traitait avec amitié, en Écossaise plutôt qu'en Anglaise. Il y a même à ce sujet deux ou trois particularités qui seraient piquantes, mais qui n'ont d'autorité pour elles que celle de l'éditeur anglais qui a continué le récit : nous aurions besoin, pour nous y arrêter, que madame Elliott nous l'eût dit elle-même.

Un charmant portrait gravé, joint au volume, nous donne l'idée de cette beauté fine au col long et mince et qui appellerait le pinceau d'un Hamilton.

Lundi, 10 juin 1864.

HISTOIRE

DE LA LITTÉRATURE FRANÇAISE

Par M. D. NISARD.

tome iv (1).

Je ne veux pas être des derniers à rendre justice à cette Histoire, aujourd'hui terminée. L'ouvrage de M. Nisard est un livre; il se publie de nos jours bien des volumes; il y a peu de livres; il y a bien des assemblages faits de pièces et de morceaux, il est très-peu de constructions qui s'élèvent selon un plan tracé et sur des fondements qui leur soient propres. L'Histoire de notre littérature par M. Nisard est une de ces rares constructions qui sont nées d'une idée, d'un dessein médité, et dont toutes les parties unies et conjointes, en parfait rapport entre elles, attestent la force de la conception, une exécution aussi ferme qu'ingénieuse, de grandes ressources de vues et d'aperçus, et une extrême habileté de style, enfin une forme originale de la critique.

Notre époque compte bien des formes de la critique littéraire, et M. Nisard les a lui-même énumérées et

(1) Firmin Didot, 56, rue Jacob.

définies avec une équité élevée, parfois indulgente, et beaucoup d'impartialité. Quand on est critique soi-même, il est bien clair que si l'on adopte une méthode plutôt qu'une autre, c'est qu'on y est conduit par sa nature et par ses réflexions; l'on est bien près, dès lors, d'avoir des objections à adresser à n'importe quelle autre méthode, et tout en se disant que, quand même on le voudrait, on serait peu capable d'en changer, on est fort tenté d'ajouter qu'il n'y a pas grand mal à cela, puisque la méthode qu'on suit est la meilleure et la plus vraie de toutes : sans quoi elle ne serait pas nôtre. Il s'établit au fond de nous une sorte d'intelligence et de connivence presque forcée entre notre talent et notre jugement, surtout quand ce jugement porte sur l'objet même auquel se rapporte notre talent habituel. Voilà pourquoi il est toujours très-délicat à un critique qui a des procédés et des habitudes marquées de venir se prononcer sur la valeur absolue du procédé d'un autre critique, son contemporain et son confrère, si ce dernier a de son côté, une vue ferme, complexe mais arrêtée, et qui, s'appliquant à chaque point d'un vaste sujet, l'embrasse, le serre, le transpose même au besoin, et prétend à en tirer non-seulement une impression et une image, mais une preuve et une conclusion. J'ai dit tout d'abord mon embarras afin d'être ensuite plus à mon aise pour louer hautement et approuver. Je suis moi-même trop l'homme d'une certaine méthode pour n'avoir pas quelques objections à opposer aux méthodes différentes et plus ou moins contraires.

L'Histoire littéraire, aux mains de M. Nisard, ne ressemble nullement à ces relevés étendus, épars, qui se conforment, avant tout, à la nature des productions qu'ils rencontrent : rien du copiste en lui, rien du faiseur d'extraits et d'analyses. Il ne se contenterait même pas volontiers d'entremêler de réflexions judicieuses, saines ou fines, les beaux endroits des auteurs qu'il étudie et dont il offrirait des exemples choisis à ses lecteurs. Il se garde encore plus de ces excursions érudites qui sont si fort à la mode aujourd'hui, et qui consistent, à propos de chaque auteur, à ramasser tout ce qu'il y a de curieux, d'utile ou d'inutile sur son compte, et à en charger, à en bourrer le texte ou le bas des pages. Il est le contraire de ceux qui donnent au public des papiers plutôt que des idées. Je l'ai dit, l'Histoire littéraire à ses yeux est une construction de l'esprit; elle est un monument de la pensée. C'est ainsi qu'il la conçoit et l'exécute. L'art y préside. Ayant à écrire de la littérature française et à la suivre dans son développement à travers les siècles, il s'est demandé tout d'abord au début ce que c'est que *l'esprit français;* il s'en est fait préalablement une idée, il s'en est formé comme un exemplaire d'après les maîtres les plus admirés, d'après les classiques le plus en honneur et en crédit; il a présenté aux lecteurs français un portrait tout à fait satisfaisant de l'esprit français vu par ses beaux côtés et en ses meilleurs jours. Est-ce là un portrait tout à fait réel? Il est des critiques qui disent : « Le vrai est ce qu'il peut, » et qui prennent les choses et les gens comme ils les rencontrent. M. Nisard n'est pas homme à s'en tenir à cette indifférence d'observateur et de naturaliste, surtout quand il s'agit de son pays; il a un désir, un but, et ce but est élevé. L'esprit français, tel qu'il le voit et qu'il le définit, est encore moins ce que cet esprit a été dans la suite des âges, que ce qu'il a paru à certains moments admirables, et ce à quoi il doit tendre, ce qu'il doit tâcher d'être toujours. Je ne répondrais pas que, dans un congrès européen où tous les esprits des diverses nations et des diverses littératures seraient représentés, la définition de l'esprit français par M. Nisard, avec toutes les qualités qu'il lui attribue, passât sans contestation. Louer les Athéniens devant les Athéniens et faire accepter le portrait n'est pas la chose la plus difficile : « Mais s'il fallait, dit quelque part Socrate, louer les Athéniens parmi les gens du Péloponèse, ou ceux du Péloponèse parmi les Athéniens, c'est alors qu'il faudrait bien de l'habileté pour persuader son auditoire (1). » Hâtons-nous de dire que si M. Nisard flatte peut-être l'esprit français dans la définition générale qu'il en donne, il ne flatte nullement les auteurs français en particulier; et, tout au contraire, en les comparant, en les confrontant sans relâche un à un avec ce premier idéal qu'il s'est proposé et qu'il a dressé comme une figure grandiose au vestibule de son livre, il leur fait subir la plus périlleuse des épreuves, le plus sévère des examens : plus d'un, et des plus célèbres, y laisse une part de lui-même, la partie caduque, éphémère et mensongère; et, comme après un jugement de Minos ou de Rhadamanthe, c'est l'âme immortelle, c'est l'esprit dans ce qu'il a eu de

(1) Si l'on cherchait un nom pour rendre l'idée plus sensible, le vrai représentant de l'esprit français dans ce que j'appelle un congrès européen serait Voltaire. Goëthe l'a vu et l'a exprimé avec sa supériorité de critique et de naturaliste : « Lorsqu'une famille s'est fait remarquer, dit-il, durant quelques générations par des mérites et des succès divers, elle finit souvent par produire dans le nombre de ses rejetons un individu qui réunit les défauts et les qualités de tous ses ancêtres, en sorte qu'il représente à lui seul sa famille entière. Il en est de même des peuples célèbres : la plupart ont vu naître dans leur sein des hommes profondément empreints de la physionomie nationale, comme si la nature les eût destinés à en offrir le modèle. — Et c'est ainsi, ajoute-t-il, que la nature produisit dans Voltaire l'homme le plus éminemment doué de toutes les qualités qui caractérisent et honorent sa nation, et le chargea de représenter la France à l'univers. » Et il énumère les qualités nombreuses et les quelques défauts essentiels qui font de lui l'image brillante du Français accompli. Que si on prétendait donner pour type de l'esprit français tout autre plus sérieux, plus grandiose, Bossuet par exemple, on se tromperait, en visant trop haut; on déplacerait le centre.

bon, de pur, dans ce qu'il a de durable, de moral, de salutaire, de conforme et de commun avec le génie français (une des plus belles représentations de l'esprit humain), c'est cela seul qui survit, qui se dégage et qui triomphe.

Voilà l'idéal de la méthode : a-t-elle toujours été justement appliquée, et a-t-elle pu l'être? La nature est pleine de variétés et de moules divers : il y a une infinité de formes de talents. Critique, pourquoi n'avoir qu'un seul patron? Ah! je sais bien que votre patron est plus divers et plus varié qu'il ne semble d'abord, que votre exemplaire de l'esprit français est multiple, compliqué, et assez élastique comme cet esprit lui-même. Il n'est pas moins vrai que cette Histoire devient, par nécessité, un procès continuel. Le critique-historien ne s'abandonne jamais au courant de chaque nature d'écrivain qu'il rencontre ; il la ramène d'autorité à lui, à son modèle; il force plus d'un fleuve qui s'égarait à rentrer dans ce canal artificiel dont il a creusé le lit à l'avance : il y a des branches rebelles ; elles sont sacrifiées. L'Esprit français, à l'état d'archétype comme dans Platon, est censé présider en personne à cette Histoire : selon qu'il se reconnaît plus ou moins dans tel ou tel écrivain qui passe, il l'approuve ou le condamne, il l'élève ou le rabaisse. Ceux que naturellement il préfère, sont ceux en qui il se reconnaît plus ressemblant. Tout cela est très-ingénieux, et suppose une grande distinction, une grande force, un *acumen ingenii* infiniment aiguisé. Cette Histoire sera donc à la fois, chemin faisant, un enseignement continuel, une exhortation au bien et au mieux, une correction et un châtiment du mal. C'est moins encore une Histoire qu'une suite de discours ingénieux et neufs sur toute notre littérature.

Le dernier volume qui comprend bien des périodes, bien des successions d'écoles et des révolutions de goût, depuis la fin du dix-septième siècle jusques et y compris le commencement du dix-neuvième, offre un intérêt très-vif : la manière seule dont les questions sont posées pique mon attention et m'arrête à chaque pas. Que de *pourquoi*, en effet; et de *comment!* que de démêlés de l'auteur avec son sujet, et, par suite, du lecteur avec l'auteur! que de *oui* et de *non* pressés, instructifs, et qui font qu'on avance comme dans une conversation vive, tout en contestant et en finissant par céder! Au sortir de ce dix-septième siècle qu'il considère comme le point le plus haut d'où l'on puisse regarder en France les choses de l'esprit (ne serait-ce pas assez de dire, les choses du goût?), l'auteur, en arbitre et presque en syndic désigné, dresse le bilan de la fortune littéraire de la France; il établit la balance par profits et pertes, ce sont les termes mêmes qu'il emploie; il compte devant nous tout ce qui doit entrer dans l'un ou l'autre plateau; il sait faire rendre à chacun, il en obtient tout ce qu'il exige pour la régularité de son inventaire. Mais sur ces gains, mais sur ces pertes, si scrupuleusement pesés et compulsés, sommes-nous toujours d'accord? Y a-t-il deux hommes, j'entends même deux hommes de goût, qui puissent l'être absolument, surtout quand l'élément moral est pris si fort en considération? Dans cette suite pressée d'écrivains qu'il rapproche ou qu'il oppose, n'accorde-t-il pas trop à celui-ci? n'a-t-il pas trop retiré à celui-là? Le dix-huitième siècle s'ouvre sur le mépris des deux Antiquités littéraires : de l'Antiquité païenne et de l'Antiquité chrétienne. Tout le mal, en effet, et le péril de la décadence viendront-ils de là, de cette double source? Sur Fontenelle, sur Lamotte, que de vues fines, de distinctions précises et pénétrantes! et toutefois, sur Lamotte, M. Nisard n'est-il pas un peu subtil quand, séparant chez lui le *spécieux* et le *vrai*, il le veut bon écrivain sitôt qu'il entre dans le *vrai*, prosateur inégal et douteux dès que le *spécieux* commence? Lamotte a-t-il, à ce point, deux façons de dire et deux langues qu'on puisse reconnaître? Et sur Massillon envers qui il est si sévère, sur ce Massillon qu'on a appelé le Racine de la chaire, vaste orateur cicéronien, aux nuances morales infinies, abondant et suave, est-il donc vrai de dire que certains de ses défauts se peuvent rapprocher de ceux de Lamotte? Ses seuls défauts ne sont-ils pas, non le *précieux*, mais le relâché, le surabondant et l'amplifié, comme lui-même l'a remarqué ailleurs? Oh! pour Massillon, comme pour le Fénelon du précédent volume, j'ai bien envie de le renvoyer à M. de Sacy, qui lui fera là-dessus bonne guerre, de même que sur Lamotte je voudrais bien entendre M. Saint-Marc Girardin, qui le pourrait chicaner et prendre à partie. Duguet, Rollin, sont en revanche extrêmement loués, et rangés ensemble, avec un petit nombre, « dans la douce famille des esprits conservateurs. » C'est bien dit. Je ne sais trop pourtant si les qualités du style de Duguet, aux bons endroits, et dans certaines lettres, sont si loin du tour et de la coupe épigrammatique de Fontenelle. Je ne parle que du tour, bien entendu. Passons vite. Ce ne sont là que de menus détails et des riens. Mais sur les trois ou quatre écrivains maîtres et rois du siècle, sur Montesquieu, sur Buffon, sur Voltaire, toutes les parts n'y sont-elles pas faites d'un coup d'œil élevé, d'une main sûre, et avec des expressions significatives qui restent dans l'esprit et dont on se souvient? Pour Jean-Jacques Rousseau, il est sévère et même dur, il est en garde comme devant l'ennemi : est-il injuste? Il semblerait difficile, à son point de vue, avec les données qu'il s'est imposées, parlant au nom d'une société établie, au nom d'un esprit ordonné et constitué, et comme entre les colonnes d'un tribunal souverain, qu'il le jugeât autrement.

Rousseau est un révolutionnaire : les sociétés futures selon qu'elles croiront en définitive avoir plus gagné que perdu ou souffert avec lui et par lui, lui seront plus ou moins reconnaissantes. Nous sommes bien voisins encore des désordres soulevés en son nom. Mais le talent de M. Nisard, dans cette sorte de duel avec Rousseau, se montre et s'accuse en traits vifs, aigus, sentencieux, pleins de vigueur et d'éclat; il a quantité de mots heureux. Il les aime, il les affecte, il les trouve.

Et ici, je voudrais bien indiquer comment M. Nisard, qui représente ostensiblement parmi nos principaux critiques en renom la doctrine classique, n'est pas un classique comme un autre et ne défend pas la tradition comme on la défend communément et comme on le faisait avant lui. Les Grecs avaient un précepte dont je ne puis donner ici que le sens, à défaut des mots mêmes qui, par leur jeu et leur cliquetis de son (1), y ajoutaient de l'agrément : ce précepte et ce conseil, c'était d'exprimer autant que possible les choses neuves simplement, et au contraire les choses communes avec nouveauté (*inaudita simpliciter, proprie communia dicere*). Il semble que M. Nisard se soit appliqué cette dernière partie du précepte. Défenseur d'une cause ancienne, et pour bien des gens censée rebattue, il l'a singulièrement rajeunie par le tour et l'esprit de sa défense même; il l'a transformée. J'ai souvent pensé, en le lisant, à la mine que ferait un vieux classique, un classique de la vieille roche et du bon vieux temps, Rollin, par exemple, ou même La Harpe, et cette monnaie de La Harpe, Dussault, Geoffroy, Duviquet, etc., en voyant leur cause ainsi plaidée par l'ingénieux, le subtil (ici, au sens latin, c'est un éloge), l'énergique et

---

(1) Τὰ μὲν καινὰ κοινῶς εἰπεῖν, τὰ δὲ καινὰ καινῶς.

brillant avocat que le cours du temps a suscité. Que de hardiesses les feraient se retourner de surprise au milieu de leur joie ! que de propositions leur sembleraient trop fortes et trop brèves, et sur lesquelles ils demanderaient à réfléchir un moment avant de se risquer à y adhérer! « Mais, s'écrieraient-ils, vous présentez la vérité sous forme bien paradoxale; votre style, à vous-même, est trop *pensé ;* vous frappez à tout coup; vous parlez Quintilien, mais en traits à la Sénèque. » Et moi je l'en louerai et je lui dirai : « Vous nous réveillez sur ces vieilles questions; vous avez trouvé moyen de nous promener dans la terre de la patrie par des chemins imprévus. Comme ces doctes et ingénieux philosophes païens du troisième siècle, vous nous ramenez aux autels connus par des raisons ignorées, avec cette différence que vous n'êtes point païen et que vos dieux sont immortels ! »

Il y a un charmant passage que je veux pourtant citer, car je suis de ceux qui citent, et qui ne sont contents que quand ils ont découpé dans un auteur un bon morceau, un joli échantillon. Or voici un échantillon qui va peut-être aller contre mon dire de tout à l'heure et me démentir, tant il est à la fois bien pensé, simple et courant. Il s'agit de la Correspondance de Voltaire, et des jugements ou des préceptes littéraires qui y sont semés :

« S'il y avait, dit M. Nisard, à préférer dans l'excellent, je préférerais, parmi ces lettres, celles dont le sujet est littéraire. Je voudrais qu'on en fît un recueil. Ce cours de littérature sans plan et sans dessein, cette poétique sans dissertation, cette rhétorique sans règles d'école, seraient un livre unique. Voltaire parle des choses de l'esprit comme on en parle entre honnêtes gens qui songent plus à échanger des idées agréables qu'à se faire la leçon. Les genres sont sentis plutôt que définis, et leurs limites plutôt indiquées comme des convenances de l'esprit humain que jetées en travers des auteurs comme des barrières. Le goût n'est pas une doctrine, encore moins une science : c'est le bon sens dans le jugement des livres et des écrivains. La vérité, au lieu de s'imposer, se donne comme un plaisir d'esprit dont Voltaire nous invite à essayer. Il y a des prescriptions, des conseils, car il faut bien que le temple du goût ait une enceinte sacrée; mais quiconque sait n'être pas ennuyeux a le droit d'y entrer, fût-ce par la brèche.

« Cependant le goût de Voltaire n'est pas le grand goût. Je ne parle pas d'une sorte de religion littéraire, qui aurait ses dogmes et aussi son intolérance. Le grand goût n'est que le bon sens appliqué au gouvernement des choses de l'esprit; mais il y a un bon sens gouverné par des principes, et un autre qui dépend de l'humeur de l'homme. Tel est trop souvent le bon sens de Voltaire, et son goût en porte la peine. Les erreurs de cet esprit si juste sont des jugements intéressés, où il a pris sa commodité pour règle... »

Et comparant cette Correspondance de Voltaire avec les lettres de Cicéron, cet autre esprit universel et le grand épistolaire de l'Antiquité, il dira :

« L'amour de la gloire est l'âme de ces deux recueils, et ce que Voltaire fait dire au Cicéron de sa *Rome sauvée* :

Romains, j'aime la gloire et ne veux pas m'en taire,

est aussi vrai du poëte que de son héros. La même faiblesse se trahit dans le Romain et le Français; c'est cette vanité si reprochée à tous deux, dans Cicéron plus abandonnée et plus naïve, dans Voltaire mieux conduite. Tous les genres d'esprit de la *Correspondance* brillent dans les *Lettres*, sauf l'esprit de se faire louer, dont Voltaire donne plus volontiers la commission aux autres, et dont Cicéron se charge lui-même. Même naturel dans les deux ouvrages, avec plus d'éclat dans Cicéron, par le bonheur d'une langue plus colorée et plus sonore; avec plus de finesse et de saillie dans Voltaire. Même critique exquise et même délicatesse de goût, si ce n'est que les erreurs de Cicéron sur les choses de l'esprit viennent de sa faiblesse pour la rhétorique, et celles de Voltaire de sa faiblesse pour lui-même. Mais l'ancien me semble avoir un grand avantage sur le moderne. Il y a plus de cœur dans les *Lettres* que dans la *Correspondance*; je devrais dire un cœur plus cultivé. La famille seule cultive le cœur. Le père qui a connu ce que c'est que d'aimer quelqu'un plus que soi-même a senti tout son cœur, et telle est la chaleur de l'amour paternel, que le même homme en aime mieux tout ce qui est à aimer. Cicéron, tendre père d'une fille charmante, père désespéré quand il perdit Tullie, en est meilleur citoyen, plus attaché à ses amis, plus épris de la vérité, laquelle devient plus chère à l'homme chez qui la tendresse de cœur se communique à l'esprit, et qui aime la vérité à la fois comme une lumière et comme un sentiment.—J'ai peur que Voltaire n'ait aimé que son esprit... »

Il ne serait pas besoin d'avoir beaucoup vu M. Nisard pour reconnaître ici plus et mieux qu'un auteur, pour sentir l'homme et son cœur tout entier dans cette page.

Le dernier chapitre, consacré aux principaux auteurs du dix-neuvième siècle, et qui condense un si grand nombre de jugements en termes frappants et concis, prouverait, une fois de plus, s'il en était besoin, la parfaite sincérité de l'auteur, sa bienveillance unie à ce fonds de sévérité qu'elle corrige bien souvent et qu'elle tempère même jusqu'à la faveur, dès qu'il y entre un peu d'amitié; son scrupule à ne tirer son impression que de lui, de son propre esprit, et de l'écrivain à qui il a directement affaire, sans s'amuser aux accessoires et aux hors-d'œuvre; son attention à choisir, à peser chaque mot dans la sentence définitive qu'il produit. C'est à cause de cette rigoureuse recherche d'exactitude que je me permettrai de remarquer qu'en appréciant si bien André Chénier et en rendant à ce jeune et nouveau classique la part entière qui lui est due, il l'a un peu trop appareillé en tout, et même pour la destinée, avec cet autre charmant poëte de nos jours, Alfred de Musset. André Chénier, mort bien plus jeune que ce dernier, n'a pas été seulement un aimable et poétique génie, ç'a été un caractère. Il a aimé la liberté, il l'a voulue et comprise au sein de l'ordre; il l'a défendue de sa plume avec habileté, vigueur et courage; il est mort sur l'échafaud en la confessant, et non sans avoir auparavant transpercé les bourreaux *barbouilleurs de loix* de son ïambe vengeur. Le citoyen, chez Musset, était absolument absent : il s'en est vanté lui-même : si deux noms, par hasard, *s'embrouillent sur sa lyre*, il veut, et il a bien soin de nous le dire, que ce ne soit jamais que *Ninette* ou *Ninon*. Je n'insiste pas. Il n'y a, à cet égard, entre eux, aucune parité à établir. Et même, à ne parler qu'élégies, il ne faut pas oublier que, dans l'intervalle d'André Chénier à Musset, Byron est venu. André Chénier, quand il chante l'amour, est le disciple des Anciens et de son cœur; Musset est le disciple de son cœur et de Byron.

Si le livre de M. Nisard, terminé ainsi qu'il a été conçu et sans que l'auteur ait jamais dévié de sa ligne principale, peut être considéré, d'après le point de vue didactique et moral qui y domine, comme une protestation contre le goût du temps, il en est à la fois un témoignage, et il en porte plus d'un signe par la nouveauté du détail, par la curiosité des idées et de l'expression : ce dont je le loue. Il rend surtout témoignage du caractère et du talent de l'auteur, — un caractère ami du bien et jaloux du mieux, un de ces esprits comme il y en a peu, fixés et non arrêtés, défendus par des principes, et qui restent ouverts aux bonnes raisons; un esprit qui a en soi son moule distinct, et qui imprime à tout ce qu'il traite ou ce qu'il touche un certain composé bien net de sagacité, de savoir, de moralité et de style, — qui y met sa marque enfin.

Lundi, 15 juillet 1861.

Correspondance de Voltaire avec la duchesse de Saxe-Gotha et autres Lettres de lui inédites, publiées par MM. Évariste, Bavoux et Alphonse François (1).

Œuvres et Correspondance inédites de J.-J. Rousseau,
Publiées par M. G. Streckeisen-Moultou (2).

Encore un peu de Voltaire, encore un peu de Rousseau ! Il fut un temps où cette seule annonce aurait mis en émoi le public partagé en une double rangée d'admirateurs enthousiastes. Aujourd'hui ce public est dissous, et nous sommes rassasiés. Il en est de ces mets de l'intelligence comme de ceux du corps : il vient un moment où même les plus excellents, à force de reparaître et de nous être servis sous toutes les formes, lassent le goût; il n'était pas jusqu'à Beuchot, l'éditeur passionné de Voltaire, qui, sur la fin, lorsqu'on lui apportait des lettres nouvelles de son auteur favori, ne criât grâce et ne répondît : « Assez, j'en ai assez ! » Pourtant les lettres de Voltaire ne ressemblent jamais à celles d'un autre. Ce nouveau volume, composé de toutes sortes de glanures, en est, s'il le fallait une dernière preuve. La partie principale consiste en une série de lettres adressées à la duchesse de Saxe-Gotha, l'une de ces princesses, amies de l'esprit, que Voltaire avait conquises dans

(1) Didier, quai des Augustins, 35.
(2) Michel Lévy, rue Vivienne, 2 *bis*.

son séjour en Allemagne et qui lui étaient restées fidèles après sa brouille avec Frédéric. C'est pour elle et par son ordre qu'il écrivit les *Annales de l'Empire*, le seul ouvrage peut-être de sa façon qui soit décidément ennuyeux. Il en a bien un peu conscience, et au moment de lâcher les volumes dont il s'est acquitté comme d'une tâche, il écrit à la princesse : « Tout est fini et j'ai environ dix siècles à mettre à vos pieds; j'aimerais mieux y être moi-même. Je ne vois, dans toutes les sottises qu'on a faites depuis Dagobert, aucune balourdise comparable à celle que j'ai faite de m'éloigner de votre paradis Thuringien... Je joins encore une grande peur à mes regrets, et cette peur est de vous ennuyer. Neuf ou dix siècles en sont bien capables. J'ai fait ce que j'ai pu pour les rendre aussi ridicules qu'ils le sont... » Il n'y a pas réussi cette fois à son ordinaire. Le long Abrégé chronologique n'est pas du tout saupoudré d'esprit ni de malice autant qu'il s'en flattait, et les lettres où il en parle si gaiement promettaient beaucoup mieux. Il continua de correspondre avec cette princesse depuis 1753 jusqu'en 1767, presque jusqu'à l'année où elle mourut. C'est une Correspondance toute de compliments, de politesse, non d'étroite et entière liaison. Il lui envoie ses ouvrages ; il lui raconte en courant quelques nouvelles ; il se met sans cesse à ses pieds : les quinze jours qu'il a passés dans son palais, et où il a été traité avec une bien flatteuse distinction dans la chambre des Électeurs, lui sont un thème de reconnaissance éternelle qu'il varie en mille façons. Mais que le tour de ces moindres billets est facile, rapide, agréable, d'une galanterie naturelle, d'une familiarité qui se joue aisément sous le respect! Que ce poëte est de bonne compagnie! Et quand la princesse veut lui envoyer un millier de louis pour prix de ses travaux historiques, quelle manière délicate et fine de repousser les bienfaits sous cette forme déjà surannée, sous cette forme qui n'est déjà plus française à cette date! Écoutez-le: sans morgue, sans emphase, et tout en badinant, il va insinuer l'égalité de l'esprit en face des Puissances; il va, sans dire les grands mots, avertir qu'il y a là aussi un ministère de la pensée à respecter, et, comme nous dirions, un sacerdoce : « Mais, Madame, faut-il que la fille d'Ernest-le-Pieux veuille par ses générosités me faire tomber dans le péché de la simonie ? Madame, il n'est pas permis de vendre les choses saintes... » Il fait comprendre que les distinctions si particulières dont il a été l'objet et qui, dans le plus gracieux des accueils, se sont adressées en lui à l'homme, à la personne, ont été et sont sa plus digne récompense, et qu'elles n'en permettent plus d'autre. Jean-Jacques, en pareil cas, se serait redressé et aurait répondu : « Madame, on ne paye pas l'esprit, on l'honore. » Voltaire a dit la même chose, mais que c'est différemment!

Les autres lettres adressées à divers correspondants, et qui sont le restant du panier, le surplus de la collection précédemment donnée par MM. de Cayrol et Alphonse François, nous montreraient Voltaire sous ses vingt autres aspects dès longtemps connus, mais avec une vivacité toujours nouvelle : il y a, de par le monde, des redites plus fastidieuses que celles-là. Tantôt, avec Thieriot, son correspondant littéraire à Paris, il est en veine et comme en verve de corrections sans fin pour ses vers passés et présents, pour *Œdipe*, pour *la Henriade*, pour ses discours en vers; il fait la guerre aux mots répétés, il est docile comme on ne l'est pas; il ne se donne, dans l'*Épître morale*, que pour le successeur modeste de Boileau : «L'objet de ces six Discours en vers, dit-il, est peut-être plus grand que celui des Satires et des Épîtres de Boileau. Je suis bien loin de croire les personnes qui prétendent que mes vers sont d'un ton supérieur au sien; je me contenterai d'aller immédiatement après lui. » Tantôt il est en fureur et en rage contre les éternels ennemis qu'on lui connaît, contre l'abbé Desfontaines; il intrigue en tout sens, il remue ciel et terre pour le faire condamner, par-devant le lieutenant de police M. Hérault : « Mais agissez, écrit-il à l'abbé Moussinot, ameutez les Procope, les Audry, rue de Seine, et même l'indolent Pitaval, rue d'Anjou, les abbé de La Tour-Céran, les Castera-Duperron; qu'ils voient M. Déon, M. Hérault; qu'ils signent une nouvelle Requête. Ne négligeons rien, poussons le scélérat par tous les bouts..... Quelle personne pourrait servir auprès du curé de Nicolas-des-Champs qui est l'ami de M. Hérault? je lui ai écrit... » A d'autres endroits du volume, et avec d'autres correspondants c'est le Voltaire de la fin, le patriarche de Ferney, qui, toujours mourant, passe et repasse devant nous sur quelques-uns des *dadas* (très-beaux *dadas* en effet, et le plus souvent très-nobles) de ses dernières années. Ce qui plaît toujours quand on rouvre Voltaire et ce qui fait qu'on s'intéresse, c'est (avec cette jolie manière de dire) qu'il met de l'action à tout; les moindres choses, ou celles même qui chez d'autres feraient l'effet de la raison et de la sagesse, prennent avec lui un air d'entrain et de diablerie. Démon du goût et de l'irritabilité littéraire; démon de l'inspiration poétique, et même de la correction; démon de la justice et de la tolérance contre les persécuteurs; démon de la civilisation, du luxe et de l'industrie (quand, par exemple, il veut vendre et placer partout ses montres du pays de Gex), il a en lui la légion démoniaque au complet; il fait tout enfin par démon, par accès et verve. Il y avait le Démon de Socrate, il y a les démons de Voltaire. Tous à la fois on les retrouve, ou du moins on retrouve quelque chose de chacun dans ce volume. Composé comme il l'est de pièces et de morceaux, et de billets appartenant aux dates les plus éloignées, il nous offre des échantillons et des *memento* de toutes les sortes de Voltaire:

Avec Rousseau il reste beaucoup plus à faire, et le dernier mot de ses confidences déjà si longues n'a pas été dit, les dernières pages de ses œuvres n'ont pas été données. En voici quelques-unes que l'arrière-petit-fils du pasteur Moultou, l'un de ses plus fidèles amis, a rassemblées ; et ce n'est pas tout encore. J'ai un regret ; c'est que depuis des années (et il y a trente ans que cela devrait être fait) le fonds de papiers et de manuscrits que possède la Bibliothèque de Neuchâtel, joint aux autres fonds particuliers, tels que celui de la famille Moultou qui se produit aujourd'hui, n'ait pas été l'objet d'un dépouillement régulier et méthodique, de manière à fournir une couple de tomes, complément indispensable de toutes les éditions de Jean-Jacques. M. Ravenel, qui s'était occupé, le premier et avant tout autre, de la copie et de la collation exacte des papiers de Neuchâtel, s'est borné à préparer un travail qui n'attendait qu'un éditeur, et que cet éditeur (le goût pour Jean-Jacques s'étant refroidi) n'est jamais venu lui arracher ; car M. Ravenel, ce patient et ingénieux érudit, a besoin d'être un peu forcé, et, plus qu'aucun érudit peut-être, il trouve moyen d'unir au zèle de chercher et d'amasser la crainte de produire. Depuis lors, des parties de ce trésor de Neuchâtel ont été publiées et disséminées çà et là. L'aimable et savant bibliothécaire de Neuchâtel même, M. Félix Bovet, placé à la source, avait, lui aussi, préparé un travail ; il en a donné au public quelques extraits, et en a surtout communiqué les précieux éléments à tous les curieux qui le visitaient. Les Revues suisses n'ont cessé depuis des années d'insérer, de temps en temps, des fragments inédits de Rousseau ; cet *inédit* fuyait, en quelque sorte, de toutes parts et ne se rassemblait pas. M. le pasteur Gaberel, il est vrai, a conçu l'idée, si naturelle en effet, de rechercher tout ce que la Suisse et la Savoie possédaient de documents encore inconnus sur Jean-Jacques. Un article de M. Gaberel, inséré en 1858, dans la *Bibliothèque universelle de Genève,* une communication faite par lui vers le même temps à l'Académie des Sciences morales et politiques, et dont M. Prevost-Paradol a entretenu avec intérêt les lecteurs du *Journal des Débats* (13 août 1858), annonçaient que le patient investigateur était dès lors arrivé à des résultats neufs qui ajoutaient à la connaissance intime de la vie et de l'âme du grand écrivain. Mais les œuvres mêmes de Jean-Jacques, la totalité des pièces qui restent en manuscrit et qui sont dignes de l'impression, c'est ce recueil que j'espère toujours, et en voici quelque chose que nous devons à M. Streckeisen-Moultou. Remercions-le et profitons du cadeau, même incomplet, en attendant mieux.

Qu'y voyons-nous d'abord? un projet de Constitution pour la Corse, et des lettres relatives à cette consultation politique. Je passe. La Corse a fait, depuis, assez parler d'elle,—cette petite île, par ce qu'elle a enfanté, a, depuis, assez étonné le monde,—pour nous rendre bien indifférents sur cette question de savoir si elle faisait bien ou mal de s'adresser alors à Jean-Jacques comme à un Solon moderne ou à un Lycurgue. La Nature, dans ses secrets, a de ces jets imprévus qui déjouent singulièrement les combinaisons des prétendus sages. La philosophie en demeure tout d'abord atterrée; elle en a le nez cassé au beau milieu de son raisonnement, comme Sganarelle. Mais vient la philosophie de l'histoire qui arrange et raccommode tout cela après coup... *e sempre bene!*

Suivent quatre *Lettres* (que l'on connaissait déjà) *sur la Vertu et le Bonheur* adressées par Jean-Jacques à

Sophie, c'est-à-dire à madame d'Houdetot ; il fait de la philosophie avec celle qu'il aime, et dont la vertu, dit-il, l'a ramené à la raison ; il s'en console et même il s'en félicite avec elle : « Si nous avions été, moi plus aimable ou vous plus faible, le souvenir de nos plaisirs ne pourrait jamais être, ainsi que celui de votre innocence, si doux à mon cœur... Non, Sophie, il n'y a pas un de mes jours où vos discours ne viennent encore émouvoir mon cœur et m'arracher des larmes délicieuses. Tous mes sentiments pour vous s'embellissent de celui qui les a surmontés. » Ces quatre Lettres pourraient, à peu de chose près, se trouver aussi bien dans la dernière partie de *la Nouvelle Héloïse*. Rousseau, interrogé par son amie, commence par rechercher de quelle vertu et de quel bonheur il peut être question pour l'homme social ou civil. Ici, il n'y a plus trace avec lui de ses prédilections pour l'homme sauvage ou de la nature ; il rend hommage à la société et lui sait gré, même au milieu de ses abus, de tout ce que nous lui devons de bienfaits. Il considère cette société antérieure et postérieure à l'individu ; il la voit subsistante, nécessaire, harmonieuse, agissant en mille façons et par toutes sortes d'influences inappréciables, plus mère encore que marâtre, ne retirant à l'homme primitif du côté des forces physiques que pour rendre davantage par le moral à l'homme actuel, et imposant dès lors à quiconque naît dans son sein des devoirs, des obligations qui ne sont point proprement de particulier à particulier, mais qui prennent un caractère commun et général :

« Car les individus, dit-il, à qui je dois la vie, et ceux qui m'ont fourni le nécessaire, et ceux qui ont cultivé mon âme, et ceux qui m'ont communiqué leurs talents, peuvent n'être plus ; mais les lois qui protégèrent mon enfance ne meurent point ; les bonnes mœurs dont j'ai reçu l'heureuse habitude, les secours que j'ai trouvés prêts au besoin, la liberté civile dont j'ai joui, tous les biens que j'ai acquis, tous les plaisirs que j'ai goûtés, je les dois à cette police universelle qui dirige les soins publics à l'avantage de tous les hommes, qui prévoyait mes besoins avant ma naissance, et qui fera respecter mes cendres après ma mort. Ainsi mes bienfaiteurs peuvent mourir ; mais, tant qu'il y a des hommes, je suis forcé de rendre à l'humanité les bienfaits que j'ai reçus d'elle. »

N'est-ce pas là du Jean-Jacques raisonnable et excellent? et l'homme qu'il se propose en exemple n'est-il pas l'homme réel et véritable, et non celui d'un système ou d'un rêve?

Mais quel moyen d'être heureux? la question n'en subsiste pas moins, et chacun cherche diversement la réponse. Dans la seconde Lettre, Rousseau se plaît à étaler nos incertitudes et nos faiblesses, même au cœur de la civilisation la plus avancée. Son siècle y prêtait, et il ne manque pas de le prendre à témoin pour toutes les contradictions qu'il rassemble :

« Regardez cet univers, mon aimable amie, jetez les yeux sur ce théâtre d'erreurs et de misères qui nous fait, en le contemplant, déplorer le triste destin de l'homme ! Nous vivons dans le climat et dans le siècle de la philosophie et de la raison ; les lumières de toutes les sciences semblent se réunir à la fois pour éclairer nos yeux et nous guider dans cet obscur labyrinthe de la vie humaine ; les plus beaux génies de tous les âges réunissent leurs leçons pour nous instruire ; d'immenses bibliothèques sont ouvertes au public ; des multitudes de colléges et d'universités nous offrent dès l'enfance l'expérience et la méditation de quatre mille ans ; l'immortalité, la gloire, la richesse et souvent les honneurs sont le prix des plus dignes dans l'art d'instruire et d'éclairer les hommes : tout concourt à perfectionner notre entendement et à prodiguer à chacun de nous tout ce qui peut former et cultiver la raison : en sommes-nous devenus meilleurs ou plus sages? en savons-nous mieux quelle est la route et quel sera le terme de notre courte carrière ? nous en accordons-nous mieux sur les premiers devoirs et les vrais biens de la vie humaine ? Qu'avons-nous acquis à tout ce vain savoir, sinon des querelles, des haines, de l'incertitude et des doutes? Chaque secte est la seule (à l'entendre) qui ait trouvé la vérité ; chaque livre contient exclusivement les préceptes de la sagesse ; chaque auteur est le seul qui nous enseigne ce qui est bien. L'un nous prouve qu'il n'y a point de corps, un autre qu'il n'y a point d'âmes, un autre que l'âme n'a nul rapport au corps, un autre que l'homme est une bête, un autre que Dieu est un miroir. Il n'y a point de maxime si absurde que quelque auteur de réputation n'ait avancée, ni d'axiome si évident qui n'ait été combattu par quelqu'un d'eux. »

Où veut-il en venir, cependant, en étalant ainsi nos variations et nos faiblesses? est-ce donc un sceptique qui parle? est-ce un disciple de Montaigne, et a-t-il pour objet de ravaler l'homme, après nous l'avoir montré d'abord dans son plus beau cadre? La troisième Lettre insiste et poursuit dans la même voie : « Nous ne savons rien, ma chère Sophie, nous ne voyons rien ; nous sommes une troupe d'aveugles jetés à l'aventure dans ce vaste univers. » Nos sens nous trompent. Le toucher, qui semble nous être donné pour corriger notre vue, nous trompe lui-même en mainte occasion. Capables de raisonner très-loin et très-haut, par malheur nous manquons de base : « Ce n'est pas tant le raisonnement qui nous manque que la prise du raisonnement. » L'instinct de certains animaux est à faire envie à la raison de l'homme. Toute cette troisième Lettre ne serait guère qu'un résumé sérieux et lumineux des objections de Montaigne, si de doute en doute, de conjecture en conjecture, elle ne se terminait tout d'un coup par la supposition toute spiritualiste d'une infinité d'intelligences de mille ordres différents, répandues à tous les étages de l'univers, espèces d'anges que Cicéron et le plus sage des Scipions ne désavoueraient pas, « éternels admirateurs du jeu de la nature et spectateurs invisibles des actions des hommes. » Non, Rousseau a beau user de la méthode des sceptiques, il n'est pas sceptique lui-même, et la méthode se rompt brusquement entre ses mains, au moment où il la poussait à bout : il en jaillit au contraire l'illumination la plus imprévue, et faite à souhait pour ravir un idéaliste.

La quatrième Lettre nous remet pleinement dans la voie : « C'est assez déprimer l'homme, s'écrie-t-il : enorgueilli des dons qu'il n'a pas, il lui en reste assez pour nourrir une fierté plus digne et plus légitime. Si la raison l'écrase et l'avilit, le sentiment intérieur le relève et l'honore... Quoi qu'il en soit, nous sentons au moins en nous-même une voix qui nous défend de nous mépriser; la raison rampe, mais l'âme est élevée. » Sans discuter ici cette distinction si absolue entre la raison et l'âme, distinction qu'il ne maintiendra pas toujours à ce degré, il est clair que Rousseau, au lendemain de ses peines et de ses sacrifices dans la tendre passion qu'il ressentait, ne veut chercher de bonheur ou de consolation que dans la paix du cœur et dans la voix de sa conscience. En décrivant cet état moral à la fois ému et apaisé, ce sentiment de délicieuse convalescence, et en osant ainsi proposer son âme pour exemple en réponse aux questions de son amie, il ne fait, dit-il, que lui rendre le fruit de ses soins et lui montrer son propre ouvrage.

Je ne serre pas de trop près, je ne veux pas démêler ce qu'il peut y avoir de vague et d'indécis sous ces phrases si nettes et si fermes de ton; j'applique à Rousseau le précepte qu'il nous a donné pour le bien lire : « Mes écrits ne peuvent plaire qu'à ceux qui les lisent avec le même cœur qui les a dictés; » et je dis que Rousseau, dans ses pages où il invoque si vivement le sentiment moral tel que tout honnête homme le trouve en lui-même dans une société civilisée, est moral lui-même et religieux. D'autres pages, qui vont suivre, nous le montreront tel encore.

Et ceci me rappelle un contraste; car, pour être juste envers Rousseau, il ne faut jamais le séparer de son siècle ni de ceux qu'il est venu contredire et en face desquels il a osé relever son noble drapeau. Madame d'Houdetot, cette Sophie avec laquelle il aimait à renouer des entretiens d'un ordre si élevé, avait une belle-fille du même nom. La vicomtesse d'Houdetot, femme aimable, spirituelle, morte de très-bonne heure, laissa quelques vers que ses amis se plurent à recueillir après elle et à faire imprimer en un tout petit volume (*Poésies de la vicomtesse d'Houdetot*, 1782). Or, on y lit en tête une Notice qu'on sait être de la plume du cardinal Loménie de Brienne. Le prélat, le croirait-on? y loue cette jeune dame de son incrédulité : « Jamais on n'a vu, dit-il, dans une si jeune personne autant de philosophie; et cette philosophie influait également sur ses opinions et sur sa conduite. Elle n'admettait que ce qui lui paraissait évidemment prouvé, aimait à disputer, parce qu'elle avait presque toujours une opinion à elle, et ne cédait qu'à la conviction ou enfin à la convenance. » Et lorsqu'il en vient à raconter la dernière maladie de cette jeune femme : « Elle craignait la mort parce qu'elle devait la séparer de tout ce qui lui était cher. *Ma vie peut être remplie de peines*, disait-elle, *mais il est affreux de n'être rien; je crois la souffrance préférable au néant...* » Le cardinal n'ajoute rien qui corrige cette opinion du néant après la mort, ni qui avertisse qu'il ne la partageait pas; c'est qu'il la partageait en effet. Et cela ressemblerait à une mauvaise plaisanterie que de poser seulement la question : Lequel était le plus religieux de Rousseau ou de lui?

Pauvre Rousseau! de tous les points de vue auxquels on peut se placer pour le regarder, il en est un qui me paraît le plus juste et qui est aussi le plus simple : voyons-le à son moment dans le siècle; voyons-le en lui-même et dans ses écrits, dans ses pensées confidentielles, dans tout ce qui lui échappe de contradictoire et de sincère. Si nous nous mettons, pour le juger, à vouloir absolument le considérer à travers les conséquences plus ou moins accumulées de ses doctrines et les innombrables disputes qu'elles ont engendrées, nous ne le retrouverons jamais tel qu'il fut. Sa figure, comme celle de tous les puissants mortels qui ont excité enthousiasme et colère, ainsi aperçue de loin à travers un nuage de lumière et de poussière, se transformerait à nos yeux : nous le ferions trop grand, trop beau ou trop laid, trop génie ou trop monstre. Perçons la légende dont l'histoire elle-même n'est pas exempte ; replaçons-nous de l'autre côté du nuage ; voyons-le de près, comme quelqu'un qui l'aurait rencontré à Motiers ou qui l'aurait visité rue Plâtrière ; c'est encore le moyen de nous faire de lui la plus juste idée.

Lundi, 22 juillet 1861.

Correspondance de Voltaire avec la duchesse de Saxe-Gotha et autres Lettres de lui inédites, publiées par MM. Évariste, Bavoux et Alphonse François.

Œuvres et Correspondance inédites de J.-J. Rousseau,
Publiées par M. G. Streckeisen-Moultou.

(SUITE ET FIN.)

Le plus curieux morceau du volume, et dont le passage principal était déjà connu par un écrit de M. Gaberel, est un songe allégorique sur la Révélation, qui nous montre Rousseau dans toute la ferveur de son enthousiasme religieux. Quelle est au juste la portée de cet essai ? N'est-ce qu'une répétition nouvelle, une reprise, sous forme poétique, des idées exposées dans la Profession de foi du Vicaire savoyard? Est-ce, au contraire, une preuve que l'auteur a varié dans ses idées, et qu'il a fait un pas, au delà de la Profession du Vicaire, vers un christianisme plus positif? Je ne crois pas que la lecture du morceau dans toute son étendue autorise cette dernière conclusion ; il est cependant certain qu'on a droit, après l'avoir lu, de se prononcer plus fortement que jamais en faveur des tendances religieuses du philosophe, et qu'on peut le compter sans exagération parmi ceux qui, toute orthodoxie mise à part, ont été chrétiens d'instinct, de sentiment et de désir. Ce n'est pas jouer sur les mots que de dire qu'au milieu de son siècle et entre les philosophes ses contemporains, Rousseau a été *relativement* chrétien.

Le caractère le plus remarquable de ce morceau tout sentimental et poétique et nullement dogmatique, c'est peut-être qu'il ne conclut pas, et qu'il laisse conjecturer tout ce qu'on voudra sur la pensée finale de l'auteur; il laisse chacun rêver à son gré sur l'état d'âme définitif que cela suppose. Le *rêver* est bien, en effet, ce que Rousseau préfère à tout et ce que le plus volontiers il suggère.

Buffon, dans un admirable récit philosophique, a supposé le premier homme s'éveillant à la vie et rendant compte de ses premiers mouvements, de ses premières sensations, de ses premiers jugements. Jouffroy, dans un récit moral célèbre, a fait parler le philosophe durant cette veille pleine d'angoisses, dans cette première nuit de doute et de trouble, où le voile du sanctuaire se déchire tout d'un coup devant ses yeux et où il cesse d'être un croyant. Rousseau, dans le récit qui nous occupe, s'est attaché à montrer, durant une belle nuit d'été, le premier homme qui s'avisa de philosopher et de réfléchir, et il a prêté à cette philosophie naissante tout le charme, au contraire, de l'admiration et de la foi, toute l'ivresse d'un premier ravissement :

« Ce fut durant une belle nuit d'été que le premier homme qui tenta de philosopher, livré à une profonde et délicieuse rêverie et guidé par cet enthousiasme involontaire qui transporte quelquefois l'âme hors de sa demeure et lui fait, pour ainsi dire, embrasser tout l'univers, osa élever ses réflexions jusqu'au sanctuaire de la nature et pénétrer, par la pensée, aussi loin qu'il est permis à la sagesse humaine d'atteindre.

« La chaleur était à peine tombée avec le soleil ; les oiseaux, déjà retirés et non encore endormis, annonçaient, par un ramage languissant et voluptueux, le plaisir qu'ils goûtaient à respirer un air plus frais ; une rosée abondante et salutaire ranimait déjà la verdure... »

Ici une de ces descriptions naturelles dont il a le

premier dans notre littérature donné le parfait exemple, mais où il a été depuis surpassé par ses grands disciples, par Bernardin de Saint-Pierre, par Chateaubriand, par George Sand, tous bien autrement particuliers, nuancés et neufs, et qui ne se contentent pas de peindre la nature en traits généraux devenus trop aisément communs; — et il continue :

« A ce concours d'objets agréables, le philosophe, touché comme l'est toujours en pareil cas une âme sensible où règne la tranquille innocence, livre son cœur et ses sens à leurs douces impressions : pour les goûter plus à loisir, il se couche sur l'herbe, et appuyant sa tête sur sa main, il promène délicieusement ses regards sur tout ce qui les flatte. Après quelques instants de contemplation, il tourne par hasard les yeux vers le ciel, et à cet aspect qui lui est si familier et qui pour l'ordinaire le frappait si peu, il reste saisi d'admiration, il croit voir pour la première fois cette voûte immense et sa superbe parure... »

Ici toute une description encore : spectacle des cieux, le couchant enflammé, la lune qui se lève à l'orient, les astres innombrables qui roulent en silence sur nos têtes, l'Étoile polaire qui semble le pivot fixe de toute la révolution céleste ! D'où vient cet ordre? d'où viennent ces mouvements? qui donc les a établis? Et sur la terre même, d'où vient la succession, la régularité des saisons; et dans les végétaux, dans les corps organisés, cet ensemble de lois mystérieuses et manifestes qui y président et qui constituent la vie; et ces mouvements d'un ordre supérieur et singulier, cette activité spontanée des animaux; et nos propres sensations à nous, et ce pouvoir de penser, de vouloir et d'agir que je sens en moi? Telle est la série de questions que s'adresse le premier philosophe. Il essaye, pour y répondre, d'hypothèses diverses : l'arrangement fortuit, la nécessité du mouvement de la matière, l'infinité de combinaisons possibles dont une a réussi... Il hésitait, il commençait à se troubler : placé entre des explications incomplètes et des objections sans réplique, il allait, s'il n'y prenait garde, trop accorder à la raison, au raisonnement; il sentait poindre l'orgueil en même temps que s'accroître les obscurités, quand tout à coup... mais laissons-le parler lui-même sa plus belle langue :

« ... quand tout à coup un rayon de lumière vint frapper son esprit et lui dévoiler ces sublimes vérités qu'il n'appartient pas à l'homme de connaître par lui-même et *que la raison humaine sert à confirmer sans servir à les découvrir.* Un nouvel univers s'offrit, pour ainsi dire, à sa contemplation : il aperçut la chaîne invisible qui lie entre eux tous les êtres; il vit une main puissante étendue sur tout ce qui existe; le sanctuaire de la nature fut ouvert à son entendement, comme il l'est aux intelligences célestes, et toutes les plus sublimes idées que nous attachons à ce mot *Dieu* se présentèrent à son esprit. Cette grâce fut le prix de son sincère amour pour la vérité et de la bonne foi avec laquelle, sans songer à se parer de ses vaines recherches, il consentait à perdre la peine qu'il avait prise et à convenir de son ignorance plutôt que de consacrer ses erreurs aux yeux des autres sous le beau nom de philosophie. A l'instant, toutes les énigmes qui l'avaient si fort inquiété s'éclaircirent à son esprit : le cours des cieux, la magnificence des astres, la parure de la terre, la succession des êtres, les rapports de convenance et d'utilité qu'il remarquait entre eux, le mystère de l'organisation, celui de la pensée, en un mot le jeu de la machine entière, tout devint pour lui possible à concevoir comme l'ouvrage d'un Être puissant directeur de toutes choses; et s'il lui restait quelques difficultés qu'il ne pût résoudre, leur solution lui paraissant plutôt au-dessus de son entendement que contraire à sa raison, il s'en fiait au sentiment intérieur qui lui parlait avec tant d'énergie en faveur de sa découverte, préférablement à quelques sophismes embarrassants qui ne tiraient leur force que de la faiblesse de son esprit. »

Dans son ravissement, dans l'admiration qui le pénètre jusqu'au fond de l'âme et qui déborde, le philosophe, à ce moment, se prosterne la face contre terre et adresse à l'Être divin un hommage, un hymne ardent et pur, qui ne diffère en rien d'une prière. Il se relève le cœur plus embrasé que jamais, et cette joie épurée qu'il éprouve, cette clarté qui l'inonde, il veut la communiquer à ses semblables; il a soif de les y faire participer et de leur porter, avec l'explication du mystère de la nature, la loi du maître qui la gouverne, loi de justice, de solidarité de fraternité, soumission dans les traverses de cette courte vie, espoir et foi dans une vie meilleure. La nuit paraît bien longue à son impatience ; il n'attend que le retour du soleil. Cependant, fatigué à la fin de tant d'émotions et de pensées, il s'est endormi, et durant son sommeil il a un songe. C'est dans ce songe qu'il va voir figurer les religions diverses, depuis les plus grossières jusqu'à la plus pure, depuis les formes les plus brutales du naturalisme et de la sensualité jusqu'à la révélation de la parole la plus simple, la plus divine, la plus humaine, celle du Sermon sur la montagne. Qu'a prétendu signifier Rousseau par cette distinction de ce que son philosophe voit en songe et de ce qu'il avait conçu durant sa veille ? A-t-il voulu faire entendre qu'entre la première manière de comprendre l'Être divin et toutes les autres il y a précisément toute la distance de la vérité à la fiction, et qu'un seul et même voile d'illusion, sauf la juste différence du plus au moins, s'étendra indistinctement sur tout ce qui sera vu dans le songe ? A-t-il voulu simplement marquer que la nature humaine et l'esprit humain ne comportent la première manière de voir que chez un petit nombre d'individus, et que l'histoire n'admet point le triomphe de la philosophie pure ? Ce qu'on a droit de faire observer, c'est qu'en supposant que le morceau soit terminé (et j'aime à croire qu'il l'est), rien ne vient à l'appui d'une interprétation défavorable le moins du monde à la révélation dernière, et que la fin du songe, au contraire, s'élève et atteint à un tel degré de sérénité morale et de beauté, qu'il ne tient qu'à nous d'y voir le couronnement et le perfectionnement sublime, la divine transfiguration de la philosophie simple et nue. En un mot, Rousseau ne fait dans ce morceau que mettre en action et commenter sous forme dramatique cette parole de la Profession de foi du Vicaire : « Oui, si la vie et la mort de Socrate sont d'un sage, la vie et la mort de Jésus sont d'un Dieu. » Et s'il conclut encore moins dans le songe que dans les pages de l'*Émile*, s'il n'éveille pas son philosophe pour tirer de lui un dernier mot, c'est qu'il n'a pas voulu le lui faire dire, c'est qu'il n'a pas osé conclure, et qu'il a reculé devant toute parole qui ne serait pas un hommage au Christ. Il a cru ce jour-là par le cœur, et il n'a rien voulu ajouter qui démentît ou affirmât cet acte de foi et d'effusion. — Telle est du moins mon impression, qui s'accorde assez bien, ce me semble, avec l'interprétation de M. Gaberel.

Après cela, je ne veux pas exagérer le mérite littéraire du morceau. Le songe du philosophe, dans lequel il se croit transporté au milieu d'un édifice immense surmonté d'un dôme éblouissant que soutiennent sept statues colossales au lieu de colonnes, les sept statues représentant chacune la divinisation monstrueuse de l'un des sept péchés capitaux, — ce songe, dans tout son détail emphatique et concerté, me rappelle certaines allégories des *Paroles d'un Croyant*. Il n'y a rien là qui doive étonner ; le maître, comme par anticipation, s'est mis cette fois à ressembler au disciple : cela arrive parfois aux maîtres. Rien ne ressemble à du mauvais ou à du médiocre Rousseau comme du bon La Mennais. Il y a tel passage du songe, celui-ci, par exemple : « L'autel qui s'élevait au milieu du temple se distinguait à peine au travers des vapeurs d'un encens épais qui portait à la tête et troublait la raison... L'appareil d'un continuel carnage environnait cet autel terrible... Tantôt on précipitait de tendres enfants dans des flammes de bois de cèdre, tantôt, etc., etc., » il y a, dis-je, tel de ces passages qui me fait m'écrier : O Rousseau, ô La Mennais, lequel des deux a imité l'autre ? L'entrée d'un petit vieillard d'assez chétive mine dans le temple, l'adresse qu'il met à se faire admettre, à se faufiler, les airs d'aveugle qu'il se donne, puis, tout d'un coup, dès qu'il se voit à portée de l'autel, son brusque élan, son attaque à la statue de la Superstition ou du Fanatisme dont il déchire le voile, tout cela est ingénieux et symbolise bien Socrate; mais ce Socrate lui-même, en mourant victime de son zèle pour la vérité, n'adresse-t-il pas à cette statue odieuse qu'il n'a pu que dévoiler sans la renverser, une espèce d'hommage un vœu de sacrifice : est-ce ironie? n'est-ce pas un reste de faiblesse? — C'est alors que le vrai miracle commence : une voix se fait entendre dans les airs annonçant distinctement *le Fils de l'homme*. Il apparaît, il est sur l'autel sans qu'on l'y ait vu monter :

« Alors levant les yeux, il (le songeur) aperçut sur l'autel un personnage dont l'aspect imposant et doux le frappa d'étonnement et de respect : son vêtement était populaire et semblable à celui d'un artisan, mais son regard était céleste; son maintien modeste, grave et moins apprêté que celui même de son prédécesseur (Socrate), avait je ne sais quoi de sublime, où la simplicité s'alliait à la grandeur, et l'on ne pouvait l'envisager sans se sentir pénétré d'une émotion vive et délicieuse qui n'avait sa source dans aucun sentiment connu des hommes. « O mes enfants, dit-il d'un ton de tendresse qui pénétrait « l'âme, je viens expier et guérir vos erreurs; aimez Celui qui vous « aime et connaissez *Celui qui est !* » A l'instant saisissant la statue, il la renversa sans effort, et montant sur le piédestal avec aussi peu d'agitation, il semblait prendre sa place plutôt qu'usurper celle d'autrui. Son air, son ton, son geste, causaient dans l'assemblée une extraordinaire fermentation; le peuple en fut saisi jusqu'à l'enthousiasme, les ministres en furent irrités jusqu'à la fureur ; mais à peine étaient-ils écoutés. — L'homme populaire et ferme, en prêchant une morale divine, entraînait tout : tout annonçait une révolution; il n'avait qu'à dire un mot, et ses ennemis n'étaient plus. — Mais celui qui venait détruire la sanguinaire intolérance n'avait garde de l'imiter, il n'employa que les voies qui convenaient aux choses qu'il avait à dire et aux fonctions dont il était chargé; et le peuple, dont toutes les passions sont des fureurs, en devint moins zélé et négligea de le défendre en voyant qu'il ne voulait point attaquer. Après le témoignage de force et d'intrépidité qu'il venait de donner, il reprit son discours avec la même douceur qu'auparavant; il peignit l'amour des hommes et toutes les vertus avec des traits si touchants et des couleurs si aimables que, hors les officiers du temple, ennemis par état de toute humanité, nul ne l'écoutait sans être attendri et sans aimer mieux ses devoirs et le bonheur d'autrui. Son parler était simple et doux, et pourtant profond et sublime ; sans étonner l'oreille, il nourrissait l'âme : c'était du lait pour les enfants et du pain pour les hommes. Lui ployait le fort et consolait le faible, et les génies les moins proportionnés entre eux le trouvaient tous également à leur portée ; il ne haranguait point d'un ton pompeux, mais ses discours familiers brillaient de la plus ravissante éloquence, et ses instructions étaient des apologues, des entretiens pleins de justesse et de profondeur. Rien ne l'embarrassait ; les questions les plus captieuses avaient à l'instant des solutions dictées par la sagesse ; il ne fallait que l'entendre une fois pour être persuadé : on sentait que le langage de la vérité ne lui coûtait rien, parce qu'il en avait la source en lui-même. »

Ainsi finit cet étrange et très-éloquent morceau. Chacun reste juge. Une question s'est élevée, à laquelle on ne s'attendait pas. Un homme d'esprit dont j'entretenais assez récemment nos lecteurs, l'auteur de la *Littérature française à l'étranger*, M. Sayous, a cru voir dans cette dernière page une confirmation de la manie de Rousseau, qui consistait à se représenter comme la victime de persécutions sans nombre : « Dans ce fragment, dit M. Sayous, Rousseau trace de sa plume éloquente un tableau de la venue du Christ où la figure du Christ est peinte avec amour : pour ce portrait du Juste persécuté, c'est Rousseau lui-même qui a posé devant le peintre ; *on ne peut s'y tromper.* » Mille pardons : Rousseau a pu être troublé dans sa raison et se montrer maniaque assez d'autres fois, mais il ne l'a pas été ce jour-là, et j'ai beau prendre tous mes verres de lunettes, il m'est impossible de voir dans la belle page de Rousseau autre chose que le plus sincère hommage rendu à ce qu'il a appelé ailleurs « la sainteté de l'Évangile. »

Ce volume nous offre ailleurs bien assez d'autres preuves de la disposition ombrageuse et du mal croissant de Rousseau. Ce mal était tout dans sa tête, non dans son cœur. A peine, dans sa vie errante, commençait-il à être installé quelque part, qu'il se croyait en butte à des poursuites, à des curiosités intéressées et malignes, à un espionnage continuel : la misérable compagne qu'il s'était donné avait l'art, selon qu'elle se déplaisait plus ou moins vite dans un lieu, d'entretenir et d'exciter ces inquiétudes qui avaient parfois des redoublements où toute la raison menaçait de périr. Mais aussi que de bons intervalles lucides ! Il revenait alors, il rétractait ses préventions et ses injustices, il demandait pardon à ceux qu'il avait soupçonnés. Plusieurs lettres, publiées ici, font foi de ce scrupule délicat : « M. d'Alembert m'a fait saluer plusieurs fois, écrivait-il à Watelet (1764); j'ai été sensible à cette bonté de sa part. J'ai des torts avec lui, je me les reproche; je crains de lui avoir fait injustice, et je n'ai sûrement pas le cœur injuste; mais j'avoue que des malheurs sans exemple et sans nombre, et des noirceurs d'où j'en craignais le moins, m'ont rendu défiant et crédule sur le mal. En revanche, je ne crains ni d'avouer mes erreurs, ni de réparer mes fautes... » Le sentiment qu'inspire la lecture suivie des lettres et pensées qu'on trouve ici rassemblées telles quelles, est celui d'une pitié profonde. Après sa fuite de Motiers, après sa tentative manquée d'établissement en Angleterre, revenu en France, réfugié pendant quelque temps à Trie sous la protection du prince de Conti, il s'alarme, il se figure que la main du maître est insuffisante à le soutenir contre le mauvais vouloir des subalternes; déjà il lit dans la contenance des habitants que la conjuration tramée contre lui opère : ce ne sont qu'allées et venues souterraines; que va-t-il sortir des *conseils caverneux de ces taupes?* Pour lui, il ne demande au petit nombre d'amis qu'il conserve encore que de l'éclairer sur son état, de lui dire ce qu'il lui est permis ou prescrit de faire :

« Puis-je me choisir une demeure au loin dans le royaume ? Ferais-je mieux d'en sortir ? On m'a laissé entrer paisiblement ; je puis du moins espérer qu'on me laissera sortir de même. Mais comment ? par où ? Je ne demande qu'à obéir ; qu'on me dise seulement ce que je dois faire, car, durant ma malheureuse existence, je ne puis pas m'empêcher d'être quelque part, mais rester ici ne m'est pas possible, et je suis bien déterminé, quoi qu'il arrive, à ne plus essayer de la maison d'autrui. Une circonstance cruelle est l'entrée de l'hiver pour aller au loin, dans mon état, chercher un gîte. Mon jeune ami (il écrit à son compatriote Coindet, employé à Paris chez M. Necker), mon jeune ami, plaignez-moi ; plaignez cette pauvre tête grisonnante qui, ne sachant où se poser, va nageant dans les espaces, et sent pour son malheur que les bruits qu'on a répandus d'elle ne sont encore vrais qu'à demi. »

On le voit, lui-même il n'est pas sans avoir conscience d'une partie de sa folie. Il cherche par moments à mesurer le progrès de ce mal bizarre, qui entamait si avant sa raison sans altérer sensiblement son talent. Il voudrait bien pouvoir ne le reléguer que dans les dehors de la place, dans ce qu'on appelle *humeur :* « Mes malheurs, mon cher Coindet, n'ont point altéré mon caractère, mais ils ont altéré mon humeur et y ont mis une inégalité dont mes amis ont encore moins à souffrir que moi-même. » Avant d'en venir à se croire l'objet de cette conspiration générale qui paraît avoir été son idée fixe depuis 1764-1666, il avait passé par bien des degrés. Il y avait loin encore de l'âme tendre, jalouse, exigeante, susceptible, dévorée d'un immense besoin de retour, de celui qui disait : « J'étais fait pour être le meilleur ami qui fût jamais, mais celui qui devait me répondre est encore à venir, » il y avait loin de cette âme seulement refoulée et douloureuse à celle qui devait tourner toute chose en poison, à ce Jean-Jacques, par exemple, qui, en apprenant la mort de Louis XV, s'écriait : « Ah ! mon Dieu ! que j'en suis fâché! » Et comme on lui demandait pourquoi, et ce que cela lui faisait : — « Ah! répliqua-t-il, il partageait la haine que la nation m'a jurée, et maintenant me voilà seul à la supporter! »

Et cependant Rousseau eut jusqu'à la fin des moments de bonheur et d'intime jouissance; il aimait, il sentait trop vivement la nature pour haïr la vie; et s'il était besoin d'un témoignage pour prouver que la vie, somme toute, est bonne, si après le bûcheron de La Fontaine, après l'heureux *Mécénas*, après l'Ombre d'Achille qu'Homère nous a montrée dans la prairie d'Asphodèle redésirant à tout prix la lumière du jour, il fallait quelqu'un qui renouvelât ce même aveu, ce n'est pas à un autre qu'à Rousseau, à cet aîné de Werther, à cet oncle de René, que nous l'irions demander. Écoutez-le, l'éloge dans sa bouche a tout son prix :

« Consumé d'un mal incurable qui m'entraîne à pas lents au tombeau, je tourne souvent un œil d'intérêt vers la carrière que je quitte; et, sans gémir de la terminer, je la recommencerais volontiers. Cependant, qu'ai-je éprouvé durant cet espace qui méritât mon attachement? —Dépendance, erreurs, vains désirs, indigence, infirmités de toute espèce, de courts plaisirs et de longues douleurs, beaucoup de maux réels et quelques biens en fumée. Ah! sans doute, vivre est une belle chose, puisqu'une vie aussi peu fortunée me laisse pourtant des regrets. »

S'il ne haïssait point la vie à laquelle cependant il imputait tant de maux, il ne haïssait pas non plus la France, sa vraie patrie, celle qui était la plus faite pour le goûter et le comprendre; il écrivait :

« Les Français ne me haïssent point, mon cœur me dit que cela ne peut pas être. Je n'impute pas à la France les outrages de quelques écrivains que son équité condamne et que son urbanité désavoue. Les vrais Français n'écrivent point de ce ton-là, surtout contre des infortunés; ils m'ont maltraité sans doute, mais ils l'ont fait à regret. L'affront même qu'ils m'ont fait m'a moins avili que les soins qui l'ont réparé ne m'honorent. »

Aussi est-ce la France, est-ce Paris, le lieu du monde où il est le plus aisé de se passer de bonheur, qu'il avait choisi pour y achever de vieillir et de souffrir. Il y était l'objet des respects de tous et en particulier l'idole de la jeunesse.

J'aime, en tout sujet que je traite, à augmenter, quand je le puis, ne fût-ce que d'un grain, le trésor de la tradition. Voici à ce propos une jolie histoire sur Jean-Jacques à Paris, sur celui des toutes dernières années ; on me l'a contée, et je la raconte à mon tour dans les mêmes termes.

Un jeune homme faisait la cour à une jeune fille aussi distinguée par l'esprit que par le caractère. Il se destinait à la carrière des Eaux-et-forêts ; il devait acheter une charge. Elle lui dit un jour : « Connaissez-vous M. Rousseau ? » — « Non. » — Comment peut-on être homme, avoir vingt-cinq ans et ne pas connaître Rousseau ? »

Il résolut alors de tout faire pour connaître celui dont la vue était un gage d'estime auprès de celle qu'il aimait : il s'informe, il court rue Plâtrière, monte au quatrième et frappe. Un vasistas s'ouvre et une figure désagréable paraît. « M. Rousseau ? — « Il n'y est pas. » Et le vasistas de se fermer.

Il raconte sa mésaventure. Mais, lui dit-on, M. Rousseau copie de la musique. Vite, il s'empresse de retourner rue Plâtrière, avec de la musique à copier. Même manége ; le guichet s'ouvre, la laide figure paraît. « C'est de la musique à copier. » On la lui prend : « Bien, vous repasserez dans huit jours. »

Ainsi pendant des semaines et des mois.

Il s'impatientait fort. Un jour il se présente : ô bonheur ! on lui dit : « C'est vous ; attendez, M. Rousseau a à vous parler. » La porte s'ouvre ; on l'introduit dans une petite chambre ; il y a deux chaises ; Rousseau le fait asseoir : « Monsieur, j'ai voulu vous parler ; il est arrivé un accident, je ne puis vous livrer la musique comme je vous l'avais promis. Voyez ce chat, il a renversé l'écritoire sur le cahier copié. » — « Ah ! Monsieur, cela n'y fait rien ; je prendrai tout de même... » — « Non, Monsieur, je n'ai pas l'habitude de livrer de la musique en cet état ; j'ai voulu vous donner cette explication, car je ne manque jamais à ma parole. » — « Mais, Monsieur... » — « Non, Monsieur ; je vous demande seulement quelques jours pour refaire la copie. »

Le jeune homme avait peine à sortir : Rousseau lui-même s'oublie ; la conversation se renoue et s'engage. « Jeune homme, à quoi vous destinez-vous ? » — « Aux Eaux-et-forêts. » — « Ah ! c'est un bel état, bien intéressant et qui exige bien des connaissances. » — Et Rousseau énumère avec intérêt tout ce qu'il faut savoir. — « Mais, vous devez savoir la botanique ? » — « Certainement. » — « Eh bien ! nous pourrons herboriser ensemble. »

Le jeune homme est aux anges ; on prend jour, il herborise avec Rousseau, une première, une seconde fois et d'autres fois encore ; il devient son ami et gagne sa confiance au point que, lorsqu'il fallut quitter la rue Plâtrière pour Ermenonville, c'est lui que le philosophe chargea de vendre ses livres. Il y avait des notes en marge à plusieurs ; il hésitait à s'en défaire ; mais la nécessité l'y obligeait. Il désira qu'on les vendît en masse à un libraire et qu'on lui remît l'argent, la somme nette. M. Desjobert (c'était le nom du jeune homme) parle de cette masse de livres à un libraire, et, trouvant quelques difficultés, il pense qu'il est plus simple de les supposer vendus et d'envoyer une somme ronde. Mais Rousseau se méfie, il s'informe, il veut savoir à qui l'on a vendu ; il découvre la supercherie, et depuis ce jour il ne voulut plus avoir de relations avec le jeune homme, qui, disait-il, l'avait trompé (1).

C'est bien le même qui écrivait à son ami Coindet, de qui il appréhendait quelque supercherie pareille : « J'aime à profiter des soins de votre amitié, mais je n'aime pas qu'ils soient onéreux ni à vous ni à vos amis... Je vous crois trop mon ami pour prendre le bon marché dans votre poche ni dans celle d'autrui. »

J'allais oublier de parler des lettres de Rousseau qu'on a recueillies dans ce volume. Elles ne sont curieuses qu'au point de vue biographique. Les lettres de Rousseau ne ressemblent en rien à celles de Voltaire. Il a besoin de temps et d'espace pour être éloquent. Ne cherchez avec lui ni la légèreté du ton ni l'élégance naturelle. Il parle à tout propos de ses ennuis, de ses tracas, de ses hardes, des ports de lettres, et il se formalise si l'on affranchit. Tout devient affaire avec lui ; avec Voltaire tout était plaisanterie et jeu. Rousseau ne rit pas, ou il n'a qu'une grâce compassée quand il se risque à badiner ; il est sérieux, consciencieux à l'excès. Comme la plupart de ces lettres qu'on donne aujourd'hui sont adressées à son compatriote Coindet, il se passe les locutions genevoises, et il en gardera dans son parler, même là où il y songera le moins. Enfin Rousseau, dans ses lettres, est aussi peu gentilhomme que possible. Mais prenez garde ! j'ai dit les défauts ; voyons les avantages. Si vous-même vous êtes né pauvre et assujetti, si, aux prises avec la vie commune, vous ne rougissez pas d'en nommer les moindres détails, et si vous ne vous rebutez pas aux misères mêmes de la réalité ; si, en revanche, vous ne faites pas fi des joies bourgeoises ou populaires, si les souvenirs de

(1) Je tiens cette anecdote de mon ami M. Charles Duveyrier, qui lui-même la tenait de son père.

l'enfance n'ont pas cessé de vous émouvoir, si l'aspect de la vallée ou de la montagne natale, le seuil de la ferme où vous alliez, enfant, vous régaler de laitage et de fruits les jours de promenade, rit en songe à votre cœur, alors vous trouverez votre compte avec Rousseau, même dans ces quelques lettres qu'on nous donne ici ; vous lui passerez bien des préoccupations vulgaires en faveur des élans de sensibilité et d'âme par lesquels il les rachète ; vous l'aimerez pour ces accents de cordialité sincère que toute son humeur ne parvient pas à étouffer. Voltaire aime l'humanité, et il affecte en toute occasion de mépriser le pauvre : Rousseau s'étonne de cette inconséquence, et la lui reproche doucement. On n'a jamais à craindre avec lui, même dans ses écarts, de ces contradictions qui tiennent aux sources de l'âme et qui choquent dans le lecteur ami des hommes quelque chose de plus sensible encore que le goût (1).

(1) M. Streckeisen-Moultou, qui nous promet de tirer de ses papiers de famille d'autres pièces intéressantes encore concernant Rousseau, a droit à nos remercîments ; qu'il me permette cependant une critique que je ne puis passer sous silence, et qui peut être utile pour l'avenir. Quand on se fait l'éditeur d'un grand écrivain dont chaque mot compte, on est tenu deux fois d'être exact. Je regrette de trouver dans ce volume, notamment dans *Mon Portrait* (page 285), des fautes de transcription et, par suite, d'impression, qui m'en font craindre d'autres moins faciles à apercevoir en d'autres endroits. Rousseau n'a jamais écrit, en parlant des amours-propres empressés à se mettre en avant : « Il est vrai qu'on a grand soin de couvrir le motif de cet empressement du *fond* des belles paroles » (page 287) ; mais il a sans doute écrit: du *fard* des belles paroles.—Il n'a pas écrit (même page): « Mes travaux passés me semblent tellement étrangers à moi que, quand j'en retire *la prise*, il me semble que je jouis du travail d'un autre. » C'est *le prix* qu'il faut lire. Cela saute aux yeux ; mais de telles fautes ne sont pas faites pour rassurer sur l'ensemble d'un texte. Rousseau, si sensible aux fautes d'impression, avertissait pourtant qu'on y prît garde, quand il dit quelque part dans ce volume : « Depuis que j'ai eu le malheur de me faire imprimer, je me suis toujours vu sortir de la presse beaucoup plus sot que je ne m'y étais mis; sottise sur sottise, et les commentaires des sots lecteurs brochant sur le tout, me voilà joli garçon. »

Lundi, 5 août 1861.

Étude sur la Vie et les Écrits de l'abbé de Saint-Pierre, par M. Édouard Goumy (1).

L'abbé de Saint-Pierre, sa Vie et ses Œuvres, par M. de Molinari (2).

> « C'eût été un homme très-sage, s'il n'eût eu la folie de la raison. »
> J.-J. Rousseau.

Le volume d'Œuvres inédites de Jean-Jacques Rousseau, que j'examinais dernièrement, contient quelques pensées et Notes sur l'abbé de Saint-Pierre, dont Rousseau avait eu en effet les manuscrits sous les yeux et avait essayé de raviver les écrits morts en naissant. Le caractère et les ouvrages de ce respectable abbé ont été, dans les derniers temps, l'objet d'études approfondies qui, en l'exagérant un peu, le font très-bien connaître. M. de Molinari, au point de vue des économistes, nous l'a présenté par extraits, par citations resserrées et abrégées, seule manière dont l'abbé de Saint-Pierre soit lisible, et il l'a justement rapproché de son futur parent dans l'ordre des esprits, le philosophe utilitaire Bentham. M. Édouard Goumy, dans une thèse complète et fort spirituelle, soutenue à la Faculté des Lettres et devenue presque un volume, a tracé de l'homme et du philosophe un portrait qui ne paraît nullement flatté,

(1) Chez Hachette, boulevard Saint-Germain, 79.
(2) Chez Guillaumin, rue Richelieu, 14.

et il a porté des jugements qui s'appuient sur l'analyse détaillée des œuvres. Je trouve dans ces estimables travaux tout ce qu'on peut désirer de savoir sur l'abbé de Saint-Pierre, hormis un point très-essentiel sur lequel on n'a peut-être pas assez insisté. J'aurai assez d'occasions, chemin faisant, de marquer ce point sans l'annoncer à l'avance; les lecteurs français sont d'eux-mêmes assez éveillés là-dessus.

L'abbé de Saint-Pierre ne me paraît point tout à fait, comme à M. Goumy, une personnification du dix-huitième siècle, « une image fidèle en qui son siècle se reconnut et s'aima. » Il appartient proprement au dix-septième siècle et à la transition de cette époque à la suivante. Le règne de Louis XIV avait trop duré : la dernière partie de ce règne produisit un bon nombre d'esprits, très-sensibles aux défauts, aux abus et aux excès d'un si long régime, qui passèrent à une politique tout opposée et rêvèrent une amélioration sociale moyennant la paix, par de bonnes lois, par des réformes dans l'État et par toutes sortes de procédés et d'ingrédients philantrophiques.

Catinat, Vauban, Bois-Guilbert, Fénelon, jusqu'à un certain point Saint-Simon, Boulainvilliers, le duc de Chevreuse dans les entours du duc de Bourgogne, étaient de ces esprits réformateurs plus ou moins chimériques et systématiques, ou positifs et applicables.

Il y en avait, dans le nombre, qui étaient réformateurs *en arrière*, aspirant à rétrograder vers je ne sais quelle Constitution antérieure, vers je ne sais quel régime féodal-libéral qu'ils se figuraient dans le passé. — Un *Projet de Gouvernement*, rédigé par Saint-Simon à l'intention du duc de Bourgogne et récemment publié par M. Menard, nous livre le secret de leurs cœurs, la nature et la forme de leurs espérances.

Il y en avait qui étaient réformateurs en avant et par

les moyens propres aux sociétés modernes, discussion, liberté d'examen, suffrage éclairé, lumières graduées et intérêt bien entendu, progrès dans l'égalité, le bien-être et la morale civile. L'abbé de Saint-Pierre, jusque dans ses utopies, était de ces derniers. Il me représente quelque chose comme MM. Comte et Dunoyer à la fin de l'Empire, avec cette différence qu'il ne réussit jamais à prendre sur aucune classe du public ; cela tenait à sa forme et à son mode d'exposition ; mais, comme vue, il ne voyait exclusivement qu'un côté de la question : en revanche, il le voyait à perte de vue et dans toute sa longueur.

Il se produisit, à ce moment, un phénomène assez singulier : sur la fin et comme à l'arrière-saison d'un siècle si riche par l'ensemble et la réunion des plus belles facultés de l'esprit et de l'imagination, on vit paraître plusieurs hommes distingués, et quelques-uns même éminents par certaines parties de l'intelligence, mais notablement privés et dénués d'autres facultés qui se groupent d'ordinaire pour composer le faisceau de l'âme humaine : — Fontenelle en tête, le premier de tous, une intelligence du premier ordre, mais absolument dénué de sensibilité ; La Motte, l'abbé Terrasson, qui l'un et l'autre, avec l'esprit très-perspicace sur bien des points, raisonnaient tout à côté comme s'ils étaient privés de la vue ou du goût, de l'un des sens qui avertissent. Cela les menait plus aisément à bien des hardiesses. Entre ces esprits de nouvelle portée et que la Nature, comme en réaction elle-même contre les formes précédentes, tentait de façonner sur un autre moule, l'abbé de Saint-Pierre n'est pas le moins remarquable ni le moins curieux à observer, par l'insistance et l'opiniâtreté de sa vocation dans sa ligne unique, par ses absences et ses lacunes sur tout le reste. Certainement cet excellent homme, content de son lot entre tous, s'estimait exempt plutôt que privé de ce qu'il n'avait pas.

C'était un original de première force. D'Alembert nous l'a peint au naturel et avec finesse dans un agréable Éloge lu à l'Académie française en février 1775, et qui a fourni le premier fonds de toutes les biographies. Né en 1658 au château de Saint-Pierre en Basse-Normandie, cadet d'une noble maison, Charles-Irénée Castel de Saint-Pierre (*Irénée*, c'est-à-dire *pacifique*, il y a de ces heureux hasards de noms) ne dut faire ses premières études dites classiques, ses humanités, que faiblement et sans zèle; pas la plus petite fleur, pas le plus léger parfum de l'Antiquité ne passa en lui. Il fut pris, à dix-sept ans, de ce que son compatriote Segrais appelait la *petite vérole de l'esprit*, c'est-à-dire qu'il voulut se faire religieux; par bonheur pour ses lecteurs futurs et pour le bien du genre humain (c'est lui-même qui nous le dit aussi naïvement qu'il le pense), on le jugea trop faible de santé pour soutenir les exercices du chœur, et sa fièvre de vocation eut le temps de se dissiper. Il en fut donc quitte pour une *petite vérole volante*, et n'en resta point gravé, c'est encore lui qui nous le dit. Quant à son engagement ecclésiastique pur et simple, il ne paraît point s'en être préoccupé à aucun moment comme d'un obstacle, et il sut en effet interpréter sa profession de telle sorte qu'elle ne le gêna en rien.

Il n'avait eu de goût, dans ses études, que pour la philosophie, et dans la philosophie d'abord que pour la physique, qui y était alors comprise. Je disais tout à l'heure que la Nature semblait s'essayer, dans cette dernière moitié du règne de Louis XIV, à façonner des cerveaux un peu différents de ce qu'ils avaient été dans la première : il faut ajouter qu'elle y était fort aidée par ce grand auxiliaire et coopérateur nommé Descartes, qui était venu changer du tout au tout la méthode de raisonner. Quelques esprits prirent cette méthode au pied de la lettre et se mirent à la pratiquer, à l'appliquer en toute rigueur, ayant fait maison nette et table rase pour commencer : cela menait droit et loin. Tant que d'autres esprits puissants et vigoureux, mais déjà en partie formés, imbus d'une forte éducation antérieure, nourris de la tradition et de la moelle des siècles passés, avaient pris du cartésianisme avec sobriété, à petites doses, en le combinant avec les autres éléments reçus, on n'avait eu que de ces résultats moyens, agréables, sans paradoxe, sans scandale, tels qu'on les rencontre chez Arnauld, chez Bossuet, chez Despréaux, chez La Bruyère ; mais quand le cartésianisme, je veux dire la méthode cartésienne, toute autorité étant mise de côté, présida dès l'orígne à la formation et à la dirirection entière d'un esprit, on fut étonné du chemin qu'elle faisait faire en peu de temps sur toutes les routes. Le monde pensant vit se lever de toutes parts de nouveaux horizons, et l'on découvrit de nouvelles terres.

L'abbé de Saint-Pierre s'était fort lié, dans son cours de philosophie au collége des Jésuites de Caen, avec un de ses jeunes compatriotes, Varignon, qui allait s'illustrer dans la géométrie et qu'Euclide conduisit directement à Descartes. Varignon était pauvre, l'abbé de Saint-Pierre n'était pas riche ; il n'avait que 1,800 livres de rentes. Mais la mort de ses parents le laissant maître de suivre ses goûts, « et persuadé, nous dit Fontenelle, qu'il n'y avait pas de meilleur séjour que Paris pour des philosophes raisonnables, » il y vint habiter et se logea au faubourg Saint-Jacques, dans ce qu'il appelait sa *cabane*, avec son ami Varignon, à qui il constitua une rente de 300 livres par contrat, pour qu'il fût bien établi que des deux amis l'un ne dépendait pas de l'autre. Cet arrangement fait, il se mit à profiter de toutes les ressources que fournissait ce savant quartier pour l'étude et l'instruction dans toutes ses branches :

« Mes études du collége étant achevées, j'eus le bonheur, dit-il, de passer trois ou quatre années à l'étude de la Physique. J'allais au cours d'Anatomie de feu M. du Verney; j'allais au cours de Chimie de feu M. Lémery; j'allais à diverses conférences de Physique chez M. de Launai, chez M. l'abbé Bourdelot et chez d'autres. Je lisais les meilleurs ouvrages. J'allais consulter le feu Père Malebranche, et lui faire des objections sur quelques endroits de ses ouvrages. J'avais des camarades avec lesquels je disputais souvent à la promenade, sur ces matières. »

Ces camarades, qu'il ne nomme pas, outre Varignon, l'ardent géomètre, c'était quelquefois l'abbé de Vertot, Normand aussi et d'une imagination vive, qui venait les visiter et loger sous leur toit; c'était ce penseur fin et neuf, et alors très-hardi, Fontenelle : « J'étais leur compatriote, nous dit celui-ci, et j'allais les voir assez souvent, et quelquefois passer deux ou trois jours avec eux : il y avait encore de la place pour un survenant... Nous nous rassemblions avec un extrême plaisir, jeunes, pleins de la première ardeur du savoir, fort unis et, ce que nous ne comptions peut-être pas alors pour un assez grand bien, peu connus. Nous parlions, à nous quatre, une bonne partie des différentes langues de l'empire des Lettres, et tous les sujets de cette petite société se sont dispersés de là dans toutes les Académies. » Que d'idées devaient en effet s'essayer, s'agiter dans ce jeune monde, et de celles qu'on n'est pas accoutumé à attribuer au dix-septième siècle !

Vers cette date de 1686, quand on parlait des réunions du faubourg Saint-Jacques, on pensait généralement à Messieurs de Port-Royal, dont les derniers débris s'y rassemblaient avec mystère; on était disposé à se les exagérer, soit qu'on les admirât ou qu'on les craignît : on ne se doutait pas qu'il y avait là, tout près d'eux, quatre ou cinq jeunes gens encore ignorés, à la veille de se produire, animés de l'esprit le moins théologique, et qui feraient faire aux idées et aux sciences bien plus de chemin désormais que tous ces Jansénistes dont les coups étaient depuis longtemps portés, qui avaient vidé leur carquois depuis Pascal, et qui finissaient de vider leur sac avec Arnauld. Ainsi de tout temps : à côté et au-dessous des réputations établies et qui font illusion au gros du monde en se prolongeant, il y a les jeunes groupes fervents et féconds, les cénacles cachés qui seront le règne et la pensée du lendemain.

L'abbé de Saint-Pierre, qui devait contribuer à ce lendemain par la pensée sans participer au règne ni à l'honneur, parcourut en quelques années des ordres très-divers de connaissances, et porta dans toutes l'esprit qui le caractérisait, une analyse subtile, une recherche extrême de précision, une patience et une lenteur ingénieuses et encore plus minutieuses à discuter tout. Il y portait à la fois un sentiment dont plus d'un se targue en paroles, mais qui, sincère chez lui et profond, était de plus constant et fixe jusqu'à la manie, le désir d'en faire profiter les autres et d'être utile au public. Après trois ou quatre ans donnés à la physique, à laquelle il eût été propre peut-être plus qu'à aucun autre objet, désirant surtout faire servir ses progrès personnels au bonheur des hommes, il suivit l'exemple de Pascal et de Socrate, il passa à l'étude de la morale; et comme celle-ci ne trouve guère son application en grand et son développement qu'à l'aide des lois et des institutions civiles, il fut conduit nécessairement à s'occuper de politique : car nul esprit n'était plus docile que le sien à mettre en pratique et à suivre jusqu'au bout la série de conséquences qui s'offraient comme justes. Au fur et à mesure qu'il s'appliquait à un sujet, selon sa méthode d'examen étrangère à toute considération historique, il était frappé de ce que les idées, les plus raisonnables selon lui, étaient le moins en usage, et que, sur chaque point, le genre humain semblait encore dans l'enfance. Il était persuadé, comme Fontenelle, qu'avant Descartes on ne raisonnait presque point avec solidité ni avec justesse dans les matières qui n'étaient point du ressort de la géométrie : « Avant lui, le sens de la démonstration, le sens de la conséquence juste, ce sens qui met une si grande différence entre homme d'esprit et homme d'esprit, ce sens si précieux n'était presque point exercé ailleurs que dans la géométrie... Nous avions quantité d'orateurs et d'agréables discoureurs ; nous n'avions point de solides *démontreurs.* » Trop souvent on confondait la certitude qui vient de l'évidence véritable avec celle que l'on tirait des habitudes de l'éducation et des préjugés de l'enfance ou de l'opinion du grand nombre. Nous marchions en aveugles, appuyés les uns sur les autres. Au lieu d'avancer sur une ligne droite, nous tournions dans les mêmes cercles, et encore dans des cercles très-étroits. « Il y a plus : c'est que, faute d'un certain *sens spirituel* nécessaire pour discerner par nous-mêmes la vérité, nous étions réduits à nous citer les uns les autres, et à citer même des Anciens de deux mille ans, nous qui, aidés de leurs lumières et des lumières de soixantes générations, devions avoir incomparablement plus de lumières et de connaissances que ces Anciens qui vivaient dans l'enfance de la raison humaine... »

Nous touchons ici à une idée essentielle de l'abbé de Saint-Pierre, c'est que le monde intellectuel ne date que d'hier, que les hommes sont dans l'enfance de l'esprit et de la raison, que l'humanité n'a guère que sept ans et demi, l'âge à peine de la raison commençante (1).

(1) La Bruyère a dit quelque chose de pareil : « Si le monde dure

Rousseau, dans les quelques Notes qu'on a de lui sur le digne abbé, nous donne là-dessus d'agréables témoignages :

« L'abbé de Saint-Pierre disait qu'en France tout le monde était enfant. » M. de Fontenelle lui demandait : « Quel âge me donnez-vous ? » — « Dix ans. » — Fontenelle n'était à ses yeux que l'enfant le plus sage, un enfant un peu plus avancé que les autres.

Cette similitude du Français et de l'enfant, qui ne se bornait pas à un simple aperçu comme en ont les gens d'esprit, mais qui était l'idée favorite de l'abbé, revient continuellement dans ces Notes de Rousseau :

« Il était mal reçu des ministres et, sans vouloir s'apercevoir de leur mauvais accueil, il allait toujours à ses fins; c'est alors surtout qu'il avait besoin de se souvenir qu'il parlait à des enfants très-fiers de jouer avec de grandes poupées. » — « En s'adressant aux princes, il ne devait pas ignorer qu'il parlait à des enfants beaucoup plus enfants que les autres, et il ne laissait pas de leur parler raison, comme à des sages. » Rousseau, à qui tant de gens feront la leçon pour sa politique trop logique et ses théories toutes rationnelles,

---

seulement cent millions d'années, il est encore dans toute sa fraîcheur, et ne fait presque que commencer. Nous-mêmes nous touchons aux premiers hommes et aux patriarches : et qui pourra ne nous pas confondre avec eux dans des siècles si reculés? Mais si l'on juge par le passé de l'avenir, quelles choses nouvelles nous sont inconnues dans les arts, dans les sciences, dans la nature, et, j'ose dire, dans l'histoire! quelles découvertes ne fera-t-on point! quelles différentes révolutions ne doivent-elles pas arriver sur toute la face de la terre, dans les États et dans les empires! quelle ignorance est la nôtre! et quelle légère expérience que celle de six ou sept mille ans! »—Admirable vue, mais qui reste à l'état de vue chez La Bruyère et dont il ne tire aucun parti. Il raisonnera ailleurs, et tout à côté, dans le sens de la supériorité supposée des Anciens. Chez l'abbé de Saint-Pierre, c'est au contraire une proposition fondamentale avec tout un cortège de conséquences.

sent très-bien le défaut de l'abbé de Saint-Pierre et insiste sur la plus frappante de ses inconséquences: « Les hommes, disait l'abbé, sont comme des enfants; il faut leur répéter cent fois la même chose pour qu'ils la retiennent. » — « Mais, remarquait Rousseau, un enfant à qui on dit la même chose deux fois, bâille la seconde et n'écoute plus si on ne l'y force. Or comment force-t-on les grands enfants d'écouter, si ce n'est par le plaisir de la lecture? L'abbé de Saint-Pierre, en négligeant de plaire aux lecteurs, allait donc contre ses principes... Son défaut était moins de nous regarder comme des enfants que de nous parler comme à des hommes. »

Que ne connaissait-il mieux les poëtes! Il aurait su, comme l'a dit l'un des plus enchanteurs, le Tasse, après Lucrèce, que le monde court avant tout là où la muse de la Persuasion a versé le plus de ses douceurs, que la vérité en soi est souvent un remède amer, et qu'à l'enfant malade, c'est-à-dire à l'homme, il faut emmieller tant soit peu le bord du vase où il boira la guérison et la vie : *Cosi all' egro fanciul...* Cela, je le sais, est un peu moins vrai qu'autrefois, mais cela n'a pas tout à fait cessé de l'être.

L'abbé de Saint-Pierre l'oubliait; il ne s'était jamais brouillé avec l'agrément et le charme, par la bonne raison qu'il ne les avait jamais connus; il faut bien lâcher le mot, il était dans une impossibilité malheureuse, — malheureuse pour lui et surtout pour les autres, — de comprendre tout ce qu'enferme de triste et de fâcheux ce mot qui est mortel au public français l'*ennui*.

L'abbé de Saint-Pierre avait bien quelque vague soupçon qu'il pouvait ennuyer parfois, — qu'il avait pu autrefois ennuyer; mais il ne s'en rendait point parfaitement compte, et il se flattait de s'en être assez bien corrigé « Quand j'arrivai à Paris, disait-il, je disputais avec tout le monde ; enfin, m'étant aperçu que la raison ne ramenait personne, j'ai cessé de disputer. » Il ne disputait plus, il est vrai, mais il ne cessait de raisonner et de démontrer toujours.

Dans ces années de jeunesse et tandis qu'il occupait dans le faubourg Saint-Jacques cette petite maison de 200 livres, il allait voir les hommes célèbres par leurs écrits, il *courait après eux* (c'est son mot). Il se présentait lui-même naïvement, les questionnait, recueillait leurs réponses et les écrivait en rentrant chez lui. C'est ainsi qu'il a noté des souvenirs, pour nous assez curieux, d'une conversation avec Nicole, et qu'il nous a laissé un précieux témoignage de plus, en faveur du théologien radouci et de la modération finale de ses sentiments. Il allait aussi chez madame de La Fayette et prenait goût dès lors au commerce des femmes, qui se montrent souvent plus patientes à écouter que les hommes. Il redisait à Nicole, demi-solitaire et retiré, que le monde ne laissait pas d'intéresser à distance, les nouvelles du salon de madame de La Fayette. La curiosité lui vint, vers ce même temps, d'aller chez La Bruyère, dont les *Caractères* avaient paru depuis peu et étaient le grand succès du moment; mais là il lui arriva malheur. Il fut pris sur le fait par un observateur malin, impitoyable, qui se montra cette fois injuste, comme il le fut, et d'une manière moins pardonnable encore, dans le portrait qu'il traça de Fontenelle sous le nom de *Cydias;* mais l'injustice et l'extrême sévérité n'empêchent pas un portrait d'être ressemblant : au lieu d'être peint en beau on est peint en laid, voilà tout, et chacun vous montre au doigt. La Bruyère fut surtout frappé chez le jeune abbé du manque absolu de tact, de la confiance à se mettre en avant soi et ses idées, de la distraction sur tout le reste, et de ce parfait oubli des nuances sociales. Aussi nous l'a-t-il montré dans toute la béatitude et, pour ainsi dire, dans toute la splendeur de sa naïveté. C'est au chapitre *du Mérite personnel;* le malin portrait se glissa dans la cinquième édition des *Caractères,* qui fut donnée en 1690 :

« Je connais *Mopse* d'une visite qu'il m'a rendue sans me connaître. Il prie des gens, qu'il ne connaît point, de le mener chez d'autres dont il n'est pas connu : il écrit à des femmes qu'il connaît de vue : il s'insinue dans un cercle de personnes respectables, et qui ne savent quel il est; et là, sans attendre qu'on l'interroge, ni sans sentir qu'il interrompt, il parle, et souvent, et ridiculement. Il entre une autre fois dans une assemblée, se place où il se trouve, sans nulle attention aux autres, ni à soi-même : on l'ôte d'une place destinée à un ministre, il s'assied à celle du duc et pair : il est là précisément celui dont la multitude rit, et qui seul est grave et ne rit point. Chassez un chien du fauteuil du roi, il grimpe à la chaire du prédicateur, il regarde le monde indifféremment, sans embarras, sans pudeur : il n'a pas, non plus que le sot, de quoi rougir. »

M. Walcknaer paraît douter si l'abbé de Saint-Pierre méritait en effet qu'on lui appliquât le portrait : c'est qu'il n'avait pas considéré de près le personnage, et dans ses écrits mêmes et dans tout ce qu'on rapporte de lui.

Oui, pour qui ne le connaissait que sur une première vue, l'abbé de Saint-Pierre était bien celui qui, se souciant le plus du bonheur des hommes en général (ce qu'on n'était pas obligé de savoir), s'inquiétait le moins de la commodité de son interlocuteur et de son plaisir.

C'est bien lui qui allait à l'objet présent de sa curiosité tout droit, sans regarder ni à droite ni à gauche, sans prêter attention aux railleries ni s'en mortifier, — avec ténacité, tranquillité, et une sorte d'effronterie naïve.

C'est bien lui qui, lorsqu'il crut devoir passer de l'étude de la Morale à celle de la Politique, et qu'il eut acheté pour cela une charge de Cour (celle de premier aumônier de Madame, mère du duc d'Orléans), ne considéra cette espèce de sinécure auprès d'une princesse restée à demi protestante, que comme une *petite loge* à un beau spectacle, comme une entrée de faveur pour approcher plus aisément ceux qui gouvernaient, et se mit à les regarder, à les étudier à bout portant, bientôt à les aborder et à les harceler de questions, en attendant qu'il les poursuivît, sous la Régence, de ses projets et de ses conseils.

C'est lui qui, un jour qu'un homme en place, excédé de son procédé, lui en faisait sentir l'inconvenance, répondait sans s'émouvoir : « Je sais bien, monsieur, que je suis, moi, un homme fort ridicule; mais ce que je vous dis ne laisse pas d'être fort sensé, et, si vous étiez jamais obligé d'y répondre sérieusement, soyez sûr que vous joueriez un personnage plus ridicule encore que le mien. »

C'est lui qui, s'apercevant un jour qu'il était de trop dans un cercle peu sérieux, ne se gêna pas pour dire : « Je sens que je vous ennuie, et j'en suis bien fâché; mais moi, je m'amuse fort à vous entendre, et je vous prie de trouver bon que je reste. » Tout cela est bien de l'homme dépeint par La Bruyère dans son portrait chargé, mais reconnaissable, de celui même que le cardinal de Fleury, à son point de vue de Versailles, appellera un politique *triste et désastreux*; malencontreux, du moins, et intempestif, qui avait reçu le don du contre-temps comme d'autres celui de l'à-propos, et qui, lorsqu'il se doutait du léger inconvénient, prenait tout naturellement son parti de déplaire, pourvu qu'il allât à ses fins.

La Bruyère, qui jugeait ainsi l'abbé de Saint-Pierre sur l'écorce et d'après une première visite, l'eût-il jugé bien différemment s'il l'avait mieux connu? eût-il trouvé pour l'auteur plus d'indulgence que pour le visiteur importun? J'en doute. Il y avait antipathie entre eux : La Bruyère était philosophe, mais encore plus artiste ; l'abbé de Saint-Pierre écrivait aussi peu et aussi mal que La Bruyère écrivait bien. Nommé à l'Académie française deux ans après La Bruyère lui-même, qui avait signalé son entrée par un si neuf et si éloquent discours de réception, il en fit un des plus ordinaires ; et, comme Fontenelle, à qui il le montrait en manuscrit, lui faisait remarquer que le style en était plat : « Tant mieux, dit l'abbé, il m'en ressemblera davantage ; et c'est assez pour un honnête homme de donner deux heures de sa vie à un discours pour l'Académie. » Il était homme à répondre comme un de nos contemporains à celui qui critiquait une de ses phrases : « Ah! je le vois, mon cher, vous avez le préjugé du style. »

J'aurais aimé à savoir ce que le digne abbé pensait de La Bruyère, et s'il lui en voulut un peu. Je crois qu'il l'a entièrement passé sous silence. Mais il a écrit quelque part contre l'*esprit moqueur;* n'ayant pas en lui même le sentiment du ridicule, il le désapprouvait naturellement chez les autres. En même temps que sa devise était : *Paradis aux bienfaisants,* il disait : Fi des médisants! Il ne concevait rien à la raillerie, à cette *offense polie,* comme l'appelle Aristote. La probité était peinte sur son visage : le fin sourire de Socrate ou de Franklin faisait défaut sur ses lèvres. C'était déjà, dès sa jeunesse, la bonhomie impertubable et sereine d'un Dupont de Nemours. Toute ironie lui paraissait incompatible avec le sérieux. Ce qui lui manquait précisément, c'était le grain de malice. Il était content et le laissait voir : « J'ai du plaisir partout, disait-il, parce que j'ai l'âme saine. » Il a pourtant écrit, au sujet de la moquerie, un mot fait pour toucher, et où il ne tient qu'à nous de voir une allusion à ce portrait de *Mopse* : « Quel agrément dans la vie pour le bienfaisant de sentir la joie de ceux chez qui il entre! C'est qu'ils savent qu'il ne remarquera dans leur caractère, pour en parler, que ce qu'il y a de louable. » C'est une réponse. Le cœur en trouve quelquefois de victorieuses, même contre l'esprit.

Étude sur la Vie et les Écrits de l'abbé de Saint-Pierre, par M. Édouard Goumy.

L'abbé de Saint-Pierre, sa Vie et ses Œuvres, par M. G. de Molinari.

(SUITE ET FIN.)

Lorsque l'abbé de Saint-Pierre fut élu par messieurs de l'Académie française à la place de M. Bergeret, secrétaire du Cabinet du Roi, il n'avait rien écrit, ou du moins il n'avait rien fait imprimer; c'est un avantage qu'il ne garda pas toujours. On entrevoit par un mot de M. de La Chapelle, chancelier de l'Académie, qui lui répondit le jour de la réception, que l'abbé avait sollicité les suffrages avec beaucoup d'empressement : non content de sa charge d'aumônier de Madame, il avait vu dans la place d'académicien l'entrée à un nouveau spectacle, et sa curiosité n'y avait pas tenu. Il s'imaginait aussi qu'il pourrait être fort utile à l'Académie quand il en serait : de là un redoublement de zèle. Fontenelle et les modernes, qui avaient à prendre leur revanche du discours de La Bruyère et de la Préface très-vive qu'il y avait jointe, firent l'élection de l'abbé de Saint-Pierre : pour eux, c'était un auxiliaire et un renfort; pour les autres, ce n'était alors qu'un abbé de cour, de mœurs douces et polies, et assez grandement apparenté. Saint-Simon, qui s'est donné carrière en toute rencontre sur le frère aîné de l'abbé et sur *les Saint-Pierre*, comme il les appelle, indiquant que l'abbé et ses frères étaient cousins germains, par leur mère, du maréchal de Bellefont, ajoute : « Voilà une parenté médiocre, on sait en Normandie quels sont les Gigault (Bellefont). » Mais de loin cela nous paraît être de fort bonne maison, et l'on en jugeait ainsi, même sous Louis XIV, à deux pas de Saint-Simon.

Si l'abbé avait été un homme de lettres déjà connu par des ouvrages imprimés et publics, il aurait eu maille à partir avec l'Académie dès le jour de son entrée, à cause de son orthographe. La sienne, telle qu'il l'établit et la pratiqua dans tous ses livres, est en effet une orthographe toute rationnelle, purement et simplement conforme à la prononciation, qui rompt en visière à l'étymologie et qui ne tient aucun compte de l'usage.

Exemple. — Écrivant dans sa vieillesse un Parallèle de Thémistocle et d'Aristide comme modèle pour *perfexionner* les Vies de Plutarque, il adresse ce petit écrit à madame Dupin, femme du fermier général, l'une des quatre ou cinq jolies femmes de Paris qui s'étaient engouées de lui, et il lui dit dans sa lettre d'envoi :

« Voilà, Madame, Aristide et *Témistocle* dont j'ai *comancé* la vie dans ce charmant *séjour* que vous habitez (à Chenonceaux) ; vous les trouverez écrites suivant ce nouveau plan que je vous *propozai* un jour sur les bords du Cher dans une de nos promenades *filozofiques* où vous trouviez tant de *plézir*...

« J'avoue que j'eus une grande joie de voir ainsi qu'à votre âge, et avec les charmes de la jeunesse, vous étiez capable d'estimer le *sansé*, lorsque tout ce qui vous *anvironne* n'estime que l'agréable *prézant*, au lieu que l'utile ou le *sansé* ne regarde que l'agréable futur. »

C'est avec cette orthographe et cette diction qu'il ne laissait pas cependant de plaire à quelques-unes de ces dames qui se piquaient de philosophie. Et puis les raisons, dès qu'on se prêtait à les entendre, ne manquaient pas.

M. Marle, de nos jours, a su rendre presque ridicule cette espèce de réforme qui, dans une certaine mesure, avait reçu l'approbation de plus d'un grammairien philosophe au dix-huitième siècle et même au seizième. On ne cesse d'opposer à toute réforme de l'orthographe le vers d'Horace sur l'usage, maître absolu et seul régulateur légitime du langage : *Quem penes arbitrium est...*

Cela est vrai des mots mêmes qui sont mis en circulation plus que de la manière de les écrire. Il y a d'ailleurs à dire qu'en de certains cas on peut, quand on est un tribunal autorisé, donner une légère impulsion à l'usage. Ainsi, pour ces trois mots qui viennent du grec et qui en restent tout hérissés en français : *ophthalmie, phthisie, rhythme,* quel mal y aurait-il d'en rabattre un peu et de permettre d'écrire, non pas *oftalmie, ftisie, ritme,* ce serait trop demander en une seule fois, mais au moins et par manière de compromis, *ophtalmie, phtisie, rhytme?* Je crois savoir que M. Firmin Didot, qui n'est pas un utopiste et qui sait le grec, aurait fort envie d'imprimer ces mots plus simplement dans une nouvelle édition revue et corrigée du Dictionnaire de l'usage, telle qu'on l'attend et qu'on l'espère bientôt de l'Académie française après un quart de siècle d'intervalle. C'est ainsi que dans le cours des années, tantôt sur un point, tantôt sur un autre, les idées de l'abbé de Saint-Pierre obtiennent des moitiés ou des quarts de satisfaction. C'était, en tout sujet, un presbyte qui voyait de loin, nullement de près.

L'abbé de Saint-Pierre fit peu parler de lui pendant vingt ans, jusqu'à la mort de Louis XIV ; il était occupé en silence, et avec une bonne foi parfaite, du perfectionnement de ses idées et de l'accroissement graduel de sa raison. Il se préparait pour le jour de la propagation prochaine qui ne pouvait tarder bien longtemps. C'est dans cette période de sa vie, j'imagine (car je ne vois pas d'autre moment où placer convenablement cet épisode) que le digne abbé, qui avait d'ailleurs des mœurs pures, mais non pas dans le sens strict de sa profession et de son ministère, paya son tribut à la faiblesse humaine. Rousseau, qui nous l'apprend, n'indique pas toutefois le nom et la condition de la personne qui fit commettre au premier aumônier de Madame cette grave infraction à ses habitudes flegmatiques et régulières. Après avoir marqué le caractère singulier de la bienfaisance constamment prêchée et pratiquée par l'abbé, qui n'était point celle d'un cœur sensible et tendre, mais qui procédait avec méthode au nom d'une raison sincère et convaincue : « Il avait aimé pourtant, ajoute-t-il : c'est un tribut que l'on doit payer une fois à la folie ou à la nature; mais quoique cette folie n'eût point porté d'atteinte à sa raison universelle, sa raison particulière en avait tellement souffert, qu'il fut obligé d'aller dans sa province réparer, durant quelques années, les brèches que ses erreurs avaient faites à sa fortune. »

On n'en sait pas plus long sur les fredaines de l'abbé de Saint-Pierre, et sans Rousseau on n'en aurait rien soupçonné. En plaidant plus tard contre le célibat ecclésiastique, l'abbé n'était donc pas tout à fait aussi désintéressé qu'on l'aurait cru dans la question (1).

(1) Un de mes obligeants lecteurs me rappelle ici ce qui m'avait d'abord échappé : il y a un autre passage de Rousseau, et des plus curieux, sur les mœurs de l'abbé de Saint-Pierre : c'est au livre III de l'*Émile*, lorsqu'il s'agit de faire apprendre au jeune élève un métier, mais un métier *honnête*. Rousseau, s'autorisant de l'exemple donné par ce singulier ecclésiastique, nous dit : « Un célèbre auteur de ce siècle, dont les livres sont pleins de grands projets et de petites vues, avait fait vœu, comme tous les prêtres de sa communion, de n'avoir point de femme en propre; mais se trouvant plus scrupuleux que les

L'abbé était connu d'ailleurs pour n'aimer personne en particulier ; il embrassait trop le genre humain en masse pour se resserrer ainsi dans un choix unique. En utopiste logique et conséquent, ce qui l'occupait avant tout, c'était l'ensemble et l'enchaînement de ses chères idées, desquelles devaient immanquablement résulter la félicité universelle. S'il avait été père, il eût été homme à répondre comme cet utopiste moderne à un ami qui, après une longue absence, lui demandait d'abord : « Comment va ta fille ? » L'utopiste, étonné et presque formalisé de la question, recula de deux pas en s'écriant : « Et tu ne me demandes pas comment va mon idée ! »

Ceci pourtant eût été trop vif de geste pour l'abbé de Saint-Pierre, qui y allait à pas comptés et avec plus de bonhomie. Il commença à se déclarer comme écrivain politique par son Projet de paix perpétuelle (1713), et

autres sur l'adultère, on dit qu'il prit le parti d'avoir de jolies servantes, avec lesquelles il réparait de son mieux l'outrage qu'il avait fait à son espèce par ce téméraire engagement. Il regardait comme un devoir du citoyen d'en donner d'autres à la patrie, et du tribut qu'il lui payait en ce genre il peuplait la classe des artisans. Sitôt que ces enfants étaient en âge, il leur faisait apprendre à tous un métier de leur goût, n'excluant que les professions oiseuses, futiles, ou sujettes à la mode, telles, par exemple, que celle de *perruquier*, qui n'est jamais nécessaire, et qui peut devenir inutile d'un jour à l'autre, tant que la nature ne se rebutera pas de nous donner des cheveux. » On reconnaît bien là notre consciencieux abbé qui faisait tout tourner à l'utile, même ses habitudes *ancillaires*, et qui peuplait de ses bâtards les divers corps de métiers. Buffon faisait des siens des jardiniers ; j'ai connu un riche anglais qui établissait les siens comme apothicaires. Une question biographique reste toujours pendante : il n'est pas à croire que Rousseau, dans la note que j'ai citée, et qui paraît se rapporter à un fait accidentel, à un entraînement de l'abbé, ait entendu parler de ces amours d'habitude et si bien réglées qui n'avaient rien de ruineux. L'abbé de Saint-Pierre eut, une fois, une passion extraordinaire qui lui fit faire des folies ; mais pour qui ? c'est ce qu'on ne sait pas.

surtout par son Discours sur la Polysynodie ou pluralité des Conseils (1718). Le premier acte d'opposition à Louis XIV, et le seul possible, lui vivant, c'était de parler paix, paix européenne perpétuelle, et d'aller renouer la tradition monarchique au nom populaire de Henri IV. Le second acte, possible seulement au lendemain de sa mort, était d'écrire contre le despotisme et le gouvernement personnel d'un seul. L'abbé de Saint-Pierre ne manqua ni à l'une ni à l'autre de ces manifestations. La première parut innocente et fit sourire le petit nombre de ceux qui la remarquèrent; la seconde amena un furieux éclat dans un certain public et au sein de l'Académie.

Cette exclusion de l'abbé par ses confrères a été tant de fois racontée que j'en fais grâce. Le vieux parti de Louis XIV, battu partout ailleurs, prit sa revanche là où il était encore maître. Le cardinal de Polignac, en dénonçant l'abbé (qui avait été un moment son secrétaire d'ambassade) comme un blasphémateur laps et relaps envers la mémoire de Louis XIV, crut s'honorer par cette explosion de fidélité posthume; et en même temps on n'était pas fâché, quand on n'aimait pas le Régent, de frapper un homme de sa maison, ou du moins de la maison de sa mère, et qui logeait dans le corridor même du Palais-Royal. Le bon abbé, dans cette condamnation où l'on ne voulut pas l'entendre, n'eut pour lui, au scrutin secret, qu'une seule voix, celle de Fontenelle. Le duc de La Force, un singulier académicien, eut le front de dire un jour à l'abbé, Fontenelle présent, que cette voix unique, cette boule blanche était la sienne. Fontenelle, qui en général s'étonnait peu, fut étonné de cette impudence du duc et pair. Le Régent, auquel on déféra un moment cette affaire et qu'une députation de l'Académie alla trouver dix-huit mois après la sentence, pour savoir s'il y avait lieu à révision, envoya à peu près *promener* messieurs des Quarante. Il aimait et estimait le bon abbé et n'avait pas à un haut degré le culte de Louis XIV; il aurait autant aimé que l'Académie revînt sur sa première décision ultra-royaliste sans le consulter, et qu'elle lui fît grâce de cette tracasserie mesquine. « Lavez votre linge sale en famille, messieurs; » il ne dit pas la chose, mais c'était le sens.

Rejeté de l'Académie française et non remplacé, l'abbé de Saint-Pierre n'en fut pas plus mortifié qu'il ne fallait. Il retrouva quelques années après une compagnie plus à son gré dans la société de l'Entresol (1725), vrai berceau d'une Académie des sciences morales et politiques. Il y était dans son milieu, et elle semblait faite exprès pour lui donner un cercle d'auditeurs et même d'adeptes. Le marquis d'Argenson était un disciple en tout du bon abbé, et qui ne s'ennuyait jamais de l'entendre. Mais l'abbé de Saint-Pierre ne portait pas précisément bonheur à ce qu'il touchait. Un jour l'Entresol, trop chargé de politique, croula. Ainsi chassé d'une Académie, ayant eu une autre Académie tuée sous lui, l'abbé, toujours serein et impassible, continua d'écrire tous les matins ses idées, de les lire tous les soirs à qui voulait l'entendre (ne fût-ce qu'à une jolie femme), et d'échec en échec, il ne laissa pas de dire : « Patience! nous croissons du côté de la raison. »

Ses idées, convenons-en (et notre ton médiocrement respectueux l'a déjà assez indiqué), ne sont jamais grandes; un bon nombre, quoique très-inégalement sont utiles et justes. Ne lui demandez ni élévation ni profondeur; ce n'est pas un Sieyès, ce n'est pas un Hegel que l'abbé de Saint-Pierre; ce n'est pas un de ces penseurs difficiles à qui l'expression manque. Il a de l'esprit certainement, il a de la finesse, il n'a nul génie ; et s'il voit de loin, je l'ai dit, c'est par une sorte d'infirmité, c'est qu'il est presbyte. Il n'y a de mérite à voir de loin que si l'on n'est pas tout à fait aveugle de près. Ne l'appelez pas un *vaste cerveau;* le sien en est réduit, si j'ose ainsi parler, à quelques fibres élémentaires, mais très-nettes, très-déliées et tenaces. En fait, ses idées sont simples, en général utiles, et même pourraient devenir praticables à la longue; c'est sa méthode qui paraît à bon droit bizarre, baroque, puérile et enfantine. Il énonce une chose juste, il propose une réforme utile, vous l'approuvez, il n'est pas content : pour la mieux établir et pour vous convaincre à satiété, il va s'amuser à énumérer les objections les plus futiles, se donnant le plaisir de les réfuter à son aise, une à une, *premièrement, secondement..., vingt-huitièmement...* Il ne s'arrêtera qu'après nous avoir accablés; il tient à rester victorieux jusqu'au bout sur le papier, et à dormir sur le champ de bataille : dormir est bien le mot, surtout pour le lecteur. Il réglemente, avec une minutie comique, ce qui est encore à l'état de rêve et qui n'a chance d'arriver que dans le *palo-post* futur. A côté d'une idée saine et recommandable, il en aura une ridicule. J'ouvre au hasard un de ses volumes : *Projet pour rendre les chemins praticables en hiver... Projet pour renfermer les mendiants* (pour l'extinction de la mendicité)... bien. — *Avantages que doit procurer l'agrandissement continuel de la ville capitale d'un État...* bien, très-bien. Il devrait être content aujourd'hui. — *Projet pour rendre l'Académie des bons écrivains plus utile à l'État...* bien encore; il a l'idée du lien entre les diverses Académies, l'idée de l'Institut. Mais à deux pas de là, on va me citer ce qui a l'air d'une mauvaise plaisanterie : *Projet pour rendre les ducs et pairs utiles... Moyen de rendre les sermons utiles....* C'est tout un pêle-mêle. Présenté aujourd'hui par extraits, il a pour nous le mérite d'avoir vu d'avance des choses qui sont en partie arrivées ou qui ont l'air de vouloir se réaliser un jour ou l'autre. Est-ce à dire que le bonhomme y aura le moins du monde contribué? Il faudrait pour cela avoir eu influence, et il n'avait rien de ce qui la donne, et il avait, au rebours, tout ce qui l'annule ou la compromet. Ces choses sont arrivées *quoiqu*'il les ait dites et prêchées. On n'était jamais tenté d'aller prendre une idée chez lui, il n'en a inoculé aucune; il n'avait pas l'*ingrès* (*ingressus*), comme le disait un jour Leibnitz, et pour parler français ses idées ne sont pas *entrantes*. Il avait le contraire de ce qui insinue ou de ce qui autorise. Voltaire, en quatre pages intitulées : *Ce qu'on ne fait pas et ce qu'on pourrait faire* (1), et où il conseille en badinant, a plus fait pour donner le goût des améliorations sociales et d'une civilisation perfectionnée, que l'abbé de Saint-Pierre en ses trente volumes. Dans ces mêmes pages (il faut être juste), Voltaire lui attribue pourtant l'honneur d'avoir fait substituer, à force d'avertissements, la taille tarifée à la taille arbitraire ; il revient encore ailleurs sur ce bienfait public dû aux travaux de l'abbé et sur le résultat qu'il obtint en cette seule matière. On a même quelques lettres d'intendants de province qui font foi à cet égard.

Voltaire aime à prêter à l'abbé de Saint-Pierre; il en parle diversement, et bien ou mal, selon l'occasion. Il l'appelle une fois « cet homme moitié philosophe et moitié fou. » Il le cite souvent, le réfute, s'en moque, s'en sert, lui arrange son *Credo*, le lui aiguise, le lui émoustille, et glisse ses propres pensées sous son nom. Être lu et traduit par un homme d'esprit comme Voltaire, c'est tout profit pour l'abbé; il devient alors un

---

(1) A la fin du tome XXXVIII de l'édition-Beuchot.

vrai répertoire d'idées, même pratiques, et c'est en ce sens qu'il a pu influer indirectement (1).

Voltaire l'a rencontré une fois en face et a eu affaire à lui comme adversaire pour l'histoire du règne de Louis XIV, que l'abbé s'était avisé d'écrire. L'abbé était trop l'homme de sa propre idée pour pouvoir être un bon historien ; il était le plus éloigné de la condition voulue par M. Thiers, de l'*intelligence*, qui consiste à entrer dans l'esprit des situations et dans les vues des hommes d'État, nécessairement différentes selon les époques. Lui, il raisonne, il moralise et abonde à cœurjoie en son sens unique. La nature l'avait fait singulièrement impropre entre tous à sentir une époque brillante où se déploie le génie des beaux-arts. Il n'entend rien à Colbert et ne lui tient nul compte des grandes et patriotiques entreprises qu'il eut l'adresse de faire adopter au jeune roi pour l'honneur de la nation. Ces Mémoires ou *Annales politiques* de l'abbé « n'ont rien de curieux, dit Voltaire, que la bonne foi grossière avec laquelle cet homme se croit fait pour gouverner. » Voilà comme il le traite les jours où le mal-appris s'avise de venir chasser sur ses terres. A force de chercher son homme vertueux, l'abbé ne comprend rien au grand homme, à l'homme de génie, quand il le rencontre. Dans sa manie d'éducabilité, il croyait qu'on arrivait à acquérir l'équivalent du génie, vers l'âge de cinquante ans, à force d'avoir assisté à des conférences. Il dira platement du grand Condé : « S'il eût eu la patience de M. de Turenne, et si M. de Turenne eût eu la supériorité d'esprit de M. le Prince, ils n'auraient jamais pris parti contre le roi, et tous deux seraient

(1) Ainsi, quand Voltaire dit : « Toute guerre européenne est une guerre civile, » il rend le plus grand service à l'idée de l'abbé de Saint-Pierre ; il la frappe à son coin et lui donne cours auprès même des moins chimériques.

parvenus à être de grands hommes ; au lieu qu'ayant injustement contribué à déchirer leur patrie et à lui causer de grands maux par des guerres civiles, ils ne pourront jamais être mis par les connaisseurs qu'au rang des hommes illustres. » Le bonhomme n'est pas même content de M. de Turenne, lequel n'était pas assez Aristide pour lui. Mais si Bossuet pourtant s'oublie dans une Oraison funèbre jusqu'à faire de l'ancien secrétaire d'État Le Tellier, de cet homme d'esprit doucereux et fin, une majestueuse figure de chef de justice et un pendant de L'Hôpital, on n'est pas fâché d'entendre l'abbé de Saint-Pierre réduire la figure à ses justes proportions, et mettant, comme on dit vulgairement, les pieds dans le plat, nous dire crûment :

« Il (Le Tellier) n'eut durant sa vie que le même but qu'ont les hommes du commun dans la leur, et ce but fut d'enrichir sa famille et d'augmenter son pouvoir tous les jours par des charges, par des emplois, par des alliances, par des richesses, par des dignités et surtout par la faveur du Roi.

« Pour moyens d'y arriver, il n'eut que deux maximes principales, qu'il suivit constamment et exactement tous les jours : c'était d'étudier mieux que ses rivaux toutes les choses qui déplaisaient à celui qui gouvernait, pour les éviter, et toutes les choses qui lui plaisaient et celles qui lui plaisaient le plus, pour les rechercher avec soin dans l'étendue de son ministère. Le second fut de détruire finement, doucement et lentement dans l'esprit du maître, tous ceux qui entraient en quelque faveur.

« Un ministre général (un premier ministre) ne pouvait pas souhaiter un valet plus assidu, plus attentif à le louer et à lui plaire... etc. »

Mais assez ! n'allons pas trop citer de l'abbé de Saint-Pierre : il a ce malheur des écrivains sans style, il ne supporte pas la citation.

Pour lui trouver de l'esprit (et il en avait), il faut ne le prendre qu'à toutes petites doses et sur des mots qui lui sont échappés. Un jour qu'il venait d'entendre madame de Talmont une femme du monde qui parlait bien et pensait peu : « Mon Dieu! remarqua-t-il par un retour sur lui-même, que cette dame ne dit-elle ce que je pense! » — On sait son mot à madame Geoffrin qui, après une soirée passée entre eux deux en tête-à-tête, et où elle avait tiré de lui tout le parti possible, lui faisait compliment : « Je suis un mauvais instrument dont vous avez bien joué. » — Agé de quatre-vingt-cinq ans et près de sa fin, il répondit à Voltaire qui lui demandait comment il considérait ce passage de la vie à la mort : « Comme un voyage à la campagne. » — Avec une suite de ces mots-là on ferait de lui un portrait agréable et un peu menteur.

Sa religion mérite bien qu'on en dise un mot. Elle a son originalité dans sa fadeur. Cette religion évangélique purement morale, dans laquelle le prêtre n'est plus qu'un officier de bonnes mœurs et un agent de bienfaisance ; où l'on espère passionnément en l'autre vie, même quand on n'en est pas très-sûr, mais parce que c'est une croyance utile et salutaire ; où le curé en cheveux blancs, qui ne sait que *donner et pardonner*, ressemble à un bon père de famille souriant selon la maxime que « l'air gracieux et serein doit être la parure de l'homme vertueux ; » cette religion du curé de *Mélanie* et à la Boissy-d'Anglas, religion de tolérance, de doute autant que de foi, et où l'arbitre du dogme ne trouve à dire à son contradicteur dans la dispute que cette parole calmante : « Je ne suis pas encore de votre avis, » comme s'il ne désespérait pas de pouvoir changer d'avis un jour ; ce théisme doucement rationalisé et sensibilisé, à ravir un Bernardin de Saint-Pierre et à attendrir un Marmontel, n'est pas du tout la religion de Fénelon, comme on l'a souvent appelé, mais c'est bien la religion de l'abbé de Saint-Pierre. Il n'a cessé de broder là-dessus de petits sermons de morale théophilanthropique. Il a surtout rassemblé les principaux points de sa doctrine dans le portrait d'*Agaton, archevêque très-vertueux, très-sage et très-heureux;* c'est son *Vicaire Savoyard* à lui, et, s'il a échappé aux tracasseries du Parlement et de la Sorbonne, c'est qu'on ne le lisait pas et que, de son vivant, personne ne le prenait au sérieux. D'Argenson a raconté sur la fin de l'abbé une anecdote plus piquante que tout ce que celui-ci a dit de son *Agaton*. Il était à l'article de la mort (1743) et venait de remplir ses devoirs de chrétien, en présence de sa famille et de ses domestiques. Tout à coup se ravisant, il fit rappeler le curé et lui dit qu'il n'avait à se reprocher que cette dernière action, qu'il n'avait jamais trahi la vérité qu'en cette occasion, en feignant, par complaisance pour les siens une certitude qu'il n'avait pas: en un mot il se confessa de s'être confessé. Tant il est vrai que le bonhomme devait avoir de ce qui fait sourire, jusque dans l'instant suprême!

La réputation de l'abbé de Saint-Pierre s'est relevée de nos jours. Les écoles avancées et progressives sont allées chercher dans ses écrits des pensées à l'appui de leurs espérances; les économistes ont pris plaisir à y relever les vues utiles et les projets d'améliorations positives. On lui a tenu compte de toutes ses bonnes intentions, et il est plus accepté aujourd'hui qu'il ne l'a jamais été, sans avoir plus de chance d'être lu. On cite de lui, par-ci par-là, des phrases et des mots; cela suffit. On le prend en gros comme le représentant d'un dogme et comme une de ces figures qui se détachent de loin dans une avenue. On aimerait, pour inscription ou pour épitaphe, à en rester avec lui sur le mot charmant de Saint-Simon : « Il avait de l'esprit, des lettres et des chimères. » Mais ce serait une conclusion trop flatteuse et qui le rapprocherait beaucoup trop de Fénelon. Les *lettres* sont précisément ce qui lui a manqué; il lui a manqué d'être un sage véritablement aimable.

Pour ceux qui y regardent de près et qui tiennent à voir les hommes tels qu'ils ont été, sans se contenter de l'à-peu-près des statues, une petite question se pose et revient toujours, bon gré mal gré, dès qu'on s'occupe de ses œuvres et de ses mérites : Était-il donc aussi ennuyeux à écouter qu'à lire? Bien des gens au dix-huitième siècle et depuis ont essayé de soutenir que non; il est fâcheux pour sa mémoire que La Bruyère de prime abord ait répondu *oui*.

Lundi, 26 août 1861.

HISTOIRE
DU CONSULAT ET DE L'EMPIRE

Par M. THIERS.

TOME DIX-NEUVIÈME (1).

(L'ILE D'ELBE. — L'ACTE ADDITIONNEL. — LE CHAMP DE MAI.)

M. Thiers a été comme repris d'entrain en arrivant au terme de la carrière. Le nouveau volume qu'il vient de publier, et qui est l'avant-dernier de l'ouvrage, redouble d'animation, d'intérêt, et, sur un sujet déjà si souvent traité et qu'on aurait pu croire rebattu, il est d'une grande nouveauté. Le Napoléon en 1815 de M. Thiers ne ressemble point à ceux qu'on nous a donnés jusqu'ici, surtout dans les dernières années.

Ce second Empire, qui fut si court et comme étranglé par les événements, avait toujours été d'une extrême importance historique à étudier; mais la renaissance et le rétablissement de l'Empire, il y a dix ans, lui a rendu un intérêt d'à-propos et de vie, puisqu'il reparaissait en quelque sorte sous les yeux comme un problème actuel et toujours pendant. Ce qui avait semblé une fin, une chute suprême, n'était plus qu'une phase d'essai, une tentative, une magnanime expérience étouffée alors, et

(1) Lheureux et Cⁱᵉ, rue de Richelieu, 60.

qui, après un intervalle de plus de trente-cinq ans, reprenait son cours. Car le nouvel Empire, en renouant la chaîne, avait à se rattacher à 1815 comme à un dernier anneau. Après le Napoléon du Consulat, le Napoléon de 1815 revenant de l'île d'Elbe avec des paroles de modération et de paix, et appelant à lui non-seulement les hommes d'épée, ses vieux compagnons d'armes, non-seulement les fonctionnaires de tout ordre, ses anciens serviteurs, mais les amis même de la Révolution et de la liberté, tous les hommes de la patrie, quelle que fût leur origine, ce Napoléon était le plus fait pour toucher et pour entraîner. Les adversaires du nouvel Empire ne s'y trompèrent pas: ils allèrent tout d'abord s'attaquer à cette tentative grandiose, et avortée en 1815, d'un Empire pacifique et libéral. Que de tableaux des Cent-jours n'avons-nous pas vus paraître! que de haines se sont réveillées! quel Napoléon sinistre, incertain, troublé, physiquement et moralement déchu, on nous offrait comme un dernier épouvantail! J'ai lu ces livres dont les uns étaient composés avec l'esprit le plus chatoyant et le plus malicieux, dont les autres étaient le produit d'une science concentrée et morose. Je reconnais le talent, et je n'accuserai pas le patriotisme de leurs auteurs; l'esprit de parti a fait de tout temps d'étranges illusions au patriotisme. Dès qu'il s'agit d'histoire, je ne sais qu'une devise: La vérité avant tout! Mais pourquoi aller précisément choisir ce moment pour l'exposition de pareils tableaux? pourquoi ce concours soudain et cette émulation sur un seul point, après tant d'années de silence et d'indifférence? quel empressement à prévenir M. Thiers et à lui arracher des mains le triste récit de Waterloo? C'était évidemment contre le présent qu'on évoquait l'histoire; c'était pour le dominer d'un éclat lugubre et sombre, pour le placer sous un jour funeste, qu'on recomposait ce fond et ce lointain du passé. Et que viens-je de lire encore? Quoi? c'est M. Edgar Quinet qui, le dernier de tous, dans un article écrit avec un certain feu, mais sans aucune logique (il serait trop aisé de le démontrer en détail), s'en vient plaider contre ce qu'il appelle la *légende* napoléonienne; et qui prétend nous refaire un 1815 tout nouveau! c'est lui qui, sans le nommer, accuse M. Thiers (parce qu'il n'est qu'un historien net, clair, positif et animé) de pousser à la légende (1)! Ceci est trop fort, et, si le sujet était moins grave, je dirais que c'est trop joli. Je souris vraiment quand je vois Malebranche parler contre l'imagination, et quand j'entends M. Quinet s'élever contre la légende :

> Quis tulerit Gracchos de seditione querentes?

Mais lui, qu'a-t-il fait toute sa vie que prendre des légendes pour des réalités, des brouillards pour des terres fermes, des nuages pour des rivages? Lui, noble cœur, imagination fougueuse, esprit fumeux, de qui Fauriel disait : « Il est naturellement éloquent et ignorant; » lui qui a précisément choisi Napoléon en 1836 pour le sujet d'une légende épique des plus extraordinaires sans doute, mais qui ne valait pas assurément les quelques chansons de Béranger, c'est lui aujourd'hui qui vient nous rapprendre l'histoire exacte et en remontrer à M. Thiers pour l'art d'éclaircir et de démêler les faits! c'est lui qui, après avoir gémi dans ses écrits pendant vingt ans au seul nom d'invasion, et avoir demandé sur tous les tons, avec des cris de prophète, avec des cris d'aigle, qu'on relevât la France

---

(1) Il y a un endroit de son article où il le nomme poliment par précaution à cause du recueil dans lequel il écrit (la *Revue des Deux Mondes*), mais auparavant il le désigne et l'accuse sans le nommer.

d'un humiliant désastre auquel il attribuait tous les maux, même civils, n'est pas content d'elle aujourd'hui qu'elle a, ce me semble, la tête assez haute et qu'elle s'est assez bien revanchée ! Mais tout cela nous montre, dans un dernier exemple, la fièvre qui s'est emparée de quelques esprits sur ce chapitre de 1815, et comment chacun s'est mis à revoir et à repeindre cette époque de crise à travers ses préventions d'aujourd'hui.

M. Thiers, disons-le à son honneur, et quels que puissent être ses regrets politiques, n'est point de ces esprits-là : il aime le vrai, le naturel ; il a le goût des faits, il en a l'intelligence ; il ne résiste pas à ce qu'il voit, à ce qu'il sait, et il le rend comme il le voit, sans aucune exagération et sans enflure. Ce dernier volume, par la vivacité des impressions, par la quantité de faits curieux qui y sont rassemblés et qui se déploient dans une trame facile, par la clarté qui y circule et qui y répand une sorte de sérénité inespérée, la seule possible avec Waterloo en perspective, par le talent enfin (car il faut appeler les choses par leur nom), mérite d'être signalé tout spécialement, même après les récents volumes, à l'attention et à la haute estime du public.

On est à l'île d'Elbe. Le registre des Correspondances, le journal des ordres donnés par Napoléon, qui a été conservé, a permis à l'historien de résumer avec précision tout ce que fit le souverain déchu durant ces dix mois de séjour. C'est un spectacle, moralement des plus intéressants, que de voir agir et opérer, dans un espace fermé de quelques lieues, et s'exerçant sur douze ou quinze mille sujets, avec un millier de soldats en main, cette organisation puissante qui, la veille, ébranlait et gouvernait le monde. Cela fait l'effet d'une expérience de physique en petit et à huis-clos au sortir d'un de ces grands spectacles naturels qui étonnent ; l'une explique l'autre. L'activité impérieuse de ce génie va procéder avec la régularité d'un instinct, et sans être plus libre de se comporter autrement. On lui a détruit son grand empire, elle va en recommencer un tout petit avec les moyens dont elle dispose, mais de la même manière et dans le même ordre. Seulement elle n'en aura pas pour longtemps; et au bout de quelques mois de séjour, tout le parti qu'on peut tirer d'une petite île pour y créer le mécanisme de la civilisation étant épuisé, il n'y aura plus qu'à y mourir d'ennui ou à en sortir par une héroïque aventure. Le premier soin de Napoléon, en débarquant à cette île d'Elbe dont on l'a fait souverain, son premier coup d'œil se porte sur la ville jadis fortifiée de Porto-Ferrajo, qu'il s'applique à remettre en état de défense; il en fait réparer les remparts, y réunit l'artillerie dispersée dans l'île, y rassemble des dépôts de vivres, de munitions. Sans un abri sûr, en effet, sans un point d'appui qui tienne le monde en respect, il n'y a rien à tenter d'utile et d'efficace, même pour le bien de tous: c'est l'*a b c* de la souveraineté. Puis vient la police de l'île, l'organisation de la petite armée, de la petite marine; les embellissements de la ville capitale auront ensuite leur tour, puis la réparation ou la construction des routes, l'exploitation des carrières de marbre et de mines de fer.

Le souverain de la petite île n'est plus ici que le grand propriétaire le mieux entendu et le plus digne de présider son conseil général. Tout ce récit de M. Thiers est charmant. — Mais un jour, sans conspiration aucune, sans que les mécontents du dedans se soient entendus avec l'exilé de l'île d'Elbe, par le seul fait de cette sympathie, de cette communication électrique qui s'établit à distance dans les atmosphères embrasées, Napoléon a senti que le moment de quitter ces jeux et ces passe-temps, bons pour les Champs élyséens de Virgile, est venu, et qu'il faut, bon gré malgré, jeter une dernière fois les dés du sort. Son parti est pris; il ne s'en ouvre d'abord qu'à sa mère, venue là pour partager son destin et vivant auprès de lui. Il va donc la trouver un jour, cette matrone digne et haute, à la ride austère, et lui dit:

« Je ne puis mourir dans cette île, et terminer ma carrière dans un repos qui serait peu digne de moi. D'ailleurs, faute d'argent, je serai bientôt seul ici, et dès lors exposé à toutes les violences de mes nombreux ennemis. La France est agitée. Les Bourbons ont soulevé contre eux toutes les convictions et tous les intérêts attachés à la Révolution. L'armée me désire. Tout me fait espérer qu'à ma vue elle volera vers moi. Je puis sans doute rencontrer sur mon chemin un obstacle imprévu, je puis rencontrer un officier fidèle aux Bourbons qui arrête l'élan des troupes, et alors je succomberai en quelques heures. Cette fin vaut mieux qu'un séjour prolongé dans cette île avec l'avenir qui m'y attend. Je veux donc partir et tenter encore une fois la fortune. Quel est votre avis, ma mère? »—Cette énergique femme éprouva un saisissement en écoutant cette confidence, et recula d'effroi; car elle comprenait que son fils, malgré sa gloire, pourrait bien expirer sur les côtes de France comme un malfaiteur vulgaire. — « Laissez-moi, lui répondit-elle, être mère un moment, et je vous dirai ensuite mon sentiment. »—Elle se recueillit, garda quelque temps le silence, puis d'un ton ferme et inspiré : — « Partez, mon fils, lui dit-elle, partez, et suivez votre destinée. Vous échouerez, peut-être, et votre mort suivra de près une tentative manquée. Mais vous ne pouvez demeurer ici, je le vois avec douleur; du reste, espérons que Dieu, qui vous a protégé au milieu de tant de batailles, vous protégera encore une fois »— Ces paroles dites, elle embrassa son fils avec une violente émotion. »

Vous qui avez lu Plutarque, savez-vous dans l'antiquité une page plus grande, plus touchante et plus simple?

Il y a une chose qui m'impatiente depuis quelque temps: ils répètent tous que M. Thiers ne sait pas écrire. M. Lanfrey, un jeune critique de mérite, a, dans une revue, porté un jugement des plus sévères sur l'ensemble de l'ouvrage, et il a particulièrement insisté sur l'absence d'un certain caractère, d'un certain cachet à la Tacite. Assurément la manière de M. Thiers ne ressemble point à celle de Tacite. Mais est-ce donc que cette manière de Tacite est la seule ou même la meilleure pour l'histoire? L'ami intime de Tacite lui-même, Pline le Jeune, n'était pas d'un avis si absolu ; car il a dit que l'histoire, écrite n'importe comment (*quoquo modo scripta*) lui plaisait. Tacite a de grandes et d'admirables parties, mais il en a dans l'ordinaire de bien dures et de bien denses; il veut mettre partout des profondeurs; quand la pensée est si pressée d'intervenir à tout coup, les faits s'en accommodent comme ils peuvent, et ils sont véritablement à la gêne. On est, quand on veut faire du Tacite (et tout bon rhétoricien en a fait un peu au collége), on est, dis-je dans un état de tension continue qui ne mène pas très-loin et qui fatigue auteur et lecteur. Daunou a voulu écrire l'histoire de la Convention dans un style à la Tacite, et il s'est arrêté au bout de quelques pages; il ne s'en serait jamais tiré. Tacite, là où il est beau et où il se déploie, est un grand peintre; il est même, a-t-on dit, le plus grand peintre de l'Antiquité ; mais j'ai tant de peine, je l'avoue, à comprendre chez lui certains contournements de pensée, qu'il m'est difficile de croire que ce soit là l'unique manière de bien dire, ou même l'unique manière de bien voir et de juger. Il creuse dans le mal, a dit Fénelon. L'histoire de l'Empire, telle que M. Lanfrey la veut, est celle qu'eût écrite Tocqueville: elle n'est pas venue. Jouissons de celle que nous avons et qui nous apprend tant de choses neuves, qui nous fait assister non-seulement à tant de batailles, mais à tant de conseils, qui présente aux esprits les plus difficiles tant d'éléments exacts de jugement. Quelques taches à relever çà et là dans le volume que je lis, quelques négligences qui se ressentent de la dictée et qui se corrigeraient d'un trait de plume, des *hélas!* un peu trop prodigués, deux ou trois images de convention (*lauriers*, *cyprès*, par exemple) qui sont comme égarées dans ce style simple, ne sauraient faire oublier, je ne dis pas à l'homme impartial et sensé, mais à l'homme de goût, tant de pages vives, courantes, du français le plus net, le plus heureux, d'une langue fine, légère, déliée, éminemment spirituelle, voisine de la pensée et capable d'en égaler toutes les vitesses.

On a fait bien des *Retours de l'île d'Elbe*. Voulez-vous comparer? Chateaubriand a fait le sien; il faut l'entendre, dans ses Mémoires, nous décrire ce prodigieux événement et s'efforcer d'en exprimer le grandiose à force d'images. Il veut nous montrer Napoléon en marche, qui s'avance sans rencontrer d'obstacle : « Dans le vide qui se forme, dit-il, autour de son ombre gigantesque, s'il entre quelques soldats, ils sont invinciblement entraînés par l'attraction de ses aigles. Ses ennemis fascinés le cherchent et ne le voient pas; il se cache dans sa gloire, comme le lion du Sahara se cache dans les rayons du soleil pour se dérober aux regards des chasseurs éblouis. Enveloppés dans une trombe ardente, les fantômes sanglants d'Arcole, de Marengo, etc., etc... » Ceux qui aiment les images doivent être contents. Je les aime aussi, ou du moins je les ai aimées; mais aujourd'hui je suis plus touché de la vérité seule. Je veux savoir comment tout s'est passé de point en point dans cette héroïque aventure, comment on a gagné Cannes, manqué Antibes, pourquoi on a suivi la route des montagnes, et comme quoi Sisteron n'était point gardé, et les défilés heureusement franchis, et le moment critique à La Mure en avant de Grenoble, et tout enfin, car aucun détail ici n'est indifférent. Au lieu de ce lion du Sahara qui m'éblouit, je suis content si je vois l'homme dans le héros et si je ne le perds pas de vue un seul instant. A peine débarqué et le soir à son bivouac près de Cannes, on amène à

Napoléon le prince de Monaco qui passait par hasard en voiture sur la route. « Où allez-vous ? » lui demande Napoléon. — « Je retourne chez moi, » répond le petit prince. — « Et moi aussi, » répliqua Napoléon. De tels mots m'en disent plus que les comparaisons les plus gigantesques. M. Thiers les fuit autant que d'autres les cherchent, et il obtient son effet par des moyens qui sont à lui. Je ne connais rien en histoire de mieux exposé, de plus dramatique ni de plus complet que ces 160 pages, depuis le départ de l'île d'Elbe jusqu'à l'entrée dans Paris. Appelez cela un récit ou un tableau, peu m'importe ! Le but de l'art n'est pas de s'étaler. Et le moral y est-il donc absent ? Qui donc nous fait mieux assister que l'historien aux anxiétés, aux agitations contradictoires des chefs envoyés pour arrêter et combattre Napoléon ? L'âme tumultueuse de Ney y est démêlée et montrée avec une vérité saisissante, avec une connaissance supérieure de la nature humaine, au degré juste qui fait dire au spectateur charmé de l'évidence : *C'est bien cela !* Si l'historien nous reporte à Paris au milieu des royalistes éperdus, que de portraits esquissés en passant ! jamais il n'a eu plus d'esprit qu'en peignant tous ces personnages de la cour de Louis XVIII et ce roi lui-même. La malice ou plutôt la gaieté du bon sens y perce sous l'indulgence. Le récit de ce qui se passe à Lille entre le roi fugitif, le duc d'Orléans, et les maréchaux Macdonald et Mortier, est d'une belle gravité.

Les deux livres qui exposent les immenses travaux de Napoléon pour régénérer l'intérieur et réorganiser la guerre, quoique le désastre (on le sait trop bien) soit au bout, laissent une impression tout autre et bien plus consolante au cœur de tout bon Français qu'on ne l'avait d'après les derniers historiens. M. Thiers fait mieux comprendre que personne cette époque convulsive, en partie énigmatique, qui évoquait et entre-choquait tant de noms étonnés de se retrouver ensemble, qui ralliait autour du nouveau trône impérial, dans un sentiment patriotique et sincère, les Sieyès, les Carnot, les Lecourbe, les Benjamin Constant. Il est plus jaloux d'expliquer que d'accuser la versatilité des hommes. Il croit enfin à la sincérité du grand homme, du héros apaisé et mûri, dans ce changement presque complet du système de gouvernement à l'intérieur; et, par les preuves qu'il donne, par les nombreux témoignages qu'il produit, il obligera désormais, même les plus incrédules, à en passer au moins par la conclusion d'un éloquent orateur anglais (M. Ponsomby) : « Cet homme entier, incorrigible, n'était donc pas aussi immuable qu'on le disait ! » — Encore une fois, ce dix-neuvième volume est des plus neufs pour les faits comme pour les vues.

PARNY

POÈTE ÉLÉGIAQUE (1).

> « Parny : le premier poëte élégiaque français. On lui reproche la *Guerre des Dieux* et on a raison ; mais les Élégies restent, ces Élégies sont un des plus agréables monuments de notre poésie moderne. »
>
> FONTANES, *Projet de rétablissement de l'Académie française*, 1800.

J'ai déjà écrit sur Parny (2) ; je voudrais parler de lui une fois encore, et cette fois sans aucune gêne, sans aucune de ces fausses réserves qu'imposent les écoles dominantes (celle même dont on est sorti) et les respects humains hypocrites. Pour cela, je limite mon sujet comme les présents éditeurs eux-mêmes ont limité le choix des œuvres, comme Fontanes demandait qu'on le fît dès 1800 ; je laisse de côté le Parny du Directoire et de l'an VII, le chantre de la *Guerre des Dieux :* non que ce dernier poëme soit indigne de l'auteur par le talent et par la grâce de certains tableaux ; mais Parny se trompa quand il se dit, en traitant un sujet de cette nature :

La grâce est tout ; avec elle tout passe.

Un tel poëme, qui n'aurait pas eu d'inconvénient lu

---

(1) Ce morceau a été écrit pour une édition des Élégies de Parny, publiée chez MM. Garnier (1861.)

(2) Au tome III des *Portraits contemporains et divers.* édit. de 1855, pages 118-155.

entre incrédules, aux derniers soupers du grand Frédéric, et qui aurait fait sourire de spirituels mécréants, prit un tout autre caractère en tombant dans le public : il fit du mal ; il alla blesser des consciences tendres, des croyances respectables, et desquelles la société avait encore à vivre. Je laisserai donc ce poëme tout à fait en dehors de mon appréciation présente, et il ne sera question ici que du Parny élégiaque, de celui dont Chateaubriand disait : « Je n'ai point connu d'écrivain qui fût plus semblable à ses ouvrages : poëte et créole, il ne lui fallait que le ciel de l'Inde, une fontaine, un palmier et une femme. »

Né à l'île Bourbon, le 6 février 1753, envoyé à neuf ans en France, et placé au collége de Rennes, où il fit ses études, Évariste-Désiré de Forges (et non pas Desforges) de Parny entra à dix-huit ans dans un régiment, vint à Versailles, à Paris, s'y lia avec son compatriote Bertin, militaire et poëte comme lui. Ils étaient là, de 1770 à 1773, une petite coterie d'aimables jeunes gens, dont le plus âgé n'avait pas vingt-cinq ans, qui soupaient, aimaient, faisaient des vers, et ne prenaient la vie à son début que comme une légère et riante orgie. Que de générations de jeunes gens et de poëtes ont fait ainsi, et depuis lors et de tout temps ! Mais le propre de cette aimable société de la *Caserne* et de *Feuillancour*, c'est que la distinction, l'élégance, le goût de l'esprit surnageaient toujours jusque dans le vin et les plaisirs.

Rappelé à l'âge de vingt ans à l'île Bourbon par sa famille, Parny y trouva ce qui lui avait manqué jusqu'alors pour animer ses vers et leur donner une inspiration originale, la passion. Il y connut la jeune créole qu'il a célébrée sous le nom d'Éléonore ; il commença par lui donner des leçons de musique ; mais le professeur amateur devint vite autre chose pour son Héloïse ; les obstacles ne s'aperçurent que trop tard, après la faute, après l'imprudence commise; l'heure de la séparation sonna; il y eut ensuite un retour, suivi bientôt de refroidissement, d'inconstance. C'est l'éternelle histoire. Parny a eu l'honneur de graver la sienne en quelques vers brûlants, naturels, et que la poésie française n'oubliera jamais.

Les *Poésies érotiques* (vilain titre, à cause du sens trop marqué qui s'attache au mot *érotique;* je préférerais *Élégies*), les *Élégies* de Parny, donc, parurent pour la première fois en 1778, et devinrent à l'instant une fête de l'esprit et du cœur pour toute la jeunesse du règne de Louis XVI. L'oreille était satisfaite par un rhythme pur, mélodieux; le goût l'était également par une diction nette, élégante, et qui échappait au jargon à la mode, au ton du libertinage ou de la fatuité. Les connaisseurs faisaient une différence extrême de cette langue poétique de Parny d'avec celle des autres poëtes du temps, les Bouflers, les Pezai, les Dorat: c'eût été une grossièreté alors de les confondre.

Serions-nous devenus moins délicats en devenant plus savants? Je sais que tout a changé; nous n'en sommes plus à Horace en fait de goût, nous en sommes à Dante. Il nous faut du difficile, il nous faut du compliqué. Le critique, et même le lecteur français, ne s'inquiète plus de ce qui lui plaît, de ce qu'il aimerait naturellement, sincèrement; il s'inquiète de paraître aimer ce qui lui fera le plus d'honneur aux yeux du prochain. Oui, en France, dans ce qu'on déprime ou ce qu'on arbore en public, on ne pense guère le plus souvent au fond des choses; on pense à l'effet, à l'honneur qu'on se fera en défendant telle ou telle opinion, en prononçant tel ou tel jugement. Le difficile est très-*bien porté;* on s'en pique, on a des admirations de vanité. Un critique spirituel et sensé le remarquait à propos de la musique d'Auber, en parlant d'un de ses derniers opéras qui avait fort réussi : « Pour remporter ce succès avec une œuvre si élégante et si claire, un style si aimable et si charmant, il a fallu, disait-il, un très-grand talent et un très-grand bonheur ; car aujourd'hui, par la pédanterie qui court, par les doctrines absurdes qu'on voudrait accréditer, par l'ignorance et l'outrecuidance de quelques prétendus savants, la clarté, la grâce et l'esprit sont un obstacle plutôt qu'un avantage... Le beau mérite que d'entendre et d'admirer ce que tout le monde admire et comprend ! » Ainsi parlait un critique, qui est aussi un traducteur de Dante (1), et auquel bien des gens doivent de le lire en français ; car l'original leur est absolument fermé. J'insiste sur ce travers de notre goût, sur cette gloriole de notre esprit. Que ceux qui arrivent à conquérir et à admirer ces fortes choses à la sueur de leur front, en aient la satisfaction et l'orgueil, je ne trouve rien de mieux ; mais que des esprits médiocres et moyens se donnent les airs d'aimer et de préférer par choix ce qu'ils n'eussent jamais eu l'idée de toucher et d'effleurer en d'autres temps, voilà ce qui me fait sourire. Un des derniers traducteurs de Dante, une manière de personnage politique, me faisant un jour l'honneur de m'apporter le premier volume de sa traduction, me disait d'un air dégagé : « Je l'ai traduit *avec charme.* » C'est là de la fatuité. Ce même homme, il y a trente ans, eût traduit Horace à la suite de Daru, *avec charme*, ou plutôt par mode encore, tout comme depuis il avait fait pour Dante. Il n'en est pas moins vrai que nous tenons tous plus ou moins de cette nouvelle et rude éducation que l'on s'est donnée ; nous avons repris à la scholastique et au gothique par quelque bout ; le Moyen-Age s'impose à nous, il nous domine : un peu de *Sic et non* a bien son charme ; nous

---

(1) M. P.-A. Fiorentino.

avons tous, à doses plus ou moins inégales, avalé de l'Ozanam, de cet ardent et vigoureux écolier dont ils sont en train de faire un grand homme. Ce qui me console, c'est que les gens d'esprit de ces doctes générations assurent que cette voie est la meilleure, en définitive, pour en revenir à apprécier tout ce qui rentre dans le génie de la France, et ce qui exprime le goût français. Est-il donc bien nécessaire d'en passer par la méthode de Gervinus pour sentir et admirer La Fontaine? Pour faire à Gresset sa vraie place, pour réserver le rang qu'elle mérite à une élégie de Parny, est-il donc indispensable d'avoir fait le tour des littératures, d'avoir lu les *Niebelungen*, et de savoir par cœur des stances mystiques de Calderon? Peut-être. C'est, dans tous les cas, le chemin le plus long, et le jour où l'on rentre au logis, on court risque d'être si fort fatigué, que le sommeil s'ensuive. Le simple fruit qu'on se proposait de déguster au retour ne sera-t-il pas de bien peu de saveur pour un palais blasé et dédaigneux?

J'admets pourtant que si un peu de science nous éloigne, beaucoup de science nous ramène au sentiment des beautés ou des grâces domestiques; et alors l'élégie de Parny, vue à son heure, est, en effet, une des productions de l'esprit français qui mérite d'être conservée comme spécimen dans l'immense herbier des littératures comparées. Sans y mettre tant de façons, revoyons-la un moment, vivante et dans sa fleur, sous ce règne de Louis XVI, pendant les dix heureuses années qui précédèrent la plus terrible des révolutions.

Le poëte est amoureux; il l'est comme on l'était alors, et même un peu mieux, comme on l'est dans les époques naturelles, c'est-à-dire avec tendresse et abandon, d'une manière précise, positive, non angélique, non alambiquée, et aussi sans y mêler un sentiment étranger qui simule la passion et qui va par delà. Je m'explique. Les Byron, les René, les Musset sont très-peu, à mes yeux, des amoureux simples. Ils aiment une personne de rencontre, mais ils cherchent toujours plus loin, au delà ; ils veulent sentir fort, ils veulent saisir l'impossible, embrasser l'infini. Je prends Musset comme le plus voisin de nous et à notre portée : croyez-vous qu'en aimant sa maîtresse, celle qu'il a tant célébrée, il n'aimât pas surtout le génie en elle, autre chose que la femme, l'idéalisation d'un rêve? « Le bonheur ! le bonheur ! s'écriait-il dans sa violence de désir ; et la mort après ! et la mort avec ! » Beau cri, mais qui dépasse, ce me semble, la portée de l'amour, qui suppose dans le cœur une rage de bonheur antérieure à l'amour, et laquelle aussi lui survivra.

Parny est moins violent et plus simplement amoureux ; il est amoureux d'une personne, nullement d'un prétexte et d'une chose poétique. Sa première élégie reste charmante : *Enfin, ma chère Éléonore...* c'est l'*a b c* des amoureux. Tous ceux qui l'ont lue l'ont retenue, et de tous ceux qui la savent par cœur, pas un ne l'oublie. Oh ! je vous la donne pas pour une création profonde et neuve : c'est un lieu commun qui recommence sans cesse aux approches de quinze ans pour toutes les générations de Chloé et de Daphnis ; mais ici le lieu commun a passé par le cœur et par les sens, il est redevenu une émotion, il est modulé d'une voix pure ; il continue de chanter en nous bien après que le livre est fermé, et le lendemain au réveil on s'étonne d'entendre d'abord ce doux chant d'oiseau, frais comme l'aurore.

Faites l'épreuve, s'il est encore temps, si vous n'avez pas atteint le chiffre fatal où il est honteux d'aimer : *Nec amare decebit...*, cet âge. « où, comme le dit Joseph de Maistre, il ne faut être fou qu'en dedans ; » si donc vous trouvez encore une heure de reste pour avoir une écolière *en musique et même en amour*, récitez à une jeune fille naïve une élégie de Lamartine, si belle quelle soit, et une élégie de Parny, vous verrez laquelle elle comprendra, laquelle elle retiendra.

Je ne crains pas le sourcil jaloux des censeurs ; qu'ils viennent se montrer, s'ils osent, en ces matières aimables. Je les renverrai, non pas couronnés, mais fouettés de roses. Le plus rébarbatif de tous, M. de Bonald, a dit : « Je crois que la poésie érotique est finie chez nous, et que, dans une société avancée, on sentira le ridicule d'entretenir le public de faiblesses qu'un homme en âge de raison ne confie pas même à son ami. La poésie érotique n'est pas l'enfance, mais l'enfantillage de la poésie. » Voilà l'anathème du vieux Caton ; — pas si Caton qu'il en avait l'air, pas si Aristide du moins, et qui, dans son austérité de censeur en titre, ne dédaignait ni les places, ni les émoluments, ni les biens solides pour sa famille : — « Les Bonald, je les connais, » disait M. Royer-Collard. — Il a donc lancé l'anathème aux poëtes amoureux. Je ne sais si leur règne est aussi fini que le prédisait ce prophète du passé. Ce serait tant pis pour la joie humaine ! *Le Devin du Village* pourrait bien en savoir plus long sur l'amour que l'auteur de *la Législation primitive*. Jusqu'à Parny du moins, le refrain de la célèbre chansonnette restait une vérité (*C'est un enfant, c'est un enfant!*), et l'élégie du poëte est bien celle de cet éternel enfant.

Parny, je dois le dire, a fait quelques concessions de détail, quelques corrections que je n'approuve pas dans ses Élégies revues par lui sous l'Empire. Il y a de lui une *Frayeur* que j'aime mieux dans les premières éditions, et qui y est beaucoup mieux motivée. Il y a, par-ci par-là, des invocations à la *bouteille*, qui ont disparu dans les éditions plus rassises. Il a eu tort. Laissons aux folies de la jeunesse, dès qu'elles ont jailli et que la coupe circule, la mousse pétillante et rosée dont elles se couronnent.

Une très-belle élégie, c'est le *Projet de solitude :*

> Fuyons ces tristes lieux, ô maîtresse adorée !
> Nous perdons en espoir la moitié de nos jours.

L'écho de Lamartine, cette fois, en a répété quelque chose :

> La moitié de leurs jours, hélas ! est consumée
> Dans l'abandon des biens réels.

La pièce de Parny (trente-deux vers en tout) est pure, tendre, égale, d'un seul souffle, d'une seule veine. C'est du parfait Tibulle retrouvé sans y songer, et la flûte de Sicile n'a rien fait entendre de plus doux.

Le *Fragment d'Alcée* n'est que du grec transparent et pour la forme. Parny est trop entièrement épris et trop paresseux pour aller faire comme André Chénier, pour revenir, par une combinaison de goût et d'érudition, aux maîtres de la lyre éolienne. Ici il n'a voulu que masquer sous des noms anciens le déplaisir tout moderne d'un amant qui sent sa maîtresse lui échapper aux approches de Pâques. Les vers sont beaux, fermes, pleins, et d'un épicuréisme hardi qui rappelle Lucrèce.

Le *Plan d'études :*

> De vos projets je blâme l'imprudence :
> Trop de savoir dépare la beauté...

est agréable. *La Rechute* est d'un sentiment vrai, naturel, sans rien de forcé, ni du côté de l'angélique, ni du côté de l'érotique. Le *Retour* est d'un bel élan au début, d'un jet vif et bien lancé :

> Ah ! si jamais on aima sur la terre,
> Si d'un mortel on vit les dieux jaloux..

et l'ensemble a de la légèreté et de la délicatesse. *Le Raccommodement* est joli. Le *Souvenir* serait une vraie élégie si la fin répondait au commencement; mais l'expression abstraite gâte l'effet : il y manque l'image. J'en dirai autant de *Ma Retraite;* on sent ce qui fait défaut à l'aimable poëte : il a plus de sentiment que d'imagination, que d'étude et de science pittoresque, que de style et d'art poétique. L'invention lui est refusée. Il ne songe pas à rehausser et à redorer son cadre, à rajeunir ses images de bordure et de lointain par l'observation de cette nature nouvelle, qu'il avait eue pourtant sous les yeux et qu'il éteignait sous des couleurs un peu vagues : il estimait que Bernardin de St-Pierre l'exagérait et la rendait trop; lui, il ne la rendait pas. Tout à l'amour et au sentiment, il ne prenait pas garde à sa flore des Tropiques, et ne paraissait pas se douter qu'il y avait là pour le premier occupant une conquête et un trésor. Il laissa cueillir la pomme d'or de son île natale par un étranger. La langue poétique elle-même avait besoin alors d'être refrappée, d'être retrempée; elle est fluette, mince et atteinte de sécheresse. Parny s'en sert avec élégance, pureté, grâce, mais une grâce qui n'est pas la divine et la suprême. En un mot, c'est un amant, c'est un poëte que Parny, ce n'est pas un enchanteur : il n'a pas la magie du pinceau. Il n'est pas de force à créer son instrument; il se sert bien d'une langue toute faite, trop faite, et déjà affaiblie et un peu usée.

Je n'ai pas craint de marquer les défauts : il est juste

de rappeler les qualités et les avantages. La passion chez Parny se présente nue et sans fard. Il n'y ajoute rien; il n'y met pas des couleurs à éblouir et à distraire du fond, il ne pousse pas non plus de ces cris à se tordre les entrailles. La nature parle; l'expression suit, facile, heureuse, égale à ce qui est à dire. Ce sont deux ou trois belles élégies que celles où il essaye de décrire le calme retrouvé; où il retrouve tout à coup à l'improviste la passion tumultueuse, et où il invoque enfin avec succès la bienheureuse Indifférence :

> D'un long sommeil j'ai goûté la douceur, etc...
> J'ai cherché dans l'absence un remède à mes maux, etc...
> Calme des sens, paisible Indifférence, etc...

La seconde de ces élégies est de toute beauté, dans la première moitié surtout, où s'exhale une si poignante douleur, où le poëte va demander au grand spectacle d'une nature bouleversée, à ce qu'on appelle le *pays brûlé* de l'île, l'impression muette et morne à laquelle il aspire et qu'il s'indigne de ne point éprouver :

> Tout se tait, tout est mort. Mourez, honteux soupirs !
> Mourez, importuns souvenirs, etc...

Il eût fallu un peu plus de nouveauté de pinceau dans l'autre moitié. Mais au moins aucun trait ne heurte et n'arrête; ce qu'on ne saurait dire de bien des élégies plus modernes et passionnées de nos illustres romantiques.

La dernière de ces trois belles élégies me rappelle une particularité assez piquante. On lisait à l'Académie ces quatre vers qui peignent si bien un profond besoin d'apaisement :

> Calme des sens, paisible Indifférence,
> Léger sommeil d'un cœur tranquillisé,

> Descends du ciel ; éprouve ta puissance
> Sur un amant trop longtemps abusé !

C'est M. Patin qui les avait cités dans un article du *Dictionnaire* au mot *Abusé*, et il les lisait devant une partie de la compagnie, à ce moment peu attentive. — « Que c'est mauvais ! » s'écrie à l'instant un éloquent prosateur. — « Que c'est mauvais ! » répètent bien des voix.

> Léger sommeil d'un cœur *tranquillisé*...

Ce mot expressif et neuf ainsi placé, *tranquillisé*, choquait surtout ces habiles prosateurs et leur semblait prosaïque. M. Patin n'était pas du tout convaincu, mais il se contentait de protester à demi-voix ; je faisais de même, en m'irritant toutefois un peu plus vivement de cette faute de goût que l'Académie allait faire, et de cette injure à Parny, là où il est excellent et où il me paraissait le plus digne d'être cité. M. de Montalembert, ce jour-là mon voisin, et témoin de mon frémissement de critique, m'enhardit à parler et, je puis dire, m'y poussa. Il aime en toute chose qu'on ne garde pas sur le cœur ce qu'on pense. Je demandai alors à relire à haute voix ces quatre vers, en indiquant ce qui les précède dans l'ordre des sentiments et ce qui les amène ; j'en appelai de l'Académie distraite à l'Académie attentive ; j'insistai précisément, je pesai sur l'effet heureux de ce mot *tranquillisé*, si bien jeté à la fin du vers. Le vent tourna, l'opinion revint, Parny fut maintenu avec honneur à son rang sur la liste de nos autorités poétiques, et c'est M. de Montalembert qui en est cause.

Deux élégies qui se suivent, après la rupture, l'une dans laquelle l'amant trahi menace l'infidèle de tristesse et de remords au sein de son nouveau bonheur

(*Toi qu'importune ma présence...*); l'autre dans laquelle il la devine, il la plaint et a peur que sa menace ne s'accomplisse (*Par cet air de sérénité...*), sont d'une tendresse bien délicate et ingénieuse. En finissant ces quatre livres, on est frappé de cette variété de nuances sur une trame unique. Que de jolis couplets sur un thème simple! Il n'a nulle part recours aux accessoires, à la fantaisie, aux descriptions; tout sort et découle d'un seul et même sentiment. Il a traduit chaque fois ce sentiment à l'instant même : son élégie est née toute voisine du moment de l'émotion.

Parny élégiaque est complet en soi: il n'appelle pas, comme Millevoye et quelques autres poëtes souffrants et inachevés, l'idée de plus grand que soi, et ne fait point attendre ni désirer vaguement ce maître futur. Lui-même, dans son cercle limité, est un maître, non un précurseur. Combien faut-il de Malfilâtre, de Gilbert, de Dorange, de Dovalle, pour arriver à un grand talent qui réussit et qui vit? On se le demande en les lisant. Quand on lit Parny, il ne donne pas l'idée ni l'inquiétude de ce talent plus puissant. Il a ses faiblesses, ses pâleurs, mais aussi son charme et sa suavité. C'est une belle fleur qui règne sur son gazon, près de sa source : on s'y assoit avec lui et on la respire.

S'il satisfait et contente, ce n'est pas qu'il ne rappelle dans le passé, comme cela a lieu pour les classiques du second ou du troisième âge, de beaux talents antérieurs et souvent supérieurs au sien. Il les rappelle sans pour cela les imiter : c'est Bertin qui imite, et avec feu, avec talent; chez Parny ce sont bien moins des imitations que des ressemblances. Il a pour la mollesse des tons de Quinault, une veine de Racine amoureux, des rencontres, mais de courtes et rapides rencontres seulement, avec La Fontaine. Le Brun, l'ami d'André Chénier, et qui avait, par science et par envie de métier, tout ce qu'il fallait pour mesurer Parny, l'a appelé un demi-Tibulle :

> Parny, demi-Tibulle, écrivit mollement
> Des vers inspirés par les Grâces
> Et dictés par le sentiment.

Le mot est juste. Pour être un Tibulle entier, ce n'est pas tant la passion élégiaque qui a manqué à Parny, c'est le sentiment large et naïf de la nature champêtre, ce qui fait de Tibulle le digne second du chantre des *Géorgiques*.

Il y a de lui quelques petites pièces qui seraient de parfaites épigrammes au sens antique : *Vers gravés sur un oranger... Au gazon foulé par Éléonore... Réflexion amoureuse...*, mais surtout les vers *Sur la mort d'une jeune fille*, le chef-d'œuvre des modernes épigrammes à inscrire sur une tombe :

> Son âge échappait à l'enfance ;
> Riante comme l'Innocence,
> Elle avait les traits de l'Amour.
> Quelques mois, quelques jours encore,
> Dans ce cœur pur et sans détour
> Le sentiment allait éclore.
> Mais le Ciel avait au trépas
> Condamné ses jeunes appas.
> Au Ciel elle a rendu sa vie,
> Et doucement s'est endormie
> Sans murmurer contre ses lois.
> Ainsi le sourire s'efface ;
> Ainsi meurt, sans laisser de trace,
> Le chant d'un oiseau dans les bois.

Simplicité exquise, indéfinissable, qui se sent et ne se commente pas ! — « Mais qu'est-ce que cela, me dit un jeune enthousiaste, auprès du *Premier regret* de Lamartine, auprès de la jeune fille de Victor Hugo (*les Fantômes*) ? » Voilà une bien grosse question que vous me jetez à la tête, et je dois dire que je m'y attendais.

Ce n'est jamais nous qui médirons du premier Lamartine poëte; mais l'auteur du *Premier Regret,* c'est déjà le second ou le troisième Lamartine, et dans cette pièce si harmonieuse, si plaintive, si limpide, prenez garde! à un certain moment, si vous la lisez avec attention, un étrange sentiment se laisse apercevoir :

> Elle me confondait avec sa propre vie,
> Voyait tout dans mon âme; et je faisais partie
> De ce monde enchanté qui flottait sous ses yeux...
> Avant moi cette vie était sans souvenir...

Et la comparaison développée du beau cygne qui trouble une onde pure dans un bassin, ne voyez-vous pas comme il la caresse?

> Ainsi, quand je partis, tout trembla dans cette
> Le rayon s'éteignit; et sa mourante flamme
> Remonta dans le ciel pour n'en plus revenir...

Ce sentiment qui se trahit dans le détail et qui respire dans tout l'ensemble, c'est une singulière complaisance du poëte à décrire le mal qu'il a causé, et cette complaisance, à mesure qu'on avance dans la lecture, l'emporte visiblement sur la douleur, sur le regret, au point de choquer même la convenance. Un soir qu'on lisait à haute voix et qu'on essayait cette pièce devant quelques personnes, parmi lesquelles une jeune fille spirituelle et pas trop lettrée, que cette poésie mélodieuse avait d'abord ravie : « Mais, s'écria-t-elle tout à coup, savez-vous que ce monsieur est fat? il est flatté qu'on meure pour lui. » Dès que ce sentiment s'est laissé voir, tout le charme de la pièce est évanoui.

Les Fantômes de Victor Hugo : *Hélas! que j'en ai vu mourir de jeunes filles!...* ne sauraient se rapprocher davantage de la pièce de Parny : c'est une fantaisie riche, éclatante, éblouissante, enivrée, étourdissante ; je ne sais où trouver assez de mots pour la caractériser. C'est un ouragan de jeunes filles ; tant plus de mortes ! tant plus de fantômes ! tant plus de poésie ! La sensibilité n'a rien à faire là. S'agit-il d'étonner ou s'agit-il de toucher ? Une mère tendre, un frère délicat, s'ils avaient à choisir entre les trois pièces, sur la tombe d'une morte chérie, pourraient-ils hésiter un seul instant ?

Mais ne comparons pas, c'est le mieux. Ne confondons pas, pour déprécier l'une ou l'autre, des inspirations si inégales d'haleine, des œuvres d'un genre et d'un ordre tout différent. Je n'ai garde, d'ailleurs, d'irriter les dieux ou les génies ; je ne veux pas appeler les orages et la foudre sur le myrte odorant et frêle pour qui c'est déjà trop que de supporter le soleil. Parny nous plaît à son matin ; il se desséche vite : nous l'abandonnons à son midi. Ce n'est pas qu'il n'ait gardé jusqu'à la fin de ces tons purs, de ces touches gracieuses, et il serait aisé d'en relever des exemples heureux, des applications variées dans ses divers poëmes : mais il ne se renouvela pas, et il est resté pour la postérité le poëte des Élégies. — « Voyez-vous, ma petite, passé vingt-cinq ans, cela ne vaut plus la peine d'en parler ; » ce mot d'Horace Walpole à madame du Deffand est la devise des élégiaques sincères et de celui-ci en particulier. Que devenir en effet, que faire, en avançant dans la vie, quand on a mis toute son âme dans la fleur de la jeunesse et dans le parfum de l'amour ? Aristote a beau nous dire que le corps est dans toute sa force de trente à trente-cinq ans, et que l'esprit atteint à son meilleur point dans l'année qui précède la cinquantaine. Grand Aristote, parlez pour vous, pour les sages, pour les politiques, pour les orateurs, pour les critiques ! Mais les tendres et fragiles poëtes, quel triste *quantième* vous leur proposez là en perspective ! Il y a longtemps que l'arbre est dépouillé à la cime et que la séve n'y monte plus. — Parny, dans ses trente dernières années, rima encore à ses moments perdus, joua beaucoup au whist, se maria, fut un homme de bonne compagnie, et il mourut au seuil de la vieillesse proprement dite, à soixante et un ans (5 décembre 1814).

Août 1861.

Jeudi soir, 4 décembre 1856.

ACADÉMIE FRANÇAISE [1]

RÉCEPTION DE M. PONSARD.

La séance de l'Académie française, où M. Ponsard vient de prononcer son discours de réception, a été une des mieux remplies et à la fois des plus complétement littéraires qu'on ait vues depuis longtemps. M. Ponsard remplaçait M. Baour-Lormian, un poëte qui n'avait été que cela, un versificateur élégant, harmonieux. On pouvait craindre qu'en se renfermant dans ce sujet qui se rattachait à des vogues fugitives et déjà si anciennes, si parfaitement évanouies, il ne rencontrât point des

---

[1] Les quatre morceaux suivants ont été écrits pour *le Moniteur* au sortir des séances de réception à l'Académie. L'Académie française, depuis le 2 décembre, n'était pas en parfait accord avec le Régime nouveau ; il en a transpiré assez au dehors pour qu'on puisse le dire sans indiscrétion. On avait cessé d'insérer dans *le Moniteur* les discours prononcés aux séances de réception. J'ai tout fait, quand j'écrivais au *Moniteur*, pour qu'on revînt à l'ancien état de choses et pour que la bonne intelligence se rétablît, au moins à l'extérieur. Pour cela je m'étais chargé de faire précéder les discours d'un *en-tête* qui rendît l'insertion possible. C'est dans cette pensée qu'ont été écrites les pages suivantes où j'avais à observer et à ménager plus d'une convenance. Un seul des quatre morceaux n'a point été inséré, quoique tout prêt à l'être, par suite d'un scrupule venu au dernier moment.

sources d'intérêt bien vives et bien actuelles. Mais M. Ponsard a su agrandir son cadre sans le briser et sans en sortir. Et d'abord, il s'est présenté lui-même, tel qu'il est, avec son propre accent, avec ses sentiments et ses doctrines; il n'a pas emprunté aux traditions académiques les exordes tant de fois renouvelés : il a parlé à sa manière, modestement, honnêtement, traçant de l'homme de lettres et du poëte le caractère et le rôle qu'il conçoit, et s'y peignant lui-même avec cette sincérité élevée qui vient du cœur : on a senti dès ses premières paroles quelqu'un qui ne se mettait ni au-dessus ni au-dessous de ce qu'il devait être. Il a parlé de son prédécesseur en des termes que je me permettrai tout bas de trouver indulgents, mais qui étaient convenables dans la circonstance et qui n'ont semblé que justes. On a repassé par les divers genres et les diverses modes poétiques où le talent peu inventif de M. Baour-Lormian avait cherché des prétextes et des thèmes d'exécution; on a eu la période d'Ossian et de la poésie nuageuse, celle de Joseph et des sujets bibliques. A ce propos, et à l'occasion de la tragédie d'*Omasis*, M. Ponsard a fait une digression, toute naturelle dans sa bouche, sur la tragédie : elle est morte comme genre? peut-elle mourir? ne répond-elle pas à une faculté et à une disposition permanente de l'âme et de l'admiration humaine? C'est précisément le sujet que M. Viennet avait abordé, l'autre jour, dans une de ces spirituelles et mordantes épîtres qui font tant de plaisir chaque année à son public académique et tant d'honneur à sa verte vieillesse. M. Ponsard a traité ce sujet avec sa franchise de bon sens, en homme qui a déjà sa propre expérience acquise, et qui ne craint pas d'exprimer avec mesure ses jugements à lui sur les plus grands noms. En quelques endroits, et notamment sur Shakspeare, il a pu prêter à la contradiction : M. Nisard s'est chargé de la réponse. Que M. Ponsard me permettre aussi d'ajouter que sur Gœthe et les Allemands, tout en ayant raison peut-être dans le cas particulier, il n'a pas été juste pour l'ensemble : Gœthe est un si vaste esprit et un critique d'un ordre si élevé, qu'il est mieux de ne pas prononcer son nom dans une grande assemblée littéraire que de ne l'amener uniquement que pour y rattacher une raillerie et un sourire. Mais nos grands auteurs dramatiques français y ont reçu, de la part d'un libre disciple, de vrais, de sincères, de pathétiques hommages. Un mot chaleureux sur M. de Lamartine a trouvé de l'écho et a excité un applaudissement universel. M. Ponsard a prouvé, une fois de plus, dans ce discours académique, que là, comme au théâtre, il y a des cordes qu'il sait faire vibrer, et que, sans trop d'art ni de raffinement, sans trop demander à l'expression, et en disant directement les choses comme il les pense et comme il les sent, son talent a en soi une force qui vient de l'âme et qui parle aux âmes. Son succès sur l'auditoire a été complet.

M. Nisard a eu également le sien, et avec la nuance de gravité et d'autorité qui sied au directeur de l'Académie. Le directeur a pour mission principale de louer le récipiendaire, mais de le louer en le jugeant, de reprendre les points principaux de son discours qui prêtent à une réponse, d'en rabattre légèrement ce qui excède, de rappeler et de réparer ce qui a pu y être oublié. M. Nisard s'est acquitté de ce devoir agréable avec cette vigueur de pensée et cette fermeté ingénieuse qu'il a en propre et qu'il développe de plus en plus chaque jour. Il a très-bien expliqué les nobles motifs de la faveur de M. Ponsard, par les sources où son talent s'inspire ; il a montré comment le succès de cette chaste et sobre *Lucrèce*, qui est une date littéraire, était préparé d'avance et vaguement désiré, par suite des fatigues et des ennuis dus aux excès d'un genre plus turbulent. Il a marqué pourtant sa préférence pour le drame généreux de *Charlotte Corday*, et dans l'analyse qu'il a donnée de cette scène politique effrayante entre Danton, Robespierre et Marat, il a fait voir, par le burin qu'il a appliqué à la définition des trois caractères ainsi mis en présence et en contraste, que la critique aussi est une puissance : l'auditoire s'est senti tressaillir à des accents vertueux et éloquents. En louant les comédies populaires de M. Ponsard, le directeur a très-finement indiqué ce qu'elles laissent à désirer quelquefois pour l'entière vérité des personnages. C'est que le poëte travaille dans sa province, conçoit et exécute dans la retraite ses œuvres de conscience et d'émotion; cela est bon pour la tragédie, pour le drame historique : « Les héros de l'histoire, a dit M. Nisard, peuvent venir d'eux-mêmes visiter le poëte dans sa province; mais les héros de la comédie ne sont pas si commodes; il faut les aller chercher de sa personne au milieu du monde et à Paris, où se trouvent les plus illustres. » On ne saurait mieux penser ni mieux dire, et avec plus de piquant. J'indiquerai encore le passage dans lequel M. Nisard, reprenant l'éloge de Voltaire que le récipiendaire avait fait avec chaleur pour ses services rendus à l'esprit de tolérance et d'examen, l'a accepté sous bénéfice d'inventaire en quelque sorte, et en le réduisant par les seuls côtés où ce grand esprit a trop blessé en effet ce même genre humain qu'il prétendait servir. La discussion sur la tragédie, y compris la règle des trois unités (ce qui est peut-être de trop), a tenu une grande place aussi dans les paroles du directeur. Mais à quoi bon analyser un discours plein de pensées, et que chacun va lire? Je n'ai voulu ici, pour me servir de l'expression même de M. Nisard, que constater la *bonne qualité* de ces deux discours et le retentissement que cette honnêteté, cette droiture de sens, et à plus d'une reprise cette éloquence, un peu accusée, mais sincère, ont laissé dans l'esprit des auteurs. C'est en ces termes que chacun en parlait tout haut en sortant. Le public n'avait jamais été plus nombreux ni plus empressé.

Jeudi soir, 5 février 1857.

ACADÉMIE FRANÇAISE

RÉCEPTION DE M. BIOT.

Jamais séance n'avait été plus recherchée et convoitée que celle à laquelle nous avons assisté aujourd'hui. On devait recevoir au sein de l'Académie française M. Biot, le doyen de tout l'Institut, dont il fait partie depuis plus de cinquante ans ; et celui qui devait lui répondre était M. Guizot. L'académicien que M. Biot remplaçait était le vénérable M. Lacretelle, mort à près de quatre-vingt-dix ans, et longtemps doyen de l'Académie française. Tous les genres d'intérêt avaient appelé et convié à cette séance l'auditoire le plus curieux, le plus varié et le plus élégant ; la fête a répondu en grande partie à l'attente.

M. Biot a voulu lire lui-même son discours ; il a pensé que la personne même donnait un intérêt de plus aux paroles, qu'elles n'avaient tout leur sens et tout leur accent que sur les lèvres de celui qui les disait comme il les avait trouvées ; et en effet, si la physionomie avec sa finesse, si le geste dans son naturel et sa bonhomie pouvaient suppléer au timbre et à l'organe, on aurait eu un plaisir complet. Ce plaisir, nous devons le dire, a été mêlé de regret pour une nombreuse partie de l'auditoire ; on écoutait, on saisissait quelques mots, on sentait que quantité de choses justes, délicates et fines passaient tout près de là ; on les devinait au sourire même de celui qui parlait, et à la satisfaction de tous ceux qui se trouvaient assez voisins pour en jouir ; on était bien sûr de ne pas se tromper en joignant ses applaudissements aux leurs ; mais on éprouvait, en réalité, un peu du supplice de Tantale. Les lecteurs vont se dédommager à présent, et ils goûteront ce discours net, ingénieux et sensé, nourri de conseils, aiguisé d'une douce malice, et qui, vers la fin, présente un portrait si noble et si élevé du savant pur. M. Biot n'a eu, pour le tracer, qu'à se souvenir de sa propre vie, et à proposer pour idéal un exemplaire dont tous ceux qui le connaissent savaient déjà bien des traits.

M. Guizot a pris ensuite la parole, et, dès les premiers mots, on a senti vibrer l'arc et les flèches sonores : on a retrouvé un orateur. En commençant, il a rendu au premier Empereur une justice à quelques égards éclatante, et il est impossible de ne pas remarquer combien cette grande figure de Napoléon gagne chaque jour dans la perspective : ceux qui l'ont combattu à l'origine n'ont plus, même quand ils le jugent, que le langage magnifique de l'histoire. Pareil honneur arrivera un jour à tous ceux qui ont le génie du souverain, et aux mains de qui ne dépérissent point les destinées de la Patrie. Les réserves que l'orateur a cru devoir apporter à ses éloges ne sauraient surprendre ; les hommes de l'ordre de M. Guizot se doivent sans doute de rester les mêmes. Ce n'est pas à eux, d'ailleurs, à ces hommes d'État qui ont senti à leur jour tout le poids du gouvernement, qu'il est besoin de rappeler la gravité et la mesure.

Une réflexion toutefois qu'on ne pouvait s'empêcher de faire en assistant aujourd'hui à cette fête de l'esprit, c'est que si pareil intérêt est excité par une réunion académique, si des hommes qui autrefois se sont combattus dans l'arène parlementaire, et qui n'ont certes pas été exempts d'injustices les uns envers les autres, étaient assis là sur le même banc, tout prêts à écouter et à applaudir une parole élevée, à jouir d'un noble talent; si bien des préventions, des colères ont complétement disparu, et si les esprits, délivrés des craintes et comme désintéressés de leurs propres passions, s'étaient donné là rendez-vous dans un concours d'admiration et de bienveillance, on le devait à quelqu'un et à quelque chose. Ce qui est si facile et, j'ajouterai, si agréable aujourd'hui, était-il possible il y a quelques années? Ne disons donc pas, éternels ingrats, qu'il est inutile ou indifférent au développement de l'esprit, cet ordre stable et ce gouvernement qui seul rend possibles ce que j'appelais tout à l'heure les fêtes de l'esprit; car je n'y vois et n'y veux voir que cela.

M. Guizot a raconté d'un tour piquant, et même avec grâce, les premières missions scientifiques de M. Biot. Dans ce qu'il a dit de ses longs et patients travaux pour la mesure d'un arc du méridien, il a insisté sur les diversions littéraires que s'accordait le savant, et sur l'attention tout humaine qu'il ne cessait d'apporter à travers ses mesures et ses calculs, aux mœurs des populations parmi lesquelles il vivait. En retraçant avec cette netteté vigoureuse qui est le cachet de sa parole les traits du caractère scientifique de M. Biot, il n'a jamais oublié d'y joindre le côté social, orné, ce soin de culture littéraire, qui faisait de lui depuis si longtemps un membre désigné de l'Académie française.

M. Lacretelle a également obtenu de M. Guizot la part d'éloge et d'hommage que lui devait doublement un ancien collègue de la Faculté des lettres et un historien. M. Lacretelle était une des plus aimables figures d'écrivain que la fin du dernier siècle ait données à celui-ci. Témoin ému et acteur courageux dans les scènes de la Révolution, journaliste éloquent, il a toujours mis sa plume et toute sa personne au service des bonnes causes, de celles qui lui paraissaient telles dans son amour du bien et son indulgence pour l'humanité. Les histoires de M. Lacretelle qui traitent des différentes époques de la Révolution ont l'intérêt de Mémoires; elles rendent les impressions d'un honnête homme, sympathique, mobile, toujours sincère, et dont la plume conserve la vivacité et le coulant de la parole. Il a été trop bien loué dans les deux discours qu'on va lire pour que je me permette d'y rien ajouter en ce moment. Bien vieux, dans sa retraite de Mâcon, séparé à regret de ses confrères de l'Académie, il aimait à correspondre avec eux par lettres; il suivait leurs travaux, il s'intéressait à tout. Combien de fois, lorsqu'il m'arrivait d'écrire sur des hommes de la fin du XVIIIe siècle qu'il avait connus, ne m'adressa-t-il point, par la main de sa respectable compagne, des souvenirs à lui personnels, des particularités qui lui revenaient a l'esprit, des encouragements à poursuivre! Une fois, dans ce qu'il y mêlait d'affectueux et de trop flatteur, il s'interrompit en ajoutant cette touchante parole : « Je m'arrête, car vous pourriez croire que je suis un *candidat en nécrologie.* » Mais encore une fois, si j'ai contracté envers lui une dette, ce n'est point le moment de la payer. Sa mémoire a obtenu aujourd'hui toutes les couronnes.

La fin du discours de M. Guizot a un cachet d'élévation qu'il a tenu à marquer ; il y rend hommage à l'esprit, à la grandeur intellectuelle ; il invite les générations à remonter en idée vers les régions sereines de la méditation et de l'étude. Ce n'est pas nous, certes, qui les en détournerons. Dans le respect que nous avons pour de nobles pensées rendues avec énergie, il nous sera permis toutefois de faire remarquer que si c'est une politique positive qui doit sortir de telles études et de telles méditations, il importe fort de ne la point puiser trop haut. La vraie politique (est-ce à l'illustre orateur qu'il est besoin de le rappeler?) dépend avant tout de l'appréciation des faits sociaux qu'il convient de ne jamais perdre de vue; M. Guizot nous a tout récemment montré dans sa belle Étude sur sir Robert Peel combien une telle politique peut avoir de patriotisme et de véritable grandeur. Dans nos méditations même solitaires ne perdons jamais de vue l'état vrai de la nation et l'intérêt actuel de la France. Le mot que M. Guizot a dit en terminant, cette sorte d'appel où il invoque une parole du Sermon de la montagne nous transporte ailleurs. Bossuet a voulu tirer de l'Écriture sainte toute une politique, et il s'est trompé. On courrait risque aussi, en voulant tirer de l'Évangile une politique humaine, d'ouvrir le champ à bien des systèmes divers et peu d'accord entre eux. Ne confondons pas les sphères, et laissons les paroles, les promesses du Christ dans toute leur portée sublime et qui n'est point de l'ordre terrestre.

Je raisonne trop longuement; il est temps de céder la place à ceux qu'on a hâte de lire. Dans le peu de remarques que je viens de faire j'ai cru témoigner encore de mon respect envers des hommes dont je suis honoré de me dire le confrère.

Jeudi soir, 26 mars 1857.

ACADÉMIE FRANÇAISE

RÉCEPTION DE M. DE FALLOUX.

Si, par hasard, des esprits oisifs et mécontents étaient venus à cette séance académique, où la plus belle société s'était donné rendez-vous, avec l'intention de chercher et d'applaudir quelques-uns de ces traits plus politiques que littéraires, sur lesquels on a trop compté en d'autres temps, ils auraient été désappointés. Tout s'est passé dans les convenances académiques exactes, et c'est à peine si, en un petit nombre de passages, la parole de l'honorable récipiendaire donne lieu à des remarques qui sont encore plus des questions qu'on peut lui adresser que des critiques.

Il s'agissait de louer M. le comte Molé, que remplaçait M. de Falloux, et M. de Falloux, qu'une telle succession honore, surtout si l'on songe qu'elle a été presque une désignation, ou du moins un désir du mourant, a compris que c'était l'éloge de cet homme d'État illustre et de cet homme d'esprit aimable qui devait remplir tout son discours. Il s'en est acquitté avec une bonne grâce et une dextérité de parole qui ne lui a pas fait défaut en d'autres circonstances plus graves et dans de vraies luttes, où il avait en face des adversaires : ici il n'avait en présence que des amis ou des curieux. Mais c'est là aussi une épreuve qui a sa délicatesse.

M. le comte Molé est de ces hommes dont l'éloge n'embarrasse personne, et l'on n'a qu'à choisir dans une vie si utilement et si noblement remplie. Enfant, il assista aux horreurs de l'anarchie; il vit son père immolé; il le sauva une fois par son intercession active et retarda l'heure fatale sans la pouvoir conjurer. Il connut ensuite pour lui et pour les siens la détresse et la misère; il racontait, de ces années laborieuses, de précis et de touchants détails qu'on aurait pu rappeler sans inconvénient, parce que de telles épreuves eurent une profonde influence sur son esprit et sur sa manière de juger les événements et sans doute les gouvernements. En se rattachant à des principes, il n'en sépara jamais le sens pratique et l'appréciation des faits. M. Molé était un nom ancien, qui avait senti de bonne heure la nécessité d'être un homme nouveau. « Vous avez fait comme nous, monsieur, lui disait M. Dupin en le recevant à l'Académie, vous avez commencé. »

Ce qu'on aurait pu dire aussi, c'était l'impression vive et incomparable qu'après des années de labeur, de dégoût et de souffrance, il avait tout d'un coup ressentie à la vue des premiers actes et des premiers soleils du Consulat. Il s'animait quand il parlait de cette renaissance si merveilleuse et si entière de la société sous un astre et un génie réparateur. Il avait vingt ans. Il eut le courage bien rare de ralentir alors son propre essor, et de vouloir mûrir et fortifier une éducation qui n'était complète qu'au moral et à laquelle bien des secours avaient manqué. Le Consul, qui savait tout, n'ignorait pas qu'il y avait en France un rejeton des Molé, et il l'aurait rattaché à son régime dès ce temps-là; il le lui fit dire. M. Molé demanda un répit et s'imposa un retard : il avait besoin de deux années encore, de deux ou trois années de voyage et d'études, pour n'entrer dans la lice que tout armé et tout à fait digne de la grande carrière.

Il fallait que Napoléon eût apprécié bien favorablement une qualité qui, en effet, était la principale de M. Molé homme politique, une extrême justesse de jugement, une balance parfaite et d'une singulière délicatesse, qui rendait raison à l'instant de tout ce qu'on y jetait; il l'avait nommé grand-juge, c'est-à-dire ministre de la justice, à trente-trois ans et sans que M. Molé fût même avocat; et cette place si éminente n'était qu'un acheminement peut-être (et lui-même l'avait fait pressentir à M. Molé) à une position plus élevée et plus intime encore, si le sage et judicieux Cambacérès venait à se dégoûter, ce qu'il semblait annoncer quelquefois, d'une partie des graves fonctions qui pesaient sur lui. Au reste, ce début si brillant de la vie politique du comte Molé n'aura pas et ne peut avoir d'autre historien que lui-même; il a laissé des Mémoires dont les commencements au moins, pour tout ce qui est de cette époque, doivent être achevés, et il aura su joindre, en écrivant ce qu'il racontait si bien, la perfection de son bon goût à la netteté de ses souvenirs.

M. de Falloux a pris plaisir à louer (en l'exagérant un peu) la part active de collaboration que M. Molé eut dans la politique loyale et généreuse, mais trop tôt déjouée, du duc de Richelieu pendant les premières années de la Restauration. Il a cru devoir à ses propres antécédents de regretter qu'en juillet 1830 on n'ait pas plus tenu compte à la branche aînée de la maison de Bourbon des concessions et des sacrifices qu'elle se décida à faire aux derniers moments et à la dernière extrémité. Sans entrer dans cette déploration tardive et sur laquelle il est permis à un membre de l'Académie française en 1857 de n'avoir point d'avis formel, on ne peut s'empêcher de remarquer que la personne qui eût été le plus à même de répondre aux regrets exprimés par M. de Falloux, et peut-être de les réfuter en les respectant, eût été M. le comte Molé, qui fut des premiers à accepter le régime issu des barricades de juillet, à le servir et à travailler à le constituer et à l'autoriser devant l'Europe, en qualité de ministre. M. Molé, encore une fois, était un homme pratique, et il l'a prouvé à toutes les heures décisives de sa carrière.

Son second ministère, le ministère dit du 15 avril, se dessine à présent et restera dans l'histoire comme le moment le plus serein et le plus calme des dix-huit années; et lorsqu'on vient à se rappeler à combien d'attaques, à combien de violences cet honorable ministère fut en butte de divers côtés, combien on l'accusait tout haut d'être un ministère d'*abaissement,* on rougit aujourd'hui, on devrait rougir, et sentir une bonne fois ce que valent ces coalitions où les meilleures intentions se faussent, où les meilleurs esprits s'aveuglent. Mais je ne suis pas chargé de tirer les moralités.

Après le 24 février, M. Molé qui n'avait contribué en rien à la chute du dernier régime, se fit remarquer par son bon sens net et son merveilleux courage d'esprit. Je me rappelle avoir eu l'occasion de rencontrer alors, et dans la première semaine qui suivit, deux hommes d'État, très-inégaux par l'âge, mais qui avaient pris grande part l'un et l'autre à ce qui n'était plus, et jetés tous deux de côté par la tempête : je fus frappé de voir que si l'un, le plus jeune, était sombre, estimant tout perdu, la société s'écroulant dans l'anarchie et le monde penchant à sa ruine, l'autre (c'était M. Molé), au contraire, était resté serein, avec je ne sais quoi de clair et de net qui, sans lui faire voir en beau les choses, dégageait pourtant sa perspective. Il disait que la France s'en tirerait; il l'avait vue, dans son enfance et dans sa jeunesse, sortir victorieuse et plus belle de bien d'autres périls et d'un plus affreux naufrage. M. Molé entra alors, avec tant de bons citoyens, dans cette politique que je ne croirai pas diminuer en l'appelant une politique de *sauvetage;* il rendit des services, donna de bons conseils au jour le jour, et couronna dignement sa carrière publique.

Ici, je ne suivrai pas M. de Falloux dans ce qui peut sembler trop conjectural ou trop vague. J'écarterai le nom respecté de M. le comte Molé, et je dirai à notre honorable confrère que les services que lui-même a rendus à cette époque difficile, le rôle qu'il y a joué, peuvent lui faire quelque illusion dans l'impression qui lui en est restée. Tournez et retournez vos souvenirs comme il vous plaira, c'était un naufrage, et le plus humiliant des naufrages; la France entière était sur un radeau; elle avait besoin, après trois années d'expédients et de misères, de se retrouver voguant à pleines voiles sous le plus noble pavillon. L'acclamation universelle par laquelle la France a salué son président en 1852 et l'a sacré empereur a été, entre autres choses, un acte de haut bon sens. Que venez-vous insinuer de la *plénitude* du principe monarchique, comme si on ne l'avait pas, comme si ce principe pour la France moderne était séparable de la satisfaction donnée aux meilleurs vœux de la démocratie? La plénitude du principe monarchique, entendue selon la libre et nationale interprétation, elle est là où il y a passé glorieux et gloire nouvelle, là où apparaissent deux restaurateurs de la société à cinquante ans de distance, deux conducteurs de peuple remettant la France sur un grand pied et, sans trop se ressembler, la couronnant également d'honneur.

Mais c'est assez, et peu s'en faut que je ne combatte contre un nuage; car cette fin du discours de M. de

Falloux, si on la presse, se dérobe de plus en plus. Je regretterai toujours, tout en respectant profondément les convictions personnelles de chacun de mes confrères, et en sachant très-bien que l'Académie est et doit être un terrain neutre, que, dans ces cérémonies publiques, l'orateur, en restant lui-même, ne parvienne pas à se dégager assez des engagements de société (plus encore que de parti), pour avoir un mot de justice, je ne veux pas dire de reconnaissance, pour le pouvoir tutélaire qui sait d'ailleurs très-bien s'en passer. Je ne parle qu'au nom du bon goût, tel que je le sens, et en vue de la parfaite bienséance.

Au discours élégant et gracieusement débité de M. de Falloux, M. Brifaut (qui, à cause de la faiblesse de sa voix, avait choisi M. Patin pour lecteur) a répondu par un compliment fort agréable, comme on en faisait dans l'ancienne Académie, comme on s'en permet trop peu dans la nouvelle, pas trop long, pas du tout théorique, où la fleur est sans épine, où l'anecdote pique sans arrière-pensée, et où les douceurs toutes bienveillantes ne laissent en rien apercevoir ce que M. Joubert appelle *le fiel de la colombe*.

Jeudi soir, 28 janvier 1858.

ACADÉMIE FRANÇAISE

RÉCEPTION DE M. ÉMILE AUGIER.

Il y avait foule aujourd'hui à la séance académique, parce que c'était une séance académique : cette raison toute parisienne suffirait. Il y avait encore une autre raison excellente et plus particulière : on avait à entendre l'éloge de M. de Salvandy prononcé par M. Émile Augier, et l'éloge de celui-ci, l'exposé de ses titres littéraires, prononcé par M. Lebrun : tous noms aimés du public et contrastant agréablement. M. Augier, accueilli avec une visible faveur, a commencé avec modestie. Il a été le premier à mettre en saillie ce contraste d'un simple homme de lettres comme lui, succédant à un homme politique qui avait joué un si beau rôle. L'entrée en matière, j'allais dire l'entrée en scène de son discours a été pittoresque, et telle que M. de Salvandy l'eût aimée : « En 1837, j'étais au collége Henri IV... » et ce qui suit. Il a dessiné en traits vifs et bien reconnaissables cette physionomie ardente et chevaleresque de M. de Salvandy, de celui que M. Lebrun a appelé l'*Ajax du parti libéral* sous la Restauration ; on n'a pas même assez rappelé qu'à un certain moment, à l'époque de la dernière censure, M. de Salvandy avait été, à lui seul, toute la presse périodique opposante. M. Augier a cité un mot heureux de M. de Chateaubriand, disant de M. de Salvandy qu'il avait *de la fougue dans la modération.* Il a cité un mot de M. de Salvandy sur lui-même, dans une lettre qu'il écrivait à M. Laya : « Ce que vous appelez mon affectation (dans le style) est mon naturel. » J'ajouterai que cet homme bouillant et brillant, qui portait toutes ses qualités en dehors et qui les avait aussi en dedans, avait une véritable modestie littéraire sous un air de faste, de même qu'il disait avoir eu une timidité première à vaincre avant d'arriver à toute sa hardiesse. Publiciste plein de verve, et homme politique encore plus zélé qu'ambitieux, il ne se considérait dans les lettres proprement dites que comme un amateur, et son désir, son effort, dans les derniers temps, et quand des loisirs lui furent imposés par les circonstances, c'eût été de conquérir, en perfectionnant un de ses anciens livres, ce rang d'auteur durable dont il sentait tout le prix. Dans son premier et son second ministère à l'instruction publique, M. de Salvandy eut pour les hommes de lettres des attentions et, l'on peut dire, des délicatesses particulières ; M. Augier en a indiqué quelques-unes. Ce n'était pas assez pour M. de Salvandy d'être juste, il était généreux. Il ne se contentait pas d'accueillir un vœu ou une demande, il allait au-devant. Il avait les bonnes grâces prévenantes. Tel qui l'avait autrefois effleuré d'une épigramme légère ou d'un éloge équivoque, se trouvait non point pardonné, mais recherché, mais distingué par lui, et devenait, s'il le méritait d'ailleurs, l'objet de ses procédés les plus favorables. Il se piquait de courtoisie ; il avait de la bonté. Il a laissé partout des regrets et de vivants souvenirs dont M. Augier, qui l'avait trop peu connu, s'est fait l'interprète heureux et fidèlement inspiré.

M. Augier, vers la fin de son discours, n'a pas craint

de dire quelques vérités au spirituel public qui l'applaudissait. Dans un parallèle, assez contestable d'ailleurs, qu'il a établi entre l'œuvre du littérateur et l'action de l'homme d'État, il a rappelé la difficulté qu'il y a quelquefois, pour le meilleur gouvernement, à être le bienfaiteur des peuples qui ressemblent trop aux Athéniens de l'antiquité; il a parlé de cet esprit qui était aussi celui de Rome en de certains siècles (*Roma dicax*), de cet esprit de dénigrement devant lequel rien ne trouve grâce, et il s'est plaint de ce qu'il a nommé *notre dissolvante ingratitude*. En applaudissant vivement à l'expression de ce reproche qui atteignait en partie la belle société, il est évident que le public académique prenait tout haut l'engagement de ne plus retomber dans pareille faute. Et puis il est des gouvernements qui ont le sentiment énergique et élevé de ce qu'ils sont, et qui ne se laissent pas dissoudre.

M. Lebrun, en prenant la parole pour répondre à M. Augier, a voulu d'abord rendre un nouvel hommage à M. de Salvandy, et compléter sur quelques points le portrait déjà fort bien esquissé. Le public, très-attentif pendant cette première partie du discours, attendait cependant la seconde, celle où le directeur de l'Académie devait analyser et apprécier les œuvres de son jeune et nouveau confrère. Cette seconde moitié a surtout réussi, et de fréquents applaudissements ont salué les passages où M. Lebrun a parlé de *la Ciguë*, de *Gabrielle*, de la comédie en vers et du rang qu'il convient de lui maintenir dans l'ordre de l'art. On a ri à ce qu'il a dit de la collaboration à deux; on a trouvé piquantes et justes les objections qu'il a faites à une théorie contraire ingénieusement exposée devant l'Académie il y a peu d'années (1). M. Jules Sandeau, le col-

(1) Par M. Legouvé dans son discours de réception.

laborateur de M. Augier pour *le Gendre de M. Poirier*, n'a pourtant pas été sacrifié, et il a eu sa part de louange. Quant au *Mariage d'Olympe*, M. Lebrun en a jugé bravement, et, tout en désapprouvant la crudité de quelques couleurs, il n'a pas hésité à louer l'idée même, à l'absoudre au nom de la morale. On est très-prompt, dans notre pays, à faire intervenir la morale dans les questions d'art : le jugement public, porté par M. Lebrun sur une œuvre qui avait paru exciter bien des réprobations, devrait rendre peut-être plus circonspects ceux qui repoussent d'abord, au même titre, d'autres œuvres de talent.

Le succès de ce discours de M. Lebrun était particulièrement agréable aux auditeurs et aux confrères qui sont accoutumés à apprécier son caractère et sa personne. Il me semble que j'ai déjà défini autrefois M. Lebrun « le plus jeune des poëtes du premier Empire. » Il a gardé, des temps où il a préludé, l'habitude d'un art sérieux, noble, et qui se respecte toujours; il y a introduit, dans une seconde époque, une veine de franchise et de naturel qui, en ce temps-là, était neuve encore; il a été novateur avec frugalité. C'est cette double nuance de dignité et de naturel qui le distinguait à la fois parmi les classiques et parmi les romantiques, lorsque les camps se partageaient ainsi. Homme aimable, esprit conciliant et juste, académicien exemplaire, fidèle à tous les sentiments honorables, ami intime et constant de Béranger, il a justifié aujourd'hui tous ces titres et fait preuve des qualités qu'on estime en lui. Les paroles qu'il a prononcées sur l'exécrable forfait du 14 (1), sur ces tentatives sauvages « et d'autant plus irritées et féroces que la main qui les réprime est plus puissante et qu'elle présente plus de

---

(1) L'attentat Orsini.

garanties à l'ordre français et européen, » paroles qui correspondaient à d'autres, non moins énergiques, sorties du cœur de M. Augier, étaient séantes en pareille circonstance et en un tel lieu. L'Académie se devait à elle-même non moins qu'à l'Empereur de ne pas laisser passer un tel acte infernal sans qu'on distinguât sa parole d'indignation entre toutes celles qui s'élèvent.

Un dernier trait du discours de M. Lebrun a été l'éloge de Béranger et cette espèce d'adoption académique posthume, si bien placée dans la bouche d'un ami qui l'avait tant de fois pressé de devenir un confrère. On ne pourra plus dire, après cela, que Béranger n'a pas été académicien. Quelqu'un disait en sortant : « Je viens d'assister à la séance de réception d'Émile Augier et de Béranger. »

ACADÉMIE FRANÇAISE

RÉCEPTION DE M. JULES SANDEAU (1).

La séance de réception de M. Jules Sandeau, le 26 mai, a été des plus intéressantes, et la foule élégante qui y assistait s'est montrée des plus satisfaites : elle l'a prouvé à diverses reprises par ses applaudissements. Le nouvel académicien était reçu par M. Vitet, directeur de l'Académie; il remplaçait et avait à célébrer M. Brifaut. Le sujet, pour être mince, n'en était que plus délicat; il s'agissait de le broder agréablement, sinon de le créer. M. Jules Sandeau s'en est acquitté à merveille. Il a commencé, contre l'ordinaire des récipiendaires, sans exorde, sans remercîment plus ou moins exagéré; il s'est mis, dès la première phrase, à louer son prédécesseur et à tracer de cette figure aimable qu'il avait à deviner, ne l'ayant pas connue, une esquisse ou, comme il a dit, un léger *crayon*. Ce *crayon* a paru suffisamment ressemblant et d'une touche très-heureuse. Le romancier gracieux, qui a si souvent introduit dans ses ouvrages des figures de personnages aristocratiques en y mêlant une fine

(1) Ce morceau a été inséré non plus dans *le Moniteur*, mais dans *la Revue Européenne* du 1ᵉʳ juin 1859.

pointe d'ironie, n'a eu cette fois qu'à imaginer un personnage de plus, celui d'un homme de lettres né dans les rangs du peuple, aussi peu *né* que possible, mais avec des goûts distingués et une vocation d'homme de qualité, qui eût été abbé dans l'ancien régime, qui eût été toute sa vie le gentil abbé de l'hôtel d'Uzès et à qui il n'a manqué de nos jours, pour remplir cette destinée d'autrefois, que le titre et le petit collet. M. Brifaut, dans le faubourg Saint-Germain restauré au lendemain de la Révolution, a été, autant qu'il l'a pu, ce petit abbé sécularisé. Après un succès de théâtre qui n'eut qu'un jour et qui ne se renouvela point, il se réfugia dans les succès de salon et dans les douceurs de la société : il s'y confina et s'y confit. Il se laissa faire; il s'y choisit un genre de vie délicieux, mais énervant, qui rappelait, en très-petit, l'existence quasi mythologique d'un Voiture ou plutôt d'un Benserade. Très-répandu dans le grand monde, affectionnant particulièrement celui des duchesses dont les noms revenaient sans cesse comme par hasard à sa bouche (1), il mettait de la méthode jusque dans les dissipations de chaque journée. Il commençait par des billets du matin musqués, pomponnés, à faire pâmer d'aise celles à qui il les écrivait. Puis, sortant en carrosse, il faisait son cercle de visites, payant son écot en tout lieu, argent comptant, en menue monnaie. Du trait dans la conversation, des pointes

(1) Madame Récamier, si bienveillante, n'a pu s'empêcher de remarquer ce faible de M. Brifaut. Dans un séjour qu'elle fit au château de Maintenon chez le duc de Noailles en août 1842, elle écrivait à sa nièce madame Lenormant : « M. Brifaut est toujours aimable et bon; il quittera Maintenon à regret, il est dans son élément : les beautés de ce royal château, les souvenirs de Louis XIV et de madame de Maintenon, *mais surtout le plaisir de se voir entre la duchesse de Noailles et la duchesse de Talleyrand*, sont des jouissances dont il ne se lasse pas. On lui sait presque gré d'une faiblesse qui lui donne tant de satisfaction. »

à tout propos, quelque chose de vif et de sémillant dans son bon temps; avoir sur chaque sujet de passage une provision de bons mots plus ou moins préparés, comme on a des pastilles dans une bonbonnière d'écaille qu'on fait circuler aux mains des dames; ne voir guère dans tout ce qui est sur le tapis, même dans ce qui est sérieux, que prétexte à paillettes et à étincelles; ne jamais sortir d'un salon sans assurer et signaler sa sortie par un dernier petit trait qu'on lance en fuyant : tel était, tel nous vîmes pendant des années ce galant homme, homme d'esprit assurément, mais des plus précieux et non pas médiocrement frivole. Gardons-nous bien de confondre le bon ton et le bon goût. D'ailleurs, une grande sûreté dans le commerce, une grande fidélité à ses amitiés, à ses opinions, le constant désir, le ferme propos d'être et de rester aimable jusque dans la ruine de la santé et au sein de la souffrance (1), ces qualités sociales indiquaient en lui un fond de caractère plus solide que son esprit. Il se plaisait, dans les heures bien rares que lui laissait le monde, à écrire sur toutes sortes de sujets, et particulièrement à se souvenir de ses succès de salon, à en fixer la mémoire, à noter ses premières aventures d'esprit, à dénombrer ses nobles relations, et (plus homme de lettres en cela et moins homme du monde qu'on ne l'aurait cru) à tenir registre de tous les jolis mots qu'il avait semés dans sa carrière. Il a pourvu expressément, par la publication posthume qu'il avait préparée, à ce que la postérité n'en ignorât et à ce qu'elle prît sa mesure là-dessus : une trop exacte mesure!

(1) Madame Récamier a dit encore de lui dans une de ses lettres, en indiquant ce dernier trait distinctif de cette nature aussi factice que possible (23 septembre 1845): « M. Brifaut souffre beaucoup, mais son courage ne se dément pas; ce qui pourrait paraître frivole dans son esprit devient admirable dans sa triste situation. »

Mais le discours académique est un genre vivant qui transforme, qui embellit, qui a pour objet avant tout de réussir et de plaire, qui a pour premier devoir et pour condition de savoir tirer parti de chaque défunt et d'en dégager, ne fût-ce que pour un jour, un immortel. M. Jules Sandeau, sans efforts, a eu cet art et a usé de cette magie. De la sensibilité autant qu'il en faut, une mollesse gracieuse, une ironie douce et marquée à peine, un débit modeste et aisé introduisant une narration élégante, ont dès l'abord disposé l'auditoire en faveur du portrait comme il l'était déjà en faveur du peintre. Un noble tableau du premier Empire, une brillante image de la société sous la Restauration, un généreux et chaleureux hommage à l'Empire actuel et à l'Empereur, à la croisade italienne, grosse d'avenir, ont rehaussé le sujet et mis en jeu des sympathies diverses qui se sont confondues à la fin dans un seul et même applaudissement. M. Jules Sandeau a eu bien des succès : celui de l'autre jour les lui résumait tous, ce nous semble, et les lui réfléchissait d'une manière sensible et bien touchante, qui a dû lui aller au cœur.

M. Vitet, parlant au nom de l'Académie, s'est associé tout d'abord à l'élan et au vœu patriotique par lequel M. Jules Sandeau avait fini. M. Vitet, dans les deux dernières séances où il présidait, dans celle-ci et dans la précédente où il avait à recevoir M. de Laprade, s'est montré un orateur académique accompli. Ce qu'il dit est réellement un discours, ayant souffle, animation et mouvement. C'est bien à quelqu'un qu'il s'adresse, il est en présence, il répond. Il intéresse l'auditoire qui est témoin, il l'entraîne avec lui dans le large courant de sa louange ou dans les sinuosités habiles de sa critique : on sourit, on est charmé. On se sent aux mains d'un esprit supérieur qui vous conduit. M. Sandeau avait parlé du roman avec modestie pour son propre compte, mais avec une sorte de fierté pour le genre : il avait eu le bon goût de paraître étonné et confus d'être le premier romancier proprement dit appelé à l'honneur de siéger à l'Académie, lorsqu'autrefois ni Le Sage ni l'abbé Prévost n'y avaient été admis, et que, de nos jours, M. de Balzac et d'autres encore avaient brillé par leur absence. M. Vitet s'est attaché à répondre à cette espèce d'étonnement du récipiendaire et à justifier l'Académie. Le roman est un genre vague, mal aisément défini : il touche à tout, il s'applique à l'histoire elle-même, il s'élève jusqu'à l'épopée; il tombe aussi, il se rabaisse, et, à vouloir tout peindre, il s'égare. M. Vitet, sans contester la puissance, a montré du doigt dans le lointain les égarements, et il a loué M. Sandeau d'avoir su plus qu'un autre s'y soustraire, y échapper; il l'a presque félicité d'avoir su se préserver au milieu de la contagion, et d'avoir paru dès sa jeunesse à l'épreuve du feu, comme les trois enfants dans la fournaise. A travers les charmants et bien mérités éloges auxquels prêtait ce genre de réponse toute personnelle, j'ai regretté, je l'avoue, de rencontrer deux ou trois traits piquants qui visaient au delà, qui semblaient s'adresser à de grands talents placés hors de la sphère et de la portée académique (1). L'Académie ne pouvant espérer de les comprendre jamais, ces talents ou même ces génies d'écrivains, dans ses appels et ses récompenses, ne peut vouloir les atteindre seulement par sa critique, si fine que soit cette critique, si spirituelle que soit l'épigramme. Mais je suis, en ceci, plus susceptible que l'auditoire : car il a tout goûté et tout applaudi.

(1) Madame Sand.

Samedi, 22 décembre 1855.

RÊVES ET RÉALITÉS

Par Madame M. B. (BLANCHECOTTE), ouvrière et poète (1).

La poésie n'est pas morte; elle ne sommeille même pas. Je crois remarquer que depuis quelque temps il y a un retour plus vif et des tentatives, confuses encore, mais qui témoignent d'un désir et d'une espérance de nouvelle veine. Il est vrai que voilà bien des années déjà qu'il ne s'est point produit d'œuvre poétique qui ait appelé à un haut degré l'attention du grand public et qui lui ait fait saluer une jeune gloire. On dirait que le fleuve, en continuant de couler, traverse des plaines assez ingrates et monotones sans rencontrer un site bien mémorable ou l'une de ces cités qui immortalisent. Mais qui sait? d'ici à demain peut-être, ce cours un peu vague peut se resserrer, se creuser avec profondeur, entrer dans quelque vallée verdoyante et sonore, réfléchir des bords plus hardis, des scènes plus animées, donner enfin le mouvement et la vie à un paysage que chacun voudra connaître et visiter. En un mot, ce n'est pas la matière de la poésie qui manque, ce n'est pas le sentiment poétique; c'est plutôt la forme et le glorieux accident.

En attendant, les poëtes sont à l'œuvre, et le labeur

(1) Un vol. in-18; Paris, Ledoyen, 1855.

ni l'inspiration ne cessent pas. C'est ainsi qu'en ouvrant le volume que j'annonce aujourd'hui, j'ai reconnu, dès les premiers vers, un poëte et une âme, une âme douloureusement harmonieuse. On sent que ce n'est point une fiction ni une gentillesse que ce titre d'*ouvrière* qui se joint aux initiales de l'auteur. Une condition pénible, accablante, tient bien réellement à la gêne une intelligence qui souffre, un talent qui veut prendre l'essor. Il y a même dans ce volume quelques cris trop déchirants pour être confiés à l'art et qui font mal à entendre; mais l'auteur qui, tout en les laissant échapper par moments, sait qu'il ne faut pas tout dire, et qu'il y a la pudeur de la muse et celle de la femme, a d'ordinaire exhalé ses émotions et ses larmes par un détour et à travers un léger voile qui les laisse arriver sincères encore, mais non pas trop amères ni dévorantes. Dans une suite de petits tableaux et poëmes intitulés *Blanche*, *Jobbie*, *Maria*, *Henriette*, *Lucy*, etc., son imagination s'est créé comme des sœurs qu'elle transporte dans des situation diverses, qu'elle place même à plaisir dans des cadres assez brillants; mais toujours et chez toutes la note fondamentale est le délaissement intime, la plaie secrète, la douleur. Sa Jobbie, par exemple, est une jolie et svelte Écossaise, qu'on dirait la sœur d'Ariel : on la croit légère, elle ne l'est pas; on la croit une enfant, mais elle a vu passer le noble et beau seigneur, elle se l'est choisi tout bas, et lorsqu'il se marie à la fière Lucy, au sortir de cette noce à laquelle elle a assisté parée et comme riante, elle arrache les fleurs de sa tête, et cache sous ses mains sa pâleur de statue; mais nul ne saura jamais son secret :

> Oui, qu'on te croie heureuse, ô ma Jobbie ! et chante !
> Laisse rire toujours ta voix simple et touchante,
> Sauf à pleurer plus tard comme pleure le cœur.
> Il ne faut pas laisser lire notre douleur

Par les indifférents dont le regard épie
Tout ce qui sert de proie à leur sarcasme impie :
Si jeune, ô mon enfant, tu l'as compris déjà !
Nul ne sait ton secret, et nul ne l'outragea.
C'est bien ! va te montrer éblouissante et folle :
Femme, garde ton voile ; enfant, ton auréole.
Chacun garde une larme au fond de son regard,
Ou jeune fille ou femme, ou jeune homme ou vieillard ;
Heureux quand cette larme est divine et sacrée
Comme le pur regret de ta vie ignorée !
La rosée est si belle au matin sur les fleurs !
Combien prendraient ta peine, enfant, contre les leurs !
Chacun a vu passer quelque riant mensonge
Dont rien n'a pu voiler l'ineffaçable songe :
Heureux quand la chimère a des ailes d'azur
Comme un nuage blanc flottant en un ciel pur !

Et l'Espagnole *Conchita* aussi, elle garde son secret et son mystère, mais elle porte et agite autrement que Jobbie l'orage intérieur ; elle semble avoir emprunté à l'antique Sapho sur son promontoire un éclair de sa flamme :

CONCHITA.

« Et moi, je garde aussi mon mystère et mon voile.
Grondez, mers ! tonnez, vents ! vous ne saurez plus rien :
Je n'irai plus jeter à la vague, à l'étoile,
Les secrets de mon cœur que vous sûtes trop bien.

« La fascination des sombres harmonies
Des forêts et des flots, de la foudre et des vents,
Qui faisait déborder en notes infinies
Mon sein tumultueux, plein aussi d'ouragans ;

« Cet éblouissement ne me verra plus, folle,
Révéler mon angoisse au monde indifférent,
Qui nous raille ou nous rit d'un rire bénévole :
Rien à l'homme jamais, tout à Dieu qui comprend !

« Rien, même de mes pleurs, à celui qui s'en joue,
Qui m'a pris mon bonheur et ne me connaît plus !
Je farderai ma voix comme on farde sa joue :
Plus de soupirs jamais qui seraient entendus !

« Ma voix sera joyeuse, et joyeux mon sourire,
Et joyeux mon regard, et joyeux mon maintien :
Ceux qui lisaient mon mal ne le pourront plus lire ;
On me trouvera gaie et ne regrettant rien.

« Comme on jette à la mer son bagage en silence,
J'ai jeté dans mon sein, qui s'est fermé dessus,
Mon fardeau tout entier, écroulement immense,
Ma misère et mon deuil, et mes rêves déçus !...

« Si quelque sanglot sourd quelquefois le soulève,
Mon sein, tombe profonde où gisent tant de morts,
Je me sers de l'orgueil comme on se sert d'un glaive,
Pour te vaincre, ô douleur, qui remonte et me mords.

« Mon front est-il courbé ? n'est-il pas fier et digne ?
Si quelquefois il penche et paraît s'assombrir,
Ah ! c'est contre moi-même alors que je m'indigne ;
Il ne faut pas ployer, mais se taire et mourir...

« Au milieu des heureux je passerai rapide,
Oh ! bien rapide ! afin qu'on ne regarde pas
Si je me sens troublée auprès d'un front limpide,
Et sombre auprès de cœurs qui se parlent tout bas.

« Si l'on voit dans mon œil quelque larme furtive,
Si l'on sent dans ma voix quelqu'écho déchirant,
Chantez, amis ! la barque aura touché la rive,
L'angoisse aura brisé mon sein en le rouvrant.

« Mais tant que je serai forte, et que la jeunesse
Débordera dans moi comme un fleuve orageux,
Oh ! n'espérez jamais que ma plainte renaisse,
O vous que j'invoquais, vents et mers, terre et cieux !

« Car moi, je garde aussi mon mystère et mon voile.
Grondez, mers ! tonnez, vents ! vous ne saurez plus rien :
Je n'irai plus jeter à la vague, à l'étoile,
Les secrets de mon cœur que vous sûtes trop bien. »

— Ainsi chantait un jour, loin des rives natales,
Une jeune Espagnole aux grands yeux pénétrants ;
Et sa voix se mêlait à la voix des rafales
Qu'on entendait mugir au-dessus des torrents...

Si j'osais conjecturer, je dirais que par toutes ces figures diverses qu'a évoquées autour d'elle l'imagination de l'ouvrière-poëte, elle s'est plu à multiplier, comme dans un miroir légèrement enchanté, des images d'elle-même, et elle n'a changé que juste ce qu'il fallait pour pouvoir dire : *Ce n'est pas moi!* C'est ainsi (autant que je l'imagine), que sa propre douleur trop morne et trop tristement monotone s'est transformée et colorée comme à travers un prisme en une variété de douleurs poétiques passionnées et touchantes. Mais la pièce intitulée *les Larmes* n'a pu se déguiser, et elles ont jailli plus vite que la pensée, par une force involontaire :

LES LARMES.

Si vous donnez le calme après tant de secousses,
Si vous couvrez d'oubli tant de maux dérobés,
Si vous lavez ma plaie et si vous êtes douces,
    O mes larmes, tombez !

Coulez ! coulez longtemps et sans mesurer l'heure ;
Laissez dans le sommeil mes esprits absorbés ;
La douleur est moins vive alors que l'âme pleure :
    O mes larmes, tombez !

Mais si comme autrefois vous êtes meurtrières,
Si vous rongez un cœur qui déjà brûle en soi,
N'ajoutez pas au mal, respectez mes paupières :
    O larmes, laissez-moi !

Oui, laissez-moi ! je sens ma peine plus cuisante,
Vous avez évoqué tous mes rêves perdus :
Pitié ! laissez mourir mon âme agonisante ;
    Larmes, ne tombez plus !

Quelques-unes des pièces de ce recueil sont ainsi d'un effet poignant. L'auteur, pour peu qu'il s'apaise un jour et qu'il rencontre les conditions d'existence et de développement dont il est digne, me paraît des plus capables de cultiver avec succès la poésie domestique et de peindre avec une douce émotion les scènes de la vie intime : car si Madame Blanchecotte (ce qui est, je crois, son nom) a de la Sapho par quelques-uns de ses cris, elle aurait encore plus volontiers dans sa richesse d'affections quelque chose de mistriss Felicia Hemans, et tout annonce chez elle l'abondance des sentiments naturels qui ne demandent qu'à s'épancher avec suite et mélodie. Au reste, ce ne sont pas des conseils ici que je viens lui adresser : j'ai voulu surtout donner avis au public qui aime la poésie, et lui dire : Il y a un poëte dans ce volume, un poëte à demi enchaîné; aidez-le à prendre l'essor. — Béranger et M. de Lamartine, chacun de leur côté, et cette fois sans qu'on puisse y soupçonner de la complaisance, ont déjà donné à l'auteur ce brevet de poëte : je ne fais qu'ajouter après eux mon apostille bien sincère.

[L'article qu'on va lire, inséré en *premier-Paris* au *Moniteur* le lendemain des funérailles de Béranger, m'a été attribué.]

Paris, le 17 juillet 1857.

Béranger depuis des années ne chantait plus, mais la France, en le perdant, a senti à quel point il lui était toujours cher et présent, et combien l'âme de ses chants faisait partie de son âme, à elle, de son génie immortel, comme race et comme peuple. L'Empereur, en se chargeant de la célébration de ses funérailles et en voulant y présider, en quelque sorte, par la pensée, a montré qu'ici comme en toute chose il sentait comme la France.

Béranger, en expirant, était âgé de soixante-dix-sept ans presque accomplis. Son âge même était gravé dans toutes les mémoires, et la date, lorsque l'on s'interrogeait ces jours derniers, revenait voltiger en chanson :

> Dans ce Paris plein d'or et de misère,
> En l'an du Christ mil sept cent quatre-vingt,
> Chez un tailleur, mon pauvre et vieux grand-père,
> Moi nouveau-né, sachez ce qui m'advint...

Sa vie fut simple ; par son bon sens, par sa probité, par la modération de ses mœurs et de ses goûts, il sut la rendre constante et digne. Jeune, au sein de la pauvreté, à travers les entraînements de l'âge, il ne cessa, par un travail secret, opiniâtre, de se préparer un talent supérieur aux choses légères et déjà charmantes auxquelles il s'essayait. Une place modeste dans une administration publique suffisait à ses besoins ; il la garda jusqu'au jour où il s'aperçut que son indépendance allait en souffrir. Tout à fait libre alors, et prenant son grand vol, chantre adopté de la jeunesse et de la patrie, amoureux de ses gloires, attristé de ses deuils, la consolant par ses souvenirs et ses espérances, il ne voulut point d'autre rôle ; et, dans sa vieillesse, quand il vit s'accomplir plus d'événements qu'il n'en avait sans doute attendu, quand il se reconnut meilleur prophète encore qu'il ne l'avait pensé, il eut la sagesse, et de vouloir rester le même, le simple et grand chansonnier comme devant, et à la fois de ne point répudier les prodigieux résultats publics auxquels, pour sa part, il avait concouru.

Béranger avait naturellement l'âme patriotique, cela ne se donne pas ; il sentait de certaines douleurs, de certaines joies comme bien des gens d'esprit, qui l'ont applaudi pourtant, ne les ont jamais senties, et comme le peuple directement les sent : de là cette intime et longue communauté entre le peuple et lui, quoiqu'il eût dans le talent de ces finesses dont les œuvres populaires peuvent, à la rigueur, se passer. L'invasion de 1814 et de 1815, la chute du grand Empire, l'abaissement des braves et le triomphe insolent des incapables, les *Myrmidons* se pavanant sur le char d'Achille, ce furent là pour lui des sources de douleur, d'indignation et de risée, des motifs de représailles vengeresses. Nul n'a mieux compris que lui combien le génie de Napoléon s'était confondu à un certain jour dans celui de la France, combien l'orgueil national et l'orgueil du héros ne faisaient qu'un, combien leur défaite était la même ; nul n'a mieux donné à pressentir combien le réveil et le jour de réparation pour ces deux gloires, la gloire de la France et celle du nom napoléonien, étaient unis et comme solidaires, et ne faisaient naturellement qu'une même cause. Il vit cela en poëte, mais le poëte

voyait ici plus loin que bien des politiques, et quand le
rêve s'est réalisé, l'honnête homme chez Béranger a eu
le bon sens de ne pas démentir le poëte. Il n'a pas donné
tort à son passé.

Est-il besoin de rappeler à des générations qui, depuis soixante ans jusqu'à vingt, les savent par cœur,
tant d'immortelles chansons? et celle qui est la première de ce ton, mais encore gaie et légère, parce que
la victoire laisse encore entrevoir de brillants retours
(janvier 1814) :

> Gai! gai! serrons nos rangs,
> Espérance
> De la France;
> Gai! gai! serrons nos rangs;
> En avant Gaulois et Francs!...

et toutes celles où il se remet, après les humiliations
et les défaites, poëte attristé, à sonder et à panser les
plaies des cœurs vaillants? En 1819, les alliés qui l'occupaient ont enfin quitté le sol de la France ; Béranger
s'écrie :

> Reine du monde, ô France, ô ma patrie!
> Soulève enfin ton front cicatrisé...

Avec Béranger il suffit de donner la note, chacun
achève. — *Le Cinq Mai* ou Napoléon à Sainte-Hélène,
le Vieux Sergent, *le Vieux Drapeau*, *le Chant du Cosaque*,
Waterloo, quels plus beaux hymnes, quels accents plus
vibrants sont-ils jamais sortis en aucun temps d'une
âme nationale et guerrière! Béranger, plus que personne, a entretenu en France le culte de la gloire et des
plus nobles signes auxquels elle s'est attachée dans les
années héroïques du siècle :

> Quand secourai-je la poussière
> Qui ternit ses nobles couleurs ?

Le drapeau tricolore était le drapeau de Béranger. Il est venu un jour où ce drapeau s'est relevé; mais il s'est relevé sans l'aigle : on n'eut point le drapeau tout entier. Béranger a vu ce jour, il y a applaudi, il y avait tous ses amis mêlés et engagés, et tous plus ou moins ministres; et cependant il ne l'a pas chanté, ce jour-là, ce jour de demi-triomphe. Est-ce uniquement parce qu'il aimait surtout à être le poëte des vaincus, et non celui des vainqueurs? Ce n'est pas à croire, et il n'y a pas moins d'inspiration pour le vrai poëte à chanter une victoire fièrement achetée qu'une défaite généreuse. Béranger, en 1830, et dans les années qui ont suivi, a peu ou point chanté, parce qu'il n'était qu'à demi satisfait alors dans ses sentiments de patriote. Il savait tout ce que les sages et les prudents pouvaient dire, et il se le disait même aussi; mais le poëte en lui ressentait un regret; et quand vinrent peu à peu, et successivement, d'honorables journées militaires pour ce régime politique auquel il assistait, ce n'était pas pour lui, poëte patriote, une joie entière, inspiratrice; car ce n'était point là ce qui pouvait s'appeler une revanche en plein soleil de cette journée néfaste de laquelle il avait dit :

> Son nom jamais n'attristera mes vers!

ce n'était pas une abolition assez éclatante de ce chant insultant d'un vainqueur sauvage, à qui il avait fait dire en son ivresse :

> Retourne boire à la Seine rebelle,
> Où tout sanglant tu t'es lavé deux fois;
> Hennis d'orgueil, ô mon coursier fidèle,
> Et foule aux pieds les peuples et les rois!

Ces jours réparateurs, de pleine et glorieuse allégeance, ces jours de grande lutte victorieuse, Béranger les a vus avant de mourir, et nul doute que, si sa muse avait eu vingt ans de moins, elle n'eût trouvé des accents pour les célébrer. *Le retour de l'armée de Crimée et son entrée dans Paris*, quel sujet d'héroïque chanson pour Béranger !

Ses derniers chants, non encore publiés et dont quelques amis ont entendu dès longtemps la confidence, sont, nous dit-on, dans le genre des *Souvenirs du peuple*:

> On parlera de sa gloire
> Sous le chaume bien longtemps.
> . . . .
> Parlez-nous de lui, grand'mère,
> Parlez-nous de lui !

Ce sont des espèces de chansons épiques, d'une forme accomplie et sévère, consacrées à fixer certains moments de cette grande destinée de Napoléon dont il s'est montré préoccupé jusqu'à la fin, jaloux comme poëte de confondre de plus en plus sa popularité dans cette gloire.

Béranger, dans ses dernières années et avant que la maladie de cœur à laquelle il a succombé le retînt dans sa chambre, se faisait remarquer par une qualité rare et qui dénotait l'excellence de sa nature : il était le plus activement obligeant et le plus utilement serviable des hommes. Honoré de tous, ne trouvant en tous lieux que des admirateurs et des amis, ne voulant rien pour lui-même, il osait demander pour les autres; il est peu de personnes qui se soient adressées à lui sans lui être redevables en quelque chose. Il excellait à donner des conseils pratiques et appropriés. Ses lettres, écrites avec soin à la fois et avec naturel, ont certainement été conservées par tous ceux qui en ont reçu; on en pourra faire un recueil charmant et d'une grande richesse morale, qui sera dans le ton de Franklin. Ce sera un aspect nouveau, mais non imprévu, de sa personne morale.

Assez d'occasions s'offriront de ramener l'attention publique sur les titres d'une renommée qui est dès longtemps le patrimoine universel : aujourd'hui il convenait de remarquer avant tout cette partie supérieure et puissante du talent, par laquelle le poëte léger, et si souvent brillant dans la gaieté et dans le badinage, a eu l'art et le bonheur de graver son nom sur l'un des marbres les plus indestructibles de l'histoire.

SUR LE *LOUIS XVI*

De M. AMÉDÉE RENÉE.

L'auteur de *Madame de Montmorency*, qui vient si heureusement de rappeler l'attention sur cette figure de noble et sainte veuve, et de nous la montrer à genoux en prière devant un tombeau, M. Amédée Renée, publie en ce moment un volume, non plus de récit épisodique, mais de véritable histoire politique sur un sujet bien connu, tant de fois étudié, mais qui n'est jamais épuisé : *Louis XVI et sa Cour* (1). S'étant chargé, il y a quelques années, de mettre la dernière main à la grande œuvre de Sismondi, « ce monument de la science historique que sa mort avait laissé inachevé, » M. Renée eut à entreprendre ce tableau du règne de Louis XVI, qu'il mena jusqu'à l'époque de la Révolution : « C'est cet ouvrage que je réimprime, dit-il, après en avoir soumis le fond et la forme à une révision laborieuse, et l'avoir, en quelque sorte, renouvelé par des recherches et des documents nouveaux. » Ceux qui liront le volume de M. Renée jugeront qu'il a tenu tout ce qu'il promet. L'esprit dans lequel le livre est conçu est un bon esprit; j'appelle ainsi celui qui consiste à ne pas arriver sur le sujet avec une prévention et un système,

---

(1) Librairie de Firmin Didot, rue Jacob, 56.

à se pénétrer de l'esprit même de l'époque qui est en cause, à recueillir tous les témoignages, à s'éclairer de toutes les dépositions et à nous rendre avec gravité, avec bons sens et modération, le résultat de cette enquête si délicate et si compliquée. Les quatorze ou quinze années du règne de Louis XVI, antérieures à la Révolution, seront toujours un sujet de méditation et d'étude pour ceux qui cherchent à se rendre compte de la manière dont les révolutions se forment, se préparent, et de ce qu'il faudrait faire pour les prévenir et les éviter. On avait là tout le temps devant soi, tous les éléments de réforme et, avec de grandes difficultés sans doute, une somme considérable de bonnes intentions et de bons vouloirs dans toutes les classes de la nation. Jamais avénement ne donna de plus belles espérances que celui du vertueux Louis XVI. Un inconvénient des longs régimes tout à fait déplorables et scandaleux comme l'était celui de Louis XV, c'est de faire croire que le remède est trop facile et qu'il suffit de supprimer la cause du mal pour entrer et marcher dans le bien. On a un premier jour de folle joie universelle et d'ivresse; mais le lendemain on se retrouve divisé en partis, en présence des hommes, des intérêts et des passions. Le bien, pour être autre chose qu'un rêve, a besoin d'être organisé, et cette organisation réclame aussitôt une tête, ministre ou souverain, un grand personnage social. Ce personnage existât-il dans la nation, il faudrait encore qu'il fût connu, employé, ou déjà tout porté au premier rang, ou en passe d'y atteindre et en mesure de s'y maintenir. Cela manqua entièrement durant les quinze années d'essai et de tâtonnement, accordées à Louis XVI. Les personnages, même les meilleurs, qu'il voulut d'abord se donner pour auxiliaires et collaborateurs dans son sincère amour du peuple, étaient imbus des principes, des lumières sans doute, mais aussi, à un haut degré, des préjugés du siècle, dont le fond était une excessive confiance dans la nature humaine. A défaut d'un homme d'État *né* et comprenant d'instinct, par un premier coup d'œil, la part inévitable de pessimisme qui est à introduire dans le maniement même le plus libéral des hommes, il n'y avait plus que l'expérience qui pût éclairer et détromper graduellement ceux que les théories séduisaient. L'art d'un roi qui, sans être supérieur, eût été pratique et prudent, c'eût été de pourvoir au plus tôt, de porter remède à cette fièvre soudaine, à cette chaleur de réforme qui avait saisi à la fois toute la nation, moins les classes privilégiées, et qui gagnait, jusque dans ces classes privilégiées, bien des têtes ardentes et généreuses; c'eût été de donner à cet enthousiasme le temps et les moyens de se calmer; c'eût été, par des réformes partielles vigoureusement suivies, de donner satisfaction à des intérêts justes et, par là, de décomposer petit à petit ce nuage gros d'illusions, qui renfermait des tonnerres. Les portions satisfaites de la nation auraient commencé à mieux voir, à revenir de l'excès d'exigence ou de confiance, et à juger de la tâche sociale avec plus de vérité. Mais pour cela, il aurait fallu ne pas avoir soi-même d'illusion, connaître sa nation et l'humanité. Louis XVI n'était qu'un homme de bien exposé sur un trône, et s'y sentant mal à l'aise. Par une succession d'essais incomplets, non suivis, toujours interrompus, il irrita la fièvre publique et ne fit que la redoubler pendant quatorze ans. L'impatience, à la fin, était la même chez tous, et les modérés (s'il y en avait), s'exaltant comme les autres, ne se reconnaissaient plus. C'est ainsi qu'on en vint aux grands remèdes sans presque se douter de la difficulté, ou du moins en la voyant tout entière d'un seul côté, dans l'obstacle qu'opposaient les privilégiés et la Cour. On joua le jeu français de *tout ou rien*.

Louis XVI ne sut jamais prendre un parti. M. Renée, dans un intéressant chapitre, a tracé avec une parfaite justesse le portrait de ce roi qu'il ne s'agit pas d'idéaliser, à cause de son suprême malheur; c'est assez que le respect contienne la plume lorsque l'historien est obligé de noter en lui, à côté des vertus et de l'honnêteté profonde, l'absence totale de caractère et de relever les défauts habituels de forme, de dignité extérieure et de convenance qui, par malheur, n'étaient pas secondaires dans ce premier rang qu'il occupait. Je recommande dans ce même chapitre (le chapitre IV) les portraits de la reine et des princes de la famille royale. Après tout ce qui a été écrit et peint ou *colorié* sur ces sujets, il n'y a plus qu'une grande exactitude et une scrupuleuse recherche du vrai qui puisse attacher encore. M. Renée n'a négligé aucune des sources ni aucune des dépositions qui était à sa portée, et il en a eu quelquefois d'assez particulières (page 268); il en a usé avec esprit et sagesse. Son ouvrage, d'après le cadre qui lui était donné, s'arrête et devait s'arrêter à 1789, avec l'ouverture des États-généraux. Là, en effet, tout un nouvel ordre de choses commence. Quelques historiens, empiétant un peu au delà, et considérant les premiers actes de l'Assemblée, ses premiers rapports avec le roi, ont essayé de déterminer le point précis, passé lequel la Révolution, selon eux, n'était plus possible à diriger, et où, la force des choses l'emportant décidément, l'on n'avait plus devant soi qu'un vaste torrent aveugle. On s'est exagéré, je le crois, en posant ainsi la question, et en la tranchant *à priori* en ce sens, l'impuissance des hommes. Sans doute l'Assemblée nationale une fois produite et les principes de 89 inscrits sur les drapeaux, il y avait des conséquences qui devaient sortir, des conquêtes qui ne se pouvaient plus éluder; ce n'est pas à nous à nous en plaindre : mais en plus d'une crise subséquente, il aurait dépendu encore de Louis XVI, si cet excellent prince avait eu ombre de caractère, que les choses tournassent différemment, que les diverses étapes que la rénovation sociale avait à parcourir prissent une autre assiette, se choisissent d'autres points de station. Il avait affaire, je le sais bien, à des émeutes, à des foules déchaînées, à ce qui se connaît le moins. Il ne faudrait cependant pas juger absolument des masses et des foules, même aux jours d'orage, par les passions qui se démènent et font fureur aux premiers rangs. Plus d'une fois il dépendit peut-être de Louis XVI, par une autre attitude, par un réveil d'énergie soudaine, par un élan électrique, de tirer de ces foules émues et flottantes les alliés, les amis secrets et honteux qu'elles recélaient. Ce que la volonté, la détermination d'un homme de tête et de cœur, aux instants les plus critiques, si cet homme est le point de mire de tous, peut jeter d'imprévu dans la balance des événements, est incalculable. Je ne veux pas dire autre chose. Il n'est pas jusqu'au 10 août, cette journée suprême pour sa royauté, où Louis XVI n'eût pu tirer un parti tout différent de la situation fatale qu'il s'était faite, et où il n'eût pu forcer l'histoire, — cette histoire telle qu'elle s'est déroulée et que nous la connaissons, — à prendre un autre tour, et à se briser devant lui. S'il avait eu un de ces éclairs d'indignation comme en avait à ses côtés sa généreuse compagne, si le sang lui avait monté au visage, s'il s'était souvenu qu'il était le dernier roi d'une race militaire, s'il avait résisté à la force par la force, l'épée à la main, avec ses dévoués serviteurs qui y comptaient ; si, dans le conflit, il s'était seulement fait tuer en gentilhomme sur les marches de son palais, l'histoire de la Révolution eût changé ; il n'y aurait pas eu cette tache juridique sanglante qui s'appelle le procès de Louis XVI, et qui fut la plaie livide et toujours ouverte pendant de longues années. Homme et roi, il eût fait acte de vigueur; philanthrope, il eût fait acte de philanthropie envers la nation, en lui épargnant par là même, à elle comme à lui, les suites funestes que devait avoir sa captivité. Ce grand échafaud de moins, le plus horrible des régimes, la Terreur ne s'inaugurait pas. On ne refait point l'histoire, mais en la lisant chez des narrateurs judicieux et fidèles, on réfléchit, on rêve, on compare, et c'est à quoi j'ai été conduit par le *Louis XVI* de M. Renée.

(Suivaient quelques extraits du livre.)

Lundi, 20 février 1860.

A MONSIEUR

LE DIRECTEUR GÉRANT DU *MONITEUR* (1)

Mon cher directeur,

Vous me permettez de parler de *Catherine d'Overmeire* que vient de publier notre ami et ancien collaborateur Ernest Feydeau, et vous me dites de le faire *sans crainte*.

Je vous remercie de m'encourager ainsi et de m'enhardir, et bien réellement j'avais si fort besoin d'être rassuré que je ne vous écris ceci que pour vous dire comme quoi je n'ose, même après votre mot aimable, venir parler de *Catherine*.

Oui, je suis effrayé, mon cher directeur, et vous en comprendrez les raisons si vous voulez bien vous mettre un instant à ma place, et me laisser vous rappeler tout ce qui s'est passé à la suite de l'article, mêlé de critique et d'éloge, que j'ai écrit sur *Fanny* (2).

J'ai gardé un défaut, je le vois bien, dont l'âge ne me corrigera jamais. J'ai plus de cinquante-cinq ans, je suis censé très-grave aux yeux de quelques-uns ; je

(1) L'article que voici, et qui fut adressé sous forme de lettre à M. Turgan, directeur du *Moniteur*, avait pour objet bien moins de louer tel ou tel roman d'un de nos amis que de replacer la question littéraire et d'art sur son véritable terrain. L'article, au reste, fit beaucoup de bruit, et eut des ricochets sans nombre. J'avais atteint mon but.

(2) Voir au tome XIV des *Causeries*.

viens de terminer un gros livre à demi théologique et d'analyse morale sur Port-Poyal et les Solitaires; je suis professeur dans une École supérieure et, comme tel, investi de la confiance d'un ministre ami (1), à laquelle j'ai à cœur de répondre dignement, et que je tiens à honneur de justifier. Comme professeur, je sens qu'il est de mon devoir de veiller avant tout aux intérêts du *goût*, à l'explication et au maintien de la *tradition*, et je crois sentir aussi que je ne ferai pas défaut à ce rôle de conservation littéraire. Dans mes leçons, — dans les écrits qui sont sortis ou qui sortiront de mes leçons, — on a pu voir et l'on verra que je m'acquitte de ma fonction non-seulement avec conscience, mais de tout cœur, avec zèle et sincérité. Mais en dehors de cela, comme critique et journaliste, quand je le redeviens, je suis entraîné à m'inquiéter avant tout des intérêts du *talent*. Y a-t-il du nouveau, y a-t-il encore du neuf en ce monde? Y a-t-il quelque part encore de la verve, de l'ardeur, de la jeunesse et de l'avenir? Y a-t-il quelqu'un qui tente et qui promette? Je me fais ces questions, je reste ouvert et attentif aux réponses qui m'arrivent de temps en temps du dehors, et je ne me laisse pas détourner par cette fin de non-recevoir très à la mode depuis quelques années, la Morale et le Beau.

La Morale, qu'on met sans cesse aux prises avec l'art, ne me paraît point devoir lui être si constamment

---

(1) M. Rouland, ministre de l'Instruction publique. — Conçoit-on que ce passage ait donné prétexte à un rédacteur des *Débats*, dans un article du 1er avril 1860, de dire que j'ai invoqué ici, *pour me protéger*, en cet article aventureux, « mon titre de professeur dans une École supérieure et l'amitié d'un ministre de l'Empereur, » tandis qu'au contraire je n'alléguais en ce moment ces titres et ces circonstances particulières au professeur que *pour me dédoubler* et faire acte de séparation et d'indépendance en tant que critique? Ce sont là les iniquités de la polémique; M. Cuvillier-Fleury y est plus sujet que d'autres, du moins à mon égard.

opposée et confrontée. Le grand Gœthe, le maître de la *critique*, a établi ce principe souverain qu'il faut surtout s'attacher à l'exécution dans les œuvres de l'artiste, et voir s'il a fait, et comment il a fait, ce qu'il a voulu : « Il en est beaucoup, disait-il, qui se méprennent, en ce qu'ils rapportent la notion du Beau à la conception, beaucoup plus qu'à l'exécution des œuvres d'art; ils doivent ainsi, sans nul doute, se trouver embarrassés quand l'*Apollon* du Vatican et d'autres figures semblables, déjà belles par elles-mêmes, sont placés sous une même catégorie de beauté avec le *Laocoon*, avec un *Faune* ou d'autres représentations douloureuses ou *ignobles.* » Il y a donc, selon lui, une part essentielle de vérité, qui entrait dans les ouvrages des Anciens, dans ceux qu'on admire et qu'on invoque le plus, et c'est cette part de vérité, cette nature souvent crue, hideuse ou basse, moins négligée des Anciens eux-mêmes qu'on ne l'a dit, qu'il ne faut point interdire aux modernes d'étudier et de reproduire : « Puisse, s'écriait Gœthe, puisse quelqu'un avoir enfin le courage de retirer de la circulation l'idée et même le mot de beauté (il entend la beauté abstraite, une pure idole), auquel, une fois adopté, se rattachent indissolublement toutes ces fausses conceptions, et mettre à sa place, comme c'est justice, la vérité dans son sens général ! »

En France et dans notre société, c'est moins encore l'idée de beauté que celle de morale qui fait ce même office de pavé accablant, et dont on s'arme sans cesse, qu'on jette à la tête de tout nouveau venu, avec une vivacité et une promptitude qui ne laissent pas d'être curieuses, si l'on songe à quelques-uns de ceux qui en jouent de la sorte.

Pour moi, en louant dans le premier ouvrage de M. Feydeau l'idée, la *situation* et le talent, j'avais fait des réserves suffisantes; mais, me souvenant de nos propres débuts, déjà si lointains, et des accusations, au moins exagérées, dont nous-même fûmes autrefois l'objet de la part d'adversaires prévenus, je ne saurais admettre que le meilleur moyen d'encourager ou de redresser un talent qui se produit soit de lui lancer d'abord un écritoire à la tête ou de le lapider.

Qu'est-il arrivé, au grand scandale de certains critiques de profession? Ce livre anathématisé par eux a eu la vogue, et il l'a due en grande partie, j'aime à le croire, à une situation vraie, poignante, saisie sur le vif, — oui, à la vie qui y palpitait et au sang qui circulait dans ses veines. Je vois d'ici, j'entends un de mes éloquents confrères à l'Académie s'écrier en levant les bras au ciel et d'un air de désolation : « Oh! le succès de *Fanny!* ne m'en parlez pas! » Mais comme cet éloquent confrère est le même qui nous propose d'admirer en 1860 les romans de mademoiselle de Scudéry, peut-il trouver étonnant qu'à de tels caprices rétrospectifs le public oppose ses caprices présents, qu'il y ait des représailles bien légitimes de l'esprit moderne plus positif, et qu'aux fades abstractions quintessenciées on préfère les réalités, fussent-elles un peu fortes?

J'ai eu beau me tâter, je n'ai pu me repentir; mais, mon cher directeur, je suis pourtant resté un peu effrayé de voir à quel point la critique littéraire devient difficile, quand on n'y veut mettre ni morgue ni injure, quand on réclame pour elle une honnête liberté de jugement, le droit de faire une large part à l'éloge mérité, de garder une sorte de cordialité jusque dans les réserves. Depuis, en effet, que j'ai parlé des deux romans qui, dans ces dernières années, ont le plus piqué l'attention du public et auxquels je n'avais accordé, ce me semble, que des éloges motivés et tempérés, je n'ai cessé, en toute occasion, d'être dénoncé par des confrères vigilants comme un critique peu moral, presque un patron d'*immoralité*. C'est à peu près en ces termes qu'un homme d'esprit et de plume (M. de Pontmartin) aime depuis lors à me recommander à ses lecteurs. J'ai connu autrefois M. de Pontmartin, je l'ai même assez connu dans un temps pour qu'il m'ait écrit, le flatteur! qu'il ne se croyait un peu moins béotien que depuis ce temps-là ; j'apprécie moi-même assez sa fluidité et son *agréabilité* de causeur littéraire, bien moins, il est vrai, ses romans moraux; mais je n'aurais pas attendu un tel procédé de ce galant homme (1).

Oh! les salons! M. de Pontmartin, s'en fait l'écho. Je les ai connus aussi ces salons aimables, si français, si bruyants, si moqueurs, si étourdissants, si bien pensants, si libéraux (à leurs heures), si parlementaires, si ultramontains à la fois, si absolus toujours, où chacun si vite se répète et renchérit à l'envi sur le voisin, et auxquels, avec la meilleure tête du monde, il est vraiment impossible de résister quand on les fréquente tout un hiver de quatre à six heures du soir et de neuf heures à minuit! Salons affamés de nouvelles, de sujets à l'ordre du jour, auxquels l'ancien régime parlementaire, avec ses joutes et tournois, fournissait, toutes les quinzaines à peu près, un aliment nouveau, un nouveau train de conversation; qui sont à jeun depuis bien des années et n'ont pour ressource que de se jeter avec rage sur ces pauvres sujets littéraires, drames ou romans, qui n'en peuvent mais! Combien de gens, même en matière plus grave que des drames ou des romans, se flattent d'obéir à des principes et qui ne font que subir des relations de société!

Mais ce ne sont pas les salons tous seuls qui m'ont

---

(1) Galant homme en effet, il l'est et me l'a bien prouvé depuis par son procédé personnel mêlé de bonne grâce et d'indulgence; mais il est dans un camp, il est d'un parti, et dès lors il ne s'appartient pas tout entier.

donné cette *crainte* de parler qui, de ma part, vous étonne; ce sont nos confrères de la presse, les gens du métier et qui ne sont pas sujets d'ordinaire à se scandaliser pour si peu. Ils se sont mis de la partie avec une facilité incroyable. Il y avait (je ne parle que des morts) une petite Revue littéraire (1) très-honnête, très-honorablement dirigée, qui rendait des services aux jeunes auteurs dont elle accueillait les essais, et aux lecteurs qu'elle entretenait encore de poésie. Eh bien, à la longue, elle n'a pas échappé au vice littéraire le plus commun et le plus triste : l'envie, vers la fin, s'y était nichée, et, un jour, mon cher directeur, ma probité même et ma conscience d'écrivain y ont été incriminées... Pourquoi?... Parce que j'avais parlé de *Fanny*. « Parmi les critiques, y disait-on, l'un des mieux avisés, *non pas le plus consciencieux*, mais le plus matois... » C'était moi, mon cher directeur, moi en personne, et l'aimable portrait se terminait de la sorte : « Il glorifiera *Fanny*, l'honnête homme! et gardera le silence sur les *Fleurs du mal*. » Il est vrai que l'auteur de cet article diffamant avait publié, vers le temps où paraissait *Fanny*, un petit livre anodin et assez agréable, *les Païens innocents;* j'y avais remarqué assez d'esprit, mais de celui qui cherche plutôt qu'il ne trouve, et qui est tout plein de tortillage; et je n'en avait dit mot au public, lequel d'ailleurs s'en était peu occupé. De là, la colère de M. Babou, qui estime apparemment son nom plus fait que celui de Feydeau pour retentir au loin et pour éveiller l'écho sonore.

Et à propos des *Fleurs du mal* sur lesquelles l'austère critique me reproche étrangement d'avoir gardé le silence, vous savez, mon cher directeur, les raisons impérieuses qui (sans compter qu'Édouard Thierry en

---

(1) La *Revue Française*.

avait très-bien parlé d'abord) nous interdisaient d'en raisonner. Baudelaire est un des plus anciens parmi ceux que j'appelle mes *jeunes* amis : il sait le cas que je fais de son esprit fin, de son talent habile et curieux. Si j'avais parlé de son livre, il n'aurait pas échappé toutefois aux avis, aux remontrances, aux gronderies même; il eût essuyé tout un sermon; il veut bien me les passer quelquefois. Je lui aurais dit : « Laissez-moi vous donner un conseil, qui surprendrait ceux qui ne vous connaissent pas : vous vous défiez trop de la passion, — de la passion naturelle; c'est chez vous une théorie. Vous accordez trop à l'esprit, à la combinaison. Laissez-vous faire, ne craignez pas tant de sentir comme les autres, n'ayez jamais peur d'être trop commun; vous aurez toujours assez dans votre finesse d'expression de quoi vous distinguer. » Mais je n'aurais pas affecté non plus de paraître plus prude que je ne le suis et qu'il ne convient de l'être à ceux qui ont commis, eux aussi, leurs poésies de jeunesse et qui ont lu les poëtes de tous les temps; j'aurais ajouté de grand cœur : « J'aime plus d'une pièce de votre volume; *les Tristesses de la lune*, par exemple, joli sonnet qui semble de quelque poëte anglais, contemporain de la jeunesse de Shakspeare. Il n'est pas jusqu'à ces Stances *à celle qui est trop gaie*, qui ne me semblent exquises d'exécution. Pourquoi cette pièce n'est-elle pas en latin ou plutôt en grec, et comprise dans la section des *Erotica* de l'Anthologie? Le savant Brunck l'aurait recueillie dans ses *Analecta veterum Poetarum*; le président Bouhier et La Monnoye, c'est-à-dire des hommes d'autorité et de mœurs graves (*castissimæ vitæ, morumque integerrimorum*), l'auraient commentée sans honte, et nous y mettrions le signet pour les amateurs, en nous rappelant le vers d'Horace : *Tange Chloen semel arrogantem.* » — Je lui aurais dit cela et bien d'autres choses encore, tenant compte surtout à Baudelaire, comme il en faut tenir compte à Bouilhet, comme il le faut pour un récent auteur de sonnets très-distingués, Joséphin Soulary, de ce qu'ils viennent tard, quand l'école dont ils sont a déjà tant donné et tant produit, quand elle est comme épuisée, quand toutes les voix d'autrefois se taisent, hors une seule grande voix (1). Ils soutiennent avec honneur, eux et quelques autres, ils décorent le déclin et le coucher de la Pléiade.

De même dans le roman, et pour plus d'une raison semblable, je me sens favorable à M. Feydeau, et je ne pense pas en cela me montrer un critique *courtisan de la fortune* (autre aménité qui m'a été dite et qui, de la part dont elle vient, a tout son prix à mes yeux et toute son honnêteté). Quoique je n'aie pas cru devoir parler de *Daniel*, quoique même, pour être franc, j'aie blâmé l'auteur d'y avoir mis l'épigraphe provoquante qu'il y avait attachée, la moralité des livres d'art étant multiple et devant être laissée au gré du lecteur, j'ai estimé que cette étude de *Daniel* annonçait et donnait déjà en M. Feydeau un romancier plus ferme, de bien plus de force et d'étendue que ne l'indiquait son premier ouvrage. On a été ridiculement injuste pour ce *Daniel*. Il a déconcerté la plupart de ceux qui s'étaient fait à l'avance une idée de l'auteur; s'attendant à trouver en lui un érotique, ils se rencontrèrent nez à nez avec un passionné et un byronien. La composition de ce roman (car M. Feydeau compose ses livres et ne les écrit pas au fur et à mesure, par feuilletons), le style qui, avec ses défauts, est si marqué et si expressif, n'ont pas obtenu l'attention qui était due; on n'a pas rendu justice, non-seulement à de très-beaux tableaux très-bien exécutés, tels que l'Incendie et des paysages de marine, mais à des scènes dramatiques fort vigoureuses, à celles de la

(1) Victor Hugo, dans *la Légende des siècles*.

falaise entre Daniel et Louise, entre Daniel et Cabâss, à la scène de la dernière partie dans laquelle Daniel, comptant n'avoir affaire qu'à sa belle-mère, rencontre chez elle tous ses ennemis réunis et en a raison un à un, s'en débarrasse successivement, les culbute et les évince, jusqu'à ce qu'il ait réduit le débat à n'être que ce qu'il devait être d'abord, un duel à deux et sans témoins. Cabâss a pu paraître excessif, Georget n'était que vrai. Le personnage du comte de Grandmont était pris sur le vif, emporté de verve, et touché avec assez de finesse pour n'avoir pas déplu, dit-on, à ceux-là mêmes qui s'y sont le mieux reconnus.

Mais il fallait bien faire payer à l'auteur son premier succès, qui avait été d'entraînement et de surprise : au reste, je ne l'en plains pas; il est de force à soutenir la lutte, il en a besoin peut-être, et il n'est pas de ces jolis talents qui ne vivent qu'à condition d'être dorlotés. Il a eu, d'ailleurs, une récompense qui vaut mieux que tous les articles du dehors : le maître de nos romanciers, une nature féconde et généreuse, madame Sand qui ne connaît l'auteur que par ses livres, lui en a écrit, et à diverses reprises, et des lettres pleines de sympathie, de cordialité, d'éloges et de conseils aussi, de critiques de détail discutées et motivées. Que je voudrais, mon cher directeur, pouvoir vous donner quelques extraits de ces lettres qui font tant d'honneur à tous deux, et dans lesquelles madame Sand reconnaît et salue avec bonheur en M. Feydeau cette qualité trop rare aujourd'hui et qui est l'âme de l'artiste, une ardeur, un feu, un foyer, une volonté, l'amour du bien et du mieux dans l'art.

Mais pour *Catherine d'Overmeire* dont il s'agit en ce moment (1), je suis tranquille sur son compte. Elle fera,

---

(1) Chez Dentu, éditeur, Palais-Royal.

ce me semble, son chemin toute seule. Après la bourrasque de *Daniel*, le public, et même le public des critiques, qui n'est pas inflexible, reviendra. Cette histoire, où l'on ne sent pas seulement la fidèle observation des lieux, mais où perce aussi une vérité de fond et de récit, cette histoire commencée et finie au son du merveilleux carillon de Bruges, et où se déroule toute la vie d'enfance et de jeunesse de Catherine, de cette pauvre enfant « si cruellement meurtrie et de si bonne heure, » intéressera. L'aventure ne finit point trop tristement cette fois, ni par un dénoûment tout heureux à la manière des romans; elle se termine, comme il arrive le plus souvent dans la vie, par un malheur lentement consolé. Il y a de jolis et tranquilles tableaux d'intérieur, un très-beau tableau en action, traité avec furie et sûreté de pinceau, celui de l'Enlèvement. Le caractère des personnages principaux est fortement tracé, éclairé en plein tout d'abord, et soutenu jusqu'au bout; le comte de Goyck, et surtout son vieux père impénitent et goutteux, sont d'une vérité à faire peur. Busterback, qui est le Georget du nouveau roman, ne manque pas non plus de ressemblance; c'est un plat original dont il s'est vu plus d'une copie. La scène qui se passe dans le cabinet du procureur du roi à Bruxelles, et où sont réunis pour y être confrontés les principaux personnages, est d'un dramatique terrible sous sa forme judiciaire contenue. M. Feydeau ne ressemble pas à ce général de la guerre de Sept ans qui, lorsqu'il avait ses corps d'armée réunis, ne savait qu'en faire et se hâtait de les disperser, apparemment pour être plus sûr d'être battu; il ne craint pas d'assembler ses personnages, et, quand il les tient sous sa main, il les fait s'entrechoquer et ne les lâche plus qu'ils ne se soient dit l'un à l'autre ce qu'ils avaient sur le cœur. Une grande figure est celle du moine prédicateur renouvelé du Moyen

Age; je sais gré à l'auteur de n'en avoir pas fait une caricature. M. Feydeau n'a pu s'approcher de l'institution catholique et l'étudier, sans en ressentir bientôt et sans en exprimer la grandeur. Le sermon prêché à Sainte-Gudule n'est pas le moins éloquent des sermons romantiques que notre âge ait entendus : la description des ruines de Babylone qui sont une *preuve de Dieu*, est un morceau que pourrait avouer, ce me semble, un dominicain, même académicien. Enfin, dans la dernière partie où intervient et domine la figure de l'artiste enthousiaste à la fois et un peu misanthrope, Marcel, il se révèle une qualité que la vigueur du romancier avait pu dissimuler quelquefois et qui finit par éclater à son tour; il y a de l'esprit. L'artiste piqué au jeu s'en est donné à cœur joie et a pris gaiement sa revanche. Après *Daniel*, un rival disait : « Mais savez-vous? le coquin a du talent; » après *Catherine*, on pourra dire : « mais il a de l'esprit. » — Les défauts, quoique moindres, sont encore ceux des précédentes études, et je donnerai derechef pour conseil général à l'auteur : éteindre des tons trop bruyants, détendre çà et là des roideurs, assouplir, alléger sa langue dans les intervalles où le pittoresque continu n'est aucunement nécessaire ni même naturel; se pacifier par places sans se refroidir au cœur; garder tout son art en écrivant et s'affranchir de tout système; — ne jamais perdre de vue que, parmi les lecteurs prévenus et à convertir, il y a aussi des malins et des délicats, et ne pas aller donner comme par un fait exprès sur les écueils qu'ils ont notés de l'œil à l'avance et où ils vous attendent.

Mais je m'oublie, et j'espère bien, mon cher directeur, que vous n'allez pas cependant vous oublier aussi, ni être assez indiscret pour me trahir.

Agréez, etc.

DE LA
TRADITION EN LITTÉRATURE
ET
DANS QUEL SENS IL LA FAUT ENTENDRE.

LEÇON D'OUVERTURE A L'ÉCOLE NORMALE.

12 avril 1858 (1).

Messieurs,

Si vous avez eu le désir amical, dont j'ai été plus d'une fois informé, de me voir commencer ce Cours, croyez bien que, de mon côté, il ne me tardait pas moins de me trouver au milieu de vous pour remplir l'honorable et cher devoir qui m'est confié, et auquel j'appartiens désormais sans réserve. Mais, si pressé que je sois d'entamer l'étude précise de notre littérature et d'entreprendre avec vous la revue de nos principales œuvres littéraires dans notre siècle le plus brillant, j'ai besoin de vous dire, au préalable, quelques

---

(1) Je choisis, entre mes leçons à l'École normale où j'ai eu l'honneur d'être maître de conférences pendant quatre années (1857-1861), celle dont le sujet est le plus général, et qui est la plus propre, en effet, à montrer comment j'entendais mon devoir de professeur, très-distinct du rôle de critique ; le critique s'inquiétant avant tout, comme je l'ai dit, de chercher le nouveau et de découvrir le talent, le professeur de maintenir la tradition et de conserver le goût.

mots, et de l'esprit que j'apporterai dans cet examen, et de celui dans lequel je vous demanderai de vouloir bien m'écouter. Ayant beaucoup écrit depuis plus de trente ans, c'est-à-dire m'étant beaucoup dispersé, j'ai à me recueillir avant d'aborder un enseignement proprement dit, et à poser quelques règles ou principes, qui marqueront du moins la direction générale de ma pensée; j'en ai besoin, pour qu'il n'y ait entre nous aucun malentendu, et que ma parole puisse aller ensuite devant vous avec d'autant plus de liberté et de confiance.

Vous êtes ceux-là mêmes qui, dès demain, aurez pour office et ministère spécial de veiller à la tradition, à la transmission des belles-lettres classiques et humaines, de les interpréter continuellement à chaque génération nouvelle de la jeunesse; je me vois chargé, pour ma part, — avec une bienveillance qui m'honore et dont je rends grâce à qui de droit, — sous les yeux d'un Directeur ami (1), — à côté de tant d'excellents maîtres dont on voudrait avoir été, ou dont on aimerait à devenir le disciple, — je me vois, dis-je, chargé de vous préparer à ces dignes et sérieuses fonctions. Je me trouve naturellement conduit à traiter de ce qui me frappe avant tout, dans cette carrière qui nous est désormais commune, et de ce qu'il nous importe le plus de bien fixer.

Il y a une tradition. —

En quel sens il la faut entendre. —

En quel sens il la faut maintenir. —

Il y a une tradition : qui le nierait? Elle existe pour nous toute tracée, elle est visible comme une de ces avenues et de ces voies immenses, grandioses, qui traversaient autrefois l'Empire, et qui aboutissaient à la Ville par excellence. Descendants des Romains, ou du

(1) M. Nisard.

moins enfants d'adoption de la race latine, cette race initiée elle-même au culte du Beau par les Grecs, nous avons à embrasser, à comprendre, à ne jamais déserter l'héritage de ces maîtres et de ces pères illustres, héritage qui, depuis Homère jusqu'au dernier des classiques d'hier (s'il y a eu hier un classique (1)), forme le plus clair et le plus solide de notre fonds intellectuel. Cette tradition, elle ne consiste pas seulement dans l'ensemble des œuvres dignes de mémoire que nous rassemblons dans nos bibliothèques et que nous étudions : elle a passé en bonne partie dans nos lois, dans nos institutions, dans nos mœurs, dans notre éducation héréditaire et insensible, dans notre habitude et dans toutes nos origines ; elle consiste en un certain principe de raison et de culture qui a pénétré à la longue, pour le modifier, dans le caractère même de cette nation gauloise, et qui est entré dès longtemps jusque dans la trempe des esprits. C'est là tout ce qu'il importe de ne point laisser perdre, ce qu'il faut ne point souffrir qu'on altère, — sans avertir du moins et sans s'alarmer comme dans un péril commun.

Ce n'est pas une comparaison que j'établis entre deux ordres profondément distincts et parfaitement inégaux, mais c'est un rapprochement qui rendra plus saillante ma pensée.

M. de Chateaubriand, se souvenant de quelques chapitres très-beaux de l'*Esprit des Lois*, terminait le *Génie du Christianisme* en se posant cette question : « Quel serait aujourd'hui l'état de la société, si le Christianisme n'eût point paru sur la terre ? » Les réponses, comme bien l'on pense, se pressaient sous sa plume et jaillissaient de toutes parts.

---

(1) Et pourquoi pas? Ce dernier des classiques pour nous a été Chateaubriand.

Un savant auteur anglais, le colonel Mure, dans son *Histoire de la Littérature grecque*, se pose, à son tour, cette question : « Si la nation grecque n'avait jamais existé, ou si ses œuvres de génie avaient été anéanties par la grandeur de la prédominance romaine, les races actuelles principales de l'Europe se seraient-elles élevées plus haut dans l'échelle de la culture littéraire que les autres nations de l'antiquité avant qu'elles eussent été touchées par le souffle hellénique ? » — Grande et belle question, et de celles qui font le plus penser et rêver !

J'y ai bien souvent rêvé, messieurs, et je me suis demandé, sous toutes les formes et en prenant quantité d'exemples particuliers, en me mettant à tous les points de vue ce qu'il en aurait été de la destinée moderne littéraire (pour n'envisager que celle-là), si la bataille de Marathon avait été perdue et la Grèce assujettie, asservie, écrasée avant le siècle de Périclès, lors même qu'elle aurait gardé dans son lointain la large et incomparable beauté de ses premiers grands poëtes de l'Ionie, — mais sans le foyer réflecteur d'Athènes.

N'oublions jamais que Rome était déjà arrivée, par son énergie et son habileté, au pouvoir politique le plus étendu et à la maturité d'un grand État, après la seconde guerre punique, sans posséder encore rien qui ressemblât à une littérature proprement dite digne de ce nom ; il lui fallut conquérir la Grèce pour être prise, en la personne de ses généraux et de ses chefs illustres, pour être touchée de ce beau feu qui devait doubler et perpétuer sa gloire. Combien de nations et de races (si l'on excepte cette première race hellénique si privilégiée entre toutes et uniquement douée) sont ou ont été plus ou moins semblables en cela aux Romains, c'est-à-dire n'ayant par elles-mêmes, en fait de poésie ou de littérature, qu'un premier développement rudimentaire, agreste et qui ne dépassait pas une première poussée sauvage! Cela suffisait pour des peuples en marche, qui avaient devant eux la forêt verte ou la steppe en fleurs au printemps. Quelque chose de court, de simple (ou de grossier) et de tout trouvé, d'informe et de vague, de tout voisin de la terre ou de trop voisin du nuage.

J'entends, il est vrai, venir, j'entends se grossir et se former les nations du Nord avec leurs chants de guerre ou de festin, leur mythologie, leurs légendes. Je ne nie pas la faculté poétique, jusqu'à un certain point universelle, de l'humanité. Toutes les nations qui se sont détachées successivement du point central, du cœur de l'Asie, sont reconnues aujourd'hui pour des frères et sœurs de la même famille, et d'une famille empreinte au front d'un air de noblesse; mais, dans cette famille nombreuse, il y a eu un front choisi entre tous, une vierge de prédilection sur laquelle la grâce incomparable a été versée, qui avait reçu, dès le berceau, le don du chant, de l'harmonie, de la mesure, de la perfection (*Nausicaa, Hélène, Antigone, Électre, Iphigénie,* toutes les nobles Vénus); et cette charmante enfant de génie, cette Muse de la noble maison, si on la suppose retranchée et immolée avant l'âge, n'est-il pas vrai? l'humanité elle-même tout entière aurait pu dire, comme une famille quand elle a perdu celle qui faisait sa joie et son honneur : « *La couronne de notre tête est tombée!* »

Toutes les moissons sauvages, si on parvenait à les ramasser à grand'peine, valent-elles, en effet, une seule de ses guirlandes? Tout le butin épars, toute la monnaie des autres, mise en tas et en monceau, aurait-elle valu et pesé un seul talent d'or de celle-là?

Je n'immobilise point cette beauté hellénique première, je ne l'isole point, et c'est pour cela que je ne crains pas de lui tant attribuer. Vous le savez comme moi, messieurs, Rome toute seule, et si elle n'avait été touchée du rameau d'or au moment même où elle le brisait, courait risque de rester à jamais une force puissante, écrasante au monde, sénat, camp ou légion. C'est l'âme légère de la Grèce qui, passant en elle et se combinant avec le sens ferme et judicieux de ces politiques et de ces vainqueurs, a produit, à la seconde ou à la troisième génération, ce groupe de génies, de talents accomplis, qui composent le bel âge d'Auguste. Soit directement, soit dorénavant par les Romains, cette âme légère, cette étincelle (car il ne faut pas plus qu'une étincelle), cet atome igné et subtil de civilisation n'a cessé d'agir aux époques décisives pour donner la vie et le signal à des floraisons inattendues, à des renaissances. La littérature chevaleresque elle-même, que nous voyons s'épanouir pour la première fois dans sa précoce et brillante expansion au midi de notre France, au bord de la Méditerranée, semble avoir été effleurée, caressée de quelque souffle lointain venu des antiques rivages et qui a pu apporter quelque invisible semence. L'antiquité chrétienne, littérairement imparfaite, moralement supérieure, n'avait cessé d'être en ces siècles un véhicule actif et un trésor. Dante aurait-il eu l'idée et la force de construire son poëme, son monument si particulier au moyen âge, s'il n'avait reçu ce que la tradition, même si incomplète, lui avait transmis de souvenirs, de réminiscences ou d'illusions fécondes, et s'il n'avait eu, à la lettre, Virgile pour guide, pour soutien et pour patron à demi fabuleux? Quoi qu'il en soit, Béatrix et l'inspiration d'où elle est sortie étaient, certes, un sentiment nouveau dans le monde; comme notre tradition n'est point fermée ni exclusive, nous sommes heureux de reconnaître ce sentiment délicat de l'amour et de la courtoisie chevaleresque, d'y voir un fleuron de plus qui vient s'ajouter à la couronne humaine, à côté de l'atticisme et de l'urbanité.

Mais l'atticisme, mais l'urbanité, mais le principe de sens et de raison qui s'y mêle à la grâce, ne nous en séparons pas. Le sentiment d'un certain beau conforme à notre race, à notre éducation, à notre civilisation, voilà ce dont il ne faut jamais se départir. Ne pas avoir le sentiment des *Lettres*, cela, chez les anciens, voulait dire ne pas avoir le sentiment de la vertu, de la gloire, de la grâce, de la beauté, en un mot de tout ce qu'il y a de véritablement divin sur la terre : que ce soit là encore notre symbole. Il ne s'agit pas ici de distinguer entre les Grecs et les Latins; leur héritage pour nous et leurs bienfaits se confondent. Certes, le *Græcia capta ferum...* est au fond de tout : c'est le point de départ. Mais la force romaine, le bras romain, la langue et la pratique romaines sont aussi partout : ç'a été le grand instrument de propagation et de culture. Sans doute Isocrate, en son célèbre Panégyrique, avait raison de dire à sa date, à la veille d'Alexandre : « Notre Ville a laissé si loin derrière elle, en pensée et en éloquence, les autres hommes, que ses élèves sont devenus les maîtres des autres, et elle a fait si bien que le nom de Grecs ne semble plus être la désignation d'une race, mais celle de l'intelligence même, et qu'on appelle Grecs ceux qui ont part plutôt encore à notre culture qu'à notre nature. » Périclès, avec plus d'autorité, disait la même chose dans cet admirable Panégyrique d'Athènes qu'il fit magnifiquement entrer au cœur de son Éloge funèbre des guerriers morts pour la patrie. Jamais a-t-on mieux parlé de cette Ville heureuse, où rien de chagrin, de jaloux, de rigide et d'austère n'affligeait le regard et ne mortifiait la joie du voisin; où l'on jouissait rien qu'à y vivre, à y respirer, à s'y promener, et où la seule beauté des bâtiments et des constructions, la beauté du jour et certain air de fête secouaient loin de l'esprit la tristesse (1); où l'on aimait le Beau avec simplicité et la philosophie sans mollesse, où la richesse était à propos et sans faste, où le courage n'était pas aveugle (comme celui du Mars fougueux), mais éclairé et sachant ses raisons (comme il sied à la cité de Minerve); véritable Athènes selon l'idéal de Périclès, sa création et son œuvre à lui, l'école de la Grèce (Ἑλλάδος Ἑλλὰς Ἀθῆναι), telle qu'il l'avait faite durant les longues années de sa domination personnelle et puissamment persuasive : car on a dans Périclès le type le plus noble et le plus brillant du chef populaire, d'un dictateur de démocratie par raison éloquente, par talent et persuasion continue. Dans un autre discours bien mémorable que lui prête Thucydide, et que sans doute il ne lui prête pas sans de bons motifs, Périclès traite déjà les Athéniens comme plus tard on traitera les Romains; il s'efforce de les soutenir et de les fortifier contre la double épreuve de la guerre et de la terrible peste; il prétend inspirer à ces citoyens d'une grande ville, et nourris dans des mœurs et des sentiments dignes d'elle, la force de tenir tête aux plus grands malheurs. Leur parlant déjà comme à un peuple-roi, leur prouvant que, du moment qu'ils l'ont été une fois, ils ne peuvent reculer et sont condamnés à l'être toujours ou à ne plus être du tout, à n'espérer plus même, s'ils tombent, la condition ordinaire des cités sujettes, il professe, à leur usage, les plus fermes maximes publiques et politiques : « Être haï, être odieux dans le présent, ç'a été le lot de tous ceux qui ont aspiré à

(1) Cela fait souvenir de ces deux vers charmants de La Fontaine :

L'innocente beauté des jardins et du jour
Allait faire à jamais le charme de ma vie.

Vers, en effet, tout attiques, tout athéniens!

l'empire sur les autres : mais quiconque encourt cet odieux pour de grandes choses, il prend le bon parti et il n'a pas à s'en repentir. » Et certes, si l'on entendait toujours le Périclès de Thucydide, ce Démosthènes non-seulement en parole, mais en action, on ne permettrait plus aux Romains de se vanter, comme ils l'ont fait, d'avoir ajouté de la solidité au génie charmant des Grecs.

Mais les Athéniens n'ont su remplir qu'une moitié de son vœu, et cette œuvre rêvée, — et mieux que rêvée, proposée par Périclès, — œuvre de constance, d'énergie durable et d'empire politique universel, ce sont les Romains qui se sont chargés de l'accomplir dans des proportions tout autrement vastes, et non plus sur mer, mais sur terre; et en même temps que les Grecs déchus, privés de l'exercice des vertus publiques, devenaient (sauf de rares exceptions) plus légers, plus volubiles, plus sophistiques, plus flatteurs, plus fabuleux qu'ils n'avaient jamais été, les vainqueurs se saisirent du précieux élément divin, d'une part de ce feu de Prométhée, et en animèrent leur vigueur pratique et leur sens solide, dans un tempérament qui unit la vivacité et la consistance. Que ce n'ait jamais été que l'élite des hommes chez les Romains qui ait eu cette finesse, cette délicatesse, et non tout le peuple comme à Athènes, peu importe! la prospérité ne connaît plus que l'élite. Je n'admettrai pourtant jamais que Rome, la Rome même du peuple, que nous avons vue depuis si fine et si piquante à la raillerie, n'ait pas eu, dès qu'elle en eut le loisir et l'occasion, l'esprit aiguisé en même temps que le parler agréable et doux. Cela a dû s'établir à peu près vers le temps de Cicéron, le mot comme la chose : « Favorem *et* urbanum, a dit Quintilien, *Cicero nova credit.* » On eut donc alors l'autre Ville par excellence, celle dans la lumière de laquelle Cicéron voulait qu'on vécut toujours, pour être plus sûr de ne se rouiller jamais, la Rome de Catulle et d'Horace, jusqu'à celle de Pline le Jeune. Ce sont nos patries.

Lorsque après Trajan sonna décidément l'heure de la décadence romaine, la littérature sacrée, en train de naître, n'hérita pas aussi vite ni aussi directement de la beauté littéraire que Rome l'avait fait dans son premier contact avec la Grèce : on ne se passa pas de la main à la main le flambeau. En Grèce seulement, par une fortune singulière et un reste de privilége natal, cette littérature sacrée, dans la bouche des Basile et des Chrysostome, retrouva sans effort l'abondance et l'harmonie, et comme des accents de Platon; mais à Rome, mais en Afrique, le latin des premiers Pères fut dur, recherché, tourmenté, en même temps que la pensée neuve, excellente et souvent sublime. On partait dans le Christianisme d'un principe trop différent, trop contraire à cette beauté du dehors, pour la saluer à première vue et pour ne pas l'offenser à la rencontre. Mais avec la marche des siècles, après les révolutions et les cycles laborieusement accomplis, les astres se rejoignent et redeviennent cléments; l'harmonie, la suprême Beauté se retrouve; elle éclate, elle resplendit dans le monde des arts, dans cette Rome aimable et raphaélesque de Léon X : dans un ordre moins brillant, mais plus estimable peut-être, dans l'ordre moral et de la parole éloquente, de la poésie sincère et convaincue, elle reparaît en France sous le règne de Louis XIV. Il y eut un jour où la grandeur biblique et la beauté hellénique se rencontrèrent, se fondirent et se mêlèrent d'esprit et de forme dans une haute simplicité; et quand nous parlons aujourd'hui de la tradition et de ce qui ferait faute, si elle avait manqué, de ce qui serait absent dans les fonds les plus suaves, dans les plus nobles fresques de la mémoire humaine, nous avons le droit de dire, à des titres également incontestables :

Quoi? il n'y aurait pas eu d'Homère et de Xénophon!
Il n'y aurait pas eu de Virgile!
Il n'y aurait pas eu d'*Athalie!*

Mais il s'est produit des grands hommes littéraires tout à fait en dehors de cette tradition. Nommez-les. Je n'en sais qu'un, et bien grand en effet, Shakspeare; et celui-là, êtes-vous bien sûr qu'il est tout à fait en dehors? N'avait-il pas lu Montaigne et Plutarque, ces copieux répertoires, ou mieux, ces ruches de réserve de l'antiquité ou tant de miel est déposé? Poëte admirable et le plus naturel sans doute depuis Homère (quoique si diversement), de qui l'on a pu écrire avec raison qu'il a une imagination si créatrice et qu'il peint si bien, avec une si saillante énergie, tous les caractères, héros, rois, et jusqu'aux cabaretiers et aux paysans, « que si la nature humaine venait à être détruite et qu'il n'en restât plus aucun autre monument que ses seuls ouvrages, d'autres êtres pourraient savoir par ses écrits ce qu'était l'homme! » Oh! ce n'est pas à vous qu'il faut dire que cet homme, si homme entre tous, n'était pas un sauvage ni un désordonné, qu'il ne faut pas le confondre (parce qu'il a été parfois énergique ou subtil à l'excès, et qu'il a donné ou dans les grossièretés ou dans les raffinements de son temps) avec les excentriques et les fous pleins d'eux-mêmes, ivres de leur propre nature et de leurs œuvres, — *ivres de leur vin.* Si nous le voyions paraître tout à coup et entrer en personne, je me le figure (comme nous l'a montré un critique ingénieux) (1) noble et humain de visage, n'ayant rien du taureau, du sanglier ni même du lion, portant dans sa physionomie, comme Molière, les plus nobles traits de l'espèce et ceux qui parlent le plus à l'âme et à l'esprit,

(1) M. Tieck.

modéré, sensé de propos, et le plus souvent (pitié ou indulgence) souriant et doux; car il a créé aussi des êtres ravissants de pureté et de douceur, et il habite au centre de la nature humaine. Et n'est-ce pas chez lui qu'on doit aller chercher le mot le plus expressif pour rendre la douceur même (*the milk of human kindness*), cette qualité que je demande toujours aux talents énergiques de mêler à leur force pour qu'ils ne tombent point dans la dureté et dans la brutale offense, de même qu'aux beaux talents qui inclinent à être trop doux, je demanderai, pour se sauver de la fadeur, qu'il s'y ajoute un peu de ce que Pline et Lucien appellent *amertume*, ce sel de la force; car c'est ainsi que les talents se complètent; et Shakspeare, à sa manière (et sauf les défauts de son temps), a été complet. Rassurez-vous, messieurs, les grands hommes en tous genre, — et surtout, je le dirai, dans l'ordre de l'esprit, — ne sont jamais des fous et des barbares. Si quelque écrivain nous apparaît, dans sa conduite et dans toute sa personne, violent, déraisonnable, choquant au bon sens, aux convenances les plus naturelles, il peut avoir du talent (car le talent, un grand talent, est compatible avec bien des travers), mais soyez sûrs qu'il n'est pas un écrivain de la première qualité et de la première marque dans l'humanité. Homère sommeille quelquefois; Corneille en conversation est lourd et sommeille, la Fontaine sommeille; ils ont des absences, des oublis; mais les plus grands des hommes ne sont jamais extravagants, ridicules, grotesques, fastueux, jactancieux, cyniques, *messéants* en permanence. Pour moi, quelque large part que je fasse à la variété et à la singularité des natures, je ne me figurerai jamais le chœur révéré des cinq ou six grands hommes littéraires et des génies créateurs dont se vante l'humanité, et qui ne sauraient être enfin que les cinq ou six premiers honnêtes gens de l'univers, comme une bande, une meute de forcenés et de maniaques, courant chacun, tête baissée, après leur proie, dussent-ils l'atteindre. Non, la tradition nous le dit, et la conscience de notre propre nature civilisée nous le dit encore plus haut, la raison toujours doit présider et préside en définitive, même entre ces favoris et ces élus de l'imagination ; ou si elle ne préside pas constamment et si elle laisse par accès courir la verve, elle n'est jamais loin, elle est à côté qui sourit, attendant l'heure prochaine et l'instant de revenir. C'est de cette religion littéraire que nous sommes, au milieu même des plus vives hardiesses, et que nous voulons être toujours.

Critique, qu'il me soit permis d'invoquer l'exemple du plus grand des critiques, Gœthe, de celui de qui l'on peut dire qu'il n'est pas seulement la tradition, mais qu'il est toutes les traditions réunies : laquelle donc en lui, littérairement, domine? l'élément classique. J'aperçois chez lui le temple de la Grèce jusque sur le rivage de la Tauride. Il a écrit *Werther*, mais c'est *Werther* écrit par quelqu'un qui emporte aux champs son *Homère*, et qui le retrouvera, même quand son héros l'aura perdu. C'est ainsi qu'il a gardé sa sérénité dominante. Personne n'habite moins que lui dans les nuages. Il agrandit le Parnasse, il l'étage, il le peuple à chaque station, à chaque sommet, à chaque angle de rocher ; il le fait pareil, trop pareil peut-être au Mont-Serrat en Catalogne (ce mont plus dentelé qu'arrondi) (1) ; il ne le détruit pas. Gœthe, sans son goût pour la Grèce qui corrige et fixe son indifférence ou, si l'on aime mieux, sa curiosité universelle, pouvait se

---

(1) « Le Parnasse, dit-il quelque part, est un Mont-Serrat qui admet quantité d'établissements à ses divers étages : laissez chacun aller et regarder autour de lui, et il trouvera quelque place à sa convenance, que ce soit un sommet ou un coin de rocher. »

perdre dans l'infini, dans l'indéterminé ; de tant de sommets qui lui sont familiers, si l'Olympe n'était encore son sommet de prédilection, où irait-il, — où n'irait-il pas, lui, le plus ouvert des hommes et le plus avancé du côté de l'Orient? Ses transformations, ses pérégrinations à la poursuite des variétés du Beau, n'auraient plus de fin. Mais il revient, mais il s'assoit, mais il sait le point de vue d'où l'univers contemplé apparaît dans son plus beau jour; et lui-même, toutes les fois que nous voulons nous représenter l'esprit critique à son plus haut degré d'intelligence et de compréhension réfléchie, nous nous le figurons spectateur attentif et vigilant, curieux au loin, à l'affût de toute découverte, de tout ce qui se passe, de toute voile à l'horizon, mais du haut d'un Sunium.

C'est lui, l'auteur de *Werther* et de *Faust*, et qui s'y connaissait, qui a dit ce mot si juste : « J'appelle le classique le sain, et le romantique le malade. » Comme le classique, et même le romantique, font partie de la tradition, à la considérer dans toute sa série et dans l'étendue du passé, j'ai à m'arrêter à ce mot de Gœthe, et je veux chercher à me l'expliquer devant vous.

Le classique en effet, dans son caractère le plus général et dans sa plus large définition, comprend les littératures à l'état de santé et de fleur heureuse, les littératures en plein accord et en harmonie avec leur époque, avec leur cadre social, avec les principes et les pouvoirs dirigeants de la société ; contentes d'elles-mêmes, — entendons-nous bien, contentes d'être de leur nation, de leur temps, du régime où elles naissent et fleurissent (la joie de l'esprit, a-t-on dit, en marque la force ; cela est vrai pour les littératures comme pour les individus) ; les littératures qui sont et qui se sentent chez elles, dans leur voie, non déclassées, non troublantes, n'ayant pas pour principe le *malaise*, qui n'a jamais été un principe de beauté. Ce n'est pas moi, messieurs, qui médirai des littératures romantiques; je me tiens dans les termes de Goethe et de l'explication historique. On ne naît pas quand on veut, on ne choisit pas son moment pour éclore; on n'évite pas, surtout dans l'enfance, les courants généraux qui passent dans l'air, et qui soufflent le sec ou l'humide, la fièvre ou la santé; et il est de tels courants pour les âmes. Ce sentiment de premier contentement, où il y a, avant tout, de l'espérance et où le découragement n'entre pas, où l'on se dit qu'on a devant soi une époque plus longue que soi, plus forte que soi, une époque protectrice et juge, qu'on a un beau champ à une carrière, à un développement honnête et glorieux en plein soleil[1], voilà ce qui donne le premier fonds sur lequel s'élèvent ensuite, palais et temples réguliers, les œuvres harmonieuses. Quand on vit dans une perpétuelle instabilité publique, et qu'on voit la société changer plusieurs fois à vue, on est tenté de ne pas croire à l'immortalité littéraire et de se tout accorder en conséquence. Or, ce sentiment de sécurité et d'une saison fixe et durable, il n'appartient à personne de se le donner; on le respire avec l'air aux heures de la jeunesse. Les littératures romantiques, qui sont surtout de coup de main et d'aventure, ont leurs mérites, leurs exploits, leur rôle brillant, mais en dehors des cadres; elles sont à cheval sur deux ou trois époques, jamais établies en plein dans une seule, inquiètes, chercheuses, excentriques de leur nature, ou très en avant ou très en arrière, volontiers ailleurs, — errantes.

La littérature classique ne se plaint pas, ne gémit pas, ne *s'ennuie* pas. Quelquefois on va plus loin avec la douleur et par la douleur, mais la beauté est plus tranquille.

Le classique, je le répète, a cela, au nombre de ses

caractères, d'aimer sa patrie, son temps, de ne voir rien de plus désirable ni de plus beau ; il en a le légitime orgueil. *L'activité dans l'apaisement* serait sa devise. Cela est vrai du siècle de Périclès, du siècle d'Auguste comme du règne de Louis XIV. Écoutons-les parler, sous leur beau ciel et comme sous leur coupole l'azur, les grands poëtes et les orateurs de ce temps-là : leurs hymnes de louanges sonnent encore à nos oreilles ; ils ont été bien loin dans l'applaudissement.

Le romantique a la nostalgie, comme Hamlet ; il cherche ce qu'il n'a pas, et jusque par delà les nuages ; il rêve, il vit dans les songes. Au dix-neuvième siècle, il adore le moyen âge ; au dix-huitième, il est déjà révolutionnaire avec Rousseau. Au sens de Gœthe, il y a des romantiques de divers temps : le jeune homme de Chrysostome, Stagyre, Augustin dans sa jeunesse, étaient des romantiques, des Renés anticipés, des malades ; mais c'étaient des malades pour guérir, et le Christianisme les a guéris : il a exorcisé le démon. Hamlet, Werther, Childe-Harold, les Renés purs, sont des malades pour chanter et souffrir, pour jouir de leur mal, des romantiques plus ou moins par dilettantisme : — la maladie pour la maladie.

Oh ! que si un jour, dans notre belle patrie, dans notre cité principale de plus en plus magnifique, qui nous la représente si bien, nous nous sentions heureux, sincèrement heureux d'en être ; que si surtout les jeunes âmes touchées d'un bon souffle, atteintes de ce contentement louable et salutaire qui n'engendre pas un puéril orgueil, et qui ne fait qu'ajouter à la vie de l'émulation, se sentaient heureuses de vivre dans un temps, dans un régime social qui permet ou favorise tous les beaux mouvements de l'humanité (1) ; — si

---

(1) La vraie nuance de ma pensée eût été de dire : «... qui *permit*

elles ne se constituaient pas dès le début en révolte, en fronde, en taquinerie, en aigreur, en regrets ou en espérances d'en arrière ou d'au delà, si elles consentaient à répandre et à diriger toutes leurs forces dans le large lit ouvert devant elles; — oh! alors l'équilibre entre les talents et le milieu, entre les esprits et le régime social, se trouverait établi; on se retrouverait à l'unisson; la lutte, la maladie morale cesseraient, et la littérature d'elle-même redeviendrait classique par les grandes lignes et par le fond (c'est l'essentiel); — non pas qu'on aurait plus de talent, plus de science, mais on aurait plus d'ordre, d'harmonie, de proportion, un noble but, et des moyens plus simples et plus de courage pour y arriver. Nous recommencerions peut-être à avoir des monuments.

Nous n'avons pas ici pour mission et pour prétention de les faire naître, nous avons, avant tout, à les conserver. Quelle est la meilleure et la plus sûre manière de maintenir la tradition? Messieurs, c'est d'abord de la posséder tout entière, de ne pas la concentrer et resserrer sur quelques points trop rapprochés, de ne pas l'exagérer ici pour la méconnaître là. Ce n'est pas à vous qu'il est nécessaire de dire ces choses, puisque dès l'origine, et dans les différentes littératures, les modèles vous sont familiers et présents, et que vos esprits sont meublés de vrais termes de comparaison en tout genre. D'autres ont dressé au fond de vous les colonnes; vous avez les exemplaires de la Beauté véritable. Quand on peut voir face à face Platon, Sophocle, Démosthènes, on n'est pas tenté de trop accorder aux modernes, même les plus illustres. C'est l'inconvénient de ceux qui ne possèdent qu'une langue, une littérature. Le grand Frédéric n'accordait tout à Voltaire.

ou favorisât; » car, au milieu de ce qu'on a il reste bien des choses à souhaiter...

— même à Voltaire poëte, — et ne lui décernait toutes les couronnes, que parce qu'il n'avait pas assez comparé. Pour avoir trop rétréci la tradition, pour l'avoir faite trop courte et trop sèche, plusieurs de ceux qui, au commencement de ce siècle, s'intitulaient exclusivement classiques étaient, dans la querelle d'alors, ceux qui l'étaient le moins.

A chaque renouvellement de siècle, il y a dans la tradition récente qu'on croyait fondée des portions qui s'écroulent, qui s'éboulent, en quelque sorte, et n'en font que mieux apparaître dans sa solidité le roc et le marbre indestructible.

Pour maintenir la tradition, il ne suffit point toutefois de la bien rattacher à ses monuments les plus élevés et les plus augustes; il convient de la vérifier, de la contrôler sans cesse sur les points les plus rapprochés, de la rajeunir même, et de la tenir dans un rapport perpétuel avec ce qui est vivant. Ici nous touchons à une question assez délicate; car il ne s'agit pas de venir introduire dans l'enseignement des noms trop nouveaux, de juger hors de propos des ouvrages du jour, de confondre les fonctions et les rôles. Le professeur n'est pas le critique. Le critique, s'il fait ce qu'il doit (et où sont ces critiques-là aujourd'hui?), est une sentinelle toujours en éveille, sur le qui-vive. Et il ne crie pas seulement *holà!* il aide. Loin de ressembler à un pirate et de se réjouir des naufrages, il est quelquefois comme le pilote côtier qui va au secours de ceux que surprend la tempête à l'entrée ou au sortir du port. Le professeur est obligé à moins, ou plutôt à autre chose; il est tenu à plus de réserve et de dignité, il doit peu s'écarter des lieux consacrés qu'il a charge de montrer et de desservir. Cependant il ne peut pas entièrement échapper à la connaissance des choses nouvelles, des arrivées et des approches pompeusement annoncées, des voiles qu'on signale de temps en temps à l'horizon comme des armadas invincibles : il faut qu'il les connaisse (au moins les principales), qu'il ait son avis; en un mot, qu'il ait l'œil au prochain rivage et qu'il ne s'endorme pas.

S'endormir dans la tradition est un danger qui nous menace peu. On n'est plus au temps où, quand on naissait dans une capitale, on n'en sortait pas. Il s'est vu des classiques qui se sont amollis à la seconde génération, qui sont devenus sédentaires et casaniers : ils ont fait comme le fils de Charles-Quint, l'empereur qui avait le plus voyagé, comme ce Philippe II qui ne bougeait plus de son Escurial. Personne n'a le droit aujourd'hui d'être si tranquille, même dans les admirations les mieux établies. Il s'y remue sans cesse quelque chose à vue d'œil; il s'y perce, comme dans nos vieilles villes, de longues et nouvelles perspectives qui changent les aspects les plus connus. L'enseignement est tenu, bon gré mal gré, de s'y orienter derechef, de s'y raviser; il a de quoi s'y renouveler aussi, de quoi y modifier sa manière de servir le goût et de défendre la tradition. Je prendrai pour exemple notre dix-septième siècle.

La critique et l'érudition, guidés par l'esprit historique, se sont livrés depuis quelques années à un grand travail qui a son prix, et dont je me garderai bien de diminuer l'importance et l'utilité incontestable. On a eu le goût des sources; on a voulu connaître toutes choses de plus près, moyennant des pièces et des documents de première main et, autant que possible, inédits. On est arrivé de la sorte à pénétrer le secret de bien des affaires et le sens intime de bien des personnages, à savoir en détail et presque jour par jour les motifs de son admiration pour Henri IV, pour Richelieu, pour Louis XIV, à dénombrer les ressorts de leur administration, et à suivre tous les mouvements de leur politique à l'étranger. Grâce à cette divulgation de pièces diplomatiques, ce que quelques érudits seuls possédaient autrefois, ce qui était le domaine propre d'un Foncemagne, d'un père Griffet, a été mis à la disposition de tous. Il n'y a plus eu dans le passé de mystères d'État. On ne s'est pas borné aux figures historiques, à proprement parler, on a voulu descendre dans le for intérieur, dans le foyer privé des hommes les plus éloquents par la plume ou la parole, et en examinant leurs papiers, leurs lettres autographes, les éditions premières de leurs œuvres, les témoignages de leurs alentours, les journaux des secrétaires qui les avaient le mieux connus, on s'est fait d'eux des idées un peu différentes, et certainement plus précises que celles que donnait la seule lecture de leurs œuvres publiques. Les gens de goût d'autrefois, dans leur appréciation littéraire des œuvres, étaient un peu trop paresseux, trop délicats et trop gens du monde; ils s'arrêtaient aux moindres difficultés de recherche, et s'y rebutaient comme à des épines. Les critiques mêmes de profession, pour peu qu'ils fussent élégants, ne s'informaient pas assez à l'avance de tout ce qui pouvait donner à leur jugement des garanties d'exactitude parfaite et de vérité; on en sait plus qu'eux aujourd'hui sur bien des points dans les sujets où ils ont passé; on a sous la main toutes les ressources désirables; sans parler de la biographie, la *bibliographie*, cette branche toute nouvelle, d'abord réputée ingrate, cette science des livres dont on a dit « qu'elle dispense trop souvent de les lire, » et que nos purs littérateurs laissaient autrefois aux critiques de Hollande, est devenue parisienne et à la mode, presque agréable et certainement facile, et le moindre débutant, pour peu qu'il veuille s'y appliquer deux ou trois matinées, n'est pas embarrassé de savoir tout ce qui concerne le matériel des livres et le personnel de l'auteur dont il s'occupe pour le moment. Voilà les avantages, voilà le bien ; mais les inconvénients aussi de ces nouveaux procédés, à une époque où il y a trop peu de haute critique surveillante et judicieuse, n'ont pas tardé à se produire, et, si je ne m'abuse, ils nous crèvent de toutes parts les yeux.

Il ne se passe pas de jour sans qu'on annonce une découverte : chacun veut faire la sienne, chacun s'en vante et fait valoir sa marchandise sans contrôle. On attribue une importance et une valeur littéraire disproportionnée à des pages jusqu'ici inconnues. On est fier de simples trouvailles curieuses (quand elles le sont), qui n'exigent aucune méditation, aucun effort d'esprit, mais seulement la peine d'aller et de ramasser.

Les papiers Conrart et autres papiers plus ou moins lisiblement écrits (et ces papiers Conrart sont d'une très-belle écriture), sont devenus une mine de gloire. On dirait que l'ère des scholiastes et commentateurs se rouvre et recommence. On est aussi honoré, considéré pour cela, et bien plus, que si l'on avait tenté un beau roman, un beau poëme, les chemins de la vraie invention, les routes élevées de la pensée. Il y a eu déplacement dans le niveau de l'approbation publique, en même temps que le point d'honneur de l'écrivain s'est lui-même déplacé, et que son ambition a sensiblement descendu. C'est un travers très-général, très-prononcé, qui s'est mêlé à une chose utile. Pour des travaux qui, faits avec conscience et modestie (comme nous en pourrions citer), appellent l'estime, je vois venir le moment où l'on n'aura plus assez de couronnes.

Maintenons, messieurs, les degrés de l'art, les étages de l'esprit ; encourageons toute recherche laborieuse, mais laissons en tout la maîtrise au talent, à la méditation, au jugement, à la raison, au goût. J'estime fort, par exemple, ces thèses que l'on voit se produire chaque année sur des sujets spéciaux, et où l'auteur a souvent cherché à creuser plus avant qu'on ne l'avait fait, à ajouter quelque chose à ce qu'on savait déjà; je m'y instruis; vous en ferez vous-mêmes bientôt, messieurs, et de bonnes, et même de neuves, j'espère. Mais vous l'avouerai-je? quand je vois ces titres qu'on y affiche pas trop complaisamment, ces promesses et ces engagements publics de découvertes, *tel ou tel personnage d'après des documents inédits*, je me défie un peu du goût et de la parfaite justesse des conclusions; je ne conseillerai pas de mettre, mais j'aimerai tout autant qu'on mît en tête une bonne fois : *tel ou tel personnage d'après des idées et des vues judicieuses fussent-elles même anciennes.*

Entrez bien dans la mesure de mes réserves. Loin de moi, encore une fois, de vouloir diminuer l'estime due à un mouvement d'investigation qui est devenue général, et qui, sous l'apparence un peu confuse et poudreuse d'un grand inventaire, tend à renouveler, à rafraîchir peut-être, dans un temps futur, la surface de l'histoire littéraire (quoique la littérature ait moins, je crois, à y gagner que l'histoire)! Si le temps, ce grand dévorateur, fait disparaître le souvenir de bien des faits, et anéantit avec les témoins les explications véritables, il est aussi, à bien des égards, le grand révélateur; il fait sortir d'autres soudains témoins de dessous terre, et livre bien des secrets inespérés. Mais cela dit, et nonobstant ces suppléments d'enquête toujours ouverts, conservons, s'il se peut, la légèreté du goût, son impression délicate et prompte; en présence des œuvres vives de l'esprit, osons avoir notre jugement net et vif aussi, et bien tranché, bien dégagé, sûr de ce qu'il est, même sans pièces à l'appui.

Je ne crains pas de varier les exemples, les rapprochements, et de choisir ceux qui vous associeront le mieux à ma pensée. Thucydide, vous le savez, pour la composition de sa belle et sévère Histoire, avait, pendant vingt ans, amassé des notes; il avait dû écrire des espèces de mémoires ou de journaux détaillés sur tous les événements auxquels il assistait du sein de l'exil. L'artiste historien, une fois à l'œuvre, s'en est servi librement, en a pris ou rejeté ce qui convenait ou non à son dessein, et puis il les a détruits ou ne s'en est plus soucié. Je ne dis pas qu'il ne serait pas extrêmement curieux aujourd'hui d'avoir ces notes si, par hasard, elles s'étaient conservées, mais je dis que, dans le système qui tendrait à prévaloir et qui prévaut déjà, on en viendrait à les préférer décidément à la composition même, à cette Histoire de la Guerre du Péloponèse si parfaite, si épique ou dramatique, et d'une si austère unité d'action; on en viendrait en tout à préférer les matériaux à l'œuvre, l'échafaudage au monument. Les carnets de Thucydide plutôt que la statue d'airain de Thucydide! — Vous qui irez à Athènes, qui y allez tous les jours, vous résisterez de votre mieux à ce renversement des points de vue, même en ce qui est des époques modernes, et si, dans celles-ci, la vérité à tout prix (ou ce qu'on prend pour elle), si la curiosité l'emporte décidément sur l'art, vous ferez du moins que le procédé antique et ce qui en est sorti reste en honneur, un objet de culte et d'étude, présent à la mémoire et à la réflexion des intelligences fidèles que touche encore l'idée de beauté.

De cette disposition bien avouée et convenue entre nous, de ce que, tout en profitant de notre mieux des instruments, un peu onéreux parfois, de la critique nouvelle, nous retiendrons quelques-unes des habitudes et les principes mêmes de l'ancienne critique, accordant la première place dans notre admiration et notre estime à l'invention, à la composition, à l'art d'écrire, et sensibles, avant tout, au charme de l'esprit, à l'élévation ou à la finesse du talent, vous n'en conclurez pas, messieurs, que nous serons nécessairement, à l'égard des livres et des écrivains célèbres, dans la louange monotone, dans une louange universelle. La meilleure manière, non-seulement de sentir, mais de faire valoir les belles œuvres, c'est de ne point avoir de parti pris, de se laisser faire chaque fois en les lisant, en en parlant; d'oublier s'il se peut, qu'on les possède de longue main, et de recommencer avec elles comme si on ne les connaissait que d'aujourd'hui. Le jugement, ainsi retrempé à sa source, dût-il rester inférieur quelquefois à ce qu'on avait trouvé précédemment, y reprend du moins de la vie et de la fraîcheur. L'homme de goût, quand même il n'est pas destiné à enseigner, et s'il avait tout son loisir, devrait pour lui seul, revenir, tous les quatre ou cinq ans, ce me semble, sur ses anciennes et meilleures admirations, les vérifier, les remettre en question comme nouvelles, c'est-à-dire les réveiller, les rafraîchir, au risque même de voir s'y faire, cà et là, quelque dérangement : l'essentiel est qu'elles soient vives. Mais soyez tranquilles sur le résultat : toutes celles de ces admirations qui sont bien fondées, et si lui-même, lecteur, en son âme secrète, n'est pas devenu, dans l'intervalle, moins digne d'admirer le Beau, toutes ou presque toutes gagneront et s'accroîtront à cette revue sincère : les vraiment belles choses paraissent de plus en plus telles en avançant dans la vie et à proportion qu'on a plus comparé.

Nous tâcherons donc, messieurs, de ne pas admirer plus qu'il ne faut, ni autrement qu'il ne faut; — de ne pas tout donner à un siècle, même à un grand siècle; de ne pas tout mettre à la fois sur quelques grands écrivains. Nous tâcherons, en parlant d'eux, que l'éloge porte sur la qualité principale; car il y a, même chez les grands auteurs, une qualité principale. Il n'y a que les contemporains qui aient toutes les qualités, et à la fois les plus contradictoires; nous serons plus sobres avec les anciens et avec nos classiques : cette sobriété sera elle-même un hommage.

Et, en cela, je suis averti d'être circonspect, quand je me rappelle combien les plus grands des esprits, les plus fermes et les plus hautes intelligences dans les différents ordres (Laplace, Lagrange, Napoléon), sont sobres d'éloges, mais aussi comme ils les font tomber juste sur la partie principale d'un mérite ou d'un talent; et alors, il suffit d'un mot pour le marquer à jamais. Cela se fixe et se grave. Je sais que d'en bas, et quand on est de la simple majorité des mortels, il convient de moins compter ses paroles et de se moins garder d'admirer; mais encore faut-il savoir diriger sa louange et ne pas la faire monter en fusée. Laissons d'autres s'exalter dans des admirations exagérées qui portent à la tête et qui tiennent d'une légère ivresse : je ne sais pas de plaisir plus divin qu'une admiration nette, distincte et sentie.

Je n'irai, point, chez un auteur, louer l'art, là où il y a surtout force et grandeur. Si je loue l'art dans les *Provinciales*, je ne louerai, chez ce même Pascal, que la force et l'énergie morale dans les *Pensées*. Je m'inclinerai devant la grande, la puissante et sublime parole de Bossuet, la plus impétueuse certainement et la plus pleine qui ait éclaté dans la langue française; mais s'il s'agit d'agrément et de grâces, je les réserverai pour Fénelon. Quand je parlerai de Boileau, je ne louerai que modérément la poésie ou la pensée de ses *Satires*, et même la pensée de ses *Épîtres;* nous verrons pourtant bien au net sa qualité rare, à titre de poëte, dans quelques *Épi-*

tres et dans *le Lutrin;* mais surtout je vous le montrerai tout plein de sens, de jugement, de probité, de mots sains et piquants et dits à propos, souvent avec courage, — caractère armé de raison et revêtu d'honneur, et méritant par là, autant que par le talent toute l'autorité qu'il exerça, même à deux pas de Louis XIV.

Il se pourra quelquefois que, dans cette quantité d'appréciations, d'estimations successives, où je mettrai tout mon soin, nous différions un peu de mesure, qu'il y ait des cas où vous me trouviez moins vif que vous ne comptiez, et que vous admiriez plus que moi certaines qualités de nos écrivains; je serai heureux d'être en cela comme en d'autres choses, dépassé par vous. Nous aurons à nous faire quelques concessions réciproques. J'ai souvent remarqué que, quand deux bons esprits portent un jugement tout à fait différent sur le même auteur, il y a fort à parier que c'est qu'ils ne pensent pas en effet, pour le moment, au même objet, aux mêmes ouvrages de l'auteur en question, aux mêmes endroits de ses œuvres; que c'est qu'ils ne l'ont pas tout entier présent, qu'ils ne le *comprennent* pas actuellement tout entier. Une attention et une connaissance plus étendues rapprocheraient les jugements dissidents et les remettraient d'accord. Mais aussi il y a, même dans le cercle régulier et gradué des admirations légitimes, une certaine latitude à laisser à la diversité des goûts, des esprits et des âges.

Je m'oublie, messieurs; nous aurons assez d'occasions d'appliquer ensemble et de vérifier dans une pratique assidue ces diverses observations que je vous présente ici sans trop d'ordre et de méthode, *l'Art poétique* de notre maître Horace nous ayant dès longtemps autorisés à cette manière de discourir librement des choses du goût. Croyez bien que si j'ai fait passer, pour cette première fois, devant vous tant de recommandations, tant de remarques critiques, et que si j'ai paru donner beaucoup de conseils que d'autres vous ont déjà donnés et bien mieux, ce n'a pas été sans m'en adresser une partie à moi-même tout le premier. Vous me serez tout d'abord utiles, messieurs, en me les rappelant; vous me le serez plus encore (et c'est un bienfait salutaire que j'attends de vous), en m'offrant journellement, dans vos groupes de sérieuse et fervente jeunesse, la meilleure et la plus vivante réponse à ce qui est trop souvent le dernier mot, le dernier résultat stérile d'une vie d'isolement et de réflexion trop concentrée. Vous me ferez croire, avec le temps, que je puis pour ma part vous être bon en quelque chose, et, généreux comme on l'est à votre âge, vous me rendrez en ce seul sentiment moral bien plus que je ne saurais vous donner en directions de l'esprit ou en aperçus littéraires. Si, en un sens, je vous prête de mon expérience, vous me payerez, et dans un sens plus profitable, par le spectacle même de votre noble ardeur ; vous m'habituerez à me tourner plus souvent et plus volontiers avec vous du côté de l'avenir, vous me rapprendrez à espérer.

L'ABBÉ FLÉCHIER [1]

Les Mémoires de Fléchier sur les Grands-Jours d'Auvergne, dont il n'avait été donné jusque-là que de rares et courts extraits, ont été publiés pour la première fois en 1844, et ont obtenu aussitôt le plus grand succès dans le monde et parmi les esprits cultivés, en même temps qu'ils ont soulevé toutes sortes de controverses dans quelques parties de la province. La nature de ces controverses avait même été telle, et l'on s'était attaqué si vivement à la personne de M. Gonod, l'honorable éditeur, qu'il devenait à craindre qu'il ne se décidât point à donner une seconde édition fort désirée. Il mourut du moins, en 1849, avant d'avoir pu satisfaire à ce vœu de l'élite du public (2). Aujourd'hui que tout ce

---

(1) Ce morceau a servi d'Introduction à l'édition des *Grands-Jours*, publiée chez M. Hachette en 1856. Je l'intitule *l'abbé Fléchier* pour indiquer qu'il s'agit de Fléchier jeune, et avant les succès éclatants d'orateur qui le portèrent à l'épiscopat.

(2) J'ai écrit, dans le temps, sur la première édition des *Grands-Jours*, un article qu'on peut lire au tome III de mes *Portraits contemporains*; et dans un autre article sur les *Lettres* de Rancé, publiées également par M. Gonod, j'ai touché quelque chose de la querelle qu'on lui a faite pour le Fléchier. (Voir dans les *Derniers Portraits*, pages 414.) — Pourquoi les ecclésiastiques vertueux et instruits manquent-ils donc si souvent de goût? Un des plus charitables et des plus savants curés de Paris, me parlant de cette *Relation des Grands-Jours* publiée par M. Gonod, m'affirmait qu'elle était de toute nécessité apocryphe, qu'elle ne pouvait être de Fléchier, attendu, disait-il, que cela aurait fait de cet éloquent évêque « un homme lubrique. » Je restai muet et sans répondre. La seule réponse possible eût été trop longue à faire, et c'est celle qu'on va lire.

grand feu est apaisé, et qu'un esprit conciliant a prévalu, les Mémoires de Fléchier reparaissent dans les circonstances les plus propres à en faire goûter l'agrément sans qu'il doive s'y mêler aucun fiel ni aucune amertume. Mon but, dans cette Introduction, sera surtout d'amener tous les esprits qui daigneront me suivre à comprendre que ces Mémoires sont tout à fait d'accord, et pour le fond et pour le ton, avec ce qu'on pouvait attendre de la jeunesse de Fléchier; qu'ils ne la déparent en rien ; qu'ils font honneur à l'esprit de l'auteur, à sa politesse, sans faire aucun tort à ses mœurs, ni à sa prochaine et déjà commençante gravité; que dans ce léger et innocent ouvrage, il a tout simplement le ton de la société choisie où il vivait; et qu'on ne saurait, même au point de vue de la morale et de la religion, trouver cela plus étonnant que de voir saint François de Sales ouvrir son *Introduction à la Vie dévote* en nous parlant de *la Bouquetière Glycera*.

Voyons Fléchier tel qu'il était, apprenons à le goûter dans les qualités qui lui sont propres et qui lui assurent un rang durable comme écrivain et comme narrateur; ne craignons pas de nous le représenter dans sa première fleur d'imagination et d'âme, dans sa première forme de jeune homme, d'abbé honnête homme et encore mondain; et bientôt sans trop de complaisance, sans presque avoir à retrancher, nous arriverons insensiblement à celui qui n'avait eu en effet qu'à se continuer lui-même, et à se laisser mûrir pour devenir l'orateur accompli si digne de célébrer Montausier et Turenne, et l'évêque régulier, pacifique, exemplaire, édifiant. Il n'y a pas de vie plus unie que la sienne, ni qui se tienne mieux.

Esprit Fléchier, né en juin 1632 à Pernes, dans le Comtat-Venaissin, d'une honnête famille, mais appauvrie et réduite au petit commerce, annonça d'abord les dispositions d'un sujet parfait. Il reçut en naissant « un esprit juste, une imagination belle, mais réglée, un bon cœur, des inclinations droites; » et comme l'a dit un autre de ses biographes, il reçut du Ciel « ce naturel heureux que le Sage met au rang des plus grands biens, et qui tient peu du funeste héritage de notre premier Père. Les passions ne le transportaient pas; un feu pur et doux l'animait. Il avait pour oncle maternel un Père de la Doctrine chrétienne, assez célèbre en son temps, le Père Hercule Audifret. Il fit donc ou acheva ses études à Tarascon dans le collége des prêtres de la Doctrine, et s'engagea même ensuite dans la congrégation, mais par des vœux simples. Il professa les humanités en différentes villes, et la rhétorique à Narbonne. Devenu prêtre, il eut à prononcer dans cette dernière ville l'Oraison funèbre de l'archevêque mort en 1659; il n'avait mis que dix jours au plus à la préparer. La maladie et la mort de son oncle, le Père Hercule, l'appelèrent à Paris en cette même année; il se proposa d'y rester, et n'ayant pu le faire avec la permission de ses supérieurs, il sortit de la Congrégation, mais en se déliant avec douceur comme ce sera toujours sa façon et méthode, en emportant et en laissant les meilleurs souvenirs. Il avait vingt-huit ans. C'est ici que le littérateur pour nous commence à paraître. Il s'était exercé jusque-là dans de petites compositions, dans des jeux d'esprit scolaires ou académiques; il va continuer dans le même sens, en étendant un peu ses cadres.

Il connut Conrart, secrétaire perpétuel de l'Académie française, et qui se plaisait à produire les talents nouveaux. Ce fut Conrart qui, comme on le disait, *donna* Fléchier à M. de Montausier. Ce fut lui qui le recommanda à Chapelain qui était, à cette date, la grande autorité littéraire et le procureur général des grâces. Fléchier aimait à faire des vers latins : il songea à s'en servir pour sa réputation et pour sa fortune littéraire ; cette ancienne littérature scolastique, qui a encore eu, depuis, quelques rares retours, n'avait pas cessé de fleurir à cette date, avant que les illustres poëtes français du règne de Louis XIV eussent décidé l'entière victoire des genres modernes. Fléchier avait adressé au cardinal Mazarin une pièce de félicitation en vers latins (*Carmen eucharisticum*) sur la paix des Pyrénées (1660); il en fit une autre l'année suivante, sur la naissance du Dauphin (*Genethliacon*). C'est à ce sujet que Chapelain lui écrivait une lettre que j'ai sous les yeux, inédite, datée du 18 janvier 1662, portant à l'adresse : *Monsieur Fléchier, ecclésiastique à Paris*. On y lit :

« Monsieur,

« Je reçus votre lettre et le poëme latin qui l'accompagnait avec beaucoup de pudeur, ne pouvant sans rougir voir que vous le soumettez à mon jugement, lequel je ne puis exercer sans *témérité* sur d'autres ouvrages que sur les miens propres ; et je vous avoue que soit par cette raison, soit par le peu de loisir que me laissent mes occupations, je fus tenté de m'excuser du travail que vous exigiez de moi, et que le seul nom de M. Conrart me fit retenir votre cahier et résoudre de vous complaire. Mais, après avoir lu votre Poëme, vous n'eûtes plus besoin de sa recommandation auprès de moi ; vous vous y rendîtes assez considérable par vous-même, et, tout inconnu que vous me fussiez, vous vous fîtes tout seul connaître à moi pour un homme de mérite et d'esprit qui n'aviez pas une médiocre habitude avec les Muses, et qui étiez avantageusement partagé de leurs faveurs. Il y a dans cette pièce de ce génie poétique qui est si peu ordinaire, grande quantité de sentiments élevés, et de vers noblement tournés. Tout y est du sujet, et le sujet sublime de soi n'y est du tout point ravalé par les expressions fort latines, et par les nombres fort soutenus et fort arrondis. L'invention m'en semble même selon l'art, et je n'y ai rien trouvé qui me donne scrupule, sinon que vous y introduisez la Renommée comme une divinité qui pénètre dans les choses futures, quoique sa fonction ne soit que de parler des événements présents ou passés. Vous y ferez réflexion, et en communiquerez avec vos amis habiles, auxquels je m'en rapporte s'ils ne s'y arrêtent pas. Je suis de leur avis pour la publication de l'ouvrage, et quand il aura paru, il aura mon suffrage et mes éloges auprès de ceux qui m'estiment connaisseur en ces matières-là... »

Le ton de cette lettre est cérémonieux et un peu pesant, mais le jugement est exact. Nous y voyons Fléchier au début et appliquant à la poésie latine quelques-uns des mérites de diction qu'il transportera ensuite dans la prose française. La lettre de Chapelain se termine par deux ou trois remarques de détail dont il paraît que Fléchier a tenu compte (1). La pièce en elle-même est élégante, ingénieuse, sans le feu et l'ardeur de la belle églogue de Virgile intitulée *Pollion*, mais animée d'une douceur et comme d'une onction pacifique très-sensible et très-sincère. L'expression de *mitis* y revient souvent et nous donne la note de cet esprit

(1) Il semble même qu'il ait jusqu'à un certain point tenu compte de son observation au sujet de la Renommée dont il a fait l'interprète de l'avenir ; car dans la pièce, telle qu'elle est imprimée, il a pris soin de ne nous représenter la déesse que comme se faisant l'écho des premiers bruits répandus et des premières rumeurs du destin ; les oracles transpirent déjà, elle répète ce qu'elle a entendu :

> . . . . Toto tum pectore prona
> Volvit centum oculos, et centum subrigit aures,
> Impatiens strepere, et magnos inquirit inortus,
> *Exploratque aditus fati, primævaque captat*
> *Auspicia*, et velox collecti nuncia veri,
> *Quæ didicit*, pandit patriis oracula regnis.

doux par excellence, et qui sut l'être sans fadeur. Le Dauphin, dit-il, n'a dû naître qu'après les guerres terminées et à une heure de paix pour tout le monde :

> . . . . Sic Fata parabant,
> Nec decuit mites nasci inter crimina Divos.

Il serait peu raisonnable, sans doute, d'accuser Fléchier de paganisme pour ce *Fata* et ce *Divos*. Il le serait tout aussi peu de l'aller accuser de galanterie (dans l'acception fâcheuse) et de licence pour certaines anecdotes des *Grands-Jours*. Dans l'un et dans l'autre cas, il obéit à un genre admis et à un ton donné.

C'est ainsi que dans sa pièce latine la plus considérable, qu'il a consacrée à célébrer le Carrousel royal de 1662, et à déduire les divers groupes de cavaliers qui y figuraient, il n'a eu garde d'oublier ce qui fait le principal attrait des tournois, les dames qui regardent et qui s'y enflamment, et Cupidon dans les airs qui se réjouit.

> . . . . . Mediis e nubibus ipse Cupido
> Dulces insidias furtim meditatur, et artem
> Exercet, ludumque suum; sumptaque pharetra,
> Blandis plena dolis et dulci tincta veneno
> Nostrarum in cœtus Nympharum spicula torquet
> Improbus, accenditque animos, et suscitat ignes.
> Quæque suis agitur studiis, sua cuique cupido est...

« Du sein des nuages, Cupidon lui-même prépare furtivement ses doux piéges, il exerce son art et fait son jeu; prenant son carquois, il en a tiré des traits délicieusement perfides et trempés d'un charmant poison; il les lance sur nos groupes de Nymphes, le méchant! et il allume les cœurs et il attise les flammes : chacune est en proie à ses partialités, chacune a son désir.

Il faudrait être bien farouche pour se courroucer contre une mythologie si poliment touchée.

La réputation de Fléchier dans le monde lettré commençait à se faire, grâce à ses compositions de collége qui avaient leurs lecteurs et leurs juges, même à la cour. Dans le *Mémoire de quelques gens de lettres vivants en 1662*, dressé par ordre de M. Colbert, Chapelain après avoir parlé de Huet, qui, disait-il, « écrit galamment bien en prose latine et en vers latin, » et du gentilhomme provençal Du Périer, aujourd'hui très-oublié, continue sa liste en disant : « Fléchier est encore un très-bon poëte latin. »

Vers cette année 1662, faisant un voyage en Normandie, et sans doute pour y voir M. de Montausier nommé gouverneur de cette province, Fléchier arrivait à l'improviste chez Huet avec qui il était très-lié, se glissait à pas de loup jusqu'à lui dans sa bibliothèque et le serrait tout surpris entre ses bras : « Je ne fus pas médiocrement réjoui, nous dit Huet en ses Mémoires, de la visite d'un si agréable ami. » On voit d'ici cette jolie scène familière des deux futurs prélats, dont l'un petit abbé alors, et l'autre un simple gentilhomme normand.

C'est vers ce temps que Fléchier entra dans la maison de M. de Caumartin, maître des requêtes, à titre de précepteur de son fils. M. de Caumartin avait eu d'une première femme, Marie-Urbaine de Sainte-Marthe, un fils qui devint par la suite un magistrat et un administrateur distingué ; ce fut l'élève de Fléchier (1). Ayant

---

(1) Boileau parlait de M. de Caumartin, l'élève de Fléchier, quand il disait dans sa satire xie (1698) :

Chacun de l'équité ne fait pas son flambeau ;
Tout n'est pas Caumartin, Bignon, ni Daguesseau.

En lisant, dans les *Mémoires de Saint-Simon*, le portrait du même M. de Caumartin, conseiller d'État et intendant des finances, mort en 1720, on y découvre des caractères de bonne éducation qui décèlent la main excellente de son précepteur. Après lui avoir reproché d'être glorieux, d'avoir sous son manteau les grands airs que le ma-

perdu sa première femme en 1654, M. de Caumartin, resté veuf pendant dix ans, épousa en 1664, en secondes noces, mademoiselle de Verthamon. Ce mariage fut célébré poétiquement par Fléchier, qui était déjà dans la maison ; il fit à ce sujet une Élégie en vers français dans le goût d'alors qui précédait la venue de Despréaux. L'Amour se plaint à sa mère qu'*Alcandre* (c'est-à-dire M. de Caumartin) résiste à tous ses traits, et que depuis la mort de sa première femme, il demeure inflexible :

> Il soupira jadis son amoureuse peine,
> Et ne put s'affranchir de ma première chaîne ;
> Mais après cette chaîne et ces liens rompus,
> Il a repris son cœur et ne l'engage plus.
> . . . .

réchal de Villeroy étalait sous son baudrier, et d'avoir été le premier homme de robe qui ait hasardé à la cour (ô scandale !) le velours et la soie, Saint-Simon ajoute : « Le dedans était tout autre que le dehors ; c'était un très-bon homme, doux, sociable, serviable, et qui s'en faisait un plaisir ; qui aimait la règle et l'équité, autant que les besoins et les lois financières le pouvaient permettre ; et au fond honnête homme, fort instruit dans son métier de magistrature et dans celui de finance, avec beaucoup d'esprit, et d'un esprit accort, gai, agréable. Il savait infiniment d'histoire, de généalogie, d'anciens événements de la cour. Il n'avait jamais lu que la plume ou un crayon à la main ; il avait infiniment lu, et n'avait jamais rien oublié de ce qu'il avait lu, jusqu'à en citer le livre et la page. Son père, aussi conseiller d'État, avait été l'ami le plus confident et le conseil du cardinal de Retz. Le fils, dès sa première jeunesse, s'était mis par là dans les compagnies les plus choisies et les plus à la mode de ce temps-là. Cela lui en avait donné le goût et le ton, et, de l'un à l'autre, il passa sa vie avec tout ce qu'il y avait de meilleur en ce genre. Il était lui-même d'excellente compagnie.... » Nous retrouvons là très-visibles et dans leur lustre des qualités et des avantages que Fléchier contribua certainement à développer et qu'il possédait lui-même avec modestie. — C'est dans les conversations de ce M. de Caumartin devenu vieux, et pendant un voyage qu'il fit chez lui au château de Saint-Ange, que Voltaire jeune se prit d'un goût vif pour Henri IV et pour Sully, dont le vieillard ne parlait qu'avec passion ; il en rapporta l'idée et même des parties commencées de sa *Henriade*.

> Si j'expose à ses yeux l'objet le plus charmant,
> Il le regarde en juge et non pas en amant ;
> Et si j'offre à ses feux quelque illustre matière,
> A son peu de chaleur il joint trop de lumière ;
> Il examine trop les lois de sa prison,
> Et veut joindre à l'amour un peu trop de raison.

Vénus répond à son fils en le consolant, et lui dit qu'il ne faut pas désespérer à ce point du rebelle Alcandre :

> Plus ses vœux sont tardifs, plus ils seront constants ;
> Il diffère d'aimer pour aimer plus longtemps,
> Et sa chaîne, mon fils, qu'il traîne de la sorte,
> En sera quelque jour plus durable et plus forte ;
> Relève ton espoir, et choisis seulement
> Une parfaite amante à ce parfait amant.

Doris sera cette amante et cette seconde épouse, Doris à la fois belle et sage, également chère à Pallas et aux Muses, mais qui ne veut avec celles-ci qu'*un commerce secret*. Fléchier, dans ce portrait flatteur et qui a du ton de l'*Astrée*, insiste comme il doit sur la pudeur et la modestie qui fait le trait principal de la beauté célébrée :

> Cette chaste couleur, cette divine flamme,
> Au travers de ses yeux découvre sa belle âme,
> Et l'on voit cet éclat qui reluit au dehors,
> Comme un rayon d'esprit qui s'épand sur le corps.

Telle Fléchier nous dépeint et nous montre à l'avance la seconde madame de Caumartin avec laquelle il fera l'année suivante le voyage d'Auvergne, et pour qui il rédigera le récit des *Grands-Jours*. Ce fut très-probablement pour elle aussi, et à sa demande, que le cardinal de Retz, quelques années après, entreprit d'écrire ses incomparables Mémoires. Madame de Caumartin avait en elle le don d'inspirer, et ce charme auquel on obéit.

Ces vers français de Fléchier qui rappellent ceux de d'Urfé, de l'ancien évêque Bertaut, ou encore ceux de Godeau, évêque de Vence, sont ce que j'appelle des vers élégants et polis d'avant Despréaux. Ceci se rattache à la remarque la plus essentielle dans une appréciation littéraire de Fléchier : il appartient, par le goût et par la manière à la société de l'hôtel de Rambouillet, et aux gens de lettres de la première Académie dont il était en quelque sorte l'élève ; c'est là, c'est dans ce double cercle qu'il prit son pli à l'heure où son talent se forma, et il le garda toujours, même en se développant par la suite et en s'élevant ; mais il ne se renouvela point.

On a de Fléchier d'autres vers français que ceux qui ont été recueillis dans ses œuvres complètes, et ils justifient encore mieux, s'il est possible, la filiation que j'établis. Un manuscrit de la Bibliothèque impériale (Suppl. fr., n° 1046 in-fol.), qui a appartenu à M. de Boze, porte en marge à la première page : *Juvenilia Flecheriana* (1) ; et en tête : *Divertissements, jeux d'esprit ou passe-temps de la jeunesse d'une des premières plumes de ce siècle*, et au-dessous : *Amusements de la jeunesse d'un homme illustre*. Ce petit recueil se compose de quelques pièces de vers et de prose qui auront paru trop galantes et trop légères pour entrer dans les Œuvres imprimées (2). Elles sont bien de celui qui, devenu prélat, ne négligeait pas de correspondre avec madame Des Houlières et avec mademoiselle de Scudery, et qui écrivait à la première : « Quelle joie pour moi, madame, de trouver, après le cours ennuyeux d'une visite de diocèse, une lecture aussi délicieuse que celle de vos Poésies ! Je croyais n'avoir plus de goût que pour les

---

(1) Il faudrait, selon les analogies de la bonne latinité, *Flexiariana*.
(2) Je renvoie à la fin du présent article la publication que je fais en entier d'une de ces pièces.

soins de l'épiscopat et pour les règles de la discipline de l'Église ; mais j'ai senti que j'aimais encore les sonnets, les stances et les idylles, et qu'au milieu des occupations les plus sérieuses j'étais encore capable d'amusement. Vous m'avez remis devant les yeux l'image d'un monde que j'avais presque oublié, et je me suis intéressé aux plaisirs et aux chagrins que vous avez exprimés dans vos ouvrages. Tout y est juste, poli, judicieux... » Fléchier n'eut jamais honte de jeter un regard en arrière vers le premier idéal poétique qu'il avait conçu et cultivé dans sa jeunesse.

On lit, au tome IXe de ses Œuvres complètes, un écrit intitulé : *Réflexions sur les différents Caractères des hommes*, et qui, bien qu'on s'explique peu le motif qui le lui aurait fait composer, se rapporte assez bien à l'ordre d'idées, d'habitudes sociales et d'inclinations littéraires, où l'on sait que Fléchier a vécu et auquel il resta fidèle jusqu'à la fin. Par exemple, le chapitre sur l'*Esprit critique et satirique* est d'un homme qui préférait de beaucoup la morale insinuante de La Fontaine fabuliste à la franche satire de Boileau et même de Molière ; on dirait que l'auteur continue de faire, à l'égard de ces derniers, quelques-unes des restrictions et des réserves de M. de Montausier. Dans le chapitre intitulé : *du Commerce avec les femmes*, l'artiste insiste sur l'utilité honnête à en tirer, tout en marquant les sages précautions. Il est une classe de femmes du monde qu'il ne conseille pas de voir, les coquettes, les joueuses, etc. ; mais, celles-là exceptées, il ne pense point que le commerce habituel avec des personnes du sexe qui ont du mérite puisse être blâmé et interdit ; bien au contraire :

« Il y a, dit-il, une certaine manière de vivre avec les femmes que l'on peut voir, qui en rend le commerce agréable : et quelle est cette manière, sinon celle de l'honnêteté et de la bienséance? On va souvent voir une dame, parce qu'il y a toujous compagnie chez elle; que c'est *un réduit de gens d'esprit et de qualité ;* qu'on y parle toujours de bonnes choses, ou au moins d'indifférentes; que l'on se fait connaître, et que l'on se met sur un pied à pouvoir se passer de jeu et de comédie, qui sont les plus ordinaires occupations des gens du siècle qui n'ont rien de meilleur à faire. C'est une bonne école pour un jeune homme que la maison d'une dame de ce caractère. »

Et l'auteur entre dans un détail d'exemples assez agréable. Comme un homme qui dès sa jeunesse a vécu avec les honnêtes gens, il croit à la vertu chez les autres; et même lorsque cette vertu n'est point parfaite d'abord, il estime qu'elle doit gagner avec le temps, et que les années y mettant la main, elle se perfectionnera:

« Rien n'est plus capable, dit-il en concluant ce chapitre, de rendre un homme sage qu'une femme sage; et on peut maintenant dire à la louange des dames, qu'elles apprennent à vivre à ceux qui les voient. A parler de bonne foi, elles ont plus de vertus que les hommes, et si elles sont un peu plus dans la bagatelle, l'innocence s'y conserve toujours et la pureté des mœurs n'en souffre aucune atteinte.

« Un peu de jeunesse et un peu d'amour-propre leur fait aimer ce qu'elles mépriseront un jour, mais elles aiment déjà ce qu'elles aimeront un jour davantage. »

Le style est un peu traînant, mais la pensée est délicate. Je dois avertir cependant que, bien qu'il se trouve recueilli parmi les OEuvres de Fléchier et que, selon moi, il ne les dépare pas, cet écrit est reconnu pour ne pas être de lui, mais d'un ecclésiastique de son temps et de son école; d'un abbé Groussault (1) oublié aujour-

(1) Voir Barbier, *Dictionnaire des Anonymes,* tome III, page 170.

d'hui, et auteur de plusieurs ouvrages dont celui-ci est de beaucoup le meilleur. C'est un disciple un peu moins vif, mais doux, et qui fait bien comprendre, et par principes en quelque sorte, cette manière honnête et non sauvage de vivre avec le sexe; l'abbé Goussault, dans cet écrit où il recommande « les réduits de gens d'esprit et de qualité, » ne fait qu'imiter Fléchier, dans l'Oraison funèbre de la duchesse de Montausier, se souvenant si complaisamment « de ces cabinets que l'on regarde encore avec tant de vénération, où l'esprit se purifiait, où la vertu était révérée sous le nom de l'incomparable Arthénice... »

Ce que Saint-Simon a vivement exprimé et résumé à sa manière lorsqu'au sujet de M. de Montausier, dans ses Notes sur Dangeau, il a dit : « L'hôtel de Rambouillet était dans Paris, une espèce d'Académie des beaux esprits, — de galanterie, de vertu et de science, — car toutes ces choses-là s'accommodaient alors merveilleusement ensemble. »

Je crois maintenant que nous sommes préparés à bien entendre le Fléchier des *Grands-Jours*, celui qui même dans la bagatelle et le divertissement ne déroge jamais à l'homme comme il faut, et annonce par endroits l'homme vertueux : mais il était jeune, mais il voulait plaire, mais il avait sa fortune et sa réputation d'esprit à faire; mais on lui avait dit en partant de Paris : « Monsieur Fléchier, vous nous écrirez tout cela ! » mais chaque soir madame de Caumartin et d'autres personnes de ce cercle intime le lui rappelaient : en écrivant il n'était que leur secrétaire. Il se mit donc à tout raconter avec détail, ironie, bonne grâce, galanterie, et un tact exquis des bienséances.

Toutefois l'idée de bienséance varie avec les âges et selon les moments. Fléchier a donné de lui-même, d'après la mode de son temps, un portrait accompli et dont on serait embarrassé de rien retrancher (1). L'abbé Ducreux, éditeur des OEuvres complètes de Fléchier (1682), l'a publié en entier pour la première fois : seulement il avoue qu'il a cru devoir en quelques endroits substituer quelques termes à ceux de l'original : « non qu'ils aient rien de messéant, dit-il, mais nous avons pensé que cette attention était due aux personnes d'une imagination qui se blesse aisément, et qui découvre, sous les expressions les plus innocentes, des sens détournés et peu modestes dont ne se doutaient pas ceux qui les ont employés. » Quel dommage pour les connaisseurs et les amateurs de la pure langue que, cédant à de si vains scrupules, l'éditeur ait mis je ne sais quoi du sien dans ce portrait qui, tel qu'il est, nous paraît si charmant et de toute perfection, mais qui serait plus juste encore si l'on n'y avait rien changé! car la diction de Fléchier, c'est la finesse, la justesse et la propriété même. Voilà pourtant ce qui serait immanquablement arrivé à la *Relation des Grands-Jours* si on l'avait publiée plus tôt (2). Cette production, aussi curieuse qu'agréable, ne pouvait paraître dans toute sa sincérité et son intégrité, comme avec toute sa saveur, qu'après la vraie renaissance de goût pour le dix-septième siècle, et cette reprise d'étude intelligente qui fait tant d'honneur à notre âge.

Ajoutez qu'à mesure qu'on s'éloigne de ces temps

(1) On peut le lire à la suite de l'Introduction, dans le volume des *Grands-Jours*.

(2) Le conseiller Ménard essaya de la publier dans le tome second des *OEuvres de Fléchier*, dont il se fit l'éditeur en 1763; mais de cette édition, le tome premier seul a paru. Ce tome second dont il n'y a eu que le commencement d'imprimé, et qui devait contenir la *Relation des Grands-Jours*, a été arrêté et détruit. (Voir le *Catalogue de la Bibliothèque de M. Monmerqué*, 1851, article 1786.) Un exemplaire, unique peut-être, a échappé, et l'on en a tiré une ou deux corrections utiles pour la présente édition.

anciens et de ce régime aboli, il devient d'un intérêt historique sérieux d'en bien connaître les mœurs, les usages, les particularités, les excès; de voir toute une province et des plus rudes, saisie au vif et prise sur le fait dans ses éléments les plus saillants et les plus heurtés, dans sa noblesse, son clergé, son tiers-état et ses paysans, d'assister à l'enquête et à la justice, souvent bien expéditive, qu'on y fait au nom de l'autorité royale, treize ans seulement après les rébellions de la Fronde. Telle est la qualité nouvelle que la Relation de Fléchier a acquise en vieillissant : ce qui, pour l'auteur devenu tout à fait grave, n'était plus qu'une bagatelle de société, ce qui a pu continuer de paraître tel en effet jusqu'à la fin du dix-huitième siècle, et tant que dura l'ancienne monarchie, a pris, à la distance où nous sommes, toute l'importance d'un témoignage circonstancié, d'un tableau neuf et hors de prix. Là où Fléchier n'avait songé qu'à exercer sa plume et à badiner avec ses amis sur les singularités d'un voyage extraordinaire, il se trouve nous avoir ouvert un jour sur un coin de l'ancienne France qui, à travers ce style si poli, éclate d'autant plus brusquement à nos yeux.

On ne sait presque rien de l'état des provinces au dix-septième siècle; il faut en chercher les documents épars dans les correspondances administratives. On cite le Journal de l'Intendant Foucault comme comblant en partie cette lacune. La spirituelle gazette de Fléchier nous montre le dedans d'une province à une date un peu antérieure et non moins à nu que ne ferait un journal d'intendant : on y a en sus l'élégance (1).

(1) On peut consulter avec fruit un ouvrage récent, le tome second de l'*Histoire de l'Administration monarchique en France*, par M. Chéruel (1855). On y trouvera l'exposé le plus exact, et puisé aux meilleures sources, de l'état intérieur de la France dans ces premières années du gouvernement de Louis XIV.

Les Grands-Jours supposaient un état de choses où la féodalité avait encore ses usurpations et ses licences, où elle se riait de la justice locale et la bravait, et où il fallait que le roi, protecteur de tous, étendît le bras pour rétablir le niveau de l'équité. Le roi alors nommait un tribunal extraordinaire exerçant une justice souveraine ; les lettres patentes qui conféraient aux juges-commissaires cette pleine autorité étaient soumises à la formalité de l'enregistrement, et rien ne manquait à l'appareil de ce parlement improvisé et sans appel. Lorsque Louis XIV prit en main le gouvernement après la mort de Mazarin, l'Auvergne était un des pays les plus signalés par le nombre comme par l'impunité audacieuse des crimes ; dès 1661 et dans les années suivantes, les intendants ne cessaient d'y dénoncer à Colbert toutes sortes d'abus de pouvoir et d'excès de la part des nobles, protégés et couverts qu'ils étaient par les officiers mêmes de justice : ce fut aussi l'Auvergne que l'on jugea à propos de choisir pour commencer la réparation dans le royaume. Le bras de Colbert se reconnaît à ce coup de vigueur frappé au début et dont le retentissement fut immense. D'autres provinces depuis eurent aussi leurs Grands-Jours ; le Velay eut les siens, Limoges également. Mais ceux de Clermont paraissent avoir été les plus *autorisés* (pour parler avec Fléchier) qui se soient jamais tenus, même en aucun temps précédent, et du moins ils sont les derniers qui nous représentent avec éclat toute la solennité et l'étendue de pouvoir inhérentes à cette institution. Elle fut plus tard remplacée et suppléée par la tenue des Assises. L'unité d'organisation mise en vigueur et appliquée dans le royaume pendant le long règne de Louis XIV rendit désormais inutile la création de ces machines extraordinaires et réparatrices, qualifiées du titre effrayant de Grands-Jours et destinées surtout à abattre les restes de la tyrannie seigneuriale.

La déclaration du roi portant établissement des Grands-Jours à Clermont, datée du 31 août 1665, fut vérifiée et enregistrée au Parlement le 5 septembre, et le même jour le roi adressa aux échevins et habitants de Clermont une lettre où il était dit :

« Chers et bien amez, la licence qu'une longue guerre a introduite dans nos provinces, et l'oppression que les pauvres en souffrent, nous ayant fait résoudre d'établir en notre ville de Clermont en Auvergne une Cour, vulgairement appelée des Grands-Jours, composée des gens de haute probité et d'une expérience consommée, pour, en l'étendue du ressort que nous lui avons prescrit, connaître et juger de tous les crimes, punir ceux qui en seront coupables, et faire puissamment régner la justice; à présent qu'ils s'en vont pour vaquer à la fonction de leurs charges, et satisfaire à nos ordres, nous voulons et vous mandons que vous ayez à leur préparer les logements qui leur seront necessaires, etc.»

M. de Novion, président à mortier, était établi président de ce tribunal composé de seize conseillers pour commissaires et assesseurs. M. Denis Talon, avocat général, devait exercer les fonctions du ministère public. M. de Caumartin, maître des requêtes, était nommé pour tenir les sceaux et représenter plus directement le pouvoir royal. C'est du fils de M. de Caumartin, qu'on appelait M. de Boissy, alors âgé de douze ou treize ans, que Fléchier était précepteur. Madame de Caumartin la douairière, la jeune madame de Caumartin étaient du voyage, ainsi que quelques-unes des femmes ou des mères des principaux magistrats. Madame Talon la mère était venue pour tenir le ménage de son fils, et le président de Novion brillait galamment au milieu de mesdames ses filles.

M. de Caumartin nous représente, dans ces Grands-

Jours de Clermont, l'homme éclairé, un magistrat de cour, probe, poli, non pédant, sans passion ni prévention, humain et toujours prêt à graduer la justice, à l'adoucir sans l'énerver. Il est en lutte sourde de prérogative avec ses collègues les commissaires, qui restent obstinément des gens de robe et de palais jusqu'au sein de cette commission royale extraordinaire, et qui résistent à l'idée de devoir être présidés par lui, par un maître des requêtes, en cas d'absence ou de récusation de M. de Novion. Rien n'échappe à M. de Caumartin des ridicules et de la morgue de ses dignes collègues, de même que rien n'échappe à madame de Caumartin la jeune des différents travers et des airs guindés ou évaporés de ces dames, de celles même venues de Paris, et qui ne sont pas tout à fait de son monde. Fléchier touchera tout cela dans le goût de ses patrons, qui est aussi le sien, avec finesse, d'un air d'indulgence et d'une griffe légère.

Durant quatre mois pleins, depuis le 25 septembre 1665, jour d'arrivée à Clermont, jusqu'au 4 février suivant, jour du départ, la maison de M. de Caumartin fut un centre de réunion et pour messieurs des Grands-Jours, et pour les principaux de la ville, et même pour ceux de la noblesse qui se rassurèrent à la fin jusqu'à venir affronter la vue des terribles juges. Fléchier, d'un coin du salon où il souriait et causait avec grâce, vit tout et vit bien. C'était, on le conçoit, une partie de plaisir et un régal unique pour ce beau monde de Paris, que cette expédition et ces quartiers d'hiver au cœur d'une province réputée des plus sauvages, cette série de grands crimes, ces exécutions exemplaires auxquelles on n'était pas accoutumé de si près, et entremêlées de dîners, de bals et d'un véritable gala perpétuel. Chapelle et Bachaumont, dix ans auparavant, avaient écrit une Relation de leur voyage pour bien moins. Tallemant des Réaux, vers ce même temps, notait des historiettes qui étaient moins piquantes et moins relevées en saveur. Fléchier, à sa manière, fit donc comme eux, il écrivit ses historiettes et son voyage, il tint son journal. Il aurait voulu se dérober à cette tâche de société, qu'on ne le lui aurait pas permis. — « M. Dongois est le greffier de la cour, à la bonne heure! mais vous, monsieur Fléchier, vous êtes le nôtre. » Il me semble que j'entends le rire et les paroles. On a dû lui dire quelque chose d'approchant.

Son livre, d'ailleurs, a de la composition, de l'art; Fléchier en met à tout. Il considère les Grands-Jours comme une sorte de tragi-comédie, et il y dispose le touchant, l'horrible, le gai, avec alternative et comme on assortit des nuances. Il ne commence son récit qu'à l'arrivée à Riom, et lorsqu'on est sur la terre d'Auvergne. A propos de la rivalité entre Riom et Clermont, il cite complaisamment des vers de Chapelain, ce qui lui arrivera encore en un autre endroit : il y a là une légère flatterie à l'adresse de Chapelain, l'un de ses protecteurs. Parmi les choses rares de la ville, il se laisse montrer une dame qu'on y estime, tant en esprit qu'en beauté, l'une des merveilles du monde. Il entre dans le détail de cette beauté qui, sans être achevée, lui paraît avoir de l'agrément : « Ceux qui la connaissent particulièrement, dit-il, trouvent en elle quelque chose de plus charmant que cet extérieur, et disent que c'est l'esprit le plus doux, le plus enjoué, le plus insinuant et le plus adroit du monde, qui pense très-justement, donne un tour très-galant à ce qu'elle pense.... Aussi, tiennent-ils la conquête de ses yeux sûre, et ne croient pas que les cœurs les plus sévères puissent tenir une demi-heure contre elle, lorsqu'elle a bien entrepris de les toucher. Je sais des gens qui voulaient bien en faire l'épreuve. » Ces *gens*-là ne sont autres que lui-même.

N'allons pas faire comme des lecteurs peu avertis. Ne nous en étonnons pas, ne nous en scandalisons pas. Fléchier, à cet âge et dans cette mode de société, est et doit être, au moins en paroles, partisan et sectateur du bel amour raffiné, de l'amour, respectueux à la Scudery; de l'amour, non pas tel qu'on le fait dans le petit monde, mais de celui qui durerait des siècles avant de rien entreprendre et entamer. Il sait sa carte de Tendre, il sait son code et sa procédure des Cours d'amour, il a lu l'*Astrée*. Lisez donc la première historiette toute romanesque qu'il a mise à dessein en tête des *Grands-Jours* pour les commencer sous de gracieux auspices, et ne pas trop dépayser tout d'abord, lisez-la comme vous feriez d'une nouvelle de Segrais; voyez-y ce qu'il a voulu surtout y montrer, l'application du sentiment et du ton des précieuses chez une belle de province; et tout en notant ce que le récit a pour nous de singulier de la part d'un jeune abbé, qui avait déjà titre alors *prédicateur du roi*, disons-nous bien : ce n'est là autre chose qu'une contenance admise et même requise dans un monde d'élite, l'attitude et la marque d'un esprit comme il faut. Qu'ajouter encore? la sage madame de Caumartin trouvait cela fort bon chez le précepteur de son fils; madame de Sablé, l'oracle de la justesse et censée convertie, si on lui prêta ensuite la Relation à lire (comme il est bien probable), n'y trouvait pas à redire.

On se met en route de Riom pour Clermont. Fléchier se plaît à décrire le chemin et le paysage qui remplit agréablement l'intervalle. On est dans une longue allée plantée des deux côtés et arrosée d'un double ruisseau : « on découvre en éloignement les montagnes de Forez d'un côté, et une grande étendue de prairies, qui sont d'un vert bien plus frais et plus vif que celui des autres pays. Une infinité de petits ruisseaux serpentent dedans, et font voir un beau cristal qui s'écoule à petit bruit dans un lit de la plus belle verdure du monde. On voit de l'autre les montagnes d'Auvergne fort proches, qui bornent la vue si agréablement, que les yeux ne voudraient point aller plus loin, car elles sont revêtues d'un vert mêlé qui fait un fort bel effet, et d'ailleurs d'une grande fertilité... » Fléchier en chaque occasion aura de ces descriptions de la nature, descriptions un peu maniérées et qui empruntent volontiers aux choses des salons, au cristal, à l'émeraude, à l'émail, leurs termes de comparaison et leurs images : toutefois, sous l'expression artificielle, on retrouve un certain goût et un sentiment fleuri de la nature.

Chemin faisant il se raille un peu des harangueurs de campagne qui saluent au passage et retardent la marche de messieurs des Grands-Jours. Dès l'arrivée à Clermont sa raillerie change d'objet, et il montre M. Talon dans son zèle, visitant avant tout les prisons « pour voir si elles étaient sûres et capables de contenir autant de criminels qu'il espérait en faire arrêter; et, suivant les chambres et les cachots, il minutait déjà les conclusions qu'il devait donner. » Ainsi débute et va procéder cette douce ironie sans trop avoir l'air d'y toucher; et un peu plus loin il nous donnera de la magnifique harangue d'ouverture de M. Talon une analyse exacte et qui est à la fois malicieuse.

Ce n'est pas que la plaisanterie de Fléchier soit toujours irréprochable ; il a du bel esprit, et par endroits du précieux, il a du mauvais goût. Il caresse volontiers son idée jusqu'au bout et concerte son expression; il pousse et redouble à plaisir son antithèse. Il veut introduire de l'agrément en tout et partout, même dans le récit des plus grands crimes. De ces défauts il gardera les uns jusqu'à la fin (1), et il les fondra dans cette

(1) A la date de 1682, Fléchier écrivait encore à mademoiselle Des

manière compassée et ornée, qui, s'appuyant d'une période nombreuse et d'une parfaite justesse de diction, composera son éloquence. D'autres défauts pourtant tenaient à sa jeunesse, et ils disparaîtront avec l'âge. C'est ainsi que dans les *Grands-Jours*, il parle des habitants des monts « qui ne menacent de rien moins que de brûler ceux qui leur font quelque déplaisir, et qui, étant toujours *sous la neige*, ne laissent pas d'avoir souvent recours *au feu* pour se venger. » C'est ainsi qu'il dira, par le même jeu de mots que Racine : « Cependant il est certain que pendant qu'il (un mari) *faisait brûler* ce chaume, sa femme *brûlait d'amour* avec son galant. » Pour marquer la fécondité des femmes de Clermont, et le grand nombre d'enfants qu'ont la plupart d'entre elles, il dira que la petite vérole, qui est la contagion des enfants, « s'étant répandue, s'est enfin *lassée* dans la ville, et après en avoir emporté plus de mille, s'est retirée *de dépit qu'elle a eu* qu'il n'y parût pas. » Par cette disposition de bel esprit qui s'arrête et se complaît à la bagatelle, Fléchier n'est point de l'école sévère et judicieuse de Boileau : il a en lui de ce goût qu'aura Fontenelle, et qu'avait Benserade, un goût de *ruelles* dans le meilleur sens du mot.

Quoique bon et exquis écrivain à sa date, il n'est pas attique : l'atticisme est proprement l'opposé du genre

---

Houlières dans le style de l'hôtel Rambouillet : « J'aurais assez bien reposé la nuit, si je n'avais eu aucune inquiétude de votre mal, et je sens bien que la joie de vous voir achèvera de me guérir. Je ne connais point de remède plus efficace pour moi que celui-là. Faites que je le prenne en repos et à mon aise, autrement je recommencerai à tousser, et vous répondrez à votre cœur de tous les accidents qui pourraient arriver à ma poitrine. » Ces lettres inédites de Fléchier à mademoiselle Des Houlières sont en bonnes mains, et j'espère qu'elles seront bientôt publiées. On y pourrait mettre pour épigraphe ce joli mot de lui à elle : « Quand l'amitié est solide, sincère et tendre, on s'entend, et quand il le faut, on se devine. »

asiatique trop surchargé d'ornements; mais il a éminemment l'urbanité, qui est le contraire de la rusticité.

Il s'est bien peint à nous dans sa première forme littéraire lorsque, dès les premiers jours de son arrivée à Clermont, étant allé faire une visite à Vichy, il y rencontre des religieuses, des dames, un capucin à demi mondain, et des précieuses de province. « Faire des vers et venir de Paris, ce sont deux choses qui donnent bien de la réputation dans ces lieux éloignés. » Or Fléchier réunissait ces flatteuses conditions, ayant déjà publié des vers qu'on avait distingués dans les recueils du temps, et de plus étant prédicateur déjà fort goûté. Le compliment guindé que lui adressent les précieuses du lieu en l'abordant; *l'Art d'aimer*, traduit par le président Nicole, qu'elles trouvent sur sa table, et qu'il leur prête avec le regret de ne pouvoir en même temps les rendre plus aimables; la demande d'un sermon à faire, qui lui arrive précisément ce jour-là, tout cet ensemble compose un petit tableau malin, moqueur, assorti pourtant, et où rien ne jure. Fléchier, en écrivant son récit, ne songeait qu'à faire sourire son beau monde aux dépens des fausses précieuses : aujourd'hui, quand nous le lisons, une partie de notre sourire lui revient à lui-même, à l'abbé spirituel et fin, si bien tourné, si pénétré de son bon goût, mais un peu précieux.

Arrivant à son sujet principal, qui est la chronique des *Grands-Jours*, il nous montre le premier coup qui frappe sur une tête altière et imprudente, le vicomte de La Mothe de Canillac, « fort considéré pour sa qualité dans la province, et, au sentiment de tous, le plus innocent de tous les Canillac. » Ce qui n'empêchait pas qu'il n'eût bien à se reprocher quelques petits crimes; mais allié et parent du président même des Grands-Jours, de M. de Novion, et fort de son innocence relative, le vicomte de Canillac devait se croire à l'abri des recherches, et il fut le premier atteint. Il avait contre lui les souvenirs de la Fronde, et d'avoir guerroyé contre le roi. Le président, comme les hommes peu sûrs de leur conscience, était avide de commencer par un coup d'éclat, qui mît la sienne en honneur, et qui affichât hautement son impartialité (1). M. Talon aussi, dans sa morgue magistrale, réclamait une première grande victime exemplaire, qui imprimât la terreur à la ronde. Fléchier nous fait discrètement sentir ces raisons combinées, et il exprime, en la partageant, l'opinion de M. de Caumartin, plus humain et plus équitable. On sent déjà, à cette modération du narrateur, le futur évêque de Nîmes, qui, dans ses luttes diocésaines avec les protestants, aura a adoucir sans cesse l'humeur et les procédés expéditifs de M. de Bâville.

Cette première arrestation de M. de Canillac, et celle d'un autre gentilhomme, M. de Montvallat, firent une grande impression dans les campagnes : à force d'y paraître appuyer les faibles, les Grands-Jours rendirent tout à coup ceux-ci insolents, et peu s'en faut oppresseurs à leur tour. M. de Novion a l'air de s'en applaudir, et, dans une lettre adressée à Colbert, il disait (octobre 1665) : « Nous avons quantité de prisonniers ; tous les prévôts en campagne jettent dans les esprits la dernière épouvante. Les Auvergnats n'ont jamais si bien connu qu'ils ont un roi comme ils font à présent.

---

(1) Cela est si vrai que M. de Novion se hâtait là-dessus d'écrire à Colbert (20 octobre 1665) : « J'ai fait arrêter hier au soir le comte de Canillac Pont-du-Château, beau-frère de mon gendre. Jugez si je recule pour personne quand il s'agit du service du roi. Je ne sais pas encore quelle sera la charge que produira contre lui sa partie; mais enfin voilà un assez grand témoignage que la justice se fait ici sans discernement. » (*Correspondance administrative sous le règne de Louis XIV*, 1851, tome II, page 165.)

Un gentilhomme me vient de faire plainte qu'un paysan lui ayant dit des insolences, il lui a jeté son chapeau par terre sans le frapper, et que le paysan lui a répondu hardiment qu'il eût à lui relever son chapeau, ou qu'il le mènerait incontinent devant des gens qui lui en feraient nettoyer l'ordure. Jamais il n'y eut tant de consternation de la part des grands, et tant de joie entre les faibles. » Le trait, tel qu'il est rapporté par M. de Novion, a un air de fierté qui ne déplaît pas et qui pourrait faire illusion ; il y faut un correctif. Fléchier, dans l'aperçu qu'il donne des mêmes circonstances et des mêmes scènes, est plus véridique ou plus complet. Il nous fait voir le paysan, l'homme voisin du sol et en ayant gardé de la dureté, tel qu'il était alors, tel que le connaissait d'abord le vieil Hésiode, et tel qu'il redevient si aisément dans tous les temps. « Nous autres races d'hommes qui vivons sur la terre, nous sommes jaloux, » a dit quelque part Ulysse chez Homère. Dure et ingrate nature humaine, pétrie au fond d'envie, bien plus que de bonté, qui ne sort guère d'un excès que pour un autre, et qui, dès qu'elle n'est plus foulée et à terre, a besoin de fouler quelqu'un : « Si on ne leur parle avec honneur, nous dit Fléchier dans son récit, et si l'on manque à les saluer civilement, ils en appellent aux Grands-Jours, menacent de faire punir, et protestent de violence. Une dame de la campagne se plaignait que tous ses paysans avaient acheté des gants et croyaient qu'ils n'étaient plus obligés de travailler, et que le roi ne considérait plus qu'eux dans son royaume. Lorsque des personnes de qualité, d'esprit et de fort bonnes mœurs, qui ne craignaient point la plus sévère justice, et qui s'étaient acquis la bienveillance des peuples, venaient à Clermont, ces bonnes gens les assuraient de leur protection, et leur présentaient des attestations de vie et mœurs, croyant que c'était une dépendance nécessaire, et qu'ils étaient devenus seigneurs, par privilége, de leurs seigneurs mêmes. » Mais voici ce qu'ajoute Fléchier, et qui est plus curieux que tout, car on y retrouve cette éternelle question des biens chez une race avare et âpre au partage : « Ils étaient encore persuadés que le roi n'envoyait cette Compagnie que pour les faire rentrer dans leur bien, de quelque manière qu'ils l'eussent vendu, et sur cela ils comptaient déjà pour leur héritage tout ce que leurs ancêtres avaient vendu, remontant jusques à la troisième génération. » En n'ayant l'air que de sourire, le futur évêque de Nîmes se montre encore ici un connaisseur très-clairvoyant et très-expérimenté de la nature humaine, et ne versant d'aucun côté. C'est un moraliste qui connaît les grands, et déjà les petits.

L'humanité, dont Féchier donne en plus d'un endroit des marques, ne prend jamais la forme à laquelle le dix-huitième siècle nous accoutumera ; il ne fait point état de philanthropie, il n'étale rien. Lorsque, dans son récit, il en a assez de ces détails sur la question, la torture, et sur les façons de procéder de la justice d'alors, il nous dira sans transition aucune, et simplement pour varier : « C'est une chose agréable que la conversation ; mais il faut un peu de promenade au bout, et je ne trouve rien de plus doux que de prendre un peu l'air de la campagne après avoir passé quelques heures d'entretien dans la chambre. Nous montâmes donc en carrosse avec quelques dames.... » Dans son mélange d'historiettes (et il appelle quelquefois ainsi d'affreuses histoires) il a soin d'en introduire de temps en temps d'agréables, et qui diversifient les impressions. Parmi les plus jolies, il faut compter l'idylle de la belle Étiennette et de son amoureux, tous deux pareils à Daphnis et Chloé, et la malice du sorcier qui leur joua, pendant leur première semaine de noces, un si vilain tour. Ceux qui, à la lecture, se sont effarouchés de cette espièglerie si gentiment racontée, et de quelques autres traits du même genre, ou de quelques mots francs et vifs à la rencontre, ignorent donc comment on causait alors dans la meilleure compagnie, et je dirai même, quand on s'y sent bien à l'aise et chez soi, comment on y cause aujourd'hui encore.

Les jours de grande exécution, Fléchier aimerait à sortir de la ville et à se tenir à l'écart, par un sentiment d'humanité, qui se confond chez lui avec la bienséance. Après plusieurs jours de mauvais temps, et lorsqu'un rayon de soleil permet la promenade, il s'échappe volontiers et va chercher, ne fût-ce que dans quelque cloître, un lieu propice à la réflexion et à un paisible entretien. Il a introduit habilement et ménagé, à travers son récit, quatre ou cinq de ces entretiens développés, dans lesquels les personnes du lieu lui racontent, sur l'histoire et les événements du pays, ce qu'il n'a pu savoir directement de lui-même. C'est ainsi qu'au sortir de l'église des Jésuites, il se fait raconter, par un janséniste de la ville, l'histoire de l'établissement des Révérends Pères à Clermont. On était alors au plus fort de la querelle religieuse; il n'y avait pas dix ans que les *Provinciales* avaient paru : Fléchier, on le sent, les a beaucoup lues, et son ironie en profite ; mais il garde son jugement libre, et il se moque doucement des deux partis.

Une des idées les plus singulières qu'ont eues les contradicteurs des *Grands-Jours*, lors de la première publication, ç'a été de supposer que je ne sais quel philosophe du dix-huitième siècle y avait intercalé à plaisir des passages ou des historiettes malignes pour faire tort à la religion et à la noblesse, et pour décrier l'ancien régime. S'il fallait discuter sérieusement cette assertion, elle ne subsisterait pas devant les preuves dites positives et matérielles. Il existe une Relation des Grands-Jours d'Auvergne, autre que celle de Fléchier. Dongois, que j'ai déjà nommé, et qui remplissait les fonctions de greffier de la commission des Grands-Jours, le même qui fut depuis greffier en chef du Parlement, et que Boileau, son oncle, a appelé quelque part *l'illustre M. Dongois*, rédigea à son retour à Paris, et par curiosité, un récit de ce qui s'était passé à Clermont. Ce récit, en style de procès-verbal, vient contrôler utilement l'élégante chronique de Fléchier, et il la confirme de tout point. « Il en prouve, suivant moi, l'authenticité de la manière la plus évidente. » C'est la conclusion d'un magistrat exact et consciencieux, M. Taillandier, qui a pris la peine d'examiner le manuscrit de Dongois, aux Archives (1). Mais, à ne nous en tenir ici qu'à la littérature, n'avons-nous pas aussi nos preuves ? Il y a une historiette, entre autres, celle du curé de Saint-Babel, qui avait surtout choqué : « On l'accusait dans le monde, dit Fléchier en parlant de ce curé condamné à mort pour ses méfaits, d'avoir instruit ses paroissiennes d'une manière *toute nouvelle*; de leur avoir inspiré quelque autre amour que celui de Dieu, et de leur avoir fait des exhortations particulières, bien différentes des prônes qu'il leur faisait en public. » Et continuant sur le même ton, il raconte comment ce curé, un jour qu'il était appelé près d'une mourante pour les derniers sacrements, avait négligé la maîtresse pour la servante : « Il ne se soucia plus du salut de sa maîtresse, dans le dessein qu'il eut contre l'honneur de la servante... Au lieu d'écouter la confession de l'une, il faisait sa déclaration à l'autre; et bien loin d'exhorter la malade à bien mou-

---

(1) Depuis que ceci est écrit, M. Taillandier a développé ses preuves dans une Dissertation, insérée dans l'*Athenæum français* du 24 novembre 1855, qui ne laisse rien à répliquer.

rir, il sollicitait celle qui se portait bien à mal vivre ; et la prenant par la main et par le menton : — Quelle peine, disait-il, pour moi ! etc. » Et il met dans la bouche du coupable un discours tout en contrastes et en *concetti*. Je le demande, ce récit n'est-il pas signé de Fléchier, à chaque ligne, par le bel esprit symétrique et par l'antithèse ? Oh ! que la plaisanterie irréligieuse de Voltaire procède différemment ! elle est vive, elle est alerte et hardie ; elle insulte ce qu'elle touche, elle met sans façon la main aux choses ; ou, si par adresse et par ruse, chez quelqu'un de ses disciples, cette plaisanterie en de tels sujets se déguise et se fait raffinée, riante, coquette et lascive (comme chez Parny), vous sentez le venin sous le miel :

Impia sub dulci melle venena latent.

Chez Fléchier, au contraire, nous avons, aux endroits où elle nous paraît moins convenable, la plaisanterie innocente et froide, non pas même d'un Voiture (celui-ci avait l'esprit trop libertin), mais d'un disciple compassé de Balzac, qui développe et déplisse lentement sa pensée, et ne fait grâce d'aucune des broderies qu'elle renferme.

Parmi les plaisanteries et les gaietés qui se mêlèrent aux Grands-Jours, il en était une assurément plus leste et plus dégagée, plus ronde que la sienne : c'était celle de Marigny, le fameux Frondeur, le gai chansonnier. Marigny était une des créatures de Retz, à qui il s'était comme donné durant la Fronde, et qui l'employa plus d'une fois à jeter du ridicule sur ses adversaires. Il avait le génie du vaudeville et de la parodie. Il faisait profession de divertir ses amis et patrons, et de les faire rire à tout sujet. M. de Caumartin s'était accoutumé à ce joyeux sel que répandait Marigny, et ne s'en passait pas volontiers. Pendant les Grands-Jours, et dans l'intervalle des pendaisons, il entretenait avec lui une correspondance récréative, et lui écrivait à Paris pour l'exciter et le provoquer. Fléchier a inséré dans son journal une de ces lettres burlesques de Marigny. « On lui répondait aussi avec beaucoup de gaieté, » ajoute-t-il. Je serais étonné si cet *on* ne cachait pas Fléchier lui-même, qui dut quelquefois tenir la plume au nom de toute la société, et se mettre en frais de burlesque, ce qui ne lui allait pas.

Fléchier ne rit pas aux éclats ; il sourit, — il sourit en jetant un coup d'œil au miroir, et en regardant spirituellement son voisin ; il a la gaieté prolongée et discrète, un peu étudiée, comme sa grâce.

Je ne prétends pas analyser les *Grands-Jours,* qu'on va lire ; je n'ai voulu qu'indiquer l'esprit dans lequel cette lecture doit se faire, et quelques-unes des réflexions auxquelles elle prête. Il y a des portraits piquants, d'un demi-comique achevé, et qui, pour la finesse du trait, rappellent ceux d'Hamilton. M. Talon et sa digne mère, qui a la manie de tout présider et de tout régenter autour d'elle ; M. de Novion, le fastueux et le galant, avec sa nuance légère d'iniquité (1) ; M. Nau le croque-

---

(1) Cette nuance, encore légère du temps de Fléchier, ne fit que se marquer et trancher de plus en plus avec les années. M. de Novion, devenu premier président du Parlement après M. de Lamoignon, parut un magistrat scandaleux : « Le premier président de Novion était fort accusé de vendre la justice, dit Saint-Simon, et on prétend qu'il fut plus d'une fois pris sur le fait prononçant à l'audience des arrêts dont aucun des deux côtés n'avait été d'avis ; en sorte qu'un côté s'étonnait de l'avis unanime de l'autre, et ainsi réciproquement, et que, sur ces injustices réitérées, le roi prit enfin le parti de l'obliger à se défaire. » Il dut quitter sa charge (1689), et fut remplacé par M. de Harlay. Le Novion de Fléchier prépare et présage à merveille celui de Saint-Simon. — La justice oblige toutefois à remarquer que Saint-Simon avait ses motifs pour ne pas bien traiter le Novion.

mitaine, qui fait donner la question avec la même fureur qu'il danse lui-même la bourrée, ce sont moins là encore des portraits que des personnages d'une comédie de société et d'un proverbe : on les voit agir et vivre. Fléchier n'a rien de Molière en lui, mais il a du Théodore Leclercq : qu'on me pardonne bien vite ce rapprochement.

Les honneurs des *Grands-Jours* sont et devaient être dans le récit de Fléchier pour M. de Caumartin son Mécène. Par un tour délicat il a mis l'éloge de M. de Caumartin dans la bouche d'un homme de considération avec qui il est censé s'entretenir en route, et en se promenant le long du canal de Briare. Ce résumé des impressions reçues durant ces quatre mois de haute judicature, et du rôle que chacun y a tenu, est d'un écrivain qui ne laisse rien au hasard, et qui sait comment on termine un ouvrage même facile, et qu'il ne publiera pas.

Cependant, après avoir vaqué au charme et à l'amusement de ce qui l'entourait, Fléchier devait songer à ce qu'on pourrait montrer au public : il fit donc une pièce de vers latins, *In Conventus juridicos Arvernis habitos Carmen*, où il célébrait tout le monde, et, par-dessus tout, le roi, qui faisait revivre pour l'Auvergne, en proie jusqu'alors aux violences et aux crimes, un âge meilleur et le règne d'Astrée. Cette pièce officielle, qui fut imprimée à Clermont (1665), ressemble aussi peu à la *Relations des Grands-Jours* qu'une oraison funèbre ressemble à la vie réelle de l'homme. Un peu avant son retour il envoyait un exemplaire de ce petit poëme à l'éternel et inévitable Chapelain, qui lui répondait (11 février 1666) : « ... J'ai eu un fort grand sujet de contentement dans la lecture de votre poëme latin sur la justice des *Grands-Jours*, qui est sans doute l'un de vos meilleurs, bien qu'il ne sorte rien que d'excellent de vous. Il n'eût été que bon, au reste, de m'en envoyer plus d'une copie (1) pour faire souvenir de vous où vous savez, et tenir toujours votre nom et vos talents en considération sur des fondements aussi solides que ceux-là. A quoi, Monsieur, ne servirait pas peu encore quelque autre ouvrage latin ou français sur la nouvelle largesse du roi dans la liberté qu'il a procurée par la terreur de ses armes et par l'effusion de ses trésors aux chrétiens captifs en Barbarie, qu'on n'attend que l'heure de voir revenir délivrés... »

L'estimable Chapelain suggérait là à son jeune ami un nouveau sujet de poëme officiel et ennuyeux, pour trouver occasion de le faire valoir en cour et auprès de Colbert. Je n'ai pas à suivre la vie et la carrière de Fléchier. Ses protecteurs, et bientôt M. de Montausier tout particulièrement, se chargèrent de sa fortune. Je vois qu'en 1669, M. de Montausier avait songé à appliquer Fléchier à une interprétation et à un commentaire d'Horace, sans doute pour l'édition à l'usage du Dauphin. Mais Fléchier allait trouver le principal et le plus brillant emploi de son talent dans la chaire. Il eut à prononcer, en 1672, la première de ses oraisons funèbres, celle de la duchesse de Montausier ; la reconnaissance de l'orateur y donna cours à l'éloquence. Quelques mois après, l'Académie française lui ouvrait ses portes, en remplacement de l'évêque de Vence Godeau. Ce fut à la séance de sa réception qu'on vit l'Académie pour la première fois convier le public et le beau monde et se parer comme pour une fête ; il séyait bien à la parole de Fléchier d'inaugurer ce genre de solennités. Il avait alors quarante ans. Tous les honneurs et les succès lui venaient à la fois.

C'est ainsi qu'il s'acheminait vers l'épiscopat, qu'il

---

(1) *Copie* dans le sens d'exemplaire, comme *copy* en anglais.

devait honorer par ses vertus. Nommé par le roi en 1685 évêque de Lavaur, et en 1687 évêque de Nîmes, il n'en eut les bulles que plus tard par suite des démêlés de la France avec le Saint-Siége. Dès le premier jour il en exerça les fonctions, sous un moindre titre, avec dévouement et avec zèle. Il revint à Paris en l'année 1690, pour prononcer l'oraison funèbre de la Dauphine, et celle de son grand ami, le duc de Montausier. Il assista celui-ci à ses derniers moments, et l'exhorta à la mort, de même qu'il l'avait consolé et soutenu de ses entretiens affectueux, il y avait dix-huit ans, dans la première solitude de son veuvage : c'était dans les deux cas la même religieuse amitié, mais empreinte à la fin d'un caractère de plus et de l'imposante gravité du ministère. Fléchier était l'homme en tout des convenances et des devoirs. Parmi les lettres de la dernière époque de sa vie, j'en trouve une de janvier 1705 adressée à madame de Caumartin la douairière, c'est-à-dire à celle même qui, quarante ans auparavant, dans la fleur de sa jeunesse, présidait si agréablement aux plaisirs et à la société des Grands-Jours. Fléchier lui écrit :

« Je vous souhaite, Madame, à ce renouvellement d'année, tout ce qui peut contribuer à votre sanctification et à votre repos. Notre vie s'écoule insensiblement, et il ne nous reste, de ce temps qui passe, que les moments qui nous seront comptés pour l'éternité. Nous ne devons désirer de vivre que pour accomplir ce que Dieu demande de nous, et la tranquillité de la vie doit être regardée comme une grâce et une bénédiction de douceur qu'il répand sur nous, et qui nous engage à le servir avec plus de fidélité. Vous avez raison, Madame, de nous féliciter de l'état paisible où nous sommes présentement dans nos diocèses. Il est difficile de s'assurer pour l'avenir de gens aussi corrompus et aussi furieux que l'étaient ceux-ci ; cependant ils paraissent apaisés ;

ils ne tuent plus, ils ne brûlent plus, ils se remettent au travail... Ne cessez pas de prier le Seigneur pour nous... »

Ce n'est pas là tout à fait le ton de la *Relation des Grands-Jours;* mais pour avoir le droit de parler ainsi, de même que pour exhorter dignement M. de Montausier à la mort, Fléchier n'avait eu qu'à laisser venir les années et à mûrir : il n'avait rien à rétracter du passé.

NOTE SE RAPPORTANT A LA PAGE 392.

Des trois ou quatre morceaux de Fléchier que contient le manuscrit de la Bibliothèque impériale, je donnerai ici le second en entier pour les curieux. C'est de la poésie dans le genre de l'abbé Cotin, mais de la meilleure du genre. On peut supposer que Fléchier eut l'idée de cette pièce après quelque maladie qu'il avait faite; il se supposait ressuscité.

NOUVELLE DE L'AUTRE MONDE.

Vers les bords du fleuve fatal
Qui porte les morts sur son onde,
Et qui roule son noir cristal
Dans les plaines de l'autre monde ;

Dans une forêt de cyprès
Sont des routes froides et sombres,
Que la nature a fait exprès
Pour les promenades des Ombres.

Là, malgré la rigueur du sort,
Les amants se content fleurettes,
Et font revivre après leur mort
Leurs amours et leurs amourettes.

Arrivé dans ce bas séjour,
Comme j'ai le cœur assez tendre,

Je résolus d'abord d'apprendre
Comment on y traitoit l'amour.

J'allai dans cette forêt sombre,
Douce retraite des amants,
Et j'en aperçus un grand nombre
Qui poussoient les beaux sentiments.

Les uns se faisoient des caresses,
Les autres étoient aux abois
Aux pieds de leurs fières maîtresses,
Et mouroient encore une fois.

Là des beautés tristes et pâles,
Maudissant leurs feux violents,
Murmuroient contre leurs galants
Ou se plaignoient de leurs rivales.

Là défunts messieurs les abbés,
Avecque leurs discrètes flammes,
Alloient dans des lieux dérobés
Cajoler quelques belles âmes.

Parmi tant d'objets amoureux
Je vis une Ombre désolée ;
Elle s'arrachoit les cheveux
Dans le fond d'une sombre allée.

Mille soupirs qu'elle poussoit
Montroient qu'elle étoit amoureuse ;
Cependant elle paroissoit
Aussi belle que malheureuse.

Tout le monde disoit : « Voilà
Cette âme triste et misérable ! »
Et quoiqu'elle fût fort aimable,
Tout le monde la laissoit là.

« Ombre pleureuse, Ombre crieuse,
Hélas ! lui dis-je en l'abordant
D'une manière sérieuse,
Qu'est-ce qui te tourmente tant ? »

Chez les morts, sans cérémonie,
On se parle ainsi brusquement,
Et dès qu'on sort de cette vie
On ne fait plus de compliment.

« Qui que tu sois, dit-elle, hélas !
Tu vois une Ombre malheureuse,
Furieusement amoureuse,
Et qui n'aime que des ingrats.

« Lorsque je vivois, j'étois belle,
Mais rien ne pouvoit me toucher ;
J'étois fière, j'étois cruelle,
Et j'avois un cœur de rocher.

« J'étois peste, j'étois rieuse ;
Je traitois abbés et blondins
D'impertinents et de badins,
Et je faisois la précieuse.

« Ils venoient sans cesse m'offrir
Et leur estime et leur tendresse ;
Ils disoient qu'ils souffroient sans cesse,
Et moi je les laissois souffrir.

« Je rendois le sort déplorable
De ceux qui vivoient sous ma loi,
Et dès qu'ils se donnoient à moi,
Je les faisois donner au diable.

« C'étoit en vain qu'ils s'enflammoient,
Maintenant les dieux me punissent :
Je haïssois ceux qui m'aimoient,
Et j'aime ceux qui me haïssent.

« Rien ne me sauroit arrêter,
Je n'ai plus ni pudeur ni honte,
Et j'ai beau chercher qui m'en conte,
Personne ne veut m'en conter.

« En vain je soupire et je gronde,
Mes destins le veulent ainsi ;
Et les prudes de l'autre monde
Sont les folles de celui-ci. »

Là cette Ombre amoureuse et folle
Poussa mille soupirs ardents,
Se plaignit, pleura quelque temps,
Puis en m'adressant la parole :

« Pauvre âme, dit-elle, à ton tour,
Te voilà peut-être forcée

De venir payer à l'amour
Ton indifférence passée.

« De nos cendres froides il sort
Une vive source de flammes
Qui s'attache à nos froides âmes
Et nous ronge après être mort.

« Si tu fus jadis des plus sages,
Tu deviendras fol malgré toi,
Et tu viendras dans ces bocages
Te désespérer comme moi. »

« — Ombre, lui dis-je, ce présage
Ne m'a pas beaucoup alarmé ;
Je n'aimerai pas davantage,
Je n'ai déjà que trop aimé.

« Mais je connais une insensible
Dans le monde que j'ai quitté,
Plus cruelle et plus inflexible
Que vous n'avez jamais été.

« Galants, abbés, blondins, grisons,
Sont tous les jours à sa ruelle,
Lui content toutes leurs raisons,
Et n'en tirent aucune d'elle.

« L'un lui donne des madrigaux,
Des épigrammes, des devises,
Lui prête carrosse et chevaux,
Et la mène dans les églises.

« L'autre admire ce qu'elle dit,
La flatte d'un air agréable,
Et la traite de bel esprit,
Et trouve sa jupe admirable.

« Tel la prêche les jours entiers
Sur les doux plaisirs de la vie,
Et tel autre lui sacrifie
Toutes les belles de Poitiers.

« Tel, avec sa mine discrète,
Plus dangereux, à ce qu'on croit,
Lui fait connoître qu'il sauroit
Tenir une faveur secrète.

« Rien ne peut jamais la fléchir ;
Prose, vers, soins et complaisance,
Descriptions, persévérance,
Tout cela ne fait que blanchir.

« Elle se moque, la cruelle,
Des vœux et des soins assidus ;
Les soupirs qu'on pousse pour elle
Sont autant de soupirs perdus.

« On a beau lui faire l'éloge
De ceux qui l'aiment tendrement,
Cœurs françois, gascons, allobroges,
Ne la tentent pas seulement. »

« — Que je plains, dit l'Ombre étonnée,
Cette belle au cœur endurci !
Nous la verrons un jour ici
Souffrir comme une âme damnée.

« Hélas ! hélas ! un jour viendra
Que la prude sera coquette.
Eh ! croit-elle qu'on lui rendra
Tous les encens qu'elle rejette ?

« Ses chagrins la consumeront ;
Elle sèchera de tendresse,
Et ceux qui la suivoient sans cesse
Éternellement la fuiront.

« Ombres sans couleur et sans grâce,
Ombres noires comme charbon,
Ombres froides comme la glace,
Qu'importe ? tout lui sera bon.

« A tous les morts qu'elle verra,
Elle ira faire des avances,
Leur dira des extravagances ;
Et pas un ne l'écoutera.

« Ne crains pas pourtant que sa flamme
Lui donne d'injustes transports :
Nous avons les peines de l'âme
Sans avoir les plaisirs du corps.

« Tu sais ce qu'elle devroit faire,
Et si tu peux l'en informer,

Dis-lui qu'elle soit moins sévère,
Et qu'elle se hâte d'aimer.

« Et puisque les destins terribles
La forceront, avec le temps,
D'aimer quelques morts insensibles,
Qu'elle aime quelque bon vivant. »

Après ces mots, cette pauvre Ombre
Se tut, rêvant à son destin,
Et retombant dans son chagrin
Reprit son humeur triste et sombre.

Les Dieux veulent vous exempter,
Iris, de ce malheur extrême,
Et je viens de ressusciter
Pour vous en avertir moi-même

Quittez l'erreur que vous suivez
Craignez que le Ciel ne s'irrite ;
Aimez pendant que vous vivez,
Et songez que je ressuscite !

Cependant Fléchier sentit bientôt qu'il convenait de mettre fin à ces tendres jeux, bien qu'ils fussent purement platoniques ; car, ainsi qu'il en convient lui-même dans un dialogue en vers entre *Climène et Tircis*,

A force de le dire en vers,
On apprend à le dire en prose.

On peut voir encore, dans un recueil de *Lettres inédites* donné par Serleys, en 1802, trois lettres ingénieuses et galantes de Fléchier à mademoiselle de La Vigne, un bel esprit et une savante du temps ; et d'autres lettres du même genre et à la même, avec les réponses, au tome premier de la *Revue rétrospective* (1833), et provenant du tome XIIIe des manuscrits de Conrart. Tout cela se tient et se ressemble. Son *Iris* paraît décidément avoir été mademoiselle de La Vigne, à moins encore que ce n'ait été mademoiselle Des Houlières. Un reste de doute est bien permis en si grave sujet.

P. S. On me fait remarquer que la pièce attribuée dans le manuscrit de la Bibliothèque impériale à Fléchier, se trouve imprimée dans le Recueil de poésies d'Étienne Pavillon. Mais cela ne prouve rien : on sait que quantité de pièces insérées dans le Recueil de Pavillon ne sont pas de lui. Le manuscrit de De Boze fait autorité.

Fléchier savait lui-même qu'on lui volait ses vers, et il ne réclamait pas. Dans une lettre écrite de Nîmes à mademoiselle Des Houlières, le 10 septembre 1702, il disait : « Votre attention, Mademoiselle, sur
« ce qui me regarde est très-obligeante. Le vol qu'on veut me faire
« de quelques vers que j'ai faits autrefois me touche fort peu. Ce sont
« des fruits de ma jeunesse qui n'ont plus de goût ni pour moi, ni
« pour les autres. Il y a plusieurs circonstances et applications per-
« sonnelles qui faisaient tout l'agrément de ces petits ouvrages poé-
« tiques ; ces sortes d'idées sont effacées, et j'abandonne sans peine
« ces vers que j'ai oubliés à qui les voudra. Je suis très-sensible à
« la bonté que vous avez eue de me donner cet avis ; ayez encore
« celle de me croire avec toute l'estime et la considération possible,
« Mademoiselle, votre très-humble et très-obéissant serviteur,

« Esprit, évêque de Nîmes. »

Se peut-il rien qui sente mieux son honnête homme ? Il n'y avait pas de trace de Ménage ni de Cotin, au moral du moins et pour le caractère, chez Fléchier. Il put être précieux par un coin de son esprit, il n'eut jamais rien de pédant dans sa personne.

LES
MÉMOIRES DE SAINT-SIMON [1]

On vient tard à parler maintenant de Saint-Simon et de ses Mémoires; il semble qu'on ait tout dit, et bien dit, à ce sujet. Il est impossible, en effet, qu'il y ait eu depuis plus de vingt-cinq ans une sorte de concours ouvert pour apprécier ces admirables tableaux d'histoire et leur auteur, sans que toutes les idées justes, toutes les louanges méritées et les réserves nécessaires se soient produites : il ne peut être question ici que de rappeler et de fixer avec netteté quelques-uns des points principaux acquis désormais et incontestables.

Saint-Simon est le plus grand peintre de son siècle, de ce siècle de Louis XIV dans son entier épanouissement. Jusqu'à lui on ne se doutait pas de tout ce que pouvaient fournir d'intérêt, de vie, de drame mouvant et sans cesse renouvelé, les événements, les scènes de la Cour, les mariages, les morts, les revirements soudains ou même le train habituel de chaque jour, les déceptions ou les espérances se reflétant sur des physionomies innombrables dont pas une ne se ressemble, les flux et reflux d'ambitions contraires animant plus ou moins visiblement tous ces personnages, et les groupes ou *pelotons* qu'ils formaient entre eux dans la grande

---

[1] Ce morceau a servi d'Introduction à l'édition des *Mémoires* de Saint-Simon publiés chez M. Hachette (1856).

galerie de Versailles, pêle-mêle apparent, mais qui désormais, grâce à lui, n'est plus confus, et qui nous livre ses combinaisons et ses contrastes : jusqu'à Saint-Simon on n'avait que des aperçus et des esquisses légères de tout cela ; le premier il a donné, avec l'infinité des détails, une impression vaste des ensembles. Si quelqu'un a rendu possible de repeupler en idée Versailles et de le repeupler sans ennui, c'est lui. On ne peut que lui appliquer ce que Buffon a dit de la terre au printemps : « Tout fourmille de vie. » Mais en même temps il produit un singulier effet par rapport aux temps et aux règnes qu'il n'a pas embrassés ; au sortir de sa lecture, lorsqu'on ouvre un livre d'histoire ou même de Mémoires, on court risque de trouver tout maigre et pâle, et pauvre : toute époque qui n'a pas eu son Saint-Simon paraît d'abord comme déserte et muette, et décolorée ; elle a je ne sais quoi d'inhabité ; on sent et l'on regrette tout ce qui y manque et tout ce qui ne s'en est point transmis. Très-peu de parties de notre histoire (si on l'essaye) résistent à cette épreuve, et échappent à ce contre-coup ; car les peintres de cette sorte sont rares, et il n'y a même eu jusqu'ici, à ce degré de verve et d'ampleur, qu'un Saint-Simon.

Ce n'est pas à dire qu'on n'ait pas eu avant lui de très-belles formes de Mémoires et très-variées : il serait le premier à protester contre une injustice qui diminuerait ses devanciers, lui qui s'est inspiré d'eux, il le déclare, et de leur exemple, pour y puiser le goût de l'histoire, de l'histoire animée et vivante. C'étaient des peintres aussi, au milieu de leurs narrations un peu gênées, mais d'une gaucherie charmante et naïve, que les Ville-Hardouin et les Joinville. Les Froissart, les Commynes étaient arrivés déjà à la science et à l'art avec des grâces restées simples. Quelle génération d'écrivains de plume et d'épée n'avaient point produite les guerres du seizième siècle, un Montluc, un Tavannes, un d'Aubigné, un Brantôme! Que de paroles originales et toutes de source, et quelle diversité d'accents dans les témoignages! Sully, au milieu de ses pesanteurs, a bien des parties réellement belles, d'une solidité attachante, et que le sourire de Henri IV éclaire. Et la Fronde, quelle moisson nouvelle de récits de toutes sortes, quelle brusque volée d'historiens inattendus elle a enfantés parmi ses propres acteurs en tête desquels Retz se détache et brille entre tous comme le plus grand peintre avant Saint-Simon! Mais cette génération d'auteurs de Mémoires, issus de la Fronde, s'arrête à peu près au seuil du règne véritable de Louis XIV. A partir de là on n'a que des esquisses rapides, inachevées, qu'ont tracées des plumes élégantes et fines, mais un peu paresseuses, Choisy, madame de La Fayette, La Fare, madame de Caylus. Ils vous mettent en goût, et ils ne tiennent pas, ou ils ne tiennent qu'à demi ; ils commencent, et ils vous laissent en chemin. Or, il n'y a rien qui fasse moins défaut et qui vous laisse moins, il n'y a rien de moins paresseux et qui se décourage moins vite que Saint-Simon. Il s'adonne à l'histoire au sortir de l'enfance comme à un travail, comme à une mission. Ce n'est pas au courant de la plume qu'il s'amuse à se ressouvenir de loin et en vieillissant, comme fait Retz; méthode toujours scabreuse, source inévitable de confusions et de méprises. Il amasse jour par jour, il écrit chaque soir; il commence dès dix-neuf ans sous la tente, et il continue sans relâche à Versailles et partout. Il s'informe sans cesse comme un Hérodote. Sur les généalogies il en remontrerait au Père Anselme. Il raisonne du passé comme un Boulainvilliers. Dans le présent il est à tout, il a vent de toutes les pistes, et en tient registre incontinent. Toutes les heures qu'il peut dérober, il les emploie; et puis vieux, retiré dans sa terre, il coordonne cette masse de matériaux, il la met en corps de récit, en un corps unique et continu, se bornant à la distribuer par paragraphes distincts, avec des titres en marge (1); et ce long texte immense, il le recopie *tout de sa main* avec une netteté, une exactitude minutieuse, qualités authentiques qu'on n'a pas assez remarquées, sans quoi on eût plus religieusement respecté son ordre et sa marche, son style et sa phrase, qui peut bien être négligée et redondante, mais où rien (je parle des Mémoires et des notes) n'est jeté au hasard.

Comment cette vocation historique si prononcée se forma-t-elle, et se rencontra-t-elle ainsi toute née au sein de la Cour et dans un si jeune âge? Et d'où sortait donc ce mousquetaire de dix-neuf ans, si résolu dès le premier jour à transmettre les choses de son temps dans toutes leurs complications et leurs circonstances?

Son père, sans un tel fils, serait resté un de ces favoris comblés, mais obscurs, que l'histoire nomme tout au plus en passant, mais dont elle ne s'occupe pas. Jeune page, il avait su plaire à Louis XIII par quelques attentions et de l'adresse à la chasse, en lui présentant commodément son cheval de rechange ou en rendant le cor après s'en être proprement servi. Sans doute il avait bonne mine; il avait certainement de la discrétion et de l'honneur. A la manière dont Saint-Simon nous parle de son père, et même si l'on en rabat un peu, on voit en celui-ci un homme de qualité,

---

(1) Saint-Simon, dans le texte original, n'établit point de chapitres proprement dits ni aucune division; il était d'une haleine infatigable; on a bien été obligé, en imprimant, de faire des chapitres de longueur à peu près égale pour soulager l'attention du lecteur; mais on a eu soin, dans la présente édition, de ne composer les sommaires qu'avec les termes mis en marge par Saint-Simon, et on a reproduit, autant qu'on l'a pu, ces mêmes termes de la marge, au haut des pages dans le titre courant.

fidèle, assez désintéressé, reconnaissant et, en tout, d'une étoffe morale peu commune à la Cour. Son attitude envers Richelieu est digne en même temps que sensée : il n'est ni hostile, ni servile. On découvre même dans le père de Saint-Simon une qualité dont ne sera pas privé son fils, une sorte d'humeur qui, au besoin, devient de l'aigreur ; c'est pour s'être livré à un mouvement de cette nature qu'il tomba dans une demi-disgrâce à l'âge de trente et un ans et quitta la Cour pour se retirer en son gouvernement de Blaye, où il demeura jusqu'à la mort du cardinal. Si j'avais à définir en deux mots le père de Saint-Simon, je dirais que c'était un favori, mais que ce n'était pas un courtisan : car il avait de l'honneur et de l'humeur.

C'est de ce père déjà vieux et remarié en secondes noces avec une personne jeune, mais non plus de la première jeunesse, que naquit Saint-Simon en janvier 1675. On a cité comme une singularité et un prodige, dans un livre imprimé du vivant même du père (1), qu'il ait eu cet enfant à l'âge de soixante-douze ans ; il n'en avait en réalité que soixante-huit. Il lui transmit ses propres qualités très-marquées, avec je ne sais quoi de fixe et d'opiniâtre : la probité, la fierté, la hauteur du cœur, et des instincts de race forte sous une brève stature. Le jeune Saint-Simon fut donc élevé auprès d'une mère, personne de mérite, et d'un père qui aimait à se souvenir du passé et à raconter mainte anecdote de la vieille Cour : de bonne heure il dut lui sembler qu'il n'y avait rien de plus beau que de se ressouvenir. Sa vocation pour l'histoire se prononça dès l'enfance, en même temps qu'il restait indifférent et froid pour les belles-lettres proprement dites. Il lisait sans doute aussi

---

(1) *Tableau de l'amour considéré dans l'état du mariage* (Amsterdam, 1687), page 134.

avec l'idée d'imiter les grands exemples qu'il voyait retracés, et de devenir quelque chose ; mais au fond son plus cher désir et son ambition étaient plutôt d'*être de quelque chose* afin de savoir le mieux qu'il pourrait les affaires de son temps et de les écrire. Cette vocation d'écrivain, qui se dégage et s'affiche pour nous si manifestement aujourd'hui, était cependant d'abord secrète et comme masquée et affublée de toutes les prétentions de l'homme de cour, du grand seigneur, du duc et pair, et des autres ambitions accessoires qui convenaient alors à un personnage de son rang.

Saint-Simon, en entrant dans le monde à l'âge de dix-neuf ans, dénote bien ses instincts et ses goûts. Dès le lendemain de la bataille de Nerwinde (juillet 1693) à laquelle il prend part comme capitaine dans le Royal-Roussillon, il en fait un bulletin détaillé pour sa mère et quelques amis. Ce récit a de la netteté, de la fermeté ; le caractère en est simple ; on y sent l'amour du vrai. Le style n'a rien de cette fougue et de ces irrégularités qu'il aura quelquefois, mais qu'il n'a pas toujours et nécessairement chez Saint-Simon. A force de le vouloir définir dans toutes ses diversités et ses exubérances, il ne faut pas non plus faire de ce style un monstre : très-souvent il n'est que l'expression la plus directe et la plus vive, telle qu'elle échappe à un esprit plein de son objet.

L'année suivante (1694), dans les loisirs d'un camp en Allemagne, il commence décidément ses Mémoires qu'il mettra soixante ans entiers à poursuivre et à parachever. Il y fut excité « par le plaisir qu'il prit, dit-il, à la lecture de ceux du maréchal de Bassompierre. » Bassompierre avait dit pourtant un mot des plus injurieux pour le père de Saint-Simon : cela n'empêche pas le fils de trouver ses Mémoires très-curieux, « quoique dégoûtants par leur vanité. »

Le jeune Saint-Simon est vertueux; il a des mœurs, de la religion; il a surtout d'instinct le goût des honnêtes gens. Ce goût se déclare d'abord d'une manière singulière et presque bizarre par l'élan qui le porte tout droit vers le duc de Beauvilliers, le plus honnête homme de la Cour, pour lui aller demander une de ses filles en mariage, — ou l'aînée ou la cadette, — il n'en a vu aucune, peu lui importe laquelle; peu lui importe la dot : ce qu'il veut épouser, c'est la famille; c'est le duc et la duchesse de Beauvilliers dont il est épris. Cette poursuite de mariage qu'il expose avec une vivacité si expressive a pour effet, même en échouant, de le lier étroitement avec le duc de Beauvilliers et avec ce côté probe et sérieux de la Cour. C'est par là qu'il se rattachera bientôt aux vertueuses espérances que donnera le duc de Bourgogne.

Une liaison fort différente et qui semble jurer avec celle-ci, mais qui datait de l'enfance, c'est la familiarité et l'amitié de Saint-Simon avec le duc d'Orléans, le futur Régent. Là encore toutefois la marque de l'honnêteté se fait sentir; c'est par les bons côtés du Prince, par ses parties louables, intègres et tant calomniées que Saint-Simon lui demeurera attaché inviolablement; c'est à cette noble moitié de sa nature qu'il fera énergiquement appel dans les situations critiques déplorables où il le verra tombé; et, dans ce perpétuel contact avec le plus généreux et le plus spirituel des débauchés, il se préservera de toute souillure.

Avec le goût des honnêtes gens, il a l'antipathie non moins prompte et non moins instinctive contre les coquins, les hypocrites, les âmes basses et mercenaires, les courtisans plats et uniquement intéressés. Il les reconnaît, il les devine à distance, il les dénonce et les démasque; il semble, à la manière dont il les tire au jour et les dévisage, y prendre un plaisir amer et s'y acharner. On se rappelle, dès les premiers chapitres des Mémoires, ce portrait presque effrayant du magistrat pharisien, du faux Caton, de ce premier président de Harlay, dont sous des dehors austères il nous fait le type achevé du profond hypocrite.

Mais il avait à s'en plaindre, dira-t-on, et ici, comme en bien des cas, en peignant les hommes il obéit à des préventions haineuses et à une humeur méchante : je vais tout d'abord à l'objection. Selon moi, et après une étude dix fois refaite de Saint-Simon, je me suis formé de lui cette idée : il est doué par nature d'un sens particulier et presque excessif d'observation, de sagacité, de vue intérieure, qui perce et sonde les hommes, et démêle les intérêts et les intentions sur les visages : il offre en lui un exemple tout à fait merveilleux et phénoménal de cette disposition innée. Mais un tel don, une telle faculté est périlleuse si l'on s'y abandonne, et elle est sujette à outrer sa poursuite et à passer le but. Les tentations ne sont jamais pour les hommes que dans le sens de leurs passions : on n'est pas tenté de ce qu'on n'aime pas. Dès le début, Saint-Simon fils d'un père antique, et, sous sa jeune mine, un peu antique lui-même, n'a pas de goût vif pour les femmes, pour le jeu, le vin et les autres plaisirs : mais il est glorieux; il tient au vieux culte; il se fait un idéal de vertu patriotique qu'il combine avec son orgueil personnel et ses préjugés de rang. Et avec cela il est artiste, et il l'est doublement : il a un coup d'œil et un *flair* (1) qui, dans cette foule dorée et cette cohue apparente de Versailles, vont trouver à se satisfaire amplement et à se repaître; et puis, écrivain en secret, écrivain avec dé-

---

(1) Je n'emploie le mot que parce que lui-même me le fournit. Il dit quelque part, à l'occasion des joies secrètes et des mille ambitions flatteuses mises en mouvement par une mort de prince : « Tout cela, et tout à la fois, se sentait *comme au nez.* »

lices et dans le mystère, le soir, à huis-clos, le verrou tiré, il va jeter sur le papier avec feu et flamme ce qu'il a observé tout le jour, ce qu'il a senti sur ces hommes qu'il a bien vus, qu'il a trop vus, mais qu'il a pris sur un point qui souvent le touchait et l'intéressait. Il y a là des chances d'erreur et d'excès jusque dans le vrai. Il est périlleux, même pour un honnête homme, s'il est passionné, de sentir qu'il écrit sans contrôle, et qu'il peint son monde sans confrontation. Je ne parle en ce moment que de ce qu'il a observé lui-même et directement : car, pour ce qu'il n'a su que par ouï-dire et ce qu'il a recueilli par conversation, il y aura d'autres chances d'erreur encore qui s'y mêleront.

Quoique Saint-Simon ne paraisse pas avoir été homme à mettre de la critique proprement dite dans l'emploi et le résultat de ses recherches, et qu'il ne semble avoir guère fait que verser sur sa première observation toute chaude et toute vive une expression ardente et à l'avenant, son soin ne portant ensuite que sur la manière de coordonner tout cela, il n'est pas sans s'être adressé des objections graves sur la tentation à laquelle il était exposé et dont l'avertissait sans doute le singulier plaisir qu'il trouvait à y céder. Religieux par principes et chrétien sincère, il se fit des scrupules de conscience, ou du moins il tint à les empêcher de naître et à se mettre en règle contre les remords et les faiblesses qui pourraient un jour lui venir à ses derniers instants. S'il lui avait fallu jeter au feu ses Mémoires, croyant avoir fait un long péché, quel dommage, quel arrachement de cœur ! Il songea assez naïvement à prévenir ce danger. Le discours préliminaire qu'il a mis en tête nous témoigne de sa préoccupation de chrétien, qui cherche à se démontrer qu'on a droit historiquement de tout dire sur le compte du prochain, et qui voudrait bien concilier la charité avec la médisance. Une lettre écrite à l'abbé de Rancé (1), et par laquelle il le consultait presque au début sur la mesure à observer dans la rédaction de ses Mémoires, atteste encore mieux cette pensée de prévoyance; il semble s'être fait donner par l'austère abbé une absolution plénière, une fois pour toutes. Saint-Simon, dans son apologie, admet ou suppose toujours deux choses : c'est, d'une part, qu'il ne dit que la vérité, et, de l'autre, qu'il n'est pas impartial, qu'il ne se pique pas de l'être, et, qu'en laissant la louange ou le blâme *aller de source* à l'égard de ceux pour qui il est diversement affecté, il obéit à ses inclinations et à sa façon impétueuse de sentir : et, avec cela, il se flatte de tenir en main la balance. Dans le récit de ce premier procès au nom de la Duché-Pairie contre M. de Luxembourg, il y a un moment où l'avocat de celui-ci ayant osé révoquer en doute la loyauté royaliste des adversaires, Saint-Simon, qui assistait à l'audience, assis dans une lanterne ou tribune entre les ducs de La Rochefoucauld et d'Estrées, s'élance au dehors, criant à l'imposture et demandant justice de ce coquin : « M. de La Rochefoucauld, dit-il, me retint à mi-corps et me fit taire. Je m'enfonçai de dépit plus encore contre lui que contre l'avocat. Mon mouvement avoit excité une rumeur. » Or, quand on est sujet à ces mouvements-là, non-seulement à l'audience et dans une occasion extraordinaire, mais encore dans l'habitude de la vie et même en écrivant, il y a chance non pour qu'on se trompe peut-être sur l'intention mauvaise de l'adversaire, mais au moins pour qu'on outre passe quelquefois le ton et qu'on sorte de la mesure. On a de ces élans où l'on a besoin d'être retenu *à mi-corps*. J'indique

---

(1) On a reproduit cette lettre en tête des Mémoires : elle en est la première préface.

la précaution à prendre en lisant Saint-Simon ; il peut bien souvent y avoir quelque réduction à faire dans le relief et dans les couleurs.

On a fort cherché depuis quelque temps à relever des erreurs de fait dans les Mémoires de Saint-Simon, et l'on n'a pas eu de peine à en rassembler un certain nombre. Il fait juger et condamner Fargues, un ancien frondeur, par le premier président de Lamoignon, et Fargues fut jugé par l'intendant Machault. Il dit de mademoiselle de Beauvais, mariée au comte de Soissons, qu'elle était fille naturelle, et l'on a retrouvé et l'on produit le contrat de mariage des parents. Il fait de De Saumery un argus impitoyable et un espion farouche auprès du duc de Bourgogne, et l'on sait, par une lettre de ce jeune prince à Fénelon, que c'était un homme dévoué et sûr. Quelques-unes de ces rectifications auront place dans la présente édition et seront indiquées en leur lieu. Dans le domaine de la littérature, j'ai moi-même à signaler une inexactitude et une méprise. Saint-Simon impute à Racine, en présence de Louis XIV et de madame de Maintenon, une distraction maladroite qui lui aurait fait parler et mal parler de Scarron. Au contraire, c'est Despréaux qui eut plus d'une fois cette distraction plaisante, dans laquelle le critique s'échappait, tandis que Racine, meilleur courtisan, lui faisait tous les signes du monde sans qu'il les comprît. Tranchons sur cela. La question de la vérité des Mémoires de Saint-Simon n'est pas et ne saurait être circonscrite dans le cercle des observations de ce genre, même quand les erreurs se trouveraient cent fois plus nombreuses. Qu'on veuille bien se rendre compte de la manière dont les Mémoires, tels que les siens, ont été et sont nécessairement composés. Il y a entre les façons infinies d'écrire l'histoire, deux divisions principales qui tiennent à la nature des sources auxquelles on puise. Il y a une sorte d'histoire qui se fonde sur les pièces mêmes et les instruments d'État, les papiers diplomatiques, les correspondances des ambassadeurs, les rapports militaires, les documents originaux de toute espèce. Nous avons un récent et un excellent exemple de cette méthode de composition historique dans l'ouvrage de M. Thiers, qui se pourrait proprement intituler : *Histoire administrative et militaire du Consulat et de l'Empire.* Et puis, il y a une histoire d'une tout autre physionomie, l'histoire *morale* contemporaine écrite par des acteurs et des témoins. On vit dans une époque, à la Cour, si c'est à une époque de cour; on y passe sa vie à regarder, à écouter, et, quand on est Saint-Simon, à écouter et à regarder avec une curiosité, une avidité sans pareille, à tout boire et dévorer des oreilles et des yeux. On entend dire beaucoup de choses; on s'adresse le mieux qu'on peut pour en savoir encore davantage; si l'on veut remonter en arrière, on consulte les vieillards, les disgraciés, les solitaires en retraite, les subalternes aussi, les anciens valets de chambre. Il est bien difficile que dans ce qu'on ne voit pas soi-même il ne se mêle un peu de crédulité, quand elle est dans le sens de nos inclinations et aussi de notre talent à exprimer les choses. On ne fait souvent que répéter ce qu'on a entendu; on ne peut aller vérifier chez les notaires. Dans ce qu'on voit par soi-même, et avec les hommes à qui l'on a affaire en face et qu'on juge, oh ! ici l'on va plus sûrement; si l'on a le don d'observation et la faculté dont j'ai parlé, on va loin, on pénètre; et si à ce premier don d'observer se joint un talent pour le moins égal d'exprimer et de peindre, on fait des tableaux, des tableaux vivants et par conséquent vrais, qui donnent la sensation, l'illusion de la chose même, qui remettent en présence d'une nature humaine et d'une société en action qu'on croyait évanouie. Est-ce à dire qu'un autre observateur et un autre peintre placé à côté du premier, mais à un point de vue différent, ne présenterait pas une autre peinture qui aurait d'autres couleurs, et peut-être aussi quelques autres traits de dessin? Non, sans doute : autant de peintres, autant de tableaux; autant d'imaginations, autant de miroirs; mais l'essentiel est qu'au moins il y ait par époque un de ces grands peintres, un de ces immenses miroirs réfléchissants; car, lui absent, il n'y aura plus de tableaux du tout; la vie de cette époque, avec le sentiment de la réalité, aura disparu, et vous pourrez ensuite faire et composer à loisir toutes vos belles narrations avec vos pièces dites positives, et même avec vos tableaux d'histoire arrangés après coup et symétriquement, et peignés comme on en voit, ces histoires, si vraies qu'elles soient quant aux résultats politiques, seront artificielles, et on le sentira; et vous aurez beau faire, vous ne ferez pas qu'on ait vécu dans ce temps que vous racontez.

Avec Saint-Simon on a vécu en plein siècle de Louis XIV; là est sa grande vérité. Est-ce que par lui nous ne connaissons pas (mais je dis connaître comme si nous les avions vus), et dans les traits mêmes de leur physionomie et dans les moindres nuances, tous ces personnages, et les plus marquants et les secondaires, et ceux qui ne font que passer et figurer? Nous en savions les noms, qui n'avaient pour nous qu'une signification bien vague : les personnes, aujourd'hui, nous sont familières et présentes. Je prends au hasard les premiers que je rencontre : Louville, ce gentil-homme attaché au duc d'Anjou, au futur roi d'Espagne, et qui aura bientôt un rôle politique, — Saint-Simon se sert de lui tout d'abord pour faire sa demande d'une entrevue à M. de Beauvilliers; il raconte ce qu'est Louville, et il ajoute tout courant : « Louville étoit d'ailleurs homme d'infiniment d'esprit, et qui avec une imagination qui le rendoit toujours neuf et de la plus excellente compagnie, avoit toute la lumière et le sens des grandes affaires, et des plus solides, et des meilleurs conseils. » Louville reviendra mainte fois dans les Mémoires; lui-même il a laissé les siens : vous pouvez les lire si vous en avez le temps; mais, en attendant, on a sur l'homme et sur sa nuance distinctive et neuve les choses dites, les choses essentielles et fines, et comme personne autre n'aurait su nous les dire. — M. de Luxembourg a été un adversaire de Saint-Simon; il a été sa partie devant le Parlement, après avoir été son général à l'armée; il a été l'objet de sa première grande colère, de sa première levée de boucliers comme duc et pair. Est-ce à dire que son portrait par Saint-Simon en sera moins vrai, de cette vérité qui saisit, et qui d'ailleurs, se rapporte bien à ce que disent les contemporains, mais en serrant l'homme de plus près qu'ils n'ont fait?

« ...A soixante-sept ans, il s'en croyoit vingt-cinq, et vivoit comme un homme qui n'en a pas davantage. Au défaut de bonnes fortunes dont son âge et sa figure l'excluoient, il y suppléoit par de l'argent, et l'intimité de son fils et de lui, de M. le prince de Conti et d'Albergotti, portoit presque toute sur des mœurs communes et des parties secrètes qu'ils faisoient ensemble avec des filles. Tout le faix des marches et des ordres de subsistances portoit toutes les campagnes sur Puységur, qui même dégrossissoit les projets. Rien de plus juste que le coup d'œil de M. de Luxembourg, rien de plus brillant, de plus avisé, de plus prévoyant que lui devant les ennemis, ou un jour de bataille, avec une audace, une flatterie (?), et en même temps un sang-froid qui lui laissoit tout voir et tout prévoir au milieu du plus grand feu, et du danger et du succès le plus imminent, et c'étoit là où il étoit grand. Pour le reste la paresse même : peu de promenades sans grande nécessité; du jeu, de la conversation avec ses familiers, et tous les soirs un souper avec un très-petit nombre, presque toujours le même, et si on étoit voisin de quelque ville, on avoit soin que le sexe y fût agréablement mêlé. Alors il étoit inaccessible à tout, et s'il arrivoit quelque chose de pressé, c'étoit à Puységur à y donner ordre. Telle étoit à l'armée la vie de ce grand général, e telle encore à Paris, où la Cour et le grand monde occupaient ses journées, et les soirs ses plaisirs. A la fin, l'âge, le tempérament, la conformation le trahirent... »

Est-ce que vous croyez que M. de Luxembourg ainsi présenté dans son brillant de héros et dans ses vices est calomnié ? Bien moins connu, bien moins en vue, vous avez dès les premières pages le vieux Montal, « ce grand vieillard de quatre-vingts ans qui avait perdu un œil à la guerre, où il avait été couvert de coups, » et qui se vit injustement mis de côté dans une promotion nombreuse de maréchaux : « Tout cria pour lui hors lui-même ; sa modestie et sa sagesse le firent admirer. » Il continua de servir avec dévouement et de commander avec honneur jusqu'à sa mort. Ce Montal, tel qu'un Montluc innocent et pur, se dresse devant nous en pied, de toute sa hauteur, et ne s'oublie plus. Saint-Simon ne peut rencontrer ainsi une figure qui le mérite sans s'en emparer et la faire revivre. Et ceux mêmes qui sembleraient le mériter moins et qui seraient des visages effacés chez d'autres, il leur rend cette originalité, cette empreinte individuelle qui, à certain degré, est dans chaque être. Rien qu'à les regarder, il leur ôte de leur insipidité, il a surpris leur étincelle. Prétendre compter chez lui ces sortes de portraits, ce serait compter les sables de la mer, avec cette différence qu'ici les grains de sable ne se ressemblent pas. On ne peut porter l'œil sur une page des Mémoires sans qu'il en sorte une physionomie. Dès ce premier volume on a (et je parle des moindres) Crécy, Montgommery, et Cavoye, et Lassay, et Chandenier ; qui donc les distinguerait sans lui ? et ce Dangeau si comique à le bien voir, qui a reconquis notre estime par ses humbles services de gazetier auprès de la postérité, mais qui n'en reste pas moins à jamais orné et chamarré, comme d'un ordre de plus, de la description si complète et si divertissante qu'a faite de lui Saint-Simon. Que s'il arrive aux plus grandes figures, son pinceau s'y égale aussitôt et s'y proportionne. Ce Fénelon qu'il ne connaissait que de vue, mais qu'il avait tant observé à travers les ducs de Beauvilliers et de Chevreuse, quel incomparable portrait il en a donné! Voyez-le en regard de celui de Godet, l'évêque de Chartres, si creusé dans un autre sens. S'il y a du trop dans l'un et dans l'autre, que ce trop-là aide à penser, à réfléchir, et comme, après même l'avoir réduit, on en connaît mieux les personnages que si l'on était resté dans les lignes d'en deçà et à la superficie! Et quand il aura à peindre des femmes, il a de ces grâces légères, de ces images et de ces suavités primitives, presque homériques (voir le portrait de la duchesse de Bourgogne), que les peintres de femmes proprement dits, les malicieux et coquets Hamilton n'égalent pas. Mais avec Saint-Simon on ne peut se mettre à citer et à vouloir choisir : ce n'est pas un livre que le sien, c'est tout un monde. Que si on le veut absolument, on ne peut retrancher et supprimer en idée quelques-uns de ces portraits qui sont suspects, et où il entre visiblement de la haine; le personnage du duc du Maine est dans ce cas. En général toutefois le talent de Saint-Simon est plus impartial que sa volonté, et s'il y a une grande qualité dans celui qu'il hait, il ne peut s'empêcher de la produire. Et puis, oserai-je dire toute ma pensée et ma conviction? ce n'est pas une bonne marque à mes yeux pour un homme que d'être très-maltraité et défiguré par Saint-Simon : il ne s'indigne jamais si fort que contre ceux à qui il a manqué de certaines fibres. Ce qu'il méprise avant tout, ce sont les gens « en qui le servile surnage toujours, » ou ceux encore à qui la duplicité est un instrument familier. Quant aux autres, il a beau être sévère et dur, il a des compensations. Mais je ne parle que de portraits et il y a bien autre chose chez lui, il y a le drame et la scène, les groupes et les entrelacements sans fin des personnages, il y a l'action ; et c'est ainsi qu'il est arrivé à ces grandes fresques historiques parmi lesquelles il est impossible de ne pas signaler les deux plus capitales, celle de la mort de Monseigneur et du bouleversement d'intérêts et d'espérances qui s'opère à vue d'œil cette nuit-là dans tout ce peuple de princes et de courtisans, et cette autre scène non moins merveilleuse du lit de justice au Parlement sous la Régence pour la dégradation des bâtards, le plus beau jour de la vie de Saint-Simon et où il savoure à longs traits sa vengeance. Mais, dans ce dernier cas le peintre est trop intéressé et devient comme féroce : la mesure de l'art est dépassée. Quoi qu'il en soit des remarques à faire, ce n'est certes pas exagérer que de dire que Saint-Simon est le Rubens du commencement du dix-huitième siècle, — un Rubens avec des dessous de Rembrandt.

La vie de Saint-Simon n'existe guère pour nous en dehors de ses Mémoires ; il y a raconté et sans trop les amplifier (excepté pour les disputes et procès nobiliaires), les événements qui le concernent. A défaut de la fille du duc de Beauvilliers, il se maria à la fille aînée du maréchal de Lorges ; la *bonté* et la *vérité* du maréchal, de ce neveu et de cet élève favori de Turenne, l'attiraient, et l'air aimable et noble de sa fille, je ne sais quoi de majestueux, tempéré de douceur naturelle, le fixa. Il lui dut un bonheur domestique constant et vécut avec elle dans une parfaite fidélité. Il n'avait que vingt ans alors, était duc et pair de France, gouverneur de Blaye, gouverneur et grand bailli de Senlis, et commandait un régiment de cavalerie : « Il sait, — disait le *Mercure galant* dans une longue notice sur ce mariage et sur ses pompes, envoyée probablement par lui-même, — il sait tout ce qu'un homme de qualité doit savoir, et Madame sa mère, dont le mérite est connu, l'a fait particulièrement instruire des devoirs d'un bon chrétien. » — « J'oubliois à vous dire, ajoutait le même gazetier en finissant, que la mariée est blonde et d'une taille des plus belles; qu'elle a le teint d'une finesse extraordinaire et d'une blancheur à éblouir; les yeux doux, assez grands et bien fendus, le nez un peu long et qui relève sa physionomie, une bouche gracieuse, les joues pleines, le visage ovale, et une gorge qui ne peut être ni mieux taillée ni plus belle. Tout cela ensemble forme un air modeste et de grandeur qui imprime du respect : elle a d'ailleurs toute la beauté d'âme qu'une personne de qualité doit avoir, et elle ira de pair en mérite avec M. le duc de Saint-Simon son époux, l'un des plus sages et des plus accomplis seigneurs de la Cour. » Saint-Simon a parlé en bien des endroits de sa femme, et toujours avec un sentiment touchant de respect et d'affection, l'opposant à tant d'autres femmes ou inutiles ou ambitieuses quant elles sont capables, et la louant en terme charmants de « la perfection d'un sens exquis et juste en tout, mais doux et tranquille, et qui, loin de faire apercevoir ce qu'il vaut, semble toujours l'ignorer soi-même, avec une uniformité de toute la vie de modestie, d'agrément et de vertu. »

On a de Saint-Simon et de sa femme vers cette époque de leur mariage, deux beaux portraits par Rigaud, que possède M. le duc actuel de Saint-Simon. Le portrait gravé de Saint-Simon est joint à la présente édition et remplace avantageusement l'ancien portrait qu'on voyait dans la première, lequel n'était pas bon, et avait de plus l'inconvénient de n'être réellement pas le sien, mais celui de son père. Il s'est fait quelquefois de ces méprises.

Quoiqu'il faille prendre garde de trop raisonner sur

les portraits, et que l'air de jeunesse du nouvel époux jure un peu avec l'idée que donnent ses Mémoires, on remarque pourtant que sa figure et sa physionomie sont assez bien celles de son œuvre; la figure est fine; l'œil assez doux peut se courroucer et devenir terrible. Il a le nez un peu en l'air et assez mutin, la bouche maligne et d'où le trait n'a pas de peine à partir. Mais l'idée de force, qui est si essentielle au talent de Saint-Simon, reste absente, et elle est sans doute dissimulée par la jeunesse.

Saint-Simon avait servi à la guerre convenablement et avec application pendant plusieurs campagnes. Après la paix de Ryswyck, le régiment de cavalerie dont il était mestre de camp, fut réformé, et il se trouva sans commandement et mis à la suite. Lorsque la guerre de la Succession commença (1702), voyant de nouvelles promotions se faire, dans lesquelles figuraient de moins anciens que lui et y étant oublié, il songea à se retirer du service, consulta plusieurs amis, trois maréchaux et trois hommes de Cour, et sur leur avis unanime « qu'un duc et pair de sa naissance, établi d'ailleurs comme il était et ayant femme et enfants, n'allait point servir comme un *haut-le-pied* dans les armées et y voir tant de gens si différents de ce qu'il était, et, qui pis est, de ce qu'il y avait été, tous avec des emplois et des régiments, » il donna, comme nous dirions, sa démission; il écrivit au roi une lettre respectueuse et courte, dans laquelle, sans alléguer d'autre raison que celle de sa santé, il lui marquait le déplaisir qu'il avait de quitter son service. « Eh bien! monsieur, voilà encore un homme qui nous quitte, » dit le roi au secrétaire d'État de la guerre Chamillart, en lui répétant les termes de la lettre; et il ne le pardonna point de plusieurs années à Saint-Simon, qui put bien avoir encore quelquefois l'honneur d'être nommé pour le bougeoir au petit coucher, mais qui fut rayé *in petto* de tout acheminement à une faveur réelle, si jamais il avait été en passe d'en obtenir. Il avait vingt-sept ans.

Un ou deux ans après, à l'occasion d'une quête que Saint-Simon ne voulut point laisser faire à la duchesse sa femme, ni aux autres duchesses, comme étant préjudiciable au rang des ducs vis-à-vis des princes, le roi se fâcha, et un orage gronda sur l'opiniâtre et le récalcitrant : « c'est une chose étrange, dit à ce propos Louis XIV, que depuis qu'il a quitté le service, M. de Saint-Simon ne songe qu'à étudier les rangs et à faire des procès à tout le monde. » Saint-Simon averti se décida à demander au roi une audience particulière dans son cabinet; il l'obtint, il s'expliqua, il crut avoir au moins en partie ramené le roi sur son compte, et les minutieux détails qu'il nous donne sur cette scène, et qui en font toucher au doigt chaque circonstance, montrent assez que pour lui l'inconvénient d'avoir été dans le cas de demander l'audience est bien compensé par le curieux plaisir d'y avoir observé de plus près le maître, et par cet autre plaisir inséparable du premier, de tout peindre et raconter.

Peu après, à l'occasion de l'ambassade de Rome, qu'il fut près d'avoir un peu à son corps défendant et qui manqua, madame de Maintenon exprimait sur Saint-Simon un avis qui ne démentait point son bon sens : elle le disait « glorieux, frondeur et plein de vues. » Plein de *vues*, c'est-à-dire de projets systématiques et plus ou moins aventurés. Cette opinion, dans laquelle madame de Maintenon resta invariable, atteste l'antipathie des natures et n'était pas propre à donner au roi une autre idée que celle qu'il avait déjà sur ce courtisan médiocrement docile. Plus on accordait à un homme de son âge du sérieux, de la lecture et de l'instruction en lui attribuant ce caractère indépendant, plus on le rendait impossible dans le cadre d'alors et inconciliable. Les envieux et ceux qui lui voulaient nuire trouvaient leur compte en le louant : on le faisait passer, par sa liberté de parole et sa hauteur, pour un homme d'esprit plus à craindre qu'à employer, et dangereux. Il avait beau se surveiller, il avait des silences expressifs et éloquents, ou des énergies d'expression qui emportaient la pièce; « il lui échappait d'abondance de cœur des raisonnements et des blâmes. » Quand on le lit aujourd'hui, on n'a pas de peine à se figurer ce qu'il devait paraître alors. Une telle nature de *grand écrivain posthume* (1) ne laissait pas de transpirer de son vivant; elle s'échappait par éclat; il avait ses détentes, et l'on conçoit très-bien que Louis XIV, à qui il se plaignait un jour des mauvais propos de ses ennemis, lui ait répondu : « Mais aussi, monsieur, c'est que vous parlez et que vous blâmez, voilà ce qui fait qu'on parle contre vous. » Et un autre jour : « Mais il faut tenir votre langue. »

Cependant, le secret auteur de Mémoires gagnait à ces contre-temps de la fortune. Saint-Simon, libre et vacant, et, sauf la faveur avec le roi perdue sans remède, nageant d'ailleurs en pleine cour, sur bien des récifs cachés, mais sans rien d'une disgrâce apparente, intimement lié avec plusieurs des ministres d'État, était plus que personne en position et à l'affût pour tout savoir et pour tout écrire. Sa liaison particulière avec les ducs de Chevreuse et de Beauvilliers, avec celui-ci surtout, « sans qui il ne faisait rien, ne le confinait pas de ce côté, et il l'a dit très-joliment en faisant le portrait de l'abbé de Polignac, l'aimable et brillant séducteur dont ils furent les dupes : « Malheureusement pour moi, la charité ne me tenoit pas renfermé dans

(1) Expression de M. Villemain.

une bouteille comme les deux ducs. » Il rayonnait dans tous les sens, avait des ouvertures sur les cabales les plus opposées, et par amis, femmes jeunes ou vieilles, ou même valets, était tenu au courant, jour par jour, de tout ce qui se passait en plus d'une sphère. Tous ces bruits, toutes ces intelligences qui circulent rapidement dans les Cours et s'y dispersent, ne tombaient point chez lui en pure perte; il en faisait amas pour nous et réservoir. Dans un précieux chapitre où il nous expose son procédé de conduite et son système d'information : « Je me suis donc trouvé instruit journellement, dit-il, de toutes choses par des canaux purs, directs et certains, et de toutes choses grandes et petites. Ma curiosité, indépendamment d'autres raisons, y trouvoit fort son compte; et il faut avouer que, personnage ou nul, ce n'est que de cette sorte de nourriture que l'on vit dans les Cours, sans laquelle on n'y fait que languir. »

L'ambitieux pourtant ne laissait pas sa part d'espérances : il était jeune; le roi était vieux; Louis XIV vivant, il n'y avait rien à faire; mais après lui le champ était ouvert et prêtait aux perspectives. Saint-Simon s'appliquait donc en secret dès lors à réformer l'État; et comme il faisait chaque chose avec suite et en poussant jusqu'au bout sans se pouvoir déprendre, il avait tout écrit, ses plans, ses voies et moyens, ses combinaisons de Conseils substitués à la toute-puissance des secrétaires d'État; il avait, lui aussi, son royaume de Salente tout prêt, et sa République de Platon en portefeuille, avec cela de particulier qu'en homme précis il avait déjà écrit les noms des gens qu'il croyait bons à mettre en place, les appointements, la dépense, en un mot la chose minutée et supposée faite : et un jour que le duc de Chevreuse venait le voir pour gémir avec lui des maux de l'État et discourir des remèdes possibles, il n'eut d'autre réponse à faire qu'à ouvrir son armoire et à lui montrer ses cahiers tout dressés.

Il y eut un moment tout à fait brillant et souriant dans la carrière de cour de Saint-Simon sous Louis XIV : ce fut l'intervalle de temps qui s'écoula entre la mort de Monseigneur (14 avril 1711) et celle du duc de Bourgogne (18 février 1712), ce court espace de dix mois dans lequel ce dernier fut Dauphin et héritier présomptif du trône. Saint-Simon, après avoir échappé à bien des crocs-en-jambe, à bien des noirceurs et des scélératesses calomnieuses qui avaient failli par moments lui faire quitter de dégoût la partie et abandonner Versailles, s'était assez bien remis dans l'esprit du roi ; la duchesse de Saint-Simon, aimée et honorée de tous, était dame d'honneur de la duchesse de Berry, et lui-même s'avançait chaque jour par de sérieux entretiens en tête à tête, sur les matières d'État et sur les personnes, dans la confiance solide du nouveau Dauphin. Il travaillait confidentiellement avec lui. S'il eut jamais espérance de faire accepter en entier sa théorie politique, son idéal de gouvernement, ce fut alors. Il semble, à le lire, qu'il n'existât aucun désaccord, aucun point de dissentiment entre lui et le jeune prince qui allait comme de lui-même au-devant de ses idées et de ses maximes : dès la première ouverture qu'il lui fit, tout se passa entre eux comme en vertu d'une harmonie préétablie.

Quelle était cette théorie politique de Saint-Simon et ce plan de réforme ? il nous l'a exposé assez longuement, et dans ses conversations avec le duc de Bourgogne, et depuis dans celles qu'il eut avec le duc d'Orléans à la veille de la mort de Louis XIV et de la Régence. Si l'on va au fond et qu'on dégage le système des mille détails d'étiquette qui le compliquent et qui le compromettent à nos yeux par une teinte de ridicule, on y saisit une inspiration qui, dans Saint-Simon, fait honneur sinon au politique pratique, du moins au citoyen et à l'historien publiciste. Il sent la plaie et la faiblesse morale de la France au sortir des mains de Louis XIV; tout a été abaissé, nivelé, réduit à l'état d'individu, il n'y a que le roi de grand. Il ne faut pas demander à Saint-Simon de penser au peuple dans le sens moderne; il ne le voit pas, il ne le distingue pas de la populace ignorante et à jamais incapable. Reste la bourgeoisie qui fait la tête de ce peuple et qu'il voit déjà ambitieuse, habile, insolente, égoïste et repue, gouvernant le royaume par la personne des commis et secrétaires d'État, ou usurpant et singeant par les légistes une fausse autorité souveraine dans les Parlements. Quant à la noblesse dont il est, et sur laquelle seule il compte pour la générosité du sang et le dévouement à la patrie, il s'indigne de la trouver abaissée, dénaturée et comme dégradée par la politique des rois, et surtout du dernier : en accusant même presque exclusivement Louis XIV, il ne se dit pas assez que l'œuvre par lui consommée a été la politique constante des rois depuis Philippe-Auguste, en y comprenant Henri IV et ce Louis XIII qu'il admire tant. Il s'indigne donc de voir « que cette noblesse française si célèbre, si illustre, est devenue un peuple presque de la même sorte que le peuple même, et seulement distingué de lui en ce que le peuple a la liberté de tout travail, de tout négoce, des armes même, au lieu que la noblesse est devenue un autre peuple qui n'a d'autre choix que de croupir dans une mortelle et ruineuse oisiveté qui la rend à charge et méprisée, ou d'aller à la guerre se faire tuer à travers les insultes des commis des secrétaires d'État et des secrétaires des intendants. » Il la voudrait relever, restaurer en ses anciens emplois, en ses charges et services utiles, avec tous les degrés et échelons de gentilhomme, de seigneur, de duc et pair.

Les Pairs surtout, en qui il a mis toutes ses complaisances, et dont il fait la clé de voûte dans le vrai système, lui semblent devoir être (comme ils l'ont jadis été, selon lui), les conseillers nécessaires du roi, les co-partageants de sa souveraineté. Il n'a cessé de rêver là-dessus, et il a sa reconstitution de la monarchie française toute prête. Certes, si un prince était capable d'entrer dans quelques-unes de ces vues à la fois courageuses, patriotiques, mais étroites, hautaines et rétrospectives, il semble que ç'ait été le duc de Bourgogne tel qu'on nous le présente, avec ce mélange de bonnes intentions, d'effort sur lui-même, d'éducation laborieuse et industrieuse, de principes et de doctrine en serre chaude. On ne refait point l'histoire par hypothèse. Le duc de Bourgogne n'a pas régné, et la monarchie française, lancée à travers les révolutions, a suivi un tout autre cours que celui qu'il méditait de lui faire prendre. Quand on lit aujourd'hui Saint-Simon après les événements accomplis et en présence de la démocratie débordante et triomphante (quelles que soient ses formes de couronnement et de triomphe), on se demande plus que jamais avec doute, ou plutôt on se dit sans hésiter sur la réponse :

Est-ce qu'il y avait moyen de refaire ainsi après Louis XIV, après Richelieu, après Louis XI, les fondements de la monarchie française, de la refaire une monarchie *constitutionnelle aristocratique* avec toutes les hiérarchies de rang? Un telle reconstruction par les bases était-elle possible quand déjà allaient se dérouler de plus en plus par des pentes larges et rapides les conséquences du nivellement universel? Et enfin cela était-il d'accord avec le génie de la nation, avec le génie de cette noblesse même qui aimait à sa manière à être un peuple, un peuple de gentilshommes?

La seule réponse, encore une fois, est dans les faits

accomplis : à Saint-Simon reste l'honneur d'avoir résisté à l'abaissement et à l'anéantissement de son Ordre, de s'être roidi contre la platitude et la servilité courtisanesque. Sa théorie est comme une convulsion, un dernier effort suprême de la noblesse agonisante pour ressaisir ce qui va passer à ce tiers-état qui est tout, et qui, le jour venu, dans la plénitude de son installation, sera même le Prince.

La mort subite du duc de Bourgogne vint porter le plus rude coup à Saint-Simon et briser la perspective la plus flatteuse qu'un homme de sa nature et de sa trempe pût envisager, moins encore d'être au pouvoir par lui-même que de voir se réaliser ses idées et ses vues, cette chimère du bien public qu'il confondait avec ses propres satisfactions d'orgueil. Le duc de Bourgogne mort à trente ans, Saint-Simon, qui n'en avait que trente-sept, restait fort considérable et fort compté par sa liaison intime et noblement professée en toute circonstance avec le duc d'Orléans, que toutes les calomnies et les cabales ne pouvaient empêcher de devenir, après la mort de Louis XIV et de ses héritiers en âge de régner, le personnage principal du royaume.

Les plans que Saint-Simon développa au duc d'Orléans pour une réforme du gouvernement ne furent qu'en partie suivis. L'idée des Conseils à substituer aux secrétaires d'État pour l'administration des affaires, était de lui ; mais elle ne fut pas exécutée et appliquée comme il l'entendait. Une des mesures qu'il proposait avec le plus de confiance, eût été de convoquer les États généraux aux début de la Régence ; il y voyait un instrument commode duquel on pouvait se servir pour obtenir bien des réformes, et sur qui on en rejetterait la responsabilité par manière d'excuse. Il y avait à profiter, selon lui, de l'*erreur populaire* qui attribuait à ce corps un grand pouvoir, et on pouvait favoriser cette erreur innocente sans en redouter les suites. Ici Saint-Simon se trompait peut-être de date comme en d'autres cas, et il ne se rendait pas bien compte de l'effet et de la fermentation qu'eussent produits les États généraux en 1716 ; la machine dont il voulait qu'on jouât pouvait devenir dangereuse à manier. On va vite en France, et, à défaut de l'abbé Siéyes pour théoricien, on avait déjà l'abbé de Saint-Pierre qui aurait trouvé des traducteurs plus éloquents que lui pour sa pensée et des interprètes. Et Montesquieu n'avait-il pas alors vingt-cinq ans?

A dater de ce moment (1715), les Mémoires de Saint-Simon changent un peu de caractère. Membre du Conseil de Régence, il est devenu un des personnages du gouvernement, et bien que rarement ses avis prévalent, il est continuellement admis à les donner et ne s'en fait pas faute ; on a des entretiens sans nombre où la matière déborde sous sa plume comme elle abondait sur ses lèvres ; l'intérêt, qui se retrouve toujours dans de certaines scènes et dans d'admirables portraits des acteurs y languit par trop de plénitude et de regorgement. Le règne de Louis XIV où il était contenu allait mieux à Saint-Simon que cette demi-faveur de la Régence, où il a beaucoup plus d'espace sans avoir pour cela d'action bien décisive. Il ne fut point ministre parce qu'il ne le voulut pas ; il aurait pu l'être à un instant ou à un autre, mais il se pliait peu aux combinaisons diverses et n'en augurait rien de bon ; il ne trouvait point dans le duc d'Orléans l'homme qu'il aurait voulu et qu'il avait tant espéré et regretté dans le duc de Bourgogne ; il lui reprochait précisément d'être l'homme des transactions et des *moyens termes*, et le Prince à son tour, disait, de son ardent et peu commode ami « qu'il était immuable comme Dieu et d'une suite enragée, » c'est-à-dire, tout d'une pièce. A un certain jour (1721), Saint-Simon, dans un intérêt de famille, désira l'ambassade d'Espagne, et il l'eut aussitôt. Cette mission fut plus honorifique que politique, et il l'a racontée fort au long (1). Ce fut son dernier acte de représentation. La mort subite du Régent (1723) vint peu après l'avertir de ce que la mort du duc de Bourgogne lui avait déjà dit si éloquemment au cœur, que les choses du monde sont périssables, et qu'il faut, quand on est chrétien, penser à mieux. La politique craintive de Fleury aida à lui redoubler le conseil. L'évêque de Fréjus, dans une visite à madame de Saint-Simon, lui fit entendre qu'on saurait son mari avec plus de plaisir à Paris qu'à Versailles. Saint-Simon pensait trop haut pour ce ministère à voix basse que méditait Fleury. Il ne se le fit pas dire deux fois, et dès ce moment il renonça à la Cour, vécut plus habituellement dans ses terres et s'occupa de la rédaction définitive de ses Mémoires. Il ne mourut qu'en 1755, le 2 mars, à quatre-vingts ans.

Il tournait depuis longtemps le dos au nouveau siècle, et il habitait dans ses souvenirs. Il mourut quand Voltaire régnait, quand l'*Encyclopédie* avait commencé, quand Jean-Jacques Rousseau avait paru, quand Montesquieu ayant produit tous ses ouvrages venait de mourir lui-même. Que pensait-il, que pouvait-il penser de toutes ces nouveautés éclatantes? On a souvent cité son mot dédaigneux sur Voltaire, qu'il appelle Arouet, « fils d'un notaire qui l'a été de mon père et de moi... » On en a conclu un peu trop vite, à mon sens, le mépris de Saint-Simon pour les gens de lettres et les gens d'esprit qui n'étaient pas de sa classe. Saint-Simon, dans ses Mémoires, se montre bien plus attentif qu'on

---

(1) Moins au long toutefois qu'il n'a semblé jusqu'ici, d'après les éditions précédentes : car, dans la première qui a servi aux réimpressions, on a jugé à propos de transposer, du tome IIIe au XIXe, plus de 100 pages relatives aux grandesses d'Espagne, et on en a bourré le récit de l'ambassade de Saint-Simon.

ne le suppose à ce qui concerne les gens de lettres et les gens d'esprit de son temps; mais ce sont ceux du siècle de Louis XIV; c'est Racine, c'est La Fontaine, c'est La Bruyère, c'est Despréaux, c'est Nicole, il n'en oublie aucun à la rencontre. Il a sur Bossuet de grandes paroles, sur madame de Sévigné il en a d'une grâce et d'une légèreté délicieuses. Il sait rappeler au besoin cette vieille bourgeoise du Marais si connue par le sel de ses bons mots, madame Cornuel. Tels sont les gens d'esprit aux yeux de Saint-Simon. Quant à Voltaire, il en parle, il est vrai, comme d'un aventurier d'esprit et d'un libertin : on en voit assez les raisons sans les faire, de sa part, plus générales et plus injurieuses à la classe des gens de lettres qu'elles ne le sont en effet.

On a remarqué comme une chose singulière que tandis que Saint-Simon parle de tout le monde, il est assez peu question de lui dans les Mémoires du temps. Ici encore il est besoin de s'entendre. De quels Mémoires s'agit-il? Il y en a très-peu sur la fin du règne de Louis XIV. Saint-Simon alors était fort jeune et n'avait aucun rôle apparent : son principal rôle, c'était celui qu'il se donnait d'être le champion de la Duché-Pairie et le plus pointilleux de son Ordre sur les rangs. C'est ainsi qu'on lit dans une des lettres de Madame, mère du Régent :

« En France et en Angleterre, les ducs et les lords ont un orgueil tellement excessif qu'ils croient être au-dessus de tout ; si on les laissait faire, ils se regarderaient comme supérieurs aux princes du sang, et la plupart d'entre eux ne sont pas même véritablement nobles (*Gare ! voilà un autre excès qui commence*). J'ai une fois joliment repris un de nos ducs. Comme il se mettait à la table du roi devant le prince des Deux-Ponts, je dis tout haut : « D'où vient que monsieur le duc de Saint-Simon presse tant le prince des Deux-Ponts ? A-t-il envie de le prier de prendre un de ses fils pour page ? » Tout le monde se mit si fort à rire qu'il fallut qu'il s'en allât. »

Si un jour il se publie des Mémoires sur la Régence,

si les Mémoires politiques du duc d'Antin et d'autres encore qui doivent être dans les Archives de l'État paraissent, il y sera certainement fort question de Saint-Simon.

Saint-Simon, à qui ne le voyait qu'en passant et à la rencontre dans ce grand monde, devait faire l'effet, je me l'imagine aisément, d'un personnage remuant, pressé, mystérieux, échauffé, affairé, toujours dans les confidences et les tête-à-tête, quelquefois très-amusant dans ses veines et charmant à de certaines heures, et à d'autres heures assez intempestif et incommode. Le maréchal de Belle-Isle le comparait vieux, pour sa conversation, au plus intéressant et au plus agréable des dictionnaires. Après sa retraite de la Cour, il venait quelquefois à Paris, et allait en visite chez la duchesse de la Vallière ou la duchesse de Mancini (toutes deux Noailles) : là, on raconte que, par une liberté de vieillard et de grand seigneur devenu campagnard, et pour se mettre plus à l'aise, il posait sa perruque sur un fauteuil, et *sa tête fumait*. — On se figure bien en effet cette tête à vue d'œil fumante, que tant de passions échauffaient.

Les Mémoires imprimés du marquis d'Argenson contiennent (page 178) un jugement défavorable sur Saint-Simon. Ce jugement a été arrangé et modifié à plaisir, comme tout le style en général dans ces éditions de d'Argenson. Je veux donner ici le vrai texte du passage tel qu'il se lit dans le manuscrit. Si injurieux qu'en soient les termes pour Saint-Simon, ce n'est pas tant à lui que ce jugement fera tort qu'à celui qui s'y est abandonné; et d'ailleurs on peut, jusqu'à un certain point, en contrôler l'exactitude, et cela en vaut la peine avant que quelqu'un s'en empare, ce qui aurait lieu au premier jour; on ne manquerait pas de crier à la découverte et de s'en faire une arme contre Saint-Simon :

« Le duc de Saint-Simon, écrivait d'Argenson à la date de 1722, est de nos ennemis parce qu'il a voulu grand mal à mon père, le taxant d'ingratitude, et voici quel en a été le lieu. Il prétend qu'il a plus contribué que personne à mettre mon père en place de ministre et que mon père ne lui a pas tenu les choses qu'il lui avait promises comme pot-de-vin du marché ; or quelles étaient ces choses ? Ce petit *boudrillon* voulait qu'on fît le procès à M. le duc du Maine, qu'on lui fît couper la tête, et le duc de Saint-Simon devait avoir la grande maîtrise de l'artillerie. — Voyez un peu quel caractère odieux, injuste et anthropophage de ce petit dévot sans génie, plein d'amour-propre et ne servant d'ailleurs aucunement à la guerre !

« Mon père voyant les choses pacifiées, les bâtards réduits, punis, envoyés en prison ou exil, et tout leur parti débellé, ce qui fut une des grandes opérations de son ministère, il ne voulut pas aller plus loin ni mêler des intérêts particuliers sur motifs des grands coups qu'il frappa.

« De là le petit duc et sa séquelle en ont voulu mal de mort à mon père et l'ont traité d'ingrat, comme si la reconnaissance, qui est une vertu, devait se prouver par des crimes ; et cette haine d'une telle légitime rejaillit sur les pauvres enfants qui s'en...... (1) »

Si la haine ou l'humeur éclate quelque part, c'est assurément dans cette injurieuse boutade bien plus que dans tout ce que Saint-Simon a écrit sur les d'Argenson. A l'égard du duc du Maine, Saint-Simon en effet a eu le tort de trop le craindre, même après qu'il était déraciné et abattu ; mais quant à juger *avec haine* le garde des sceaux et ancien lieutenant de police d'Argenson, c'est ce qu'il n'a pas fait. Les différents endroits où il parle de lui sont d'admirables pages d'histoire ; le marquis n'a pas parlé de son père en des termes plus expressifs et mieux caractérisés que ne le fait Saint-Simon, qui n'y a pas mis d'ailleurs les ombres trop fortes : tant il est vrai que le talent de celui-ci le porte, nonobstant l'affection, à la vérité et à une sorte de justice quand i

---

(1) Manuscrits de la Bibliothèque du Louvre, dans le volume de d'Argenson qui est consacré à ses Mémoires personnels, au paragraphe 19. — On a depuis publié des éditions de d'Argenson, tout à fait exactes et conformes au texte du manuscrit.

est en face d'un mérite réel et sévère, digne des pinceaux de l'histoire.

Je ne relèverai pas les autres injures de ce passage tout brutal : Saint-Simon y est appelé un dévot *sans génie*. Saint-Simon n'avait pas, il est vrai, le génie politique ; bien peu l'ont, et le marquis d'Argenson, avec tout son mérite comme philosophe et comme administrateur secondaire, n'en était lui-même nullement doué. Pour être un politique, indépendamment des vues et des idées justes qui sont nécessaires, mais qu'il ne faut avoir encore qu'à propos et modérément, sans une fertilité trop confuse, il ne convient pas de porter avec soi de ces humeurs brusques qui gâtent tout, et de ces antipathies des hommes qui créent à chaque pas des incompatibilités. Le génie de Saint-Simon, qui devait éclater après lui, rentrait tout entier dans la sphère des Lettres : en somme, ce qu'il a dû être, il l'a été.

Il y a à dire à sa dévotion. Elle était sincère et dès lors respectable ; mais elle ne semble pas avoir été aussi éclairée qu'elle aurait pu l'être. Après chaque mécompte ou chagrin, Saint-Simon s'en allait droit à la Trappe chercher une consolation, comme on va dans une blessure au chirurgien ; mais il en revenait sans avoir modifié son fond et sans travailler à corriger son esprit. Il se livrait à toutes ses passions intellectuelles et à ses aversions morales sans scrupule, et sauf à se mettre en règle à de certains temps réguliers et à s'en purger la conscience, prêt à recommencer aussitôt après. Cette manière un peu machinale et brusque de considérer le remède religieux, sans en introduire la vertu et l'efficace dans la suite même de sa conduite et de sa vie, annonce une nature qui avait reçu par une foi robuste la tradition des croyances plutôt qu'elle ne s'en était pénétrée et imbue par des réflexions lumineuses. En tout, Saint-Simon est plutôt supérieur comme artiste que comme homme; c'est un immense et prodigieux talent, plus qu'une haute et complète intelligence.

Après la mort de Saint-Simon, ses Mémoires eurent bien des vicissitudes. Ils sortirent des mains de sa famille pour devenir des espèces de prisonniers d'État; on craignait les divulgations indiscrètes. On voit que Duclos et Marmontel en eurent connaissance, et en firent un ample usage dans leurs travaux d'historiographes. M. de Choiseul, pendant son ministère, en prêta des volumes à madame du Deffand qui en écrivit ses impressions à Horace Walpole auquel elle aurait voulu également les prêter et les faire lire : « Nous faisons une lecture l'après-dîner, lui mandait-elle (21 novembre 1770), les Mémoires de M. de Saint-Simon où il m'est impossible de ne pas vous regretter; *vous auriez des plaisirs indicibles.* » Elle dit encore à un autre endroit (2 décembre) : « Les Mémoires de Saint-Simon m'amusent toujours, et comme j'aime à les lire en compagnie, cette lecture durera longtemps; elle vous amuserait, quoique le style en soit abominable, les portraits mal faits; l'auteur n'était point un homme d'esprit; mais comme il était au fait de tout, les choses qu'il raconte sont curieuses et intéressantes; je voudrais bien pouvoir vous procurer cette lecture. »

Elle y revient pourtant et corrige ce qui peut étonner dans ce premier jugement tumultueux (9 janvier 1771): « Je suis désespérée de ne pouvoir pas vous faire lire les Mémoires de Saint-Simon: le dernier volume, que je ne fais qu'achever, m'a causé des plaisirs infinis; *il vous mettrait hors de vous.* » Je le crois bien que ces Mémoires de Saint-Simon vous *mettent hors de vous;* ils vous transportent au cœur d'un autre siècle.

Voltaire sur sa fin avait, dit-on, formé le projet « de

réfuter tout ce que le duc de Saint-Simon, dans ses Mémoires encore secrets, avait accordé à la prévention et à la haine. » Voltaire, en cela, voyait où était le défaut de ces redoutables Mémoires, et aussi, en les voulant infirmer à l'avance, il semblait pressentir où était le danger pour lui, pour son *Siècle de Louis XIV*, de la part de ce grand rival, et que, lorsque de tels tableaux paraîtraient, ils éteindraient les esquisses les plus brillantes qui n'auraient été que provisoires.

A partir de 1784, la publicité commença à se prendre aux Mémoires de Saint-Simon, mais timidement, à la dérobée, par anecdotes décousues et par morceaux. De 1788 à 1791, puis plus tard en 1818, il en parut successivement des extraits plus ou moins volumineux, tronqués et compilés. La marquise de Créquy, à propos d'une de ces premières compilations, écrivait à Sénac de Meilhan (1) (7 février 1787) : « Les Mémoires de Saint-Simon sont entre les mains du censeur ; de six volumes on en fera à peine trois, et c'est encore assez. » Et, un peu plus tard (25 septembre 1788) : « Je vous annonce que les Mémoires de Saint-Simon paraissent, mais très-mutilés si j'en juge par ce que j'ai vu en trois gros tapons verts, et il y en avait six. Madame de Turpin mourut, j'en demeurai là ; cela est mal écrit, mais le goût que nous avons pour le siècle de Louis XIV nous en rend les détails précieux. »

Il est curieux de voir comme chacun s'accorde à dire que c'est *mal écrit*, que les portraits sont *mal faits*, en ajoutant toutefois que c'est intéressant. Madame du Deffand elle-même, la seule qui ait lu à la source, apprécie l'amusement plus que la portée de ces Mémoires. La forme de Saint-Simon tranchait trop avec les habi-

---

(1) *Lettres inédites de la marquise de Créquy à Sénac de Meilhan* (1856, Potier, libraire-éditeur).

tudes du style écrit, au dix-huitième siècle, et on en parlait à peu près comme Fénelon a parlé du style de Molière et de cette « multitude de métaphores qui approchent du galimatias. » Tout ce beau monde d'alors avait fait, plus ou moins sa rhétorique dans Voltaire.

L'inconvénient de ces publications tronquées, comme aussi des extraits mis au jour par Lemontey et portant sur les Notes manuscrites annexées au Journal de Dangeau, c'était de ne donner idée que de ce qu'on appelait la causticité de Saint-Simon, en dérobant tout à fait un autre côté de sa manière qui est la grandeur. Cette grandeur qui, nonobstant tout accroc de détail, allait à revêtir d'une imposante majesté l'époque entière de Louis XIV, et qui était la première vérité du tableau, ne pouvait se dévoiler que par la considération des ensembles et dans la suite même de ce corps incomparable d'annales. C'est donc la totalité des Mémoires qu'il fallait donner dans leur forme originale et authentique. L'édition de 1829 y a pourvu. La sensation produite par les premiers volumes fut très-vive : ce fut le plus grand succès depuis celui des romans de Walter Scott. Un rideau se levait tour d'un coup de dessus la plus belle époque monarchique de la France, et l'on assistait à tout comme si l'on y était. Ce succès toutefois, coupé par la Révolution de 1830, se passa dans le monde proprement dit, encore plus que dans le public; celui-ci n'y arriva qu'un peu plus tard et graduellement.

Aujourd'hui il restait à faire un progrès important et, à vrai dire, décisif pour l'honneur de Saint-Simon écrivain. Cette première édition si goûtée, avait été faite d'après un singulier principe et sur un sous-entendu étrange : c'est que Saint-Simon, parce qu'il a sa phrase à lui et qui n'est ni académique, ni celle de tout le monde, écrivait au hasard, ne savait pas écrire (comme le disaient les marquises de Créquy et du Deffand), et qu'il était nécessaire de temps en temps, dans son intérêt et dans celui du lecteur, de le corriger. D'autres relèveront dans cette première édition des noms historiques estropiés, des généalogies mal comprises et rendues inintelligibles, des pages du manuscrit sautées, des transpositions et des déplacements qui ôtent tout leur sens à d'autres passages où Saint-Simon s'en réfère à ce qu'il a déjà dit ; pour moi, je suis surtout choqué et inquiet des libertés qu'on a prises avec la langue et le style d'un maître. M. de Chateaubriand, dans un jour de mauvaise humeur contre le plus grand auteur de Mémoires, a dit : « Il écrit *à la diable* pour l'immortalité. » Et d'autres entrant dans cette jalousie de Chateaubriand et comme pour la caresser, ont été jusqu'à dire de Saint-Simon qu'il était « le premier des barbares. » Il faut bien s'entendre sur le style de Saint-Simon ; il n'est pas le même en tous endroits et à toute heure. Lorsque Saint-Simon écrit des Notes et commentaires sur le journal de Dangeau, il écrit comme on fait pour des notes, à la volée, tassant et pressant les mots, voulant tout dire à la fois et dans le moindre espace. J'ai comparé ailleurs cette pétulance et cette précipitation des choses sous sa plume « à une source abondante qui veut sortir par un goulot trop étroit et qui s'y étrangle. » Toutefois, même dans ces brusques croquis de Notes, tels qu'on les a imprimés jusqu'ici, il y a bien des fautes qui tiennent à une copie inexacte. Dans ses Mémoires, Saint-Simon reprend ses premiers jets de portraits, les développe et se donne tout espace. Quand il raconte des conversations, il lui arrive de reproduire le ton, l'empressement, l'afflux de paroles, les redondances, les ellipses. Habituellement et toujours, il a dans sa vivacité à concevoir et à peindre, le besoin d'embrasser et d'offrir mille choses à la fois, ce qui fait que chaque membre de sa phrase pousse une branche qui en fait naître une troisième, et de cette quantité de branchages qui s'entrecroisent, il se forme à chaque instant un arbre des plus touffus. Mais il ne faut pas croire que cette production comme naturelle n'ait pas sa raison d'être, sa majesté et souvent sa grâce. C'est à quoi l'édition de 1829, qui a servi depuis aux réimpressions n'avait pas eu égard : à première vue, on y a considéré les phrases de Saint-Simon comme des *à peu près* de grand seigneur, et chemin faisant, sans parti pris d'ailleurs, on les a traitées en conséquence (1).

Respectons le texte des grands écrivains, respectons leur style. Sachons enfin comprendre que la nature est pleine de variétés et de moules divers; il y a une infinité de formes et de talents. Éditeurs ou critiques, pour quoi nous faire strictement grammairiens et n'avoir qu'un seul patron? Et ici, dans ce cas particulier de

(1) Un seul petit exemple. Dès la seconde page, Saint-Simon nous montre sa mère qui lui donne dès l'enfance de sages conseils et qui lui représente la nécessité, à lui fils tardif d'un vieux favori oublié, d'être par lui-même un homme de mérite, puisqu'il entre dans un monde où il n'aura point d'amis pour le produire et l'appuyer : « Elle ajoutoit, dit-il, le défaut de tous proches, oncles, tantes, cousins-germains, qui me laissoit comme dans l'abandon à moi-même, et augmentoit le besoin de savoir en faire un bon usage sans secours et sans appui ; ses deux frères obscurs, et l'aîné ruiné et plaideur de sa famille, et le seul frère de mon père sans enfants et son aîné de huit ans. »
Or, ne trouvant pas la phrase assez claire dans son tour un peu latin, l'édition de 1829 a dit : « Elle ajoutoit le défaut de tous proches, oncles, tantes, cousins-germains, qui me laissoit comme dans l'abandon à moi-même, et augmentoit le besoin de savoir en faire un bon usage, *me trouvant* sans secours et sans appui ; ses deux frères *étant* obscurs, et l'aîné ruiné et plaideur de sa famille, et le seul frère de mon père *étant* sans enfants et son aîné de huit ans. » *Me trouvant* et deux fois *étant* sont ajoutés. Ainsi dès le premier pas, comme si la phrase de Saint-Simon ne marchait pas toute seule, on lui prêtait un bâton et deux béquilles.

Saint-Simon, comme nous avons affaire de plus et très-essentiellement à un peintre, il faut aussi bien comprendre (et c'est sur quoi j'ai dû insister en commençant) quel est le genre de vérité qu'on est en droit surtout de lui demander et d'attendre de lui, sa nature et son tempérament d'observateur et d'écrivain étant connus. L'exactitude dans certains faits particuliers est moins ce qui importe et ce qu'on doit chercher qu'une *vérité d'impression* dans laquelle il convient de faire une large part à la sensibilité et aux affections de celui qui regarde et qui exprime. Le paysage, en se réfléchissant dans ce lac aux bords sourcilleux et aux ondes un peu amères, dans ce lac humain mobile et toujours plus ou moins prestigieux, s'y teint certainement de la couleur de ses eaux. Une autre forme de talent, je l'ai dit, un autre miroir magique eût reproduit des effets différents, et toutefois celui-ci est vrai, il est sincère, il l'est au plus haut degré dans l'acception morale et pittoresque. C'est ce qu'on ne saurait trop maintenir, et Saint-Simon n'a eu que raison quand il a conclu de la sorte en se jugeant : « Ces Mémoires sont de source, de la première main : leur vérité, leur authenticité ne peut être révoquée en doute, et je crois pouvoir dire qu'il n'y en a point eu jusqu'ici qui aient compris plus de différentes matières, plus approfondies, plus détaillées, ni qui forment un groupe plus instructif ni plus curieux. » La postérité, après avoir bien écouté ce qui s'est dit et se dira encore pour et contre, ne saurait, je le crois, conclure autrement.

FIN DES CAUSERIES DU LUNDI.

TABLE DES MATIÈRES.

	Pages.
Œuvres de Maurice de Guérin { I.	1
{ II.	18
Journal d'Olivier Lefèvre d'Ormesson.	35
Mélanges de Critique religieuse, par M. Edmond Scherer.	53
Correspondance diplomatique du comte Joseph de Maistre.	67
Histoire du Consulat et de l'Empire, par M. Thiers (tome XVIII).	84
Œuvres et correspondance { I.	93
de M. de Tocqueville. { II.	107
Réception du Père Lacordaire.	122
Histoire de la Littérature française à l'étranger pendant le dix-huitième siècle, par M. A. Sayous.	130
{ I.	146
Le général Joubert { II.	161
{ III.	174
Mémoires de Madame Elliot sur la Révolution française.	190
Histoire de la Littérature française, par M. D. Nisard.	207
Correspondance et Œuvres inédites { I.	219
de Voltaire et de J.-J. Rousseau. { II.	231
L'abbé de Saint-Pierre { I.	246
{ II.	261
Histoire du Consulat et de l'Empire, par M. Thiers (tome XIX).	275
Parny, poëte élégiaque.	285
{ Réception de M. Ponsard.	301
{ Réception de M. Biot.	306
Académie française { Réception de M. de Falloux.	311
{ Réception de M. Émile Augier.	317
{ Réception de M. Jules Sandeau.	322

	Pages.
Rêves et réalité, poésies, par Madame Blanchecotte.	327
Sur Béranger.	333
Sur le *Louis XVI* de M. Amédée Renée.	339
Lettre à M. le Directeur gérant du *Moniteur*, sur la morale et l'art..	345
De la Tradition en littérature.	356
L'abbé Fléchier..	383
Les *Mémoires* de Saint-Simon.	423

FIN DE LA TABLE DU TOME QUINZIÈME ET DERNIER.

Paris. — Imp. E. Capiomont et Cⁱᵉ, rue des Poitevins, 6.

www.ingramcontent.com/pod-product-compliance
Lightning Source LLC
Chambersburg PA
CBHW070211240426
43671CB00007B/620